Arthur Holitscher
Amerika Heute und Morgen

D1724792

SEVERUS Verlag

Holitscher, Arthur: Amerika Heute und Morgen. Reiseerlebnisse in New York und Kanada im 20. Jahrhundert. 2021
Neuauflage der Ausgabe von 1912
ISBN: 978-3-96345-337-3

Korrektorat: Antonia Schweier, Ina Cordes
Satz: Judith Hanke
Ergänzendes Vorwort: Ina Cordes (© SEVERUS Verlag)

Umschlaggestaltung: Annelie Lamers, SEVERUS Verlag
Umschlagmotiv: www.pixabay.com

Bibliografische Information der Deutschen Nationalbibliothek: Die Deutsche Nationalbibliothek verzeichnet diese Publikation in der Deutschen Nationalbibliografie; detaillierte bibliografische Daten sind im Internet über https://dnb.de abrufbar.

Der SEVERUS Verlag ist ein Imprint der Bedey & Thoms Media GmbH, Hermannstal 119k, 22119 Hamburg

SEVERUS Verlag, 2021
http://www.severus-verlag.de
Gedruckt in Deutschland

Arthur Holitscher

Amerika Heute und Morgen

Reiseerlebnisse in New York und Kanada
im 20. Jahrhundert

Editorische Notiz:
Der Text der vorliegenden Edition beruht auf der Ausgabe:
Arthur Holitscher: Amerika Heute und Morgen. Reiseerlebnisse. S. Fischer Verlag, Berlin 1912.
Die Orthographie wurde behutsam modernisiert, grammatikalische Eigenheiten bleiben ge-
wahrt. Aus dem Begriff „Neger" wurde der Begriff „Schwarzer" gemacht Die Interpunktion folgt
der Druckvorlage. Der Inhalt ist im historischen Kontext zu lesen.

Inhalt

Vorwort

Seit Anbeginn der Zeit sehnen sich Menschen danach, das Unbekannte zu erforschen, fremde Länder und Kulturen sowie unglaubliche Welten zu entdecken. Heute scheinen die Möglichkeiten dafür unbegrenzt, dagegen war das Reisen Anfang des 20. Jahrhunderts mit großem finanziellen und zeitlichen Aufwand verbunden. Infolgedessen konnten viele dem Drang, die eigenen Verhältnisse zu verlassen, nicht nachgehen. In jener Zeit kam aus diesem Umstand Reiseschriftstellern eine besondere Bedeutung zu. Sie machten es sich zur Aufgabe, das unmittelbar Selbsterlebte für die Daheimgebliebenen festzuhalten.

Zu den viel gelesenen Reiseschriftstellern des 20. Jahrhunderts gehörte auch Arthur Holitscher (1869–1941), der sich durch seinen Bericht „Amerika Heute und Morgen" im Jahr 1921 als einer der erfolgreichsten Autoren für Reiseliteratur seiner Zeit etablierte. Das Besondere an Holitschers Darstellung Amerikas sind seine persönlichen und sehr detaillierten Beschreibungen über Erlebnisse und Eindrücke sowie Überlegungen zu kulturpolitischen Themen. Diese vermitteln individuelle Einblicke in Vorstellungen über das Alltagsleben sowie über die Kultur und Politik Amerikas aus vergangenen Zeiten. Zudem wird vermutet, dass sich Franz Kafka für seinen Amerika-Roman an Holitschers Buch stark orientiert habe.

Bis Holitscher erfolgreich als Reiseschriftsteller Fuß fassen konnte, war es ein langer Weg, der geprägt war von der Suche nach sich selbst. Arthur Holitscher, geboren 1869 in Budapest, wuchs in einer jüdisch-bürgerlichen Kaufmannsfamilie auf. Aus seiner später erschienenen Autobiografie „Lebensgeschichte eines Rebellen" (1924) geht hervor, dass er besonders unter der lieblosen und autoritären Erziehung seiner Mutter litt. Dies hinterließ Spuren für seinen weiteren Lebensweg und hatte zur Folge, dass er sich bereits sehr früh zurückzog und in der Rolle des Außenseiters wiederfand. Zuflucht fand der junge Holitscher in der Literatur. Er träumte davon, eines Tages selbst Dichter zu werden.

Allerdings hatten Holitschers Eltern einen ganz anderen Weg für ihn vorgesehen. Nach seiner Reifeprüfung arbeitete er auf deren Wunsch als Bankangestellter. Ihm wurde jedoch schnell bewusst, dass er für ein bürgerliches Leben nicht geschaffen war. Um 1890 begann er, Geschichten zu schreiben, in denen sich seine Faszination für den Naturalismus widerspiegelte 1893 beendete er seinen ersten Band mit dem Titel „Leidende Menschen".

Prägend für seine Laufbahn als Schriftsteller war sein Umzug nach Paris im Jahr 1894. Er machte dort unter anderem Bekanntschaft mit dem Verleger Albert Lange, der ab 1896 Holitschers Bücher veröffentlichte. Die Entscheidung nach Paris zu gehen könnte ebenso ein persönlicher Akt der Befreiung gewesen sein. Mit diesem Schritt trennte er alle Verbindungen zu seiner Herkunft und damit auch zu seiner Familie. Das erste Mal auf sich alleingestellt, berichtete Holitscher von seiner Einsamkeit in Paris und wie er oft an sich selbst zweifelte. Die Frage nach der eigenen Selbstwahrnehmung bestimmte einen Großteil seines Lebens, was er unter anderem auch in seiner Autobiografie thematisierte. Über sich selbst sagte er, dass er als Bürger des ungarischen Staates, als Jude und Intellektueller der deutschen Muttersprache nur ein geringes Identitätsbewusstsein entwickeln konnte. Er sah sich selbst nie als Jude und Ungarn nicht als Heimat. Vielmehr identifizierte er sich als „Heimatloser", auf der Suche nach Gemeinschaft und einem Platz in der Welt. Zunehmend wuchs diese Sehnsucht nach Solidarität und er suchte zunächst in der Pariser Künstlerszene und in anarchistischen Kreisen danach.

Letztendlich konnte Holitscher nie lange am selben Ort verweilen. Nach eigenen Aussagen gab ihm auch Paris nicht das, wonach er sich sehnte: das Gefühl endlich angekommen zu sein. Es zog ihn weiter nach Deutschland. Verschiedene schriftstellerische Etappen folgten, unter anderem arbeitete er als Redakteur in München, veröffentlichte überwiegend autobiografische Werke und versuchte sich zeitweise auch als Dramatiker. Mit dem Umzug nach Berlin wurde die Veröffentlichung seiner Bücher von Samuel Fischer übernommen, der 1886 den „Fischer Verlag" gegründet hatte.

Holitscher unternahm in der Folgezeit mehrere Bildungsreisen und suchte verstärkt nach einem Gegenmodell zur europäischen Zivilisation. Er begann, seine Erfahrungen als Reisender in Berichten festzuhalten. Samuel Fischer sah viel Potenzial in den Reiseberichten und beauftragte ihn 1911 nach Amerika zu reisen. Als Autor bis zu diesem Zeitpunkt eher unbekannt, verhalf ihm sein Reisebericht „Amerika Heute und Morgen" zu unglaublichem Erfolg. Nach eigenen Aussagen sei es das erste deutschsprachige Buch gewesen, das aus einer sozialistischen Perspektive über eine Reise nach Amerika berichtete. Sein verstärktes Interesse für den Kommunismus spiegelte sich besonders in seiner Faszination für Russland wider. Mehrere Bücher handeln von seinen Erlebnissen in und Eindrücken von Russland – unter anderem auch „Drei Monate in Sowjet-Russland" (1921), worin er den seiner Meinung nach revolutionären Charakter des Landes hervorhebt.

Arthur Holitschers Erkundung Amerikas entfesselte seine Leidenschaft fürs Reisen. Er besuchte die verschiedensten Orte, darunter Ägypten, China und Palästina. 1925 reiste er nach Indien und interviewte Mahatma Gandhi. Er etablierte sich als erfolgreicher Autor im Bereich der Reiseliteratur und als Ergebnis entstanden mehrere Bücher. 1929 zog es Holitscher zurück in das Land, über das er das erste Mal erfolgreich schrieb. Es kam zu einem „Wiedersehen mit Amerika" (1930).

Mehrere Quellen berichten davon, dass die Berichte von Arthur Holitscher als Ergebnis seiner ständigen Suche nach Gemeinschaft und dem Bedürfnis, endlich einen Platz in der Welt zu finden, gedeutet werden können. Seine Reisen könnten demnach für ihn zugleich Flucht und Therapie gewesen sein. Eine Flucht vor weiteren Rückschlägen, vor seinen Gedanken und Gefühlen, die seine Rolle in der Gesellschaft und Identität hinterfragten. Gleichzeitig findet sich sein unersättlicher Drang nach Zugehörigkeit und Heimat als zentrales Motiv in all seinen Reiseberichten. In „Amerika Heute und Morgen" kommt seine allgemeine Identitätssuche besonders zum Ausdruck.

Nach der Machtergreifung der Nationalsozialisten in Deutschland flüchtete Holitscher, aufgrund seiner politischen Einstellung und jüdischen Herkunft ins Exil und emigrierte in die Schweiz. Seine Werke wurden auf die „Schwarze Liste" gesetzt und viele davon verbrannt. Im Exil wirkte Holitscher eine Zeit lang noch publizistisch, doch ein Buch veröffentlichte er nicht mehr. Ab 1939 lebte er isoliert und mittellos in Genf und starb dort am 14. Oktober 1941.

Als Erinnerung bleibt uns dennoch der vorliegende Bericht über seine Reise in die „Neue Welt". Von Bremen aus reist er auf dem Passagierdampfer „Kaiser Wilhelm der Große" nach New York. Während der Überfahrt gilt sein Interesse vermehrt den Passagieren, die mit ihm reisen. Als passiver Beobachter, aber auch aktiv nach Gesprächen suchend, hält er seine Beobachtungen und Überlegungen in eindrucksvollen Beschreibungen fest und unternimmt den Versuch, das menschliche Verhalten zu deuten und zu verstehen. Angekommen in New York scheint er zunächst vom Anblick der Stadt überwältigt zu sein. Über mehrere Tage verteilt beschreibt er flüchtige Momentaufnahmen in stimmungsvollen Darstellungen. Es überkommt ihn jedoch schnell der Drang weiterzuziehen und dieser „hässliche[n], abnorm und trostlos hässliche[n] Stadt" den Rücken zu kehren. In New York fehle ihm das Sinnliche, das Schöne und das Künstlerische. Den Aufbau der Stadt beschreibt er als lediglich zweckmäßig.

Seine Reise zieht ihn weiter durch den Staat New York, nach Kanada und zu Stationen zwischen Mississippi und Pazifik sowie nach Chicago. Er nimmt ganz eigensinnige Wege, geht förmlich im freien Lebensstil der Amerikaner auf und schildert individuelle Eindrücke von Land, Leuten und Geschehnissen. Deutlich zu spüren ist sein Interesse für die rasante wirtschaftliche Entwicklung Amerikas und die damit verbundenen sozialen Folgen. Er berichtet über verschiedene soziale

Modelle wie die Kinderrepublik in Freeville oder die Heilsarmee in Kanada. Auch Multikulturalität und Kulturindustrie stehen in seinem Fokus. Holitscher versucht, die seiner Ansicht nach wichtigsten Kulturprobleme, die sich ihm im damaligen Amerika zeigen, zu verdeutlichen.

Amerika – Ein Name, der für viele Menschen einen besonderen Klang hat, heute wie damals. Holitscher selbst suchte in Amerika nach der Erfüllung seiner Träume, gelenkt vom Begehren nach Humanität und Gemeinschaft. Amerika war ein weiterer Versuch, sein „Gefühl für die Welt und die Menschen [zu] nähren", während er in Europa bereits daran scheiterte. Mit seinem Reisebericht bot er den Daheimgebliebenen die Möglichkeit, ihren Alltag zu verlassen und das Fernweh, wenn auch nur für einen kurzen Augenblick, zu stillen. Nicht zuletzt durch detaillierte und authentische Beschreibungen und Momentaufnahmen, festgehalten in eigenen Fotografien, schien das ferne Land Amerika plötzlich greifbar. Arthur Holitschers Reisebericht verschafft uns Zugang zu längst vergangenen Zeiten und teilt mit uns nicht nur das Erlebte, sondern auch ganz persönliche Wahrnehmungen und Überlegungen zu einem Land, das wir heute als „Land der unbegrenzten Möglichkeiten" kennen.

Ina Cordes

SEVERUS Verlag

These my songs are for you,
You who are seared with the brand:
God knows I have tried to be true;
Please God, you will understand!

Robert Service

BREMEN — NEW YORK

Erster Morgen an Bord

Um halb neun strahlt die Sonne vom Himmel auf das Paradies Wight herunter. Spithead kommt in Sicht, die komischen runden Türme, plump und untersetzt wie Puddings, liegen verschlafen im Wasser und beschützen den Hafeneingang. Sie sind mit Schachbrettfarben angestrichen, hinter den schwarzen Feldern sieht man Kanonen den Mund spitzen, aber es pfeift höchstens Punkt Mittag eine oder, wenn der König gekrönt wird, mehrere. Da kommen die ersten weißen Jachten vom Solent her an uns vorbeigejagt, hinaus in den Kanal! Jetzt sehen wir Ryde, einen Puppenhafen mit niedlichen Häuschen wie aus einer Schachtel. Der Dreadnought auf der Portsmouth-Seite ist auch nur ein kompliziertes hässliches Spielzeug aus der Ferne und wie aus Holz.

Wir halten auf Cowes, und aus dem Wald am Ufer schiebt sich ein feiner schlanker Turm ans Wasser heran. Ein Haus, eine Terrasse gleitet in den Sonnenschein heraus, grüner Rasen davor, blitzende Fenster, Efeu um die Fenster und hinauf bis an die Spitze des Turmes, dunkelgrün und doch ganz Licht und Fröhlichkeit. Ein paar helle Punkte bewegen sich zwischen dem Rasen und der Terrassenmauer.

Ich stehe weit vorn an der Spitze des Promenadendeckes, man kann von da aufs Zwischendeck hinunterschauen, und durch mein gutes Fernglas kann ich zugleich den wundervollen Sommermorgen drüben auf dem Herrensitz beobachten.

Unten auf Zwischendeck ist das Gewimmel schon tüchtig im Gange. Alle bunten Farben der Welt tummeln auf Weiberröcken, Kopftüchern, Pantoffeln und Kinderwindeln durcheinander.

Aus dem Schloss drüben kommen zwei Gestalten heraus, weiße Kleider, ein Herr und eine Dame. Etwas Schwingendes, Rotes begleitet sie: ein Sonnenschirm, der Herr trägt ihn. Sie gehen, hier und da stehen bleibend, langsam den Rasenplatz hinunter; es sind einige Hundert Schritte von der Terrasse bis zum Strand.

Unten auf Zwischendeck ist jetzt Ordnung in die Menge gekommen, Ruhe, ja ich spüre hierher herauf so etwas wie Beklommenheit. Die Leute sind zur Seite gewichen, und aus einer Tür unter mir, unter dem Promenadendeck, auf dem ich stehe, treten Männer, Frauen, Alte und Kinder einzeln heraus, eine Karte in der Hand, die sie dem Schiffsoffizier hinhalten. Sie halten sie nicht so hin, als wollten sie sagen: „Aber gerne! Lesen Sie doch!", sondern es ist etwas in ihrer Gebärde, was mich rührt, etwas Zaghaftes, um Verzeihung Bittendes, so hält unsereiner keine Karte hin, wie diese Menschen da unter mir.

Drüben auf Wight sehe ich einen kleinen munteren Fleck aus dem Efeuschloss die Terrasse hinuntertanzen. Ein kleines blondes Mädchen, ein hellhaariger Schäferhund springt vor ihm einher. Die Dame unten auf dem Rasen dreht sich um, die Dame und das Kind laufen einander entgegen, dann bückt sich der große weiße Fleck zum kleinen weißen Fleck herunter, und aus den beiden entsteht ein einziger weißer Fleck für einen Augenblick. Dann gehen die Dame und das Kind Arm in Arm dem Strand zu, wo der Herr auf sie wartet. Der Collie ist schon weit unten, fast am Wasser. Auf der Terrasse erscheinen zwei neue Gestalten vor den blitzenden Fenstern; das Frühstück ist vorüber. Die Sonne ist so hell über dem Rasen.

Unten tritt Herr X. Y. aus A. (ich kann die Namen auf den Karten hier oben gut lesen) aus dem Kontrollgang heraus. Er und seine Familie, eine alte dürre Frau und ein kleines blasses Mädchen, drücken sich fest aneinander, sie treten sich auf die Hacken und halten sich bei den Händen. Der Mann, er ist ein ältlicher dicker Mann in abgetragener Kleidung, hält seine Karte hin – passiert.

Das Schloss drüben ist nicht mehr zu sehen. Eine Weile noch sehe ich den Turm über den Bäumen, einen hellen Streifen vom Rasen, dann sind wir vorüber.

Unten tritt einer nach dem anderen, seine Kontrollkarte in der Hand, aus dem Gang hervor und bleibt dann erleichterten Herzens auf dem Deck stehen, wo die Farben wieder alle in der Sonne leuchten. –

Auf Zwischendeck kann sich eine ansteckende Krankheit mit verhängnisvoller Geschwindigkeit verbreiten, die Leute des Zwischendeckes müssen auf den Schiffen täglich ihr Examen ablegen. Die hygienischen Einrichtungen sind vorzüglich, es liegt wirklich kein Anlass vor, sentimental zu werden und eine Träne zu zerdrücken. Aber ich habe vorgestern in Bremen etwas gesehen, was ich so bald nicht vergessen werde. Die Herren vom Norddeutschen Lloyd haben mich in die Bahnhofshalle ihrer Auswanderer-Abteilung mitgenommen, und dort habe ich das gesehen, was ich hier wiedergeben will. In einem großen Zimmer stehen Tag für Tag drei Ärzte in Spitalskitteln vor einer Art Barriere. Sie haben ein Tischchen mit Karbolgefäßen neben sich, und sie haben ein Instrument aus Stahl in der Hand, am besten, ich sage, es sieht aus wie eine Nagelfeile, ich finde keinen besseren Vergleich dafür. An die Barriere kommen in drei langen Reihen Menschen heran, Männer, Frauen mit Kindern auf dem Arm. Alle haben den Hemdärmel über dem rechten Arm aufgekrempelt, so kommen sie an den Arzt heran.

Der Arzt ritzt mit dem spitzen Ende des Stahlinstrumentes den Arm, der ihm hingehalten wird, den zuckenden oder tapferen, den blutarmen oder muskulösen Arm, dann dreht der Arzt das Instrument um, hebt es zu den Augen der Menschen dahier, stülpt erst das linke, dann das rechte Lid, wie über einen Löffel, über die „Nagelfeile", taucht das Instrument in den Napf hinein, dann kommt der Nächste in der Reihe dran und so fort. All dies geht rasch vor sich – Eins – Zwei – Drei – Vier. – Vier ist die Desinfektion.

Das ist die Impfung und die Untersuchung auf Trachoma, der sich jeder Zwischendeckspassagier zu unterwerfen hat. Ich weiß nicht, wie viele Menschen in einer Stunde auf diese Weise für die große Fahrt tüchtig gemacht werden. Ich habe auch nicht gezählt, wie viele an mir vorübergekommen sind, in den zwei Minuten, so lang habe ich es ausgehalten, dies mit anzuschauen. Ich weiß nur, ich hatte einen Knebel in der Kehle sitzen, wie ich mich davonmachte, und ich habe was von der Hölle Dantes hervorgestottert, wie ich wieder im Freien war.

Es liegt aber auch hier kein Anlass vor, von der Hölle und dergleichen zu reden und sich aufzuregen. Die großen Schifffahrtskompagnien holen hier etwas nach, was von Menschheitswegen Sache des Staates, der Gesellschaft wäre, und ich sollte mich doch eigentlich freuen, dass hier Menschen auf einem Umweg vor Krankheit und Tod geschützt werden. Aber dies und das mit der Karte tut mir weh. Ich hoffe, ich werde nicht abstumpfen gegen Eindrücke dieser Art.

Übrigens, wirklich, wenn man sich das alltägliche Leben dieser nach Hunderttausenden gezählten und behandelten Menschen ansieht und dann diesen Alltag mit den Tagen vergleicht, die sie vor und während ihrer großen Reise verleben, so darf man sagen: sie haben alle Ursache, sich glücklich zu fühlen in diesen merkwürdigen und gepriesenen Tagen.

Ich kann jetzt, da ich vom Promenadendeck des „Kaiser Wilhelm der Große" auf das befreite Gewimmel da unter mir hinabschaue, auf dieses Treiben, das sich da unten befremdlich, putzig und populär abspielt, wie ein Mikrokosmos, wie das Leben in einem Stückchen Käse unter dem Mikroskop, ich kann jetzt eine alte verstaubte Vorstellung korrigieren, die irgendwo in meinem Gehirn herumgelegen hat seit Jahren.

Geht man im schlesischen Oderberg nachts durch die Bahnhofshallen, da liegen die Auswanderer auf dem Boden der Wartesäle Vierter Klasse unter fahlem Gaslicht und schlafen mit offenem Mund und im Dunst ihrer schlechtgenährten Leiber und feuchter, nie gewechselter Kleider einen kurzen und gestörten Schlaf, und in Berlin, auf dem Bahnhof Zoologischer Garten, um halb vier, wenn einer der Auswandererzüge langsam vorüberfährt – wer beschreibt den Ausdruck der Gesichter, die aus den Fenstern uns nachstarren, die wir, wohl angekleidete, neugierige Leute, auf dem Perron zurückbleiben und uns in unseren Schuhen wiegen!

Jetzt, vom Promenadendeck gesehen, hat das Ganze ein anderes Gesicht. Was für ein Traum geht diesen da unten in Erfüllung! Sie haben eine Woche vor sich, in der sie für ihres Leibes Notdurft nicht zu arbeiten brauchen, nicht zwölf und nicht zehn, überhaupt keine Stunde lang! Eine Woche kommt da in ihr Leben hinein, in der sie sich ausschlafen können in guter Luft und auf sauberen Betten, jeder für sich, in der sie das Glück von Duschen und Wasserklosetts am eigenen Leibe erfahren, in der sie wahrhaftigen Gottes Fleisch an jedem Tag zu essen kriegen, und das Tageslicht von Sonnenaufgang bis Untergang über ihren Köpfen fühlen dürfen, ohne zu schwitzen und ihre Hände unmäßig zu regen. Eine Woche, in der sie etwas erleben, das nichts mit der trostlosen Misere ihres Lebens, ringsum diese Woche herum zu tun hat! Wo gibt's denn sonst noch solch eine Woche der Sorglosigkeit im Leben des Armen? (Im Gefängnis vielleicht.) Hier auf Zwischendeck erleben sie eine Woche, in der so etwas wie eine Hoffnung, eine Erwartung über ihren dumpfen Seelen leuchtet, ein W e l t t e i l wird vor ihren Augen aufgehen!

An der Innenseite der Reling des Promenadendeckes ist eine Tafel befestigt, auf der werden wir ersucht, den Zwischendeckspassagieren kein Geld, kein Obst, noch Ähnliches hinunterzuwerfen. Hallo, ist es denn notwendig, euch das schwarz auf weiß zu sagen, ihr geehrten Mitreisenden Erster Kajüte? Ich wünschte, es käme einer von den Herrschaften da hinter, mir mit Geld, Obst und Ähnlichem und würfe es unter die Leute da unten. Gute Boxerstöße gegen seine Erste-Kajüte-Nase, bei Gott, auf die Gefahr hin, über Bord gefeuert zu werden!!

Diese Armen da unten, die Leute „aus der Tiefe", heut und noch fünf Tage lang dürfen sie sich Menschen nennen. Sie sind nicht von ihrer Scholle losgerissen, denn wer unter ihnen hat denn heut noch seine Scholle? Was heißt denn das heute: Scholle? Der kleine Bauer muss sich dem Großgrundbesitzer verdingen oder unter die Erdarbeiter gehen. Ebenso hat der kleine Gewerbetreibende längst sein vom Urahnen geerbtes Handwerkszeug verkauft und sich dafür eine „unzerreißbare" Fabrikarbeiterbluse angeschafft. Und meinetwegen, der kleine rechnende Mann in seinem schimmeligen Vorstadtladen, er hat in sein Schaufenster all das hineingestopft, was er gern an die Leute in seiner Gasse verkauft hätte, – jetzt ordnet er, nach künstlerischen Prinzipien, das Schaufenster des Warenhauses, in dem er ein Kommis geworden ist auf seine alten Tage. Wer von diesem Volk da unten ist denn zu beklagen darum, dass er auf einem Schiff dahinlebt, losgerissen von seinem Eigenen, von seiner Heimat? Und wenn diese Heimat auch etwas so Wundervolles ist wie ein oberungarischer Berg oder so was Lumpiges und Klägliches wie eine Schusterwerkstatt in einem Dreckgässchen in Czernowitz?

Übrigens stimmt das mit dem Glücksgefühl unter diesen Leuten ja auch nur zur Hälfte. Wie all das Andere, was man sich so zusammendenkt, wenn man vom Promenadendeck aufs Zwischendeck hinunterschaut. In den Auswandererhallen sagte man mir: „Wenn die Leute in den Hallen wegen irgendeiner Verspätung der Abfahrt ein paar Tage länger warten müssen, werden sie nervös und unruhig und unzufrieden." Sie haben ihre sauberen Betten und guten Bäder und gute Luft, sie werden auf Kosten der Gesellschaft verpflegt, haben Fleisch und andere gute Dinge zu essen alle Tage, und doch sind sie nervös und unzufrieden, wie kommt das? In diesen armseligen Arbeitsgehirnen ist wahrscheinlich nicht viel Raum mehr für die Vorstellung der Freiheit. Umso schlimmer!

Southampton Water

Der Tender bringt uns die Passagiere aus England an Bord. Ein paar schöne Exemplare der angelsächsischen Rasse steigen an Bord. Ein junges Mädchen hat einen riesigen Strauß der Modeblume sweet pea, der Wicke in ihrer Hand. Ich erkenne alle die Schattierungen, vielen feinen Abstufungen zwischen Violett und Lila, Bronzebraun und Orange, Indigo und Heliotrop der schönen Blume wieder. Da ist die zitronengelbe „Clara Curtis", die lavendelfarbige „Lady Hamilton", die wunderbare morgenrote „Evelyn Hemus" mit den ins Weiße spielenden Rändern. Sie alle erkenne ich im Bukett, das die junge Engländerin an Bord bringt. Heut vor einem Jahr habe ich mir in London die Berichte der National Sweet Pea Society gekauft, das ist eine königlich privilegierte Gesellschaft, mit Statuten, Kongressen, Ausstellungen und Preisen. Ich habe die neuesten Erfahrungen des berühmten Züchters Harry Thomas gelesen und weiß Bescheid über die Art und Weise, wie der Boden beschaffen sein muss, in dem die Schösslinge Wurzeln fassen sollen, ich weiß von den Mitteln, die man gegen die Mäuse, diese schrecklichen Gegner der zarten jungen Wicke verwendet, ich weiß, wie die erblühte Blume zu verpacken und zu versenden ist – ich wäre ein guter und liebereicher Züchter der schönen Blume, aber ich habe keine Handbreit Garten, ja ich wüsste nicht einmal, wo dieser Garten liegen könnte, bei welcher Stadt, in welchem Land, wo? –

Das Zwischendeck lebt jetzt ganz gehörig unterm Sonnenschein. In einer Ecke ist eine Ziehharmonika tätig. Wir haben die „Needles" passiert und schwimmen jetzt nach Cherbourg hinüber. Die Ziehharmonika spielt das „Hail Columbia", einen Walzer aus einer Wiener Operette und einen Berliner Gassenhauer. Es ist offenbar ein weltkundiger Mann, der sie auseinanderzieht und zusammenpresst. Er sieht aus, als sei er schon mal „drüben" gewesen. Man merkt das einem von denen dort unten überhaupt gleich an, ob er schon „drüben" gewesen ist oder nicht. Schon an der Art, wie er zu uns auf dem Promenadendeck hinaufschaut, merkt man's. Der Ziehharmonikamann hat ein Gesicht, das nicht mehr ganz europäisch ist, aber auch noch nicht amerikanisch. Plötzlich fängt ein alter mährischer Bauer zu singen an. Er hat ein rundes, stoppeliges Pfaffengesicht, er steht hinter der Harmonika, die seinen Gesang begleitet. Er singt ein Lied mit dem Refrain:

„Juchheirassa! Vallera!"

Der Alte mit dem Pfaffengesicht singt eine Strophe nach der anderen, mit erstaunlichem Ernst all die endlosen Strophen, die mit

"Juchheirassa! Vallera!"

aufhören. Zwanzig Stimmen oder so singen mit. Alle mit einem Ernst, der nicht mehr zu überbieten ist. Ich versteh kein Wort, aber der Refrain genügt mir: es kann doch kein Kirchenlied sein, das mit:

"Juchheirassa! Vallera!"

aufhört? Also wozu dieser Ernst? Die Leute alle, die "Kaiser Wilhelm der Große" im Zwischendeck mitführt, sitzen jetzt oben, zusammengepfercht, und hören andächtig zu. Nur eine kleine Gruppe hat sich abseits gesetzt und mengt sich nicht unters Volk. Es ist Herr Itzig, einfach Herr Itzig, und Familie. (Seinen Namen setze ich nicht her, denn der gehört in ein Witzblatt.)

Herr Itzig und Familie sitzen auf einer Bank und wenden den Singenden den Rücken zu. Sie haben genug mit sich und ihren Familienangelegenheiten zu tun. Frau Itzig kämmt sich coram publico ihren falschen Zopf in der Nachmittagssonne, ihr Gatte liest ihr aus einem grüngebundenen Buch eifrig was vor. Hier und da pufft er sie in die Rippen und erklärt ihr mit pfiffigem Gesicht eine Stelle aus dem Buch, es ist wohl so etwas wie ein pfiffiges religiöses Buch, Talmud oder so. Moischele und Piffl balgen sich unter der Bank um einen Apfel, der immer weiter gegen Steuerbord zu rollt. Die Mutter schreit und kämmt sich dann weiter. Zu allen Tageszeiten steht ein Blechsamowar, mal auf dem Boden, mal auf der Bank, bei der Familie; ein Glas auch, mit einer ganz hellgelben Flüssigkeit darin, Tee aus dem Samowar. Ehe Frau I. das Glas an den Mund setzt, holt sie aus der Tasche ihres Gatten ein Stück Zucker, beißt die Hälfte ab, steckt die andere in die Tasche ihres Gatten zurück und schüttet sich den Tee über das halbe Stück Zucker, das sie sich zwischen die Zähne geklemmt hat, durch die Gurgel hinunter. – Von Zeit zu Zeit muss Freund Itzig mit dem leeren Samowar in die Küche rennen, dort hält er das Blechgefäß unter den Kessel mit heißem Wasser; der armdicke Strahl schießt wie eine Kanonenkugel in das Blech hinein, die paar armseligen Teeblättchen müssen einen Schreck aushalten! Einmal kommt Herr I. mit Geschrei aufs Deck zurück. Was ist geschehen? Der feiste Bauer hat ihm von hinten einen Stoß gegeben, und er hat sich die Hand verbrüht. Jetzt läuft Moischele mit dem Samowar hin und wieder, und Vater Itzig hat ein paar Tage lang ein schmutziges blaues Tuch um die Hand gewickelt. Sie kümmern sich nicht im Geringsten um die Mitfahrenden, heute und morgen und die ganze Reise lang nicht. Sitzen immer auf dem gleichen Fleck, wenden allen den Rücken und sind mit ihren Familienangelegenheiten vollauf beschäftigt.

Schon in Bremen, im Auswandererviertel, habe ich es beobachtet: die Juden halten sich, auch wenn keine Böswilligkeit in der Luft um sie ist, abseits und machen ihr Ghetto, wo sie können. In der schönen, sommerlichen Stadt Bremen konnte man, im Bürgerpark, an der Weser, auf dem herrlichen alten Platz vor dem Rathaus und dem Roland, die Auswanderer spazieren sehen. Auf die Abfahrt ihres Schiffes wartend, guckten sie sich, Kinder von hundert Völkern, die Stadt an. Kinder und Weiber waren an den großen Broschen mit dem Porträt des Agenten des Norddeutschen Lloyd Missler, die sie auf ihren Jacken angeheftet hatten, zu erkennen. Die riesigen Auswandererhallen waren bei dem schönen Wetter so gut wie ausgestorben, und es wohnten doch zurzeit ein paar tausend da. Nur im Hotel „Z u r   S t a d t   W a r s c h a u", dem Quartier der jüdischen Zwischendeckspassagiere, war jedes Fleckchen besetzt. Da standen die Kinder des alten Volkes in Scharen beisammen, auf den Treppen, im Korridor, im Hof, in der Kantine, in der „Schul", galizische Köpfe mit Käppchen oder künstlichem Haar, in bürgerlicher Kleidung, mit Kaftans, die Kinder flink und lausig, die Weiber schlaff und breit, die Männer pathetisch und mit langen Weichselrohrpfeifen, die jungen Damen in hohen Stöckelschuhen und durchbrochenen Strümpfen, modisch und mit erstaunlichen Mengen von falschem Schmuck behängt. Eine, meiner Treu, Finger, Hals und Ohren starrend vor Schmutz, aber in einem hellblauen Kleid à la Poiret! Ich nehme mir's vor, in Amerika zuzusehen, wie dieses Volk sein Leben fristet. Es kolonisiert nicht. Es geht nicht nach dem Westen. Es bleibt in New York sitzen, hockt lieber in Schmutz und Not beisammen, als irgendwo in der frischen Luft zu l e b e n , wo's noch kein Ghetto gibt. Ich vermute, sie bleiben lieber im Hotel „Zur Stadt Warschau", weil sie sonst die Brosche mit dem Porträt des Agenten anstecken müssten – – –

Geschrei in einer Ecke. Ein kleiner slowakischer Dreikäsehoch unten an der Treppe vor Backbord, ich hab schon immer gesehen, wie er an einer Blechschachtel herumgebastelt hat, stößt ein heiseres Geheul aus. In der Schachtel waren kleine farbige Zuckerdrops, die in den polnischen und russischen Geschäften im Auswandererviertel in den Schaufenstern zu sehen sind. Von der Hitze hat sich das Zeug zu einem Klumpen zusammengeballt, und da der kleine Mann ihn nicht auseinanderbrechen konnte, hat er den ganzen Brocken in den Mund gesteckt. Er schluckt, hustet, brüllt sich blau, seine handfeste Mutter stürzt herbei, hinter der Harmonika hervor, haut dem Dreikäsehoch eins auf den Rücken, und der Zuckerbrocken kommt oben wieder heraus.

Herr Itzig und Frau, Moischele und Piffl blicken einen Augenblick, ohne Teilnahme, nach dem Schreihals hin und befassen sich dann weiter mit sich. – Der Dreikäsehoch, Moischele und Piffl und die anderen Zwischendeckskinder, wie haben die's doch gut! Sie lernen das große, bitterernste, aber doch so verführerische Leben in ihren jungen Jahren kennen. Das Leben schaut sie aus den Augen des großen, unendlichen Ozeans an. Fragt Ihr nur ihre wohlbehüteten Altersgenossen auf dem festen Land und in den festen Heimen, wie das Leben aussieht? Sie werden wahrscheinlich antworten: „Wie der Herr Oberlehrer!"

Nebel auf See

Am Morgen nach der großen Seekrankheit sieht man auf Deck getigerte, patinierte, marmorierte Gesichter. Aber das Meer ist ruhig wie die Spree bei Köpenick, und langsam kommt Rot in die Gesichter. Auf Zwischendeck ist alles wieder heraus, an der Luft, das ist das Barometer des Ozeandampfers. Ein paar arme menschliche Bündel liegen wohl noch hier und dort platt auf den Bohlen herum, ein paar kleine, todblasse Kinder liegen wie arme gerupfte Hühner, das Gesicht zur Seite, neben den mütterlichen Röcken, die der Wind leise glatt bügelt – aber im Ganzen ist das Volk guter Dinge. Es wird auch wieder Bier und Sliwowitz konsumiert dahier. Das Barometer steht auf Gut Wetter!

Piffl jagt über Tische und Bänke hinweg, Moischele rutscht sich das Fell vom Leibe über das Skylight des Zwischendeckspeisesaals, sein Vater erklärt seiner Mutter wieder mit Stößen in die Seite irgendeine Spitzfindigkeit der Megille – da tutet mit einem Male das Nebelhorn wie eine brustkranke Kuh aus der Odyssee, einen hohlen, mythologischen Laut, klagend in den Nebel hinaus, der weiß und dick wie Baumwolle vom Meer herein von allen Seiten auf den „Kaiser Wilhelm den Großen" eindringt. Er ist dicht und dick und wickelt uns wie einen wehen Finger ein oder wie ich eine kleine kostbare Figur in meiner Handtasche unten eingewickelt habe!

Die gute Kuh brüllt in das Meer hinaus. Kein Gefährte antwortet. In solchen Stunden, wenn das Meer ruhig ist wie ein Fluss bei einer Stadt, da kann es passieren, dass Schiffe sich die Flanken aufschneiden, dass ein braver Segler verblutet und dass Menschen auf Holzstücken in die Runde hinausfliegen, patschend ins Nasse, worauf die grausamen Mitbürger aus dem Fischreich schon immer gierig lauern.

In solchen Stunden mag man sich wirklich an die Stirn greifen und sagen: „Wahrhaftigen Gottes, ein kostbarer Zustand, ein ungewöhnlicher Zustand, in dem wir uns da alle plötzlich beisammen befinden! In der Mitte von vielem Wasser, weit weg von allem, auf der flachen Hand Gottes, die uns leise schaukelt, in leisem Wellenschlag."

Aber die Leute dahier, sie gehen hin und her, bleiben stehen und schwatzen miteinander, als wäre das auf einem stampfenden Schiff beisammen zu sein, auf einem flutenden Meere, im dichten Nebel, den kein Licht, keine Farbe, nur ein hohles Gebrüll durchdringen kann, das Allernatürlichste auf der Welt! Ich setze mich in meinen Deckstuhl und sehe den ahnungslosen Passagieren, meinen Brüdern und Schwestern in Tod und Leben, zu: wie sie sich in langen Schritten an mir vorbei ihren Appetit holen, in einem hartnäckigen Spazierlaufschritt, in nur etwas mehr wie einer Minute ums ganze Promenadendeck herum und so zwanzigmal, dreißigmal, fünfzigmal hintereinander!

Ich kenne sie jetzt so ziemlich. Neben mir, bei Tisch, sitzt eine nette Dame aus Ohio, die versorgt mich mit Klatsch, der auf dem Schiff unterirdisch sein Wesen treibt. Die kleine, schwarzangekleidete Familie geht an meinem Deckstuhl vorüber. Es ist die Mutter, der Sohn, die beiden Töchter. Die Kinder strotzen vor Gesundheit, die Mutter ist gelb wie eine Quitte, alle aber sind sie gleich ernst, ihre Gesichter wie leer, ausgeschüttet, keiner spricht. Als sie vor zwei Wochen herüberfuhren, waren sie noch fünf. Der Vater macht auch jetzt den Weg mit ihnen zurück in die Heimat, aber unten, im untersten Raum des Schiffes, in einem dunklen Sarg. Die drei verwitterten Spanier mit Namen aus der Armada-Zeit, nach Töchtern des Landes auf dem Auslug. Der kleine Clan der Spieler, der Wettenden, der Geräuschvollen schiebt sich breitspurig vorbei – diese haben sich am raschesten zusammengefunden. Ihnen ist die Ozeanfahrt weiter nichts als eine sieben Tage dauernde Möglichkeit, auf die zurückgelegte Meilenzahl zu wetten, von früh bis Nacht in dem „Wiener Café" die Karten zu schleifen – diese da halten zusammen, ihnen ist das phantastische Leben, diese Abgetrenntheit und dies Zusammensein irgendwie durch ihre Spielerseele deutlicher als den anderen, leidenschaftslosen, ins Bewusstsein geraten – rasch müssen sie einander kennen lernen, genau, sieben Tage lang wird das Glück ihnen dienen, wenn sie die Eigenschaften, Tugenden und Schwächen des Nächsten genau und scharf durchschaut haben, sie lassen sich gar nicht los, sieben Tage lang! Schon bilden sich Konstellationen unter den Seefahrern. Blicke; aufgehobene Bücher; verträumtes Stehenbleiben an der Reling neben einem oder einer. Und da sind dann auch die, die sich absondern. Da ist dieses typische Ehepaar, das man aus den Zeichnungen von Charles Dana Gibson und von den Tables d'hote in Florenz, Rom, London, kennt: die verblühende Millionenerbin, die sich noch rasch einen Athleten gekauft hat. (Society-people, sagt meine Nachbarin, sie sagt es mit dem sympathischen Tonfall der arbeitenden Frau.) Morgens kommt Madame emailliert heraus, Perlen bis an den Gürtel, beladen mit Ringen, der Herr mit vagem, gelangweiltem Blick, einen langweiligen Roman vom William Le Queux unterm Arm. Schon vor dem Lunch sitzen sie in ihrer Staatskabine, deren Fenster aufs Promenadendeck hinausgeht, und spielen Karten miteinander. Am Abend nach dem Dinner tun sie dasselbe. Das Licht brennt in ihrer Kajüte: der Herr sitzt im Pyjama da, das elektrische Licht spielt auf seiner goldenen Brust – Madame hat zwei brennende Zigaretten im Mund, lächelt, gibt eine ihrem Partner hinüber, lächelt mit vagem Blick in ihren Augen, jetzt am Abend ist sie plötzlich zehn Jahre jünger als ihr Genosse. –

Und dann gehen, unter so vielen Gleichgültigen, die Leute vorbei, denen man ihre Geschichte vom Gesicht herabliest. Da sind die Stolzen, die ihren ersten Weg hinüber im Zwischendeck gemacht haben und jetzt mit uns in der besten Klasse des Schiffes – vielleicht desselben Schiffes, das kaum zehn Jahre alt ist, fahren. Da sind die allzu Beweglichen, die wahrscheinlich denselben Weg umgekehrt beschreiben werden, jetzt voll Schlauheit und Berechnung alles ringsum zusammenhorchen, was sie nur irgendwie von fern angeht, und eines Tages vielleicht unten zwischen den Decken zurückschleichen werden, in das minder grausame Europa, auf das sie jetzt schlecht zu sprechen sind. Dann die Blasierten, die sogar hier in ihrer Kaste eingesperrt sitzen; dann die Farblosen, die nichts gewinnen und nichts verlieren; dann die Hyänen des Schiffsflirts und jene, die sich gerne zerfleischen lassen, aber wie gern! Dann die und jene, die Galligen, die Zielbewussten, die Verträumten, und in all dieses Treiben hinein brüllt das Nebelhorn alle paar Sekunden lang seinen warnenden Laut hinein. Die Brust schmerzt von dem Ton. Man meint, das Plankton unten in der See müsse in Schwingung geraten von diesem Ton.

Ich liebe diesen Ton. Das ist der Akkord, in dem die Menschenseele und die Meeresseele beisammen sind. Alle die Töne, die das Lied, den Hymnus des Seefahrers bilden, sind enthalten in diesem Ton. Darin sind alle Worte, die sich die Fahrer auf ihre Flaggen und in ihre Herzen hineingeschrieben haben, auch diese unermesslich großen: „Navigare necesse, vivere non!" Da ist der Flaggenschlag auf der Back der schweren Kasten Marco Polos, Magelhaens, Roald Amundsens, Shackletons, drin in diesem Ton, und mehr als ein Geheimnis noch außerdem. Das weiß ich, von allen meinen Gefährten, die ihn heute mit mir hören, diesen Ruf des Nebelhorns, gehen mich ganz sicher jene am wenigsten an, die sich die Ohren zuhalten und wünschen: der Nebel ginge weg, damit das Brüllen endlich aufhört!

Vom Sonnendeck kommt ein Boy herab und bringt mir ein Telegramm. Ein freundlicher Herr aus Oklahoma bleibt stehen und sieht mir zu, wie ich das Telegramm aufmache und lese.

„Sad news?"

Ich schüttle den Kopf, danke ihm für sein Interesse, und er geht beruhigt seines Weges.

Jemand hat an mich gedacht auf dem Festland. Ein paar liebe Worte sind vom Festland her durch die Atmosphäre gezuckt, haben unser gutes, schnell dahinschießendes Schiff gesucht und gefunden und sind in den Empfänger hineingelaufen, der oben auf dem Sonnendeck in der Marconi-Station sein Morse-Getick hören lässt.

Nein, wahrhaftig, wir sind nicht allein auf der Welt! Derselbe Geist, der uns wegzerrt vom Festen ins Ungewisse hinein, derselbe Geist, der unten die Kolben und Räder herumschwingt und ineinander fahren und beißen heißt, wie hier oben die Sehnsucht, die Blicke und die Leidenschaften der Menschen, dieser selbe Geist liegt immer tätig und bewusst um den ganzen Erdball und die Welt gewunden. Festland und Wasser, Erdball und Stern, Sonne und Äther sind nicht mehr getrennt, Mensch und Mensch gehört zusammen, Augenblick für Augenblick. Und ein Schiff im Nebel auf hoher See, drei Tage weit vom Festland weg, steht nicht einsamer da auf dem Erdball als ein Mensch in seinen Kleidern und Schuhen mitten in einem Volksgetümmel.

Oben auf Sonnendeck, in dieser phantastischen gelben Stadt aus Schloten, Windfängern mit offenen Rachen, Ventilatoren, schwingenden Böten und surrenden Stricken, steht das kleine braune Haus, das die Verbindung herstellt zwischen uns Verschollenen und der sicheren Welt. Ich wollte, das Schicksal der Genies wäre dies eine Mal minder dumm und grausam gewesen, und die Strahlen, die hier in das braune Haus herein und aus ihm hinausfahren, führten den Menschennamen „Hertz" und nicht den nichtssagenden: „Marconi". Das wäre recht und billig, und ein wunderschönes Ding hätte einen guten Namen, der sich fast wie ein symbolischer Name anhört.

Abends, wenn man unten in den Sälen sitzt oder schon in der Kabine im Bett liegt, da hört man plötzlich das Huiiii – tak tak – taktak des Telegraphisten oben, der über tausend Seemeilen weg mit der „Minnetonka", dem „Cymric", dem „Kaiser Wilhelm II." spricht, der die Schiffe anspricht durch die Nacht und freundliche Antwort erhält von den Schiffen. In der Huiiii – taktak-Kammer da oben pocht das Herz des Erdballes.

Der Manipulant erklärt mir: „Man braucht die R i c h t u n g nicht zu kennen, in der sich der Angerufene befindet. Man sendet seine Botschaft einfach in einen Umkreis von so und so vielen Seemeilen, denen eine Stromkraft von so und so viel Volt entspricht, hinaus – es wird der Richtige sich schon melden und antworten." Ich lasse den eifrigen jungen Mann sprechen. So oft er „Marconi" sagt, korrigiere ich es in mir und sage „Hertz".

Und ich denke plötzlich auch daran, während ich vom Sonnendeck aufs Promenadendeck hinuntergehe, dass ich ja selber wie dieses Schiff nicht mehr so allein und romantisch durch die Welt segle wie in all diesen früheren Jahren. Sondern meine Reise gehört all den Anderen, die es lesen werden, was ich mir erreise und woran ich vorüberreisen werde. Nicht mehr den sausenden Winden allein preisgegeben, sondern auch Menschenaugen, guten und harten zu gleicher Zeit. Menschen aus meinem Umkreis und aus weiteren …

Dieser Zustand ist mir so neu, wie's etwa dem „Kaiser Wilhelm der Große" neu und vielleicht unbehaglich vorkam, als man ihm das braune Häuschen auf den Rücken hinaufgebaut hat. Aber ich fühle, trotz allem, deutlich die überschwängliche, edle und unersättliche Lust: zu reisen, zu reisen, und es überkommt mich, auf der letzten Stufe, auf einmal die bizarre Vorstellung: dass wir Menschen zur See allein gelten. Dass wir allein leben und sind, wirklich da sind und leben, wir, die wir zu zählen sind, und nicht die Ungezählten auf dem Festland!

Jetzt zieht ein Gewitter durch den Nebel hindurch. Aluminiumfarbige Blitze fahren durch die milchweiße Mauer, spalten sie in zahllose weiße Schichten, Schleier, Vorhänge, die hintereinander vom Himmel bis zum Wasser herunterhängen. Dann zieht der Nebel plötzlich dem Gewitter nach. Das Nebelhorn verstummt. Ich stehe mit dem Papier in der Hand vor der Reling und lese die Worte nochmal durch, die durch die Atmosphäre bis zu mir gekommen sind. Jetzt ist das Meer wieder hell und ganz ruhig.

Wir fahren wieder mit voller Kraft.

Vorsätze

Hier auf Deck sitze ich neben einem vornehmen Amerikaner, mit dem ich über seinen und meinen Kontinent spreche, zuweilen gibt er mir auch Ratschläge. Er ist ein feiner, gebildeter Mann. Er kommt aus Kiel, hat mit seiner Jacht einen ersten und einen zweiten Preis gewonnen und hat mit dem Kaiser gesprochen. (Der Kaiser hat ihn gefragt, wie sich die gute Gesellschaft Amerikas gegen die reichen Juden verhält, und mein Nachbar hat dem Kaiser Antwort gegeben.)

Wie gesagt, er erteilt mir zuweilen Ratschläge. Ich sage ihm: „Ich will drüben mir ansehen, wie Amerika mit den armen Leuten umgeht, das interessiert mich sehr." Darauf erwidert er: ich dürfe es nicht versäumen, nach Newport zu fahren, wo die Reichen beisammensitzen. Ich sage, eigentlich mache ich diese weite Reise nicht so sehr um der Milliardäre willen, von ihrem Anblick habe ich gewissermaßen schon in Europa genug gehabt. Der Herr sagt: niemals werde ich ein abgerundetes Bild Amerikas gewinnen und mir notieren können, wenn ich nicht auch in Newport die smarten Leute habe tanzen sehen. Ich sage: „Ich bilde mir nicht ein, in ein paar Monaten und etlichen Kreuz- und Querfahrten durch den unbedeutenden Erdteil Amerika, ein rundes Bild zusammenzukriegen. Ein Schriftsteller ist nicht so gut dran wie ein Maler, sagen wir, wie Whistler, der auf seinem Bild ‚Die Rede von Valparaiso' mit zwölf oder fünfzehn Aquarellstrichelchen auf silbergrauem Grund die Atmosphäre eines Erdteils festhält, und fertig!"

Gewiss, ich werde um die Straßenecken sicher nicht Theorien nachjagen, sondern lebendigen Dingen, und ich werde mit dem neuen Kontinent hauptsächlich mein Gefühl für die Welt und die Menschen nähren. Dieses Gefühl ist zurzeit ziemlich stark in mir und braucht eine kräftige, gesunde Kost. Ich will's weder an den Tafeln der Reichen füttern, noch durch die Abfälle der Gosse hinter mir herschleifen. Ich will, wenn's mir grad passt, einschichtig und, wenn's mir passt, gesellig, mit meinem Gefühl durch den Kontinent spazieren gehen und gut zuschauen, was für ein Gesicht mein Gefühl zu den Dingen macht, die uns begegnen.

Gleich in der ersten Stunde, wie ich an Bord des „Kaiser Wilhelm der Große" gekommen bin, habe ich mir vom Decksteward einen Stuhl an Steuerbord aufklappen lassen, obzwar ich gut wusste, dass man an Backbord geschützter sitzt. Ich habe mir vorgenommen, die erste Nacht oben auf Deck so lange auszuhalten, bis ich von meinem Stuhl aus die Feuer Englands werde leuchten sehen; so lange wie möglich den Blick nach dem Westen haben. Und gäb's auch weiter nichts zu sehen als ein armseliges Feuerschiff draußen vor einer der gefährlichen Sandbänke an der Ostküste des alten Englands.

Die friesischen Inseln waren schon am Vormittag verschwunden, nun ging's durch den Kanal. Links die Niederlande, Belgien, Frankreich, rechts die Inseln von Großbritannien: das war der Weg durch die Länder, den die Gründer der Reiche drüben in der neuen Welt eingeschlagen hatten, als sie ausgezogen waren in ihren harten Kästen. Unser braves Schiff, unser vierschlotiges Monstrum, unser tüchtiger Karrengaul pflügte seine Furche durch historisches Wasser, wenn man sich so ausdrücken darf.

Wenn ich schon die Dinge drüben wie ein Bauer ansehen will, wie ein Auswanderer, dem die ersten zwanzig Tage nach seiner Ankunft am Pier in Hoboken bei Gott wichtiger sind als die zwanzig und mehr Jahrhunderte vorher – und wenn mir auch die lustige Seebrise, die mir gleich in der ersten halben Stunde den Hut von der Schnur riss, all das Geschichtliche aus dem Hirn herausgekämmt hat – kein Mensch konnte mich daran hindern, mit Rührung zwischen den Küsten hindurchzufahren, von denen all die kühnen und wagemutigen und auf Gott vertrauenden Nussschalen abgestoßen und hinausgeschaukelt sind, den gleichen Weg lang, den die Schraube da unten unseren „Kaiser Wilhelm der Große" entlang wirbelt.

Niemand konnte mich daran hindern, dass ich mit intensiverer Rührung als an die Reichsgründer auf der Backbordseite, die holländischen Landgrapscher und die französischen Eisenfäuste pour le Roy, an die Leute rechts von mir, die Leute Englands denke und an den Spruch Emersons: der Amerikaner sei im Grunde nur die Fortsetzung des englischen Geistes (English Genius) unter neuen und veränderten Bedingungen.

Für englischen Geist brauchte ich nur: Freiheit des Individuums und Respekt vor dieser Freiheit des Individuums zu setzen und für veränderte Bedingungen: Abwesenheit von Tradition, Vorurteilen, Historie – und da hatte ich einen guten Grund, weiß Gott, nach Amerika zu den Amerikanern zu reisen.

Aber da war noch eine Vorstellung aus der Kindheit, aus einem alten Buch daheim: es handelte von den sympathischen blassen Puritanern, die auf der „Mayflower" ausgezogen waren, um im gefährlichen Weltteil so etwas wie das Reich Gottes zu gründen. Das Reich Gottes, das nicht viel anders ist als eine höhere Form von freiem Beisammenhausen von Menschen, die sich von innen heraus regieren. Einige Splitter, zerstreute Stückchen vom Reich Gottes drüben zu finden, das war im Kanal und ist auf hoher See meine Hoffnung, sagte ich meinem Nachbarn.

Die Nachkommen der Puritaner drüben in dem demokratischen Erdteil sollen ja jetzt einen Klub, eine Art aristokratischen Vereins gegründet haben, höre ich.

Und der Ausdruck: „Deine Vorfahren sind auch nicht mit der Mayflower hierherge-kommen!", soll für den Angeredeten eine ähnliche schimpfliche Bedeutung haben wie drüben in Europa etwa dieser Ausspruch: „Deine Vorfahren sind auch mal mit alten Hosen auf dem Rücken durch die Dörfer gezogen!" Aber, hol's der Teufel, wenn schon was Aristokratisches da sein muss, so soll's doch lieber von den Rit-tern des reinen Gotteswortes herkommen als von den erlauchten Wegelagerern und Schnapphähnen jenes alten Europas!

„Ha!", höre ich einen sagen: „Das ist mir ein netter Beweis für unhistorisches Denken. Zudem sind ja die Puritaner arge Inquisitoren und Auf dem Erworbenen-Sitzer gewesen."

Aber ich bin von der wunderschönen Meerluft um mich herum schon ins Schwärmen geraten, stehe an der Reling und fantasiere drauf los. Die Mayflower, etwas sehr Schönes, Reines, Fanatisches, etwas, das mir mit Umgehung der histo-rischen Notwendigkeit eine reiche, lebendige Freude an dem Erdteil einflößt, dem wir entgegentreiben – ein altes Buch aus der Kindheit, wie gesagt!

Jemand klopft mich auf die Schulter und fragt mich höhnisch: ob ich auch wisse, wie ein Puritaner ausgesehen habe? Ich antworte: „Nun, ich denke, wie die Puritaner auf den schönen Stichen in Washington Irvings ,Didrik Knicker-bocker's History of New York!' " Darauf sagt mir der Mann: „Ja, wohl! Viel mehr aber haben sie noch ausgesehen wie ein Londoner Sonntagnachmittag!" Darauf drehe ich mich lebhaft um und sage dem Mann ins Gesicht: „Gut, dass Sie mich daran erinnern!"

Denn grad einer dieser berüchtigten und merkwürdigen Londoner Sonntag-nachmittage, vor dem der fantasielose Kontinentale mit Siebenmeilenstiefeln Reißaus nimmt, verursachte es, dass ich jetzt auf diesem Schiff sitze, an der unge-schützten Steuerbordseite, von der ich Englands Feuer gesehen habe und seither, seit vier Tagen, nichts mehr als das Wasser und den Himmel und die untergehende Sonne jeden Gottesabend noch dazu!

Ich habe es nicht vor, auf die Jagd in die Vernunftgründe zu gehen, wenn es sich um etwas so Herrliches wie eine Reise über See, durch gewaltige Städte, unendliche Prärien und Seen so groß wie Meere handelt. Sondern ich will lieber dem kleinen tickenden Schlag nachforschen, der einmal vom Herzen hinauf ins Hirn geklun-gen ist, und der elektrische Funke war da und die Lust entfacht, und es musste nur noch die Zeit abgerollt sein, die auf diesen irdischen Wegen den Wunsch von der Erfüllung trennt. Und dieses kleine Ticken, diese kleine Explosion des Motors hier drinnen habe ich an eben solch einem stillen und lautverlassenen Sonntagnachmit-tag gehört, vor einem Jahr etwa, in London, wie gesagt. –

Das war der Sonntagnachmittag, an dem ich den kleinen Narren im Hydepark hab predigen hören und den Kolonisten mit Weib und Kind in der Shaftesbury Avenue hab mit dem Policeman stehen sehen, und aus dem Anblick dieser beiden und aus der plötzlichen Erinnerung an das alte Kindheitsbuch von den Puritanern und der „Mayflower" hat sich der Kontakt Amerika ergeben und ist dagewesen und geblieben, ein Jahr lang.

Die Leute, die in den Vernunftgründen beheimatet sind und Liegenschaften besitzen, sie wissen nichts von den Wegen der Seele und dem Dickicht, darin die Vögel singen und zwitschern.

Der kleine Narr im Hydepark war ein kleiner Narr, und ich müsste noch heute lächeln über ihn, glaubte ich nicht, dass die Zinzendorfs und die Menno Simon und Abadie und Fourier und die Leute von Oneida wohl ähnliche Narreteien an sich gehabt haben, und alle die großen Unzufriedenen und ins Irre laufenden Vorläufer jener, die heute unzufrieden sind, aber die Straße endlich gefunden haben.

Er hatte eine große Tasche mit sich in den Park gebracht, wo an den Sonntagnachmittagen jeder reden und predigen und schwätzen darf, was ihm beliebt, für Gott und gegen die Kirche, für den Menschen und gegen den Staat, keiner wird ihm das Wort verbieten hier in der freien Luft des alten Englands. Weder die Luft noch England wird um ein Atom schlechter dadurch. Ich wurde auf den Narren aufmerksam, als er anfing, seine Tasche auszupacken, er hatte sein Podium mitgebracht in ihr. Vier dicke Ziegelsteine, drei davon waren aus Holz, und der vierte war die Bibel. Die drei Holzstücke legte er so auf die Erde, zwei nebeneinander, das dritte auf das rechtsliegende, denn sein rechtes Bein war kürzer als das linke. Es war ein hinkender Narr, dieser Narr am Sonntagnachmittag. Er bestieg sein Podium, schlug auf seine Bibel und begann zu sprechen. Seine Sprache war die des wenig gebildeten Londoner Vorstadt-Cockneys, ich hatte Mühe, ihm zu folgen, aber sein Gesicht war schön und sein Feuer rein, nur wenige unter den Hörern lachten ihn aus.

Was er redete, war eine große, in der Woche einstudierte Rede gegen die presbyterianische Kirche, die mit dem Gotteswort Geschäfte macht, gegen die Mächtigen, die die Bibel gefälscht haben, denn die Bibel strotzt vor Widersprüchen, und die Reichen fahren gut dabei, gegen das Parlament, das eine Lüge ist, und den König, der eine Lüge ist, und für Jesus, der arm und wahr war und dessen Worte klar durchstrahlen durch alle die Fälschungen hier in diesem Buch da usw. Ich werde mich hüten, zu erzählen und zu berichten, was er zusammenredete (ich könnte es, denn ich habe mir Notizen gemacht), er war ein ziemlich naiver Narr, dieser kleine, windschiefe Sonntagnachmittagsparkredner. Aber ich glaube, um des Tonfalles willen, indem er von dem wahren Jesus sprach, hätten ihn die Pilgerväter auf der „Maiblume" mitgenommen, und im Klub drüben säßen heut einige Aristokraten mehr.

Der andere aber war der Kolonist. Seine junge Frau stand neben ihm, und er hatte sein kleines schlafendes Kind auf dem Arm. Das Kind hatte eine kleine blaue gehäkelte Mütze auf dem Köpfchen. Der Mann stand in einem alten abgetragenen, an den Schultern ganz grün gebleichten Militärmantel da, er hatte sehr schlechtes Schuhzeug an den Füßen. Er stand mit seiner Familie an der Ecke der Shaftesbury Avenue im Sommerregen da und erzählte einem Schutzmann, den er um Auskunft über die Straße gebeten hatte, in der sein Lodging war, dass er morgen in aller Früh nach Liverpool fahren wollte, von wo er mit der „Empress of Ireland" weiter hinausfahren werde.

Ich hörte den Namen des Schiffes, als ich an den vier Menschen vorüberging, und ich sah das Kind auf dem Arm des noch jungen Mannes, und ich sah der Frau in ihr gramvolles Gesicht, ich glaubte, dies schon einmal gesehen zu haben: in dem wundervollen Bild von Ford Madox Brown „The Last of England", das ich zu Hause in einer Mappe mit anderen Reproduktionen der englischen präraffaelitischen Schule liegen habe.

In meinem Boardinghouse erkundigte ich mich dann beim Abendessen, wohin die „Empress" fahre, und man sagte mir, dass sie nach Kanada fahre. Und dann, während ich nachts aus meinem Fenster auf die alten Bäume des kleinen Bedford Square hinaussah, da wusste ich es in mir drin, etwas war geschehen, ich werde bald in die Welt hinausfahren, und ich wusste sogar schon die Richtung mir anzugeben.

Captain's Dinner

Letzter Abend an Bord. Die Leute der Ersten Kajüte kommen in großer Toilette zum Essen hinunter. Der Speisesaal ist hübsch dekoriert, bunte Crackers und Blumen sind überall auf den Tischen, und kleinwinzige japanische Papierschirmchen, die die Frauen sich ins Haar stecken. Sie sehen aufgespannt wie große tropische Blumen zwischen den Frauenhaaren aus. Viel Champagner kommt auf die Tische. Heute Abend entscheidet es sich, ob die Freundschaften, die man zur See geschlossen hat, auf dem Festland von Dauer sein sollen oder nicht. Wir Schöngekleideten alle lehnen uns in unseren Stühlen zurück und schauen nach den anderen Tischen hinüber, von wo uns lächelnde oder gleichgültige Mienen Bescheid tun.

Oben auf dem Promenadendeck hat man einen Tanzplatz mit bunten Signalfahnen abgesteckt. Vom Dach, das heißt dem Sonnendeck, hängen bunte Glühlichter herab. Die Paare lüften den Vorhang, die deutsche und die amerikanische Flagge, ehe sie zum Tanz antreten. Die braven Stewards spielen amerikanische Tänze auf, dazwischen einen biederen Ländler oder einen frisch in Wien fabrizierten Walzer. Das Publikum zeigt sich rasch vor Torschluss in einer neuen Funktion. Die während der Fahrt hin und her gelaufen sind oder bleich und gelangweilt unter Decken gelegen haben tanzen jetzt. Manche haben einen ganz befremdlichen Rhythmus, den ihnen keiner zugetraut hätte. Eine kleine blässliche Dame, die sechs Tage lang in ein und demselben wässerigen Roman herumgeplätschert ist, hat plötzlich den Teufel im Leibe. Der Schwerenöter und Kartenschärfer vom Tisch nebenan tanzt mit seinem Flirt: der Flirt hält seinen Lockenkopf an das Plastron glattgepresst, es ist, als tanzten zwei Rücken herum. Die männliche Hälfte aber tanzt wie ein junges Mädchen.

Die Matrosen haben's nicht leicht diese Nacht. Einer versichert mir: „Heute wird nicht geschlafen. An Backbord liegen schon die Postsäcke aufgeschichtet; morgen früh kommt der Postdampfer und nimmt sie auf. Eine Stunde, ehe wir in Hoboken einlaufen, sind die Säcke an die Bahnen verteilt." Ich steige über den Strick und sehe mir die Labels auf den Säcken an. Port au Prince, Yukon Pacific, Nicaragua – ich höre die Reiselust förmlich wiehern in mir.

Auf dem Deck der Zweiten Kajüte starrt ein riesiges Loch im Boden. Der Kran zwingt aus der fünfstocktiefen Untiefe das Gepäck herauf, die Koffer, Kisten, die Fracht des Schiffes. Unaufhörlich kommt und geht die Riesenkette. Ich gehe um das ganze Deck herum und genieße den letzten Abend auf dem schönen, mir lieb gewordenen Schiff.

Vom Tanzboden her kommt ein Twostepp geweht. Es tanzen die Amerikaner, die Deutschen, die Spanier. Der ganze Tanzboden ist voll von Tanzenden. Ei was: May und Marjorie, die beiden Töchter des toten Mannes, tanzen mit. Recht der Jugend! Sie haben weiße Seidenblusen an, und die eine hat eine kleine schwarze Masche mit einer Diamantenagraffe an ihrer Brust befestigt. Sie tanzen sehr gut, ebenso der Bruder, ein wenig ausgelassen – ausgehungert. Tanzt doch, ihr Lebenden. Ihr dürft es und könnt es, darüber besteht ja kein Zweifel.

Im Drawing Room sitzt der alte Kommodore mit seiner alten Frau. Er hat das Puzzle vor sich, es ist immer noch nicht weiter als bis zur Hälfte gelöst. Man kann es schon erkennen: es wird ein Gainsborough-Knabe mit einem Reifen sein. Das alte Paar arbeitet seit Bremen an dieser Aufgabe. Hier und da nickt der alte weißhaarige Herr ein bisschen ein, seine Frau lässt ihn ruhig ein, zwei kleine Schnarchtöne ausstoßen und lächelt ihm dann zu, wenn er aufwacht und wieder nach den Holzplättchen greift.

Die Frau des toten Mannes sitzt in einer Ecke und legt Patience. Ich lasse es mich eine Viertelstunde kosten und sehe von Weitem, die Augen über dem Buchrand, zu, ob die Patience aufgeht. Nach einer Weile wirft die Witwe den Talon mit den aufgelegten Karten zusammen und beginnt eine neue Patience. Auch diese missglückt. Dann eine dritte. In dem Gesicht der Witwe ist kein Zug, der Hoffnungslosigkeit ausdrückte. Sie ist nicht mehr jugendlich, ihr Gesicht ist fahl und gelb, aber ich fühle, sie legt die Patience nicht nur, um sich die Zeit zu vertreiben.

Draußen ist die Nacht voll von Sternen. Die Zuschauer vor den Flaggen sind rar geworden. Die Stewards spielen ihren letzten Twostepp, ein paar unentwegte Paare tanzen noch unter den Glühbirnen dahin, May und Marjorie tanzen. Der Bruder steht mit der Lockendame an einer dunklen Stelle des Deckes. Wie ich vorübergehe, sehe ich: er versucht, mit der glühenden Spitze seiner Zigarette ihre Hand zu berühren. Er ist noch ein halbes Kind, dieser kindische Bursche.

Auf dem Deck der Zweiten Kajüte, drei Schritte weit vom Tanzplatz, kommt und geht die große Kette. Aus der Untiefe hebt sie die Fracht des Schiffes, die Koffer und die Kisten herauf. Ehe ich schlafen gehe, sehe ich zu, ob nicht eine Kiste heraufkommt, die die Form eines Sarges hat? Und wirklich, da kommt eine herauf, die sieht aus wie ein Sarg.

Einfahrt

Elfter Juli früh. Den sechsten Tag haben wir nun kein Schiff gesehen!

Die Schiffszeitung erzählt Schauermären von einer Hitzewelle, die über Amerika hinübergestrichen ist. Hier draußen schon fühlen wir sie zwischen Haut und Hemd hindurchstreichen, diese Hitzewelle. Von Massachusetts, sagt man, haben wir sie herbekommen. Mir ist's egal woher, sie ist infam. Jemand macht auf einen leisen Gestank in der Luft aufmerksam: das sei schon der Geruch von New York. Nun, das kann gut werden. Die Matrosen haben eine schlaflose Nacht hinter sich. Diese sympathischen, angestrengten Männer in zu weiten Hosen und mit Kinderkragen auf ihren kindlichen Blusen gehen geschäftig zwischen uns Passagieren hin und wieder. Das Hinterdeck ist mit Gepäck vollgestopft. Die Postsäcke liegen bis zur Decke aufgetürmt.

Auf Zwischendeck ist alles sehr munter und steckt in Sonntagskleidern. Auf einmal haben alle Kragen um die Hälse, sogar Itzig und seine Söhne. Nur Frau Itzig hat ihre Alltagstracht bewahrt, hellgrauer Rock, weiße Bluse, das heißt …

Jetzt rennt alles an die Reling. Dünne graue Striche sind am Horizont zu sehen, sie steigen, es ist das Land. Ein paar Schiffe kommen von Amerika her, Schiffe, endlich! Eine kleine Rauchwolke nähert sich uns, rasch. Das ist der Pilot, heißt es. Da ist also die Neue Welt. –

Es dauert nicht lang, und der Pilot ist ganz in unserer Nähe. Ein Boot stößt von seinem Schiff ab. Die Strickleiter mit Holzsprossen kollert an unserer Schiffswand hinunter, der Pilot kommt an Bord des „Kaiser Wilhelm der Große".

Drei fette alte Burschen, in Stadttracht und mit Zahnstochern im Mund, pusten sich die Leiter herauf – das ist der Pilot. Ich kann nicht sagen, dass diese ersten drei authentischen Amerikaner mich mit Enthusiasmus erfüllen. Sie sehen aus, als sollten sie uns im nächsten Augenblick mit den drei elementaren amerikanischen Unarten bekannt machen: Gummikauen, Spucken, Hemdärmeln. Sie tun aber nichts dergleichen, und unser Interesse wird bald durch andere Dinge von ihnen abgelenkt.

Man sieht jetzt mehr Schiffe und graue Streifen am Horizont. Berge, Farben, Inseln. Es ist ganz klar zu ersehen, was die Macht dieser Stadt dort im Hitzenebel begründet hat. Zwischen New Jersey und Long Island klafft ein Loch, und das ist die natürliche Pforte des Hafens. Dieser Hafen ist mit einer Unzahl von kleinen, unansehnlichen, schief im Wasser steckenden Pflöcken, winzigen roten Klingelbojen und Zeichen aller Art bespickt, der Pilot ist nicht überflüssig, weiß Gott.

Häuser werden sichtbar, Bungalows, Wald; ein silberner Strich unterm Grün, das ist Long Islands Strand; ein riesiges Rad, ich höre, es steht auf Coney Island.

Und nun steigt auch schon, weit hinten hinter Long Islands Hügeln ein fester, durchsichtiger Rauch in die Höhe, eine Nebelfestung mit Türmen und Zinnen, schmal und fest zur Seite von Staten Islands Berg, der jetzt hervorkommt, weil wir uns drehen: das ist die Südspitze von Manhattan, die Stadt der Wolkenkratzer.

Der „Moltke" der Hamburg-Amerika-Linie fährt an uns vorbei, hinaus, die italienische Flagge vorn gehisst, nach Genua – adieu! Eine kleine Insel gleitet näher, von Staten Island her, auf uns zu; sie ist wie eine kleine, kapriziös ausgezackte grüne Decke, aufs Meer flach draufgelegt. Eine menschliche Gestalt von ungeheuren Proportionen, Sonne in den grünen Falten ihres Gewandes, hat Fuß gefasst auf ihr – dies ist L i b e r t y   I s l a n d , die Statue der Freiheit, die an der Pforte der Neuen Welt liegt: F r e i h e i t , von Herzen Hurra, Hail Columbia! Hurra!!

Gleich dahinter allerdings, die breiten niederen roten Häuser, halb Lazarett, halb Gefängnis, mein Freund erklärt mir, das sei Ellis Island, die Einwanderer-Insel, die Schreckliche. (Von ihr später, viel später.)

Allerhand kleine Schiffe haben sich jetzt an unseren Flanken festgelegt; wir stehen still wie ein Pferd, von Mücken belagert. Da ist das weiße Postschiff, das Sanitätsschiff, ich weiß nicht, was für welche noch. Die Jacht des New York Herald bringt die ersten wirklichen Zeitungen an Bord, Börsenkurse summen um uns her, aber auch andere Zahlen: heute 103 Grad Fahrenheit, achtzehn Tote bis Mittag. Bis herauf zum Sonnendeck, wo ich stehe, schwirren all die Zahlen her. Ich fahre jetzt, wir fahren auf die Riesenstadt zu, das Erste, was man von Amerika zu sehen kriegt und das Ungeheuerlichste zugleich. Es wächst, wächst am Horizont, höher, schaut jetzt aus wie eine Hand, die sich schmal und langsam in die Höhe streckt, man weiß nicht zum Willkommen oder wie eine Drohung.

Wie eine Hand, wahrhaftig, kommt Manhattan aus dem Meer in die Höhe gestiegen, jeder Finger ist dreißig Stockwerke hoch und darüber.

Wir fahren jetzt langsam, langsam. Die Seeluft ist weg, vergessen, es ist schon sehr heiß, obzwar's noch seine guten Wege hat mit Hoboken.

Bei einer Wendung des Schiffes sehe ich die Hand dort vorne sich spalten. Die mittleren Finger gehen auseinander, zwischen ihnen sieht man einen Strich, der mit Luft gefüllt ist – das ist Broadway, die große Straße der Stadt. Absonderlich, wie das dort ausschaut. Gar nicht wie Wirklichkeit, sondern wie eine dünne Kulisse mit nichts dahinter, wahrhaftig.

Viel deutlicher ist schon die Reklameinschrift rechts unten in Brooklyn zu sehen. So etwas wie ein waagerechter Wolkenkratzer, knapp über der Hafenlinie, etliche Kilometer lang – ein Bitterwasser wird angepriesen!

Die Pyramiden Ägyptens versetzen einem einen ähnlichen Schlag ins Genick, wie die Wolkenkratzerstadt Manhattan von der Bai aus zum ersten Mal gesehen, sagte mir der Vornehme. Nun, ich mach mich auf den Schlag bereit. Ich wünschte, man würde die Bitterwasserreklame dort wegkratzen, auch sie hat etwas Monumentales, ich warte und bereite mich auf den Schlag vor. Ich habe die Pyramiden nicht gesehen, aber hier, was ich jetzt im Drauflosfahren auf die Insel Manhattan-New York empfinde, ist ein bizarres, gemischtes Empfinden von Unbehagen, Widerstreben, Staunen, ohne Befreiung des Gefühls vom Denken, alles eher als ein großes, unbedingtes, aufatmendes: Ah!

Und die Manhattan-Spitze dreht sich weiter. Broadway ist weg und die Häuser sind jetzt gut zu sehen, große viereckige Ziegelsteine mit Poren, nein, besser gesagt, große aufrecht hingestellte holländische Waffeln, nein, riesige Siebe mit Löchern drin, das ist's: Siebe, mit ungeheuer vielen Löchern. Da stehen sie beieinander. Man kann sich nicht denken, dass da drinnen Menschen leben sollen, dass hinter jenen Löchern dort menschliche Wesen mit Augen, Nasen und Haaren auf dem Kopf ihr Leben verbringen. Oben sind an die Siebe winzige weiße wehende Rauchfähnchen angebunden, die Winzigkeit dieser Fähnchen macht den Anblick dieser Mordskasten vor uns noch unbehaglicher, jawohl. Ich drehe mich andersherum, lasse die Stadt dort hinten sich ruhig um ihre Achse drehen und besehe mir die Stadt der Schiffe hier unten, statt der Stadt des Steins.

Wirklich, diese Stadt der Schiffe, die Manhattan einsäumt, ist einzig, überwältigend.

Schlote und Maste, ungeheure Hallen, auf den Piers hinaus ins Wasser geschoben; aus ihnen lösen sich zuweilen schwere braune Inseln los und gleiten in den Strom, den Hudson, in den wir jetzt einfahren. Es sind die Fähren. Sie tragen Eisenbahnzüge, Wagen, Automobile, Vieh und Menschen auf ihren Rücken. Ein dumpfes, klagendes Gebrüll und die Insel ist vorbei geschwommen. Alte Schiffe, mit Pendeln auf dem Rücken, lenken an uns vorbei. Ein Abfallschiff stinkt penetrant seines Weges daher, hinaus auf eine Insel bei Rockaway; es trägt den Duft „New Yorks" hinaus, den wir schon von Weitem gewittert haben. Jetzt zeigt man sich die weißen, fünf Stockwerke hohen Schiffe der Hudson-Linie; schon denke ich daran, dass ich auf einem dieser Paläste bald hinauffahren werde ins Land und fort von New York. Und die Stadt der Riesensiebe verschiebt, verschiebt sich. Die Wolkenkratzer sind grau, gelb, bräunlich, zumeist aber monoton graugelb. Plötzlich sehe ich etwas wahrhaft Schönes in der Ferne über dem Gewimmel der löcherigen Häuser auftauchen. Eine riesige rote Spinne, die auf ihrem Rücken eine rote stachelige Blume trägt, kriecht mit langen Spinnenbeinen über die Dächer weg – es ist das Eisengerüst des neuen Municipal-Building, eine Konstruktion, die eines der höchsten Häuser New Yorks krönen wird. Dieser rote Fleck ist schön; ich habe etwas gemerkt und schreibe es mir auf. Das Gerüst ist schön und das Fertige ist hässlich. Das heißt die Energie, die hinter diesen Ungetümen steckt, geht mich näher an als die Resultate, die sie hervorgebracht hat. Wir sind in New York, und der Choc ist ausgeblieben. Ich wäre ein Lügner, wollte ich behaupten, ich hätte eins im Nacken gespürt.

Aber unter diesem Allzugroßen, nicht Überwältigenden lebt die Stadt. Manhattan, das spitzige Tier, sticht wie ein Tausendfüßler mit seinen unzähligen Piers wie mit giftigen Stacheln nach uns. „Kaiser Wilhelm der Große" gleitet ruhig an ihnen vorbei, zwischen Manhattans und Hobokens Stachelspalier hindurch, den Piers des Norddeutschen Lloyd entgegen.

An Bord kümmert sich keiner mehr um den Anderen. Alle Augen sind auf ein weißes viereckiges Loch gerichtet, das, nicht mehr weit von uns, in einem schwarzen breiten niederen Haus auf der Hoboken-Seite flimmert. Dort warten Menschen in hellen Kleidern auf unser Schiff, schwenken Tücher, sind aufgeregt und flimmern in der wahnwitzigen Hitze.

Neben mir zieht einer seinen Rock aus und entfaltet eine kleine weiße Fahne mit rotem Viereck darin – eine Ähnliche antwortet ihm aus dem weißen flimmernden Loch.

Die großen Lettern „North German Lloyd", die in der Nacht über dem Hudson aufglühen und verschwinden, sind jetzt auf den drei Piers vor uns zu lesen. Wir drehen uns langsam und laufen den südlichen der drei Piers an. Unten vor dem offenen Tor des schwarzen breiten Hauses steht ein kurzer, unnatürlich dicker Kerl breitspurig da und blickt unter seinem Sombrero patzig zu uns hinauf. Die Menschen aus dem flimmernden Loch sind jetzt alle auf die Ankunftsseite hinüber gelaufen und brechen in ein delirierendes Erkennungsgebrüll aus. Von unserem Schiff antwortet man. „Kaiser Wilhelm der Große" knarrt mit einem Ton, der sich norddeutsch anhört wie: „Uff!", an den Pier an. Ich nehme meinen Paletot und meine Handtasche und gehe übers Brett hinunter nach Amerika.

Hitzewelle

Im Hotelzimmer lasse ich gleich den Ventilator surren, das Badewasser laufen und führe mir die Eisstücke, die der Kellner im Porzellankrug hereingebracht hat, über den Leib spazieren. Aber all dies ist eitler Dunst vor dieser Höllenhitze dort draußen und da drin.

Aus meinem Fenster habe ich den Blick tief hinunter auf einen kleinen Park. Ich sehe im Baedeker nach: es ist Bryant Park. Ein paar Dutzend Leute liegen wie tote Fliegen, mit Hemd, Hose und Schuhen bekleidet, dort unten auf den Bänken herum. Rings um den heißen Rasenfleck stehen Häuser, lange und schmale, wie Spargel, ganz winzige mit geteerten Dächern daneben, und dann, nah und fern, wieder diese ungeheuren durchlöcherten Kasten, diese viereckigen aufrecht hingestellten Siebe, grau und stupid, mit fünfstockhohen Reklameschildern und Anpreisungen von allem Möglichen auf dem Deckel. Wirklich, ich kann momentan den Anblick dieser Stadt nicht vertragen.

Ich setze mich, so wie ich bin, mit dem Rücken gegen das Fenster, gleich habe ich den Rücken voll Fliegen. Wie ein armer zuckender Gaul trachte ich, mir die lästigen Tiere durch kleine Stöße vom Leibe zu halten. Ich sitze zwischen dem Ventilator und dem Fenster, krame in meiner Handtasche herum und lese in der Zeitung, die der Kellner mit dem Eiswasser hereingebracht hat. Diese Welle liegt nun schon den achten Tag über New York.

Ein paar Leute sind luftschnappend aus Wolkenkratzern in die Atmosphäre hinuntergefallen. Frauen im Osten der Stadt haben Eisläden geplündert. Ein Riese in der Vorstadt Bronx ist plötzlich irrsinnig geworden, fing an, Amok zu laufen, und hat drei Schutzleute in Schaufenster und Rinnsteine geschleudert. Long Island ist eine einzige Badestube der ganzen Länge nach, viele Meilen weit. Die gelbe Presse irrt sich um eine Null bei der Addition der Todesfälle, aber auch so ist es ein hübscher Empfang bei Gott. Und der Höhepunkt von allem: ein Geistlicher in Newark hat das Wort „damn" von der Kanzel herab ausgesprochen! „Damn the Ice-Trust!" Das sind die historischen Worte, die der brave Reverend Shreve Osborne von der Kanzel der Trinity Episcopal Church herunter in die erschreckt auffahrende Menge seiner Schafe geschleudert hat. Meine Absolution hat er – denn das Eisstück, mit dem ich mich eingeseift habe, ist bis aufs Nichts zusammengeschmolzen, schon schwemmt mir die infame Welle das letzte Atom von kühlem Wasser wie einen Rauch vom Leib herunter, und der Schweiß stürzt ihm aus allen Poren nach.

Soll ich in dieser Stimmung aufschreiben, was für ein Gesicht New York mir gemacht hat vom Pier in Hoboken über Broadway hierher bis zur Ecke der 42. Straße?

Broadway ist das Absurdeste, was ich je gesehen habe. Eine Stadt, arme Viertel, reiche Viertel, große Häuser, kleine Häuser, ist durcheinander geraten; sagen wir, ein barbarischer, amoklaufender Riese hat ihr von der Seite her einen Tritt gegeben, und als alles kunterbunt dalag und durcheinander, da hat das drei Monate alte Riesenkind in dem Haufen herumgewühlt und die Häuser wieder aufgestellt, neben- und übereinander. Ärmliches Haus, Palast, vier Häuser übereinander, kein Haus, kein Haus, zwölf Häuser übereinander, winziges Haus, tiefes Loch, kleines Vorstadthäuschen, Palast, 37 Häuser übereinander – das ist Broadway. Es wird einem schlecht, wenn man da durchfährt. Ich stecke den Kopf aus meinem Fenster – es ist nicht zu beschreiben, wie diese Stadt aussieht. Das bayrische Viertel in Berlin, in dem man stundenlang zwischen den hochherrschaftlichen Häusern herumlaufen kann, bis man eines trifft, das nach einem Haus aussieht, das bayrische Viertel ist ein schlichtes inniges Volksliedchen gegen diese Papua-Musik gehalten. Ich ziehe den Kopf wieder zum Fenster herein, nehme mir vor, europäische Schönheitsbegriffe zu meiden, und stecke dann meinen Kopf mit kosmopolitisch objektiven Augäpfeln wieder zum Fenster hinaus.

Dass diese Stadt schön ist, das wird mir keiner einreden, auch nicht der vorzügliche Radierer, Lithograph und Whistlerschüler Pennell, der als Erster mit großer Kunst die „downtown", die Wolkenkratzer New Yorks, verwertet hat und der ein Piranesi des heutigen New York genannt werden darf.

Ich habe jetzt New York ein paar Tage lang kreuz und quer durchstreift und muss sagen, es ist eine hässliche, abnorm und trostlos hässliche Stadt und dabei nicht einmal zweckmäßig aufgebaut! Dieses Gestrüpp von Häusern von grotesk ungleichem Kaliber scheint mit einer Geschwindigkeit von hundert Kilometern in der Stunde zusammengehext zu sein, damit die Leute in ihr nur ja rasch ihre Geschäfte unter Dach und Fach herunterwirtschaften können. Ein Automobil, eine Bahnhofshalle sind bei Gott nicht schön, das ist so eine heutige Zumutung, und wer einmal ein altes Schinkelhaus oder einen friderizianischen Schlitten gesehen hat, der kann gleich konstatieren, wo die Grenzen von schön und zweckmäßig gezogen sind.

New York hat einige Teile, von denen man sagen kann, sie sind schön, die aber sind nicht New York, sondern Nachahmungen von Paris und London. Riverside Drive am Hudson ist die Avenue du Bois, Gramercy Park und die 5. Avenue um Washington

Square herum eine genaue Kopie von Bloomsbury, die 5. Avenue in der fashionablen Gegend ein Abklatsch von Piccadilly und Bond Street, und die Bankgegend der unteren Stadt sieht, wenn ich meine Hutkrempe niederbiege und die Häuser dadurch plötzlich nicht höher sind als drei Stock hoch, genau aus wie London um die Börse herum. Auch andere Stadtteile, die Bowery, die 1., 3. Avenue gleichen auf ein Haar den entsprechenden Londoner Gegenden, Houndsditch der Tottenham Straße. Der berühmte und berüchtigte Broadway aber ist ein Kauderwelsch, ein Sammelsurium von allen möglichen Unarten, als Straße absolut uncharakteristisch. Wer von einem Stil New Yorks spricht, muss sich also wohl oder übel mit den fatalen W. (ich meine die hohen Häuser, das Wort ist scheußlich und zu lang!) beschäftigen, denn die repräsentieren New York und das heutige Leben des Mittelpunktes von Amerika.

Am siebenten Tag warte ich noch darauf, dass mir der W. „aufgehe". Wenn der W. mir „aufgegangen" sein wird, fahre ich ab. Ich will bald hinauf nach Kanada, mein Hotel ist viel zu teuer, und dann bin ich ja diesen Winter wieder hier. Mit dem W. muss ich aber jetzt gleich, diesmal, fertig werden, denn er ist nicht nur das Problem von New York und Amerika, sondern ein Problem dieser heutigen Zeit überhaupt. Man kann vom W. nicht reden wie von einem Automobil oder einer Bahnhofshalle, denn er hat seine Fasson nicht von der Zweckmäßigkeit erhalten. Dass dreitausend Büros in einem Haus beisammen sind, ist keine Notwendigkeit, eher vielleicht, dass sie so nahe zur Börse oder Bank sind, wie irgend möglich. Nur kann ich mir nicht denken, dass um elf Uhr aus jedem dieser Büros ein Mensch die Lifts hinunterschießt und mit zehn Schritten an der Börse ist. Aber ich will, ahnungslos wie ich schon bin, annehmen, dass dies der Fall ist und dass die Notwendigkeit, es so bequem zu haben, die Preise der Grundstücke hier unten auf der Südspitze von Manhattan so wahnwitzig in die Höhe getrieben hat. Auf alle Fälle mussten die Stockwerke diesen Grundpreisen in ihre schwindelnde Höhe nachklettern, und das ist also die ästhetische Grundidee des W. Vor den Pyramiden hoffe ich, einst den Choc zu erhalten, von dem man mir auf dem Schiff berichtet hat und den uns Heutigen die Macht und Selbstherrlichkeit in jahrtausendeweiter Entfernung noch immer versetzen. Wenn ich mir aber jetzt an der Ecke von Wall Street den Hals verrenke, so denke ich mir doch nur – der Kerl, der dort eine Orangenschale wegwirft, bedeckt mit ihr eine Viertelmillion Mark oder so, und bin nicht im Geringsten erschüttert. Es ist mir auch gleichgültig, dass sie jetzt ein Haus mit hundert Stockwerken bauen wollen. Bitte. Meinetwegen mit 17.000. Das zu hindern, ist so unmöglich, wie einen Ventilator mit dem Finger zum Stillstand zu bringen.

Vor drei Tagen blieb ich noch vor den Grundgrabungen des Woolworth-Building stehen und probierte, ob ich mir Respekt abbringen könnte, angesichts der Tatsache, dass dieses Haus 56 Stockwerke hoch sein wird. (Woolworth ist der Mann der fünf und zehn Cents-Bazare im ganzen Land; für das Grundstück – etwa dreißig Schritte im Geviert – hat er vier und eine halbe Million Dollar bezahlt; die acht Millionen, die zum Bau einstweilen benötigt werden, hat ein Berliner Mann in Frankreich aufgebracht, ein W. ist also keine so spezifisch nationalamerikanische Tatsache oder Sünde oder wie man's nennen will.) Heute las ich, dass man eben dabei ist, ein Loch in den Boden zu graben, auf dem sich ein Haus mit hundert Stockwerken erheben soll. Der interessante ungeborene Woolworth ist somit schon im Mutterleibe ein bedeutungsloses Zwerglein geworden. Rekorde.

Zehn Stockwerke … … fünfzig … … hundert!!

Der Mutterleib – der gute Mutterleib der Insel Manhattan ist Felsen, solider Felsen, und jedes hunderttausend Dollar-Bröckelchen Terrains muss mit Schießpulver und Dynamit herausgeknallt werden. Was ich bei der Einfahrt, beim Erblicken der roten Spinne gefühlt habe, das fühle ich, wenn ich in das Loch unter Woolworth hinunterschaue, wieder: unbegrenzten Respekt vor der Arbeit, die hier getan werden muss und wird, um solch eine turmhohe Absurdität nachher als Resultat zu erzielen.

Ich möchte mich gern gegenüber Woolworth einquartieren und ein bisschen zusehen, wie die harten Jungen mit dem Felsen und dem Eisen und all den schweren Widerständen fertig werden, aber ich habe keine Zeit. Ich bleibe nur eine Stunde lang auf dem Holzsteig stehen, lasse mich von der Menge, die über den Broadway schiebt, puffen und blau stoßen und sehe und höre zu, wie die Jungen

130 Fuß tief in die Caissons niederfahren und blutrot wieder heraufkommen an die sengende Sonne. Wie die Karren donnernd hin und her rollen. Wie die Eisentraversen, von den Derricks gefasst, langsam in die Höhe pendeln. Wie der Schachtbohrer zischt und wettert und der ihn bedient, zittert und hin und her geworfen wird auf dem Eisenrand. Wie die Signalpfeife schrillt und warnt. Wie Mut und Kraft am Werke sind in der Hitze dahier, in und über diesem ausgehöhlten Viereck, bei dessen Anblick ich nicht mehr an Dollar und Millionen von Dollar denke, sondern an Leben und Tod, die hier am Werke sind.

Broadway im Geschäftsviertel

Wie ich dann den Broadway lang zu meinem Hotel zurückgehe, zum ersten Mal ein bisschen betäubt von New York und begeistert von New York, und den himmelhohen Wolkenkratzer erblicke, das sogenannte „Bügeleisen" an der scharfen Ecke der 5. Avenue und Madison Square – da konstatiere ich etwas und schreibe es mir ins Gedächtnis auf. Nicht das ungeheure Bauwerk ist es, das mich mit Staunen und Ehrerbietung erfüllen kann je und je – sondern jawohl der kleine brüllende Zeitungsjunge, der unten auf der Straße vor dem spitz zulaufenden Bug des „Bügeleisens" steht und dem die bedruckten „Peipers", d.h. Papiere, aus der Hand heraus und die Cents in die Hand hinein fliegen.

Das Bügeleisen   Times-Building

New Yorker

Nach sieben Tagen in New York, bei einer Durchschnittstemperatur, die einen Heiligen unwirsch machen könnte, finde ich nichts, was mich mit Hass oder Verachtung gegen die viel verleumdeten New Yorker erfüllen könnte. Kauen tun sie wohl, aber, Herrgott, lasst sie doch kauen! Ihr Klima absorbiert viel Feuchtigkeit, darum müssen sie viel Wässeriges in sich hineinpumpen, davon werden ihre Magenwände unwillig, und der Speichel muss nachhelfen. Auch sind ihre Zähne schlecht und brauchen Betätigung. Sie werden wohl das Kauen nötig haben. Solange sie mir ihren ausgelutschten Kautschukbrocken nicht auf die Stuhllehne schmieren, kann's mir gleichgültig sein.

Und was die Hemdärmel anbetrifft: ich habe selber am zweiten Tag nach meiner Ankunft, mutig den Rock über den Arm gelegt und hab mich mit meinem reinen Hemd unter den anderen Reinhemdigen ganz wohl gefühlt.

In diesen mit flüchtigem Herumstreifen angefüllten ersten Tagen war einer meiner besten Eindrücke von New York: man sieht k e i n e   U n i f o r m e n auf der Straße!

Ich komme aus Berlin und weiß diese Wohltat zu schätzen. Aus Berlin, wo sogar die Nachtwächter als nachgemachte Leutnants herumlaufen, und der grimmige Funktionär, der mir den Strahl von seinem Wasserwagen auf die Hose dirigiert hat, mich hoch von seinem würdigen Bock herunter anschnauzen darf, weil er eine staatlich sanktionierte Uniform am Leibe trägt. Die Uniform wie der Lakaienfrack ist doch das Zeichen dafür, dass einer dient, nicht dass er befiehlt, es mögen von ihr so viele Orden herunterbaumeln, wie nur irgend drauf Platz haben. Die Vorstellung, dass einer, der auf seinen Knöpfen Zahlen oder Reliefs hat, mir, der ich mit simplen Hornknöpfen herumlaufe, Befehle erteilen darf, ist eine europäische Vorstellung, das seh' ich schon. In Amerika, an dessen Pforte die Freiheit ihre Fackel hochhält, ist die Uniform aufs Minimum reduziert. Der Mann, dem ich in der Tram meinen Nickel zu bezahlen habe, trägt eine Mütze, die mich darauf aufmerksam macht, dass Er der Mann ist, dem ich meinen Nickel zu bezahlen habe, sonst aber sein graues oder blaues, fertig gekauftes Gewand. Ein Preuße, dieser Dinge nicht gewohnt, mag an der nächsten Haltestelle entrüstet aufspringen und dagegen Einspruch einlegen: dass soeben vorn ein ältlicher, hemdärmeliger Herr mit einer Zigarre im Mund auf den Tramwagen aufgesprungen ist und die Kontaktkurbel zu drehen anfängt, ohne die Zigarre aus dem Mund zu tun. Es ist ein staatlich sanktionierter geprüfter Mann, obzwar er kein Abzeichen seiner Würde auf sich genäht hat, beruhige dich, Mitteleuropäer! Er wird ohne Aufhebens: „Hailo, my boy" rufen, wenn an der nächsten Straßenecke Mr. Taft ihm ein Zeichen macht, dass er aufzusteigen gedenke. Er verdient seinen Unterhalt wie dieser, er ist „in his job" und Taft ist in seinem, genau so der eine wie der andere.

Ich sitze in der Halle meines Hotels unten, plötzlich ist Militärmusik zu hören. Alles stürzt hinaus, das Militär zu sehen, ich stürze mit. Ein Regiment marschiert vorüber, in bequemem, zweckgemäßem Khaki, es ist heiß, Röcke offen, Hosengurt locker, Hemd über dem Hals frei, Gewehr so herüber und so herüber, eine Schar von Gentlemen, Offiziere und Mannschaften tragen ihr Gewand im Bewusstsein, dass es das für ihre Zwecke entsprechendste sei, das es gibt – – ich habe in meinem ganzen Leben noch nie Soldaten und Offiziere von so intelligentem Aussehen gesehen, wahrhaftig. Es ist kaum einer unter ihnen, den man sich nicht in Harvard, Yale oder Cornell vorstellen könnte, auf einer Universitätsbank sitzend. Das Publikum meines Hotels macht liebevolle Augen, die Gentlemen aber schiert das wenig, sie gehen, rauchen, kauen, reden mit ihrem Vordermann oder Nebenmann, putzen sich die Nase, wischen sich die angelaufenen Kneifer sauber, es gibt keine Wehrpflicht, sie verdienen sich ihr Brot, „they are in their job". – Hier herüben wird keiner von den jungen Staatsbürgern, wenn man ihn nach dem Mittagessen in seinem Elternhause aus Höflichkeit zwischen die Knie nimmt und fragt, nun Kurtchen, was willst du einmal werden: neben dem Beruf des Aviatikers und Chauffeurs, auch den des Leutnants angeben, weil der so schön angekleidet ist; hier herüben gewiss nicht.

Das einzige (unauffällig) kostümierte Wesen, das mir hier in New York bisher begegnet ist, ist der Schutzmann, der Bobby. In Preußen geht er bekanntlich herum, damit keiner von den Zivilisten auch nur einen Augenblick vergessen soll, dass einer hinter ihm her ist. Hier, glaube ich, nach den unsympathischen Gesichtern dieser irländischen und schlechtbeleumundeten Individuen zu schließen, ist ihre Uniform eine Mahnung an den Passanten: Hilf dir selbst!

Ich glaube, wenn ich meinem Kombinationsvermögen das Bummeln freigebe, wie meinen Füßen und Augen in diesen paar Tagen dahier: ich glaube, diese Abwesenheit von Uniformen hängt irgendwie unterirdisch mit der Ursache der Klagen meiner New Yorker Bekannten zusammen, über die Phantasielosigkeit und Nivellierungssucht des Amerikaners. Jede noch so geringe Auffälligkeit in der Tracht und im Privatleben, in den Äußerungen und in der Betätigung des Einzelnen soll hier streng geahndet und verurteilt werden, höre ich viele klagen, und ich fange an, das an Kleinigkeiten vorerst ringsum wirklich zu bemerken. Davon später, im Herbst.

Abends, wenn die hohen Häuser des Geschäftsviertels das Mammonfutter der kleinen Leute alle aus ihren Toren speien, und die kleinen Leute laufen eilig nach den Fähren und heim, nach Brooklyn, Bronx, Hoboken, da stehe ich an einer Ecke und sehe zu, wie diese gesitteten, bleichen, von harter Arbeit erschöpften Menschen an mir vorbeilaufen. Nachts streiche ich in den verrufenen Vierteln der Bowery, von Chinatown, tagsüber in allen vier Ecken der Stadt, bei den Juden, den Armeniern, Italienern, Franzosen, in den Docks und Massenquartierstraßen herum.

Brücke nach Brooklyn

Ich erinnere mich an einen kleinen polnischen Schneidergesellen, der letzten Sonntagnachmittag neben mir in der Bibliothek sich Mickiewicz in der Ursprache hat geben lassen. Ehe er den Lederband in die Hand nahm, hat er seine schwitzenden und zerstochenen Finger erst ein paar Minuten lang mit seinem Taschentuch gerieben und gerieben und getrocknet und gesäubert, ich habe ihm zugesehen, es war sein freier Nachmittag. In der Bowery torkelt ein betrunkener Kroate bei Nacht herum, hält einen halben Zehndollarschein in der Hand, schwitzt und flucht. („Porco Dio, ich bin ein Italiener!", flucht dieser ungarische Kroate – auf deutsch! Das ist Österreich!) Er ist eben angekommen, eine Menschenmenge ist im Nu um ihn herum, ich mittendrin. Alle Sprachen der Welt sind zu hören – Dollar ist das einzige Wort, das alle zusammen in derselben Sprache aussprechen. Alle wollen wissen, was es mit dem zerrissenen Schein auf sich hat. Der Kroate hat noch drei ganze in der Hand, fuchtelt mit der Hand, flucht und heult. Um ihn her der „Abschaum" der fremden Stadt. Aber alles hilft; alle suchen; wo ist die verlorene Hälfte vom Zehndollarschein geblieben; alle wollen aus dem armen Hund herauskriegen, wo er herkommt; rennen in alle Boutiquen, alle Spelunken rings, helfen, suchen, fragen – und fangen erst zu lachen an, wie der Porco-Dio-Mann auf der Straße niederkniet und anfängt, mit inbrünstigen Küssen auf seinen schmutzigen Rosenkranz, seine Madonna um Beistand gegen diese Schweine hier herum anzuflehen! –

Ich speise in einem der kleinen „quick-lunch"-Restaurants in einer Seitengasse des Broadway zu Mittag. An dem langen Esstisch ist nur ein Platz frei, neben mir. Ein Mensch kommt zur Tür herein, ich sehe ihn kommen, da sitzt er auch schon neben mir. Er ist abstoßend hässlich, sieht gemein und gierig aus. Das ist der Mann vom Broadway, sag ich mir, einer von der übelsten Straße dieses Kontinents. Wenn er schon da sitzt neben dir und dir den Appetit ruiniert, entschädige dich, indem du ihn von der Seite her beobachtest; schau dir das Exemplar mal gut an.

Er bestellt sich eine Schale mit Reis, eine kleine Flasche mit Milch, kriegt sein Brot, manscht all das durcheinander und beginnt gierig zu fressen. Er ist arm, das Gericht da, ist das billigste auf dem Zettel, er schlingt es hinunter, man hört den ganzen Apparat, ich sitze da und warte. Bei dem letzten Mundvoll beginnt er das Geld aus seinen Taschen centweise zusammenzukratzen, er hat wenig Zeit, Gott sei Dank, ich habe ihn nun gesehen, er mag abfahren. Er hat das Geld jetzt beisammen — was ist das? Er schiebt dem Mädchen fünf Cent hin, dazu ist man ja hier gar nicht verpflichtet! Aber, fünf Cent hin, fünf Cent her, er wird jetzt gehen, Gott sei Dank. Ich habe mir in Scheiben geschnittene Pfirsiche mit Milch bestellt und warte, bis der neben mir aufsteht, um mir mein Essen nicht durch seine unrasierte, klebrige Gegenwart zu verekeln.

Er steht auf, zieht seine Hose mit einem Ruck in die Höhe, und ich bohre wie auf Kommando meinen Löffel in den Pfirsich auf meinem Teller.

Nach fünf Schritten kommt der Mann zurück, schiebt mir seine noch zur Hälfte volle Flasche Milch hin und sagt: „Diese Milch schmeckt besser zu Pfirsichen, ich versichere Sie, als die, die Sie bekommen haben. Es ist eine andere Sorte Milch – use"! Dann trollt er sich, ohne meinen Dank abzuwarten.

Ich esse Pfirsiche nie mit Milch dazu, diesmal aber schütte ich die halbe Flasche des Mannes vom Broadway auf meine Pfirsiche und löffle das Ganze langsam hinunter.

Einer von dem Broadway. Ein hässliches, armseliges, übel lebendes Menschenexemplar. Aber weshalb soll ich in ihm nicht den typischen Menschen dieser Straße und dieser Stadt sehen? Damals, wie er hereinkam, gierig und gemein aussehend, damals war er der typische Mann vom Breiten Weg – und jetzt, wo er mir Gutes getan hat, sollte er es auf einmal nicht mehr sein?

Poe hat den „Mann der Straße" in einem unheimlichen Bummler durch die nächtige Stadt gesehen, und seither ist das d e r   M a n n   d e r   S t r a ß e .

Jener hier aber kam herein, setzte sich an die Seite eines Unbekannten, der gegen ihn nur Übelwollen im Herzen empfunden hat, obzwar er nichts wusste, dieser in einem teuren Hotel der Stadt Lebende, von ihm, dem Kämpfenden, Cents aus allen Taschen Zusammenkratzenden. Der Arme hat dem Reichen sein Übelwollen mit

Gutem vergolten. Er hat an seinen Nebenmenschen gedacht in seiner Armut, der Mann vom Broadway. Und wenn ich auf Broadway, der übelsten Straße des Kontinents, an der Ecke dieser kleinen Nebengasse hier vorüberkommen werde fortan, dann werde ich einen Geschmack von Milch auf den Lippen spüren, milde und besser schmeckend als die Milch, die man sich kaufen kann für Geld.

Die Wolkenkratzer von oben und bei Nacht gesehen

Singer-Building, Nähmaschinen-Singers Haus, ist 47. Stock hoch, an dem teuersten Fleck der teuren Südspitze von Manhattan gebaut. An einem Tag wie dieser heute sieht man von oben über dreißig Meilen in die Runde. Die Plattform befindet sich auf der 42. Etage.

Da liegt sie nun, die ganze herrliche Küste, von der anderen, der Stadtseite gesehen diesmal. Die innere Bai mit der Dame Freiheit, die auch von hier oben herrlich und majestätisch anzuschauen ist, weil sich ein B e g r i f f in ihr verbindet, mit einem G e f ü h l, weil sie ein Kunstwerk ist mit einem Wort. All die kleinen, kapriziös zugeschnittenen Inseln der inneren Bai; dahinter die Meerenge; und hinten das Große, Breite, Weite, Wunderbare, einen Gruß dort hinaus!

Unwillkürlich schaue ich nach der Hobokener Seite hin, es ist Montag, zwischen den Piers des Lloyd muss noch „Kaiser Wilhelm der Große" liegen. Da erblicke ich auch seine vier treuen Schlote – gegrüßt! Morgen fährt er den Weg zurück. Solch ein Schiff ist fast wie ein menschliches Wesen, ein Freund – ich weiß, es hat ja auch seine Schicksale – man ist mit ihm verbunden, auf geheime Weise, für alle Zeiten. Mit den Leuten, denen solch ein Schiff nichts weiter bedeutet als ein schwimmendes Hotel, ein bequemes Beförderungsmittel, will ich nichts zu tun haben. Gute Fahrt, Freund, grüß die Tiefe.

Es ist deutlich zu spüren hier oben, wie der Turm, auf dem wir stehen, schwingt und schüttert unter uns. Das Felseneiland wiegt sich leise, die Erde dreht sich, Manhattan atmet. Wie von einem angestrengten Menschen, der unter seiner schweren Arbeit stöhnt, dringt hie und da der klagende Laut der Fähren herauf. Leise schwimmen die braunen Inseln, rechts und links von Pier zu Pier, quer durch den Hudson, den East River, durch die innere Bai. Ein heiseres Husten kommt alle Augenblicke herauf, das sind die Automobile von dem Broadway her, hierzulande kläffen sie wie gereizte Köter. Dann ist ein Surren, ein Geschnurr da, wie von einem geschäftigen Webstuhl, das sind die Menschen, die dort unten leben.

Jetzt sehe ich mir die Siebe von oben an. Die kleinen weißen Rauchfähnlein sind putzig an den Dächern befestigt und flattern leise hin und her unter mir. Ich sehe die himmelhohen Häuser in einer komischen Verkürzung, oben breit, unten schmal, wie umgekehrt in die Erde gesteckt, eckige Zuckerhüte. Für diesen Anblick finde ich keinen anderen Ausdruck als komisch. Mitten unter ihnen steht der schlanke

Kirchturm der alten Dreifaltigkeitskirche. Sie ist klein und liegt mitten unter den Riesenbauten wie verloren da. Es ist kein Grund vorhanden, sentimental zu werden bei Betrachtung der alten Dame. Denn erstens kann sie sich's wahrscheinlich leisten, da zu stehen, und zweitens weiß ich, mit welchen Mitteln sie diese Leistung zuwege bringt – im Judenviertel, dort wo die Elendsten unter den Elenden in Tenements (Massenquartieren) zusammengepfercht ein Höllenleben führen, gehören ihr die furchtbarsten Straßen. Die anständige Presse der Stadt schreit sich seit Jahr und Tag den Hals wund über diese Schmach, die alte Bigotte aber stellt sich taub, liegt da im Geschäftsviertel und besitzt. Ihr bescheidenes Türmchen gehört hierher, mitten unter die Menschenfresser-Türme.

Nein, nichts zu sagen: von hinten und vorn, von oben und unten besehen, ich kann mich mit dem W. nicht befreunden. Jetzt, von oben, sieht man ganz genau, wie so ein Ding gebaut ist; der Grundriss liegt genau da, und die Gründe sind klar. Es sind bebaute Gründe, ganz einfach, und keine Häuser, die auf Gründen stehen. Bizarr und verwinkelt, hinein und hinaus verwinkelt und zugeschnitten, ohne Rücksicht auf irgendwelche Proportion. Manhattan von oben ist noch hässlicher als Manhattan von unten. Die Wolkenkratzer von oben gesehen noch absurder als von unten betrachtet. Hier sieht man genau: was dort unten im griechischen Tempelstil gebaut wurde bis zum zehnten Stock, verwandelt sich von da ab in einen rechteckigen, unnuancierten, von Quadratfenstern durchbrochenen Kasten, der weitere zwanzig Stock hoch auf dem griechischen Unterbau sitzt. Oben aber ist diesem hybriden Wesen, ein fünfstockhohes Renaissancegesims aufgestülpt – als hätte der Architekt, bis er oben angelangt ist, vergessen, in welchem Stil er unten angefangen hat!

Dazu die Fahrt in den Elevatoren, wie die Lifts hierzulande heißen! Hinauf geht's ja noch – aber hinunter! Die Zahlen flitzen an den inneren Türen der Stockwerke in absteigender Richtung vorbei. Ungefähr bei Nummer 35 schießt einem der Magen mit einem Ruck inwendig zur Schädeldecke hinauf, hüpft dort ein bisschen, wie ein Kinderluftballon an dem Plafond, und bleibt dann stehen. Wie bei Nummer sieben der Elevator anfängt, etwas langsamer zu fahren, sinkt der Magen infolge des veränderten Tempos sachte, sachte auf seinen vorgeschriebenen Platz zurück, man hat selber wahrhaftig ein Lift im Leib, und wenn auf der Tür innen Nummer eins erscheint, hüpft einem der Magen auf leiser Gummisohle drei-, viermal auf den Gedärmen herum, die das nicht vertragen und sich bäumen, und steht dann still. Es ist undenkbar, dass diese ewige, unerhörte Auf- und Nieder-Fahrerei auf die Dauer die Struktur des menschlichen Körpers, des fahrenden Menschen nicht verändern sollte. Das Herz, das Gehirn müssen sich verändern, der liebe Gott hat diesen Zustand des Hinauf- und Hinabfahrens im Tierreich nicht vorgesehen. Es wird zu den anderen Typen des amerikanischen Menschen ein neuer, der Wolkenkratzertypus hinzukommen, das wird der nationale Kretin sein.

Ja, aber bei Nacht! sagen die unentwegten W.-Enthusiasten. Und wirklich bei Nacht hätten die W. etwas Phantastisches, wenn –

Times-Square, zehn Uhr nachts. Irgendwo aus der Höhe leuchtet ein ungekanntes Gestirn auf mich herab. Siebzehn apart verteilte Blaugas-Sterne leuchten aus einer viereckigen, nur undeutlich sichtbaren Himmelswolke hernieder. Es sind beleuchtete Fenster des Times-Building. Unter den Sternen dort oben arbeiten Menschen die Nacht hindurch. Hoch oben, gegenüber auf dem riesigen Hotel schweben Lichtgirlanden, glühen Lichtblumen in den dunklen Himmel hinein, ein unsichtbarer Scheinwerfer beleuchtet die flatternde weiße Fahne über der Krone des schönen Hauses. Ich möchte gerne jetzt bei Nacht alles vergessen und mich an den neuen Sternen ergötzen, den Glühbirnen und Azetylen-Sternen, die New York dem Fremden auf seinem Himmel zeigt – aber ich sage es gleich, ich finde mein Entzücken nicht.

Ringsum glühen neben diesen exquisiten Lichteffekten, dumme fünf Stockwerke hohe Reklamen in der beleidigten Nacht. Sie begnügen sich nicht damit, da zu sein und grell und ordinär zu sein, sie strampeln, zappeln, rieseln, kreiseln, all das fünf Stockwerke hoch.

Pferde schlagen mit Hufen und schütteln die Mähnen. Ein Kätzchen wackelt mit dem Schwanz und verwickelt sich zusehends in einer roten Zwirnspule. Ein fünf Stock hohes Baby bekleckert sich mit Kakao, und wenn es sich genügend eingeferkelt hat, verschwindet es von der Bildfläche, um gleich darauf, meilenweit sichtbar, dasselbe Manöver zu beginnen. Ich fahre auf den berühmtesten Hotel-Dachgarten New Yorks hinauf, höre die Musikkapelle Puccini spielen, es ist wirklich ein bisschen kühl da oben, ich sehe den Wolkenhimmel über mir – plötzlich ist der Himmel weg, und es beginnt vor meiner Nase Jeffries mit Johnson zu boxen, um mich von der Haltbarkeit der Unterwäsche Porosknit zu überzeugen. Es ist unsagbar. Es ist hoffnungslos. Ich setze mich anders herum – plötzlich kaut am Firmament vor mir ein Riesenmaul das neueste Kaugummi. Die Reklame tobt bei Tag und Nacht. Hinter jenen Sternen sitzt jetzt wahrscheinlich der Manager von diesem Unfug und kalkuliert und diktiert in eine Maschine hinein Ziffern, Tobsucht, Gotteslästerung. Weiß ich's denn noch, ob dieser Stern dort oben der Sirius ist oder eine Aktiengesellschaft? Ich will lieber schlafen gehen, d.h. wenn man das Schlaf heißen kann, was an der Ecke vom Broadway und der 42. Straße Schlaf genannt wird.

Den Hudson hinauf

Dienstag, morgens um neun, an einem Juli-Morgen, den Gott in einer feinen Laune geschaffen hat, fahre ich fort von New York, mit einem paar tausend anderer entzückter und geräuschvoller Erdenmenschen, den Hudson hinauf, in dem lustigsten Schiff, auf dem ich je gefahren bin, dem „Hendrik Hudson", einem weiß und goldenen Palast, der munter seinen Weg vorwärts tutet. Auf allen Decken ist Leben und gute Laune. Die Leute, die ihren Tagesausflug machen, haben Proviant mit, jeder und jede; eine bunte Zeitschrift, eine Schachtel mit Candy, einen Sack Obst. Unten im Salon spielt eine italienische Musikkapelle ein national-amerikanisches Tanzlied, das von einem polnischen Juden komponiert ist und das die Amerikaner lebhaft beklatschen und immer wieder zu hören verlangen. Oben auf dem Sonnendeck geht die Luft scharf, wie auf dem Meer.

Ich stehe hinten auf dem obersten Deck und blicke zurück auf die enorme Stadt, in die ich erst in drei oder vier Monaten zurückkehren werde. Auf New York zurückblickend streife ich mit den Blicken noch einmal die Konturen der hohen Häuser hinauf und hinunter und habe nichts Neues mehr dazu zu sagen. Ich besitze einen Maßstab, der zeigt mir Menschen und Dingen gegenüber an, was gut und schlecht, schön und hässlich ist an ihnen. Aber jetzt, wo es gilt, die hohen Häuser zu messen, klappe ich meinen Maßstab zusammen und habe keine Verwendung für ihn.

Auf New York zurückblickend sage ich mir: die hohen Häuser dort hinten sind weiter nichts als der simple, kalte, steingewordene Übermut der Bourgeoisie unserer Tage. Eine kalte, hundekalte Arroganz, die nicht im Entferntesten verwandt ist mit dem sympathischen, glühenden Wagemut der großen Abenteurer oder auch nur der armen Brotgewinner und Lebensriskierer in ihren Caissons drunten. Sondern es ist ein gut auskalkulierter Übermut, der auf Felsen gebaut, sich in den Felsen eingekrallt hat und nicht weichen wird, außer es kommt einmal ein Erdbeben und putzt die ganze Insel weg aus der Bai.

Der „Hendrik Hudson" gleitet, gleitet, Lärm und Fröhlichkeit auf all seinen fünf Rücken tragend, den breiten Strom hinauf, der ebenso wie er, den Namen eines Kühnen und Rastlosen der Erde trägt. Die Palisaden erscheinen, und unter den Palisaden, die große rote Felsenwände sind, ist Wald, vom Felsen bis an den Rand des Wassers hinunter. Und am Rand von Wald und Strom, ganz unten am Wasser stehen Zelte, Leinwandzelte, eine Unmenge von Zelten. Mit freiem Auge kann man

Menschen sehen, die vor diesen Zelten sitzen, im Sommermorgen, nackt in Kanus vom Ufer abstoßen und mit kurzem Indianerruder, manche im Boot stehend, dahinpaddeln; andere laufen bis an die Hüften im Wasser herum, andere schwimmen ganz und gar.

Manche von diesen Zelten tragen Fahnen, die lustig im Winde flattern. Auf einer und der anderen ist ein indianischer schön klingender Name zu lesen. Stundenweit, viele Meilen den Hudson hinauf, stehen diese Sommerzelte, „camps". Manche in Gruppen, besonders auf den kleinen Waldlichtungen am Ufer, manche zu zweit, zu dritt. Oft kann man in diese Zelte hineinsehen. Man sieht Eisenbetten, Stühle, ein Herdfeuer, ein Grammophon, einen Koffer, eine Küche mit Gerät. Einige von diesen Zelten sind hübsch, mit Ornamenten, meist Indianerornamenten, bemalt, und wenn die gutmütigen und fröhlichen Menschen hier auf dem Schiff ein hübsches Zelt sehen, dann schreien und winken sie beifallsfreudig zu den Zeltbewohnern hinüber, die dann mit Armschwenken, Handtuch- und Flaggensignalen und Indianerrufen antworten vom Ufer.

Vor einem der Zelte sitzt ein riesiger Kerl, in zottigen Hosen, den gebräunten Oberkörper bloß. Der schießt, wie wir vorüberfahren, aus seinem Revolver ein Freudengeknatter in die Luft los. Er freut sich, er fühlt sich wohl. Er wohnt ganz allein in seinem Zelt, wie ich sehe, sein Zelt steht ganz allein da, links und rechts ist Wald, Strom, Felsen, weit und breit nichts als Wald, kein anderes Zelt, nichts. Da sitzt er am Hudson vor seinem Wigwam, raucht seine kurze Pfeife, fischt und brät sich seinen Fisch, lässt sich träumen, wenn's ihm so zumute ist, schießt aus seinem Revolver in die Luft, wenn das große Schiff vorüberfährt, und freut sich, freut sich, wie gesagt.

Ich schaue mir ihn an, diesen Einsiedler am Julivormittag. Wer ist dieser kühne Lederstrumpf, dieser getreue Natty Bumpo, dieser scharfe Adlerflügel, dieser gefährliche Mohikaner?

Es ist einer von den zehntausend Angestellten im Singer-Building, der hier seinen Urlaub verlebt, einer von den abgerackerten, übermüdeten, zu Tode gehetzten, verhasteten und herumgejagten Bewohnern, der Wolkenkratzerstadt dort weit hinten, und er fühlt hier für ein paar Tage, was es heißt, ein Mensch zu sein.

REISE DURCH DEN STAAT NEW YORK

Die Kinderrepublik in Freeville

Ich hatte mir vorgenommen: zu schreiben, was ich von ihr wusste, ehe ich hinkam. Dann: was ich gesehen habe, während ich dort war. Und schließlich, was ich von alledem halte, jetzt wo ich fort bin. Nun sind es zehn Tage her, dass ich in Freeville gewesen bin, ich will alles anders machen, einfach sagen, was ich gesehen und gehört habe, und mich, soweit es geht, des Urteils enthalten. Nur so viel will ich gleich herschreiben: die Reise hat sich gelohnt, denn ich habe einen Menschen gesehen. Es ist der Gründer der Republik Freeville, die nach ihm „The George Junior-Republic" genannt ist, William R. George; und wenn es wahr ist, dass die Gerechten rechts sitzen werden, wenn's einmal so weit ist, so weiß ich gut, wo ich „Daddy" George zu suchen habe und wiedersehen werde. –

Ich war gleich vom Hudson weg nach dem kleinen Ort zwischen Auburn und Ithaca im Staat New York gefahren, und wie mich der Omnibus von der Station zum schönen kleinen „Republic Inn" brachte, sagte ich mir: Herrgott, dieses Gasthaus dahier ist viel zu vornehm und luxuriös für den Ort, wo sie es hingebaut haben. Denn Freeville ist, nennen wir das Kind beim Namen, eine sehr milde Korrektionsanstalt für missratene, schlecht beaufsichtigte, verbrecherisch veranlagte Kinder und junge Leute. Neben mir aber, in dem künstlerisch vollendet eingerichteten Speisesaal des Gasthauses, saßen beim Dinner drei Damen in Abendtoilette. Ich schämte mich ganz und gar in meinem Reiseanzug.

Aha, sagte ich mir weiter, die ganze Geschichte wird mit dem Gelde der Reichen im Lande gemacht, und dieses Gasthaus ist hergebaut worden, damit sie standesgemäß aufgehoben sind, wenn sie mal daherkommen und sich die Republik anschauen. Schlimme Aussichten!

Nach dem Abendessen ging ich auf die Landstraße hinaus, der Republik zu. Schon aus meinem Fenster hatte ich sie gesehen, ein kleines Dörfchen, etwa zwei Meilen weit vom Gasthaus, kleine bunte Häuser aus Holz, wie ein russisches oder schwedisches Dörfchen anzusehen aus der Entfernung. Dorthin ging ich die Landstraße entlang.

Ein paar Knaben fuhren auf einem Leiterwagen an mir vorüber, hinaus nach der Republik. Sie waren ärmlich angezogen, hatten blaue Overalls an (das heißt: Hosen, Weste und Schulterbänder aus einem Stück) und kamen mit ihren Spaten von der Feldarbeit. Ein hochgewachsener, breitschultriger Mann kam von der

Republik her, dem Wagen entgegen. Er und die Knaben begrüßten sich mit Händewinken, als sie aneinander vorbeikamen. Ich hörte, wie die Knaben „Daddy!" riefen, und der Mann rief etwas, das sich wie „Sonny!" anhörte.

Als er an mir vorüberkam, blieb er stehen und grüßte. Ein Fremder in diesem kleinen Ort bedeutet einen Besucher der Republik, und ein Fremder am Abend, wenn keine Züge mehr fortgehen, bedeutet einen, der nicht bloß aus flüchtiger Neugierde hergekommen ist, sondern bleiben will, sehen will.

Der Mann war Mr. George selber, der Vater der Republik, ein Mann mit einem offenen, guten und beseelten Gesicht, mit milden blauen Augen, ein Mann in den reifen Jahren und doch mit einem sehr jung gebliebenen Blick. Einer, der Daddy, das heißt Papa, genannt werden durfte von vielen mehr oder weniger unglücklichen Kindern, für die er mehr getan hat als andere Papas, als ihre eigenen, nämlich er hatte sie nicht in die Welt gesetzt, sondern er war dabei, etwas Besseres mit ihnen anzufangen: sie ins Leben hineinzusetzen. Er ging mit mir den Weg zurück, den er hergekommen war, wir gingen beide in die Junior-Republik, wir blieben an diesem Tage einige, an den nächsten viele Stunden beisammen; und als er mich diesen Abend ins Hotel zurückbegleitete, stellte er mich den Damen vor, die ich dort gesehen hatte. Ich hatte mich nicht geirrt, die jüngste von ihnen war eine der reichsten Frauen Amerikas, die Tochter des „Kupferkönigs" aus dem Westen.

Ich bin drei Tage in Freeville geblieben und habe alles gehört und gesehen. Es waren im Juli 1911 ungefähr 150 Kinder da, Knaben und Mädchen, weiße und schwarze, die meisten nicht älter als siebzehn. Wenige unter ihnen jünger als fünfzehn Jahre, wenige älter als achtzehn, die meisten, wie ich konstatierte, zurückgeblieben in der Entwicklung. Kein Wunder, es waren ja missratene, verwahrloste, gedrückte, „kriminelle" Kinder. So und so viele kamen aus staatlichen Korrektionsanstalten, „reformatories", hatten allerlei Verbrechen auf ihrem jungen Gewissen, Diebstähle, aber auch Ärgeres; es war ein Brandstifter unter ihnen, sogar ein Mörder. Welche waren von ihren Eltern hergesandt, weil sie daheim nicht gut getan hatten, zum Teil durch die Schuld der Eltern selber, es waren Kinder aus Säuferfamilien da, aus geschiedenen Ehen, unbeaufsichtigte, sich selber überlassene Kinder. Kinder, die zum Teil auf Abwege geraten, zum Teil schon ziemlich tief in den Abgrund hinuntergeglitten waren. Wenige von ihnen, die in sexuellen Dingen Übles auf dem Kerbholz hatten; doch war kein Onanist unter ihnen. Zum größten Teil: Kinder, deren Lebensdrang keine richtige Lenkung zuteil geworden war, und etliche, deren Lebensdrang schon in der dunklen Tiefe, noch ehe sie das Licht erblickt hatten, in eine Richtung gelenkt war, die die Gesellschaft ahndet, bestraft, bis ins vierte Glied.

Ein Amerikaner ist mit 21 Jahren reif und zur politischen Aktion berechtigt. Ein

Amerikaner und ein Europäer und ein Botokude begeht die Dummheiten seiner Flegeljahre zwischen fünfzehn und achtzehn. Die Gesellschaft und der Staat, grausam wie sie schon sind, ahnden mit geringen Milderungen diese Verbrechen mit der Korrektionsanstalt, die eine Art Gefängnis ist; und ein junger Mensch geht mit einem Makel ins Leben hinaus und wird, wie soll's anders zugehen, ein Verbitterter, ein Empörer, ein Rächer. Mir ist's recht, und ich sehe es gern, wenn sich die Gesellschaft ihre Zerstörer durch ihr eigenes Gift züchtet, aber wer dürfte nicht weinen über einen zerbrochenen Menschen?

Nun, ehe er zerbricht, nimmt ihn Daddy George in seine mitleidigen Hände, und ein Leben ist gerettet. (Viele von den Leben, die ihm anvertraut sind, gehen gerade und wieder geweiht in die Welt zurück, nicht alle!) Ich denke mir auch, dass die Zerstörer der heutigen absurden Ordnung nicht von den Krummgeschlagenen herkommen sollen, sondern aus dem Lager der Lachenden, der Ungebrochenen, der Überschwänglichen, der Unzerbrechlichen, ob sie nun als Proletarier, Bourgeois oder in gekrönten Wiegen geboren worden sind, und ich lasse George ruhig seine Idee durchführen, die eine der schönsten ist, für die heute ein Mensch leben darf.

Die Republik ist aus einer Ferienkolonie entstanden, die George vor vielen Jahren, auf eigne Faust, aus armen Kindern New Yorks gebildet und in seine Heimat nach Freeville mitgenommen hat. Die Kinder trieben allerhand Unfug, und George sagte sich, als der Gute und Weise, der er ist: ich will euch nicht bestrafen für den Unfug, den ihr treibt – b e s t r a f t   e u c h   s e l b e r !

Aus dieser Idee ist die Republik entstanden. Die Kinder geben sich ihre Gesetze selber und gehorchen ihnen oder fühlen ihre Strenge.

Zwei Sätze habe ich mir gemerkt aus dem, was mir George gleich zu Anfang sagte: Es ist gar kein so gewaltiger Unterschied zwischen dem schlechten Menschen und dem guten Menschen. Und: es ist gar kein so gewaltiger Unterschied zwischen uns Erwachsenen und den Kindern. Wer so spricht, wahrhaftig, der ist ein Vater und ein Mensch, und er hat seinen Platz zur Rechten erworben im Reich Gottes.

Zieht man nun eine Diagonale zwischen diesen beiden Sätzen, so ist es klar, was es mit Georges Idee auf sich hat. Kinder werden in die Lage versetzt, eine Art Regierungsspiel zu spielen, das aber verdammt ernst gemeint ist; sie dürfen sich's selbst einbrocken, was sie nachher hinunterzuschlucken haben, aber dies Schlingen wird ihnen nicht halb so weh tun, als müssten sie daran würgen, was ihnen die Großen gekocht haben.

Bis zu ihrem 21. Jahr dürfen sie hier, wenn sie nicht anders können, alle Dummheiten der Welt machen – und werden dafür doch nicht den Makel des Sträflings mit ins 22. hinübernehmen.

Noch etwas kommt dazu: Ein Junge, der „draußen" einen Streich begangen und in Kollision mit den Gesetzen geraten ist, vor einem wirklichen Richter gestanden hat und in eine wirkliche Anstalt gesteckt worden ist: so ein Junge ist draußen ein Held in seiner Gasse geworden, eine mythische Persönlichkeit für alle seine gleich- oder geringeraltrigen Genossen und Nick Carter-Schwärmer. Hier in Freeville aber, wo ihn seine Altersgenossen am Kragen haben, wenn er was angestiftet hat, ist er nichts wie ein kläglicher Geselle, der keine Gewalt über sich hat, das Gesetz, das er selber gemacht hat, nicht einhalten kann; ein verächtlicher Patron mit einem Wort. Das ist, scheint mir, eine vorzügliche Idee.

Das andere Leitmotiv aber ist die Devise der Republik: „Nichts ohne Arbeit." George (er heißt nur zufällig so wie der Verfasser von „Fortschritt und Armut", weder er noch sein Werk hat mit Henry George etwas zu tun), George führte mich in den Werkstätten herum, in denen gearbeitet wird. Die Knaben und Mädchen arbeiten. Es sind Buchdrucker, Bäcker, Feldarbeiter, Bauleute, Hühnerhof- und Kuhstallfarmer, Rüben- und Kartoffelzüchter, Näherinnen und Wäscherinnen da, kurz, alle Gewerbe. Sie werden gut bezahlt. Wenn einer fleißig ist, kann er sich zwei Dollar und mehr in einem Tage erarbeiten – im Geld der Republik, einer Aluminiummünze, auf der um die Wertziffer herum die Worte: „Nothing without Labour" stehen.

Sie müssen schon! Denn in der Republik ist nichts umsonst zu haben – außer dem Schulunterricht, der, so wie in den Staaten ringsum, frei ist und obligatorisch. (Er ist vorzüglich in Freeville, die tüchtigsten und gebildetsten Lehrkräfte sind hier am Werk.) Jawohl, Wohnung, Kost, Kleidung, Wäsche, alles kostet Geld – Geld der Republik; und arbeitet einer nicht, so verliert er seine Schlafstelle und seinen Platz bei Tisch in seinem Boardinghouse, wird ein Obdachloser und – marschiert ins Gefängnis.

Wo es Gesetze gibt, dort gibt's auch Gefängnisse, das ist klar; und die Gefängnisse (der Knaben) sind gar nicht schön in Freeville. Da alles nach dem Muster des „Draußen" zugeschnitten ist, dieses „Draußen", für das die Kinder tüchtig gemacht werden sollen, das sie selber hier nachmachen und in das sie mit 21 Jahren im Ernst eintreten werden, so sind die Gefängnisse, nach dem Muster von Sing Sing, eiserne Käfige mit einem allerdings nicht allzu harten Bett drin. Das Bett ist gut, denn wer am Tage hart arbeitet, soll bei Nacht ruhig schlafen können. Und die Gefangenen, die Vagabunden, die Faulen, arbeiten: tagsüber härter, als täten sie's für ihre eigene Rechnung und in Freiheit, die härtesten Arbeiten, die es in der Republik zu besorgen gibt um einen geringeren Lohn, als wenn sie's für sich täten. Denn sie müssen ihr Bett im Käfig und ihre Gefangenenkost bezahlen.

Mittags führt mich George in das „Hotel", das wohlfeilste der Republik, wo die Gefangenen verköstigt werden. Da sitzen sie an einem langen Tisch und essen, kräftig und frugal. Ein junges Mädchen sitzt am Tischende und liest den Essenden etwas vor (nichts Religiöses). Sie nickt mir zu, wie ich hereinkomme – es ist Kupferkönigs Töchterlein, und heute wird sie beim Lunch im „Inn" fehlen, denn sie hat einen Teller mit derselben Kost vor sich stehen, wie die Jungen.

Sie ist ganz allein da, ihre Freundin und die andere Dame ihrer Gesellschaft, eine feine und liebenswürdige alte Dame, sind zu Hause oder fahren in ihrem Automobil im Land spazieren. Das gefällt mir, es ist amerikanisch und lässt auf Unabhängigkeit und Stärke schließen; aber es missfällt mir auch, denn es sieht nach Snobismus und andererseits nach Gewährenlassen der reichen Leute aus; – aber ich warte am besten noch mit dem Urteilen, bin ja doch auch noch zu kurze Zeit hier herüben.

Ich schaue mir die Jungen an: was für geweckte, gute Köpfe und doch – der dort ist der Brandstifter; einer hat eine kurze Kette an den Füßen, das ist ein unverbesserlicher Ausreißer, ein kleiner Italiener. Warum kommt es mir hier auf einmal nicht unmenschlich und barbarisch vor, dass ein Kind Ketten an den Füßen hat? Reißt er wieder aus, so muss er sich durchstehen, denn er hat ja im besten Fall nur das Aluminiumgeld der Republik in der Tasche! An einem Tisch abseits sitzt eine kleiner Schwarzer, – also sogar hier ist's nichts mit der Freundschaft zwischen Weißen und Schwarzen!

Wer hat sie ins Kittchen gebracht, diese Jungen? Sie selber, ihresgleichen. Ich frage George: „Kommt's nicht vor, dass Sie oder andere „Große" in strittigen Fällen und Fragen als Schiedsrichter angerufen werden?"

Darauf gibt er mir eine wunderschöne Antwort. Er sagt: „O ja. Aber wir Großen enthalten uns jeder Einmengung in ihre Angelegenheiten. Ein Wort, ein Wink oder gar ein Befehl von einem von uns Großen, und die Republik ist beschädigt in ihrem Fundament. Wohl wissen wir's, dass durch die Einmengung von erfahrenen, erwachsenen, weltkundigen Männern Irrtümer vermieden, der Gang der Angelegenheiten beschleunigt werden könnte. Aber lassen Sie sie nur gewähren – g e b e n S i e d e n J u n g e n n u r Z e i t: auf einem Umweg, der gar nicht so weit zu sein braucht, werden sie mit dem jedem Menschen angeborenen Gefühl fürs Rechte ganz von selber ihren Irrtum wieder gutmachen, langsam ebnen und v o n s e l b e r dorthin gelangen, wohin wir sie gleich und ohne Umwege hingelenkt hätten. Es ist kein so großer Unterschied zwischen einem Kind und einem Großen, wirklich nicht." –

Es gibt zurzeit sieben Junior-Republiken in den Staaten nach Muster von Freeville. Die Philippinen wollen eine haben. England hat George aufgefordert, er solle drüben eine gründen. Es ist mir gleich, dass reiche Leute (Rockefeller und andere) ihr Geld für diese Sache hergeben, und dass das, was George „das Rechte" nennt, mit dem, was Staat und Gesellschaft so nennen, ziemlich übereinstimmt (die K i r c h e hat mit Freeville nichts zu schaffen): ich weiß, ein Mensch hat hier eine Idee durchgeführt, und eine schöne dazu.

Falsches, Schlechtes, Verkehrtes ist ja leider genug um den hellen Kern herum, und man sagt mir, dass Freeville heute, die Republik besteht seit sechzehn Jahren, noch mitten in einer Krise steht. Aber ich will mich hüten, das Große zu verkennen, das hier getan ist, und die Resultate an lebenden Exempeln nicht sehen zu wollen, die hier erzielt werden, jahraus, jahrein. Warum soll das Werk eines Menschen, und wenn's ein Edler und Reiner ist, wie William R. George, nicht seine menschlichen Schlacken tragen?

Man flüstert mir überhaupt mancherlei ins Ohr: Die Sache soll ihm, nämlich dem, der von den Kindern „Daddy" genannt wird und der die Kinder mit „Sonny" anruft, über den Kopf gewachsen sein – so ziemlich! Er sei nicht der Mann, flüstert man mir zu, solch eine große Sache durchzuführen; man hat ihm allerhand praktische Leute rechts und links zur Seite hingestellt. So, – denke ich mir – aber ein großes Gefühl in seinem Herzen zu nähren und es durch die Pforte der Idee in die Wirklichkeit eintreten zu sehen –: dazu war er doch der rechte Mann, nicht wahr? Um seines Versagens, seiner Schwäche willen gegenüber dem unerbittlichen, anspruchsvollen Alltag liebe ich ihn um so ehrlicher, ihn, den die Kinder den „Daddy!" anrufen.

Freeville: Der Präsident und sein Stab
(Aus einem früheren Jahre)

Ich will nun etwas aufschreiben, was mich verstimmt hat und was mir meinen Glauben an die Idee der Republik trübt, ich muss es sagen.

Am Freitag ist Gerichtstag in der Junior-Republik; und da es das Prinzip Georges und des Gerichtes der Staaten ist, dass da jeder kommen und der Verhandlung beiwohnen darf, so ist Freeville an solchen Tagen von Leuten aus der Umgebung belagert. Aus Auburn, Ithaka, Syracuse, Sayre kommen Leute her, um den Kindergerichtshof tagen zu sehen. Leute, denen es offenbar darum zu tun ist, einen amüsanten Abend zu erleben. Obzwar sie sich ruhig und ernst benehmen, kann man ihnen das Vergnügen, das sie gesucht und gefunden haben, recht vom Gesicht ablesen. Und doch ist das Kindergericht kein Spaß, und was ich da bemerkt habe, hat mich tief, tiefer vielleicht als nötig, verstimmt.

Der Richter ist ein junger Mann von zwanzig Jahren, der Staatsanwalt ist etwas jünger, beide sind „keine Heiligen", sonst wären sie ja nicht hier. Allerdings sind sie aus dem besten Material, das die Republik hat (besser als der Präsident und andere hohe Funktionäre, darüber schreibe ich sogleich!).

Der Gerichtshof tritt ein, wir stehen alle auf, der Saal ist vollgepfropft mit Bürgern der Republik und Zuschauern. Der Richter hat das Gesetzbuch der Republik vor sich; die Jury wird aufgerufen, dann ruft der Clerk die Angeklagten auf, der Staatsanwalt tritt an den Richtertisch heran.

Der Clerk verliest die Anklage, der Richter fragt den Angeklagten, ob er sich schuldig bekenne oder nicht?

Der Angeklagte hat Himbeeren gestohlen (aus Daddys Garten noch dazu!). Es ist ein hübscher blonder Lausbub mit einem unverschämten Gesicht. Er antwortet: „not guilty".

Der Clerk verliest jetzt die Eidesformel: „Staatsanwalt X., versprechen Sie, die Wahrheit zu sagen, die volle Wahrheit und nichts als die Wahrheit, so wahr Ihnen Gott helfe?"

Der Anwalt hebt die Hand zum Schwur auf. Es kommen Zeugen, Knaben, der hat dies gesehen, jener das gehört, einem hat der Angeklagte dies gesagt, dem anderen das. Der Angeklagte ist schlau und gerissen. Er kennt die Schliche, ist kein Grünhorn mehr, weder hier, noch wohl auch draußen im Ernst, er schwindelt sich heraus, obzwar es so gut wie ausgemacht ist, dass er die Beeren gestohlen hat.

Andere Angeklagte treten vor. Einen haben sie zweimal hintereinander beim Rauchen ertappt. Es ist die dritte und vierte Anklage gegen ihn, seit er Bürger der Republik ist. Das erste Mal wurde er zu einem, das zweite Mal zu zwei Dollar Strafe verurteilt. Heute erhält er für Nummer drei und Nummer vier im Ganzen sieben Dollar Strafe zudiktiert. Er mag der Sohn reicher Eltern sein (es gibt Millionärssöhne unter den Bürgern Freevilles), es nützt ihm nichts, er muss im Aluminiumgeld der Republik zahlen und die kriegt man nur für getane Arbeit. Für zwei Züge an je einer verbotenen Zigarette wird er sieben Dollar Arbeit liefern müssen, außerdem muss er sich noch verkösten, Wohnung, Wäsche bezahlen! Ist er ein schlechter Kerl und träge, so wird er einem Kameraden, während der schläft, die Taschen durchsuchen, er wird vielleicht in den Käfig marschieren, vielleicht ausreißen und im nächsten Ort im Warenhaus stehlen – sieben Dollar für Rauchen ist viel.

Ein hübsches schwarzes Mädchen wird verhört. Sie ist zum dritten Mal durchgebrannt – Gefängnis. (Das Gefängnis der Mädchen ist die reine Puppenstube im Vergleich zu dem der Buben.)

Ein winziger Junge, kaum fünfzehn Jahre alt, hat geraucht, dann, wie er erwischt wurde, geflucht, dann ein unanständiges Wort gegen den geschleudert, der ihn abgefasst hat. Drei Verbrechen: Rauchen, Fluchen, unflätige Redensart. (Alle diese Delikte sind im chickenyard verübt worden, der Kleine ist den Hühnern zugeteilt.) Es ist die vierte, fünfte und sechste Strafe des Kleinen. Vier und fünf und sechs Dollar; ein bisschen viel.

Der Kleine schaut den Richter mit offenem Mund an. Meine Nachbarin, eine Dame aus der Umgebung, lacht in sich hinein, dass es sie schüttelt. Sie vergisst: ein Kind, fünfzehn Dollar Arbeit und dazu noch Kost, Quartier, Wäsche. Es ist ein armes Kind, es ist in derben Schuhen und Overalls vor dem Richter erschienen, es geht diesem Kind nicht gut, er steht mit offenem Mund da, der kleine Junge, und hat nicht gehört, dass schon der nächste Angeklagte aufgerufen ist. Hat er das Geld nicht beisammen, der kleine Junge, so wird er es im Gefängnis langsam abarbeiten müssen. Vielleicht hilft das, und er wird nicht mehr rauchen, fluchen, Schweinereien reden, vielleicht!

(Die Sage geht, die Bürger wollten Daddy George selber einmal in den Käfig sperren, weil er in ihrer Anwesenheit: „Gee!" gesagt hat. Gee bedeutet Jesus! und ist ein „Fluch", so etwas wie Jemine! Ein Dollar zum ersten Mal.)

Wie kommen diese Anklagen zustande? Ich erkundige mich bei allen, die ich treffe, George, den Bürgern, dem Richter, der liebenswürdigen alten Dame, bei der Kupferprinzessin, bei dem jungen feinen Graduierten der Universität Cornell aus Ithaka, den ich hier kennen lernte – wie kommen diese Anklagen zustande? Herrscht unter den Kindern ein System der Angeberei, des Denunziantentums? Alle sagen mir: nein. Die Kinder fühlen sich glücklich hier, frei und stark in der Gleichheit vor dem Gesetze; Desertion kommt nur selten vor, öfter kommen schon entlassene Jungen in die Republik zurück, weil sie's da besser haben als draußen. Sie halten gute Freundschaft miteinander, es herrscht nur Achtung über alles andere, absoluter Respekt vor dem Gesetz! Das will mir nicht in den Kopf hinein.

Der Gerichtshof

Einen Staatsstreich habe ich auch erlebt in Freeville. Wir kommen gerade aus Georges Haus am Rand der Republik heraus, George hat mir sein schönes Haus gezeigt und die schöne Bibliothek in seiner Vorhalle – ein reiches Elternpaar hat sie zum Andenken an sein verstorbenes Kind gestiftet; ein paar Bürger der Republik sitzen gerade über einem der juristischen Bücher in der Bibliothek –, wir kommen also heraus und gehen nach der Republik zurück – es ist drei Uhr Nachmittag, da kommen vom Schulhaus her zwei lachende junge Leute, es sind Lehrer, auf uns zu. George schmunzelt, er ahnt schon etwas. Aber da er ja keinen Finger rührt in den internen Angelegenheiten der Regierung, lässt er sich alles haarklein erzählen, schweigt und schmunzelt.

Jetzt im Sommer gibt's rings im Staat New York Zusammenkünfte, Kongresse und Beratungen von Schülern an vielen Orten, und Bürger der Republik haben in großer Zahl Urlaub erhalten, um zu diesen Kongressen reisen zu können. Die besten Bürger natürlich, solche, denen man ihr redlich erworbenes Aluminiumgeld schon für ein paar Tage in Staatswährung umtauschen durfte.

Es ist bis auf den Richter, den Staatsanwalt und ein, zwei Dutzend rühmlicher Ausnahmen recht schlechtes Bürgermaterial in der Republik geblieben. Sehr schlechtes sogar, höre ich jetzt.

Diese Schlechten haben, nach bewährtem Muster, die Herrschaft an sich gerissen, den Präsidenten, seinen Stellvertreter, die Polizisten und ähnliche Funktionäre aus ihrer verrotteten Mitte gewählt, und diese Rotte Korah hat unter den Augen Daddys und der „guten" Jungen eine wahre und rechte Tammany-Hall-Wirtschaft geführt. Mit Bestechungsversuchen einerseits und Erpressungen andererseits, mit falschen Anzeigen, Verleumdungen, kleinen Diebstählen und Unterschlagungen, allerhand im Dunkeln verübten, rasch ausgeführten politischen Winkelzügen, wie sie „draußen" wohl in Blüte stehen unter den schlechten Jüngern der Politik, in Amerika nicht nur; rasch, wie gesagt, denn die guten Jungen sollten ja bald zurückkommen.

Und vor einigen Tagen sind nun auch ein paar gute Jungen zurückgekommen. Unter ihnen etliche beurlaubte Funktionäre der Republik. Sofort nach ihrer Rückkehr sahen sie, dass Bübereien verübt worden waren. Sie sammelten Material, kriegten es zusammen, brachten den Polizeipräsidenten auf ihre Seite und heute, vor einer Stunde, während George mir sein Haus zeigte, ist der Präsident, der Vizepräsident und ein Schock anderer Missetäter einfach verhaftet worden, jetzt sitzen sie alle im Gefängnis.

Wir gehen an dem Gefängnis vorüber – überfüllt. Wir gehen an dem Haus mit dem Turm vorüber, in dem die Regierung ihren Sitz hat, zwei Schriftstücke kleben auf der schwarzen Tafel: der Präsident erklärt, er sehe sich veranlasst, sein Amt niederzulegen und der Vizepräsident desgleichen.

Daddy George steht da und reibt sich die Hände. Die guten Buben stehen da und lachen. Was kann ich tun, ich lache mit. –

Und am letzten Abend, es ist schon spät, sitzen wir auf der Freitreppe des schönen kleinen „Republic Inn", die feine alte Dame, Kupferkönigs Töchterchen und ihre Freundin, ein junger, hübscher, krausköpfiger Bürger der Republik und ich. Auf der Veranda hinter uns spielt der junge Cornell-Mann, der junge Graduierte vom Sibley-College aus Ithaka, eine Sonate auf seinem Cello. Er spielt gut, besser als ein Dilettant; die Nacht ist wundervoll klar, aus der Ferne, aus der Republik leuchten einige Fenster herüber.

Der junge Cornell-Mann spielt. Gewiss sind die Töne des Cellos weit herum im dunkeln Land zu hören. Gewiss hört sie der Präsident und der Vizepräsident, jeder in seinem Käfig. Die guten und die bösen Buben setzen sich aufrecht in ihren Betten und spitzen die Ohren.Und hoffentlich lullen die Töne den Daddy in seinem schönen Haus in eine gute Nacht und guten Schlaf nach den Mühen und den Verworrenheiten des Tages hinüber.

Die donnernden Gewässer am Sonntag

170 Sonderzüge aus allen Himmelsgegenden der Vereinigten Staaten und der englischen Dominion Kanada haben ihren Inhalt über die beiden Ufer der Fälle ausgeschüttet, heute früh spazieren Toff und Honey, 'Arry und Sue, selig sich umschlungen haltend, die donnernden Gewässer entlang, an den beiden Ufer des Niagarastroms.

Es sind auch Gruppen, große Gruppen von Menschen Amerikas da, sie haben weite Strecken zurückgelegt, um diesen Sommer das Wunder des Erdteils mit eigenen Augen zu sehen. – Da sind sie nun, für diesen einen kostbaren Sonntag an der Grenze von den Staaten und Kanada, wo die Wasser donnern. An der Art, wie sie das für mich Europäer so plausible Wort aussprechen, erkennen sie gegenseitig, wo sie her sind. Ich will die vielfältige Aussprache des Wortes, die da in mein Ohr hineingesummt ist, übereinander photographieren: es kommt so etwas wie N e i ä g r o h heraus. So heißen die Gewässer auf amerikanisch.

Die Leute aus Waterloo im Staat Iowa sind fröhliche Leute, sie haben große weiße Schleifen auf der Brust, mit winzigen goldenen Glöckchen, an denen erkennen sie sich schon von weitem. Ich höre und sehe die Männer und Frauen aus dem nördlichen Staat Montana, diese haben große Porzellanbroschen auf ihren Kleidern mit der rot aufgedruckten Landkarte ihres Staats und der Aufschrift: „500.000 Circulation" drum herum, – ich weiß nicht, bezieht sich das auf Waggone, Menschen oder Vieh? Und die Leute von Auburn ziehen vorüber, sie haben kleine Wimpel an den linken Arm gebunden. Und Leute aus Sacramento in Kalifornien. Diese machen mit Indianerklappern einen lustigen Lärm.

Ich fühle mich wohl unter all diesen Menschen. Ich erlebe meine großen Augenblicke zugleich mit ihnen, an den Ufern und unter diesen unerhörten Fällen – ich stecke diesmal lieber alle meine Epitheta ein und sage: diesen Fällen des Niagara.

Die „Nebeljungfrau" ist ein kleines Schiff; man zieht Gummimäntel und Kapuzen an, ehe man an Bord geht, dann fährt das Schifflein an dem Gebrause der amerikanischen Fälle vorüber mitten in das offene Hufeisen der kanadischen Fälle hinein. Diese stürzenden Wolkenkratzer der kanadischen Seite sind, vom Ufer gesehen, das Grasgrünste, was ich in meinem Leben geschaut habe; im Augenblick aber, in dem die kleine tapfere Nebelmaid in das Schaummeer hineinsteuert, in das dampfende, brausende, orgelnde Nebelmeer, da sieht es aus, als steige das Wasser in ungeheuren kugelrunden Wolkenschwaden, weiß wie Alabaster, von unten den Abhang hinauf.

Es kommt der Augenblick, in dem sich 'Arry und Sue durch das Loch in ihrer Kapuze überwältigt und atemlos ansehen, Augen, Nase und Mund voll von dem Wasser, das über das Schifflein und uns Kautschukmenschen hinwegbläst, wie eine weiße donnernde Nacht. Ganz langsam kreuzt die kleine „Nebelmaid" zwischen den beiden Fällen hin und her. Man könnte sich vorstellen, auf Frithjof Nansens „Fram" zu sein und durch das weiße Polarmeer zu treiben, wäre nicht hier und dort ein riesiger brauner Stein in dem Wasser zu sehen, ein schläfriger, sagenhafter, stumpfer und hartnäckiger Riese, an dem sich die Gewässer seit Millionen Jahren donnerig geschlagen haben. Noch eine kurze Jahrmillion und einer und der andere fällt auseinander, verschwindet von der Bildfläche; dann hat das Wasser recht behalten, und ein anderes Bild kommt dem Zuschauer auf seine Retina. Und das sollte alles sein?

Auf die Höhle der Winde geht man in einem kleinen runden Regenbogen zu, dessen Mittelpunkt man selbst ist – das ist das Amüsante. Amüsant ist auch der Weg aus der Ankleidehalle durch das sonntägig geputzte und belustigte Publikum hindurch, man legt ihn in einer grauen Sträflingstracht und einer Teerjacke darüber zurück. Toff und Honey, 'Arry und Sue lächeln mir selig zu. (Honey und Sue haben rote Strümpfe und Mützchen mit auf die Reise bekommen.) So steigen wir alle den Turm hinunter, der bis zu dem Pfad nach dem Abgrund unter dem Brautschleierfall hinunterreicht. Dort unten, während wir uns gut und treu bei den Händen festhalten (nicht so sehr der Gefahr wegen, sondern der Führer lädt seine Verantwortung auf die Einzelnen seiner Herde ab), dort unten hat man dann wieder seinen Augenblick. Das schreckliche Wasser, das hinter uns hinunterdonnert von oben, führt keinen Orgelton mehr mit sich, auch das Donnern der größten Maschinen der Welt ist dagegen nur wie das Atemholen eines schlafenden Kindes. Ich probiere so laut zu brüllen, wie ich nur kann, um zu sehen, ob ich inwendig in mir etwas davon höre, aber nur die Hände meiner Nachbarin zucken ein wenig, und die sind auch von dem Laut der Ewigkeit oder der kreisenden Sterne geschüttelt. Unser Leben sitzt uns wie ein Knebel hinten im Genick. Auf dem Rückweg dreht sich mein Nachbar von rechts nach mir um und fragt: „Das ist eine gute Prüfung für die Nerven, was?" Und ich denke mir: würde ich heute noch mit Herrn X. aus dem Tiergartenviertel zu Mittag essen und sein Geschwätz eine halbe Stunde lang über mich ergehen lassen, ohne die primitivsten Formen der Höflichkeit zu verletzen, wahrscheinlich hätten meine Nerven dann das Abiturium glücklich bestanden.

Die Sonne sinkt über all diese großen Augenblicke nieder und verschwindet hinter den Bergen. Die Glühbirnen an den Ufern und in den Häusern glühen auf, so intensiv wie ich noch nie Glühbirnen habe glühen sehen. Sie haben rote Backen sozusagen, wie Landkinder, die von den Früchten auf ihres Vaters Felde leben; sie werden gut und reichlich gespeist dahier. Es ist wunderschön, wie es Nacht wird. Bänke stehen überall zwischen Büschen und unter Bäumen am Ufer versteckt, dort wo das Glühlicht sie nicht sieht, nur ein kleiner in die Höhe schäumender Wassertropfen sie zuweilen benetzt.

Auf den Aussichtsterrassen stehen die Leute von Iowa, Missouri, Montana; auf den dunklen Bänken an den Gewässern aber sitzen Toff und Honey, 'Arry und Sue und verstehen ihr eigenes Wort nicht.

Am Montag

Am Montag höre ich den Donner der Gewässer wieder. Diesmal aber ist er eingefangen in dem Powerhouse, der Kraftstation auf der amerikanischen Seite. Bis der Führer kommt, lässt man uns allein auf der Plattform der riesigen Halle stehen. Und da steh ich nun.

Das da vor mir sieht aus wie ein zusammengerücktes: und in einen Raum gebrachtes Schiff; Maschinenräume, Kommandobrücke, alles in einem riesigen Kasten von schwerem grauen Stein und Glas. Hier innen aber ist alles schwarz und weiß. Die elf Generatoren stehen in einer Reihe und kreisen mit wahnwitziger Geschwindigkeit um ihre Achse herum. Es sind schwarze untersetzte runde Türme aus Stahl, wie Spirituskocher anzusehen, in jeden gingen fünfzig aufrecht stehende Männer hinein, aber er hat nur seine 5.500 Pferdekräfte im Leibe. Wahnwitzig kreisen und kreisen die Spirituskocher; man sieht parallele Streifen fliegen, Lichtstreifen wie bei einem Ventilator. Die Turbinen tief unten treiben sie im Kreise herum, die Turbinen, die unten in der Tiefe in das Wasser tauchen, von der lebendigen Kraft des schießenden Wassers herumgejagt werden. Wir steigen jetzt hinunter zur Quelle der Kraft, 140 Fuß tief unter den Wasserspiegel und hören mit eigenen Ohren das Schüttern des gereizten Stromes gegen Felsen und Stahl.

Eine Turbine ist in Reparatur und mitten in dem Abgrund, mitten in dem hohlen Kamin, den hinaufzuschauen schon schauerlich ist, in schwindelnder Höhe über unseren Köpfen, steht ein schmales Holzgerüst gebaut, auf diesem steht eine Leiter und auf dieser steht ein Mann.

Unter ihm sind 70 Fuß Finsternis, und unter diesen 70 Fuß brüllt und tobt das Wasser dahin, das noch 50 Fuß tief ist an dieser Stelle.

Während meine Gruppe mit dem laut schreienden Führer von Turbine zu Turbine weitergeht, bleibe ich auf dem Flecke stehen, auf dem schmalen Steinsteg zur Seite des Abgrundes und schaue zu dem Mann dort oben empor.

Eine kleine Glühlampe erhellt ungenügend das Holzgerüst, die Holzleiter, die Gestalt des Mannes selbst. Nach einer Weile haben meine Augen sich an das Dunkel gewöhnt, und ich sehe jetzt deutlicher den dort oben.

Er steht in einer Haltung da, die schwer zu beschreiben ist. Seine Füße sind eng geschlossen auf der Sprosse der Leiter. Er hat seine Arme waagerecht ausgestreckt, nach rechts und links, seine Hände greifen in Stahl und Stein auf beiden Seiten. Seinen Kopf hat er zurückgeworfen, er schaut hinauf, sucht etwas in der Höhe. So steht er da auf seiner Holzleiter über dem Abgrund. Jetzt kann ich auch unterscheiden: er hat ein blaues Hemd an und Corduroyhosen. Dort oben steht er über dem Abgrund und arbeitet für die K r a f t . Er steht g a n z a l l e i n dort oben und arbeitet für die Kraft, die die Maschinen der Fabriken im Lande treiben soll. Der Führer ruft, ich darf nicht länger zurückbleiben. Noch einmal schaue ich dort hinauf und präge mir das Bild des Einsamen, des Arbeiters ein, des Mannes, der zwischen den Abgründen steht und dessen Leben, gering erhellt, auf einer dünnen Leiter schwankt für die Kraft, die die Werke im Lande treibt. Ich gehe vorwärts und frage mich, ob das nicht eben das Bild des Gekreuzigten war, das ich dort oben gesehen hab im Kamin? –

Im Tageslicht, in der schwarz und weißen Halle steht ein junger Bursche, er kann nicht viel älter sein als 23 bis 24, er steht auf der Kommandobrücke längs der Generatoren bei den Stahlhebeln der Konduktoren wie ein Weichenwärter auf der Strecke. Es ist ein junger blonder Bursche, er hat scharf aufzupassen, und sein schwitzendes, intelligentes Gesicht ist geladen mit Aufmerksamkeit wie eine Dynamomaschine. Aus einem kleinen Glaskasten zur Seite der Konduktoren, über denen opalne Lichter brennen, rollt ein dünner Streifen Papier heraus – eine rote Zickzacklinie läuft über den Streifen –: das ist der Bericht über die Stromentfaltung und den Stromverbrauch, die anschauliche Linie, die das Auf und Nieder der Kraft anzeigen soll.

Ich sehe den tätigen Burschen an und dann den Glaskasten, aus dem der Papierstreif sich herausschlängelt. Ich komme mir mit meinem kläglichen Notizbuch vor, als säße ich selber in dem Glaskasten drin, während der Kontinent da neben mir rüstig und aufmerksam seine harte Arbeit verrichtet, und zeichnete an einer roten Zickzacklinie, die noch dazu gar nicht präzis ist; nur der Glaskasten stimmt einstweilen. Ich mache mir lieber keine Gedanken über diesen Gegenstand.

Ein gut angewandter Nachmittag

Dass die Dinge aus der Nähe gesehen anders ausschauen als von Weitem – um das zu erfahren hätte ich nicht von Buffalo nach East Aurora fahren müssen. Ich bin nur für ein paar Stunden hinübergefahren, und als ich in der Kolonie der Roycrofters ankam, da sagte man mir, Herr Elbert Hubbard, den ich gerne gesehen hätte, sei grad heute nicht daheim in East Aurora. Schade – sagte ich mir; Glück! – sagte ich eine Stunde später.

Elbert Hubbard ist der Gründer der „Roycrofters", man kann seinen Namen auf den kleinen hübschen Wildlederbüchlein lesen, die um die Weihnachtszeit in großen Mengen aus Amerika in die guten Buchhandlungen des europäischen Kontinents herüberkommen. Die Engländer und die Amerikaner werden nicht müde, ihre Klassiker immer und immer wieder mit Liebe und Sorgfalt neu zu drucken, und die Roycrofters tun dasselbe. Sie drucken einzelne kurze Essays von Emerson, Thoreau, Ruskin und dann anderes, die portugiesischen Sonette der Browning-Barrett, die unvermeidliche Rubayat des Omar Khajjam, mit sehr geschmackvollen Lettern auf sehr schönes Papier, und binden das Ganze dann in winzige Lederbändchen ein. Man kann dieses Leder hin und her streicheln, es fühlt sich an wie ein Handschuh, der auf einer lebendigen Hand sitzt, ein gutes Geschenk für Boudoire. Diesen Zweck zu erfüllen, ist, denke ich, eine hübsche Aufgabe, und darum darf man auf die Roycrofters nicht böse sein, wenn sie in der gleichen kostbaren Art auch alles drucken, was Elbert Hubbard schreibt und dichtet. Sie drucken seine Aphorismen, Essays über Menschen und Lebensdinge, philosophische und soziale Maximen usw. in kleine und große Bände, malen, schnitzen und treiben sie auf Pergamentblätter, in Holz und Metalltafeln, all das tun sie mit großer Kunstfertigkeit und erlesenem Geschmack. Ich habe mir ein paar von diesen Sprüchen zur Lebensweisheit aufgeschrieben, aber ich schreibe sie hier wirklich lieber nicht wieder auf. Ich habe sie mir in mein Notizbuch hineingeschrieben von den Tafeln und Pergamenten, die alle aus kostbarstem Material waren, und wenn:

„Morgenstunde hat Gold im Munde!"

oder

„Trautes Heim Glück allein!"

mit Morrisscher Einfachheit auf solch einer Tafel geschrieben steht, so glauben es die Stilbedürftigen und Schönheitsdurstigen im Lande aufs Wort – sei es nun Ruskin oder Mr. Hubbard, der den Spruch gesprochen hat.

Ich bin nicht nach East Aurora gefahren, um zu sehen, wie die Roycrofters setzen und binden, bosseln und punzen, sondern weil die Sage ging, die Roycrofters seien Kommunisten, wenn auch mehr mit künstlerischem Einschlag als aus rein sozialen Gesichtspunkten, sozusagen in der Mönchskutte und nicht blaublusig.

Hubbard selbst nennt sich ja, etwas kokett, Fra Elbertus, was man ihm weiter nicht verargen darf, denn Hubbard ist kein schöner Name für einen Künstler, zudem fängt ein altes englisches Kinderlied auch so an:

> „Old mother Hubbard
> She went in the cupboard etc."

Er nennt sich Fra wie der aus Fiesole, und das Hotel, das er für die zahlungsfähigen Schwärmer neben seine Werkleutskolonie hingebaut hat, sieht einem Kloster ebenso ähnlich, wie er dem Angelico. (Ich merke schon, wo in Amerika ein Experiment gemacht wird, steht sofort ein Hotel daneben.)

Elbertus trägt sein Haar wallend und verfügt über einen Augenaufschlag, der auf zahllosen Abbildungen zu sehen ist; der Speisesaal des Hotels aber ist ein Refektorium. Es gibt einen veritablen Kreuzgang, und da in Mont' Oliveto kein Raum für den Fünfuhrtee vorgesehen war, so hat der Fra rasch entschlossen einen Pavillon zu diesem Zweck hinter die Apsis der Kapelle, die hier ein Musiksaal ist, hingebaut.

Wie mir ein deutscher Werkführer in dem Fabrikhaus erzählte, besteht unter den Hauptbeteiligten der Roycrofter-Werke wohl eine Art von gemeinsamer Arbeitsbestimmung und Teilung des Gewinns. Da sich aber die Unternehmung, die geschickt in Szene gesetzt ist und mit beträchtlicher Reklame arbeitet, superb bezahlt, haben die ästhetischen Kommunisten eine Schar von besoldeten Arbeitern und Clerks angestellt und bauen jetzt Kapelle um Kapelle, in denen ihre Kunstwerke zum Verkauf ausgestellt sind.

Fra Elbertus wehrt es keinem, dass er mit wallendem Haar hinter der Schreibmaschine sitze, und ich habe augenaufschlagende Novizen die Addiermaschine bedienen sehen. – Der Fra ist ein Idealist und ein Praktikus zugleich. Er druckt selber und zwar mit Morrisscher Einfachheit die Plakate für die Varietés, in denen er, oben wie ein Mönch, unten wie ein Montmartrois anzuschauen, Vorträge hält, Propaganda macht für eine Idee, die eine künstlerische und asketische zugleich ist, oben Angelico, unten Barnum.

Wie ich aus der Bibliothek des ästhetischen Hotels in die Halle hinauskam, da saß eine Corona von den auch bei uns ziemlich bekannten Damen mit verwaschenen Farben auf dem Leib, Kettchen, Steinchen und Haartrachten, im kühlen Schatten auf bequemen Stühlen beisammen; in ihrer Mitte saß ein Jüngling, eine gut gemachte Reproduktion seines Meisters, und las ihnen, langgelockt und in Hemdsärmeln, aus den Werken des Fra vor. Bildnisse von guten und weisen Männern sahen, in der Nachbarschaft des Briefkastens, auf dieses wohlgepflegte Sommeridyll hernieder, und ich dachte, um mit dem erfolggekrönten Fra rasch fertig zu werden, an den Daddy drüben in Freeville, der ebenso wie der Fra, ein Amerikaner ist, dem aber sein Werk über den Kopf gewachsen war. –

Chautauqua

Die ersten Eindrücke, die man hier herüben von den Dingen gewinnt, sind oft recht schlechte. Nimmt man sich aber die Mühe, lässt sich von der Oberfläche nicht verwirren und hat überhaupt Sinn und guten Willen dafür, so sieht man bald das Gute und Große unter der abstoßenden Einhüllung. Auch in Chautauqua musste ich durch eine Schichte von unfreundlichen Eindrücken hindurch, ehe ich hineinkam.

Der Ort hat seinen (Indianer-)Namen vom See, an dem er liegt. Dieser anmutige See, der an den Chiemsee in seinen östlichen Partien erinnert, liegt ein paar Meilen vom Erie entfernt am nordwestlichen Ende des Staats New York, etliche 100 Fuß höher als der Erie.

Man kommt mit dem Schiff an dem Pier an und möchte nun gerne in den Ort hinein. Das ist aber nicht so einfach! Man muss durch ein Tourniquet, ein mannshohes, mit Barren versehenes Eisengitter, das sich dreht. Es dreht sich aber erst, wenn man seinen Obolus bezahlt hat; will man das nicht, so kann man mit dem nächsten Schiff weiter! Der Obolus ist gar nicht so gering. Ich zahle meinen halben Dollar für den Rest des heutigen Tages und gehe mit meiner Tasche in den Ort hinein.

Gleich ein paar Schritte weit vom Pier sehe ich etwas, was mich mit Heiterkeit und Spottlust erfüllt. Ein paar kleine Hügel und zwei kleine Pfützen sind nahe beim Seeufer auf den Boden aufgeschüttet und in den Boden eingegraben, – auf einem der Hügel bemerke ich so etwas wie ein primitives plastisches Modell einer kleinen Stadt, aus weißem Zement. Eine Tafel belehrt mich: das da ist eine getreue Nachbildung von Palästina.

Die Pfütze vor mir ist der See von Galiläa, die Zementstadt auf dem Hügel da ist Bethabara, und der Hügel ist der Gadarenische Hügel. Drüben die größere Pfütze ist: Das Tote Meer. Darüber ist ein größerer Zementhaufen zu sehen: Jerusalem. Rundherum kleinere: Bethlehem, Gibeon, jenseits des Ölbergs aber, nach dem Chautauquasee zu, liegt Hebron, – denn was da draußen ist, der See, über den ich grad mit dem Dampfer gefahren bin, ist nicht der Chautauquasee, sondern das Mittelländische Meer.

Alles genau nachgebildet; der Fluss Jordan, eine schmale Wasserader zwischen dem See von Galiläa und dem Toten Meer, Carmel, Dan und Berseba, Sidon und Tyrus, alles. Der ganze Kitsch ist vor langer Zeit der Institution Chautauqua von einem alten Herrn gestiftet worden und hat Chautauqua in seinen Anfängen in den Staaten berühmt und populär machen helfen.

Nachdem ich im „Hotel Athenäum" mich gesäubert und mein Abendessen zu mir genommen habe, schlendere ich links den Berg hinauf, um mir Chautauqua anzusehen. Zehn Schritte weit vom Hotel bleibe ich plötzlich wie angewurzelt stehen – ja, wirklich, da habe ich einen Schlag ins Genick bekommen, und zwar nicht vom Anblick eines Wolkenkratzers, sondern von dem einer gewaltigen Sache, der ich mich mit einemmal ganz ohne Vorbereitung gegenüber finde.

Chautauqua ist eine große Sommerschule, hat man mir gesagt, eine Art Kurort, in dem man aber kein heilendes Wasser trinkt, sondern Vorträge anhört. Berufene Leute halten diese Vorträge über Gegenstände der Literatur, Geschichte, über alle Fächer der Wissenschaft; man setzt sich einfach hin, wo man Lust hat, zu sitzen, und hört zu. Was wir in Europa „University Extension" nennen, aber doch etwas spezifisch Amerikanisches, etwas in Europa kaum Denkbares, ein Karlsbad mit dem kastalischen Quell statt des Sprudels. Aus allen Teilen, aus den entlegensten Winkeln ihres riesigen Kontinentes, ihres bewunderungswürdigen demokratischen Staatenverbandes, kommen die Americanos daher, für acht Wochen im Sommer, um zu lernen; dann zerstreuen sie sich wieder in alle Winde und haben etwas mitgenommen, was sie nicht mehr verlieren werden. Man kann sagen: nicht Menschen werden hier unterrichtet, sondern ein Weltteil. Sie bekommen eine homogene Kost hier, die Americanos, sie sitzen alle an der gleichen Quelle, gesunden, genesen und fühlen sich jährlich um einige Grade mehr als Americanos nach solch einem Sommer in dem Ort Chautauqua. (Doch wir haben etwas – entfernt – Ähnliches in Europa: Bayreuth.)

Ich habe von Walt Whitmans Lieblingswort, dem Wort „en masse", wohl immer einen Schauer empfangen, wie von etwas Inkommensurablem. Aber das Wort ist trotzdem nicht bis in die innerste Tiefe gedrungen, wo der Kontakt erreicht wird. Hier auf einmal fühle ich den Schlag im Nacken sitzen. Denn was da plötzlich vor mir liegt, ist ein ungeheures; von obenher aus unsichtbaren Lichtquellen beleuchtetes Tal von Menschen, ein Krater von Menschen, eine Arena, das Dach ruht auf hohen Säulen, aber sonst ist der Raum von allen Seiten offen, tief in einen Berg eingegraben, und in dieser Arena, diesem Amphitheater sitzen Menschen in hellen Sommerkleidern, Tausende und Tausende – mir schien's, Zehntausende, ohne einen Laut, ohne die geringste Regung, stumm, in Andacht.

Auf dem Podium, das halb in das Amphitheater hineingebaut ist, sitzen vorne an der Rampe ein paar Männer und Frauen in dunkeln Kleidern. Hinter ihnen hängt eine große Flagge, das Sternenbanner, von einer Art Kulisse herunter, und hinter dieser Kulisse ist die Orgel, eine Orgel von Dimensionen, die dem ungeheuren Raum entsprechen. Rechts und links auf dem Podium aufsteigend, Chöre, Männer und Frauen, hell und weiß, nur die paar Menschen vorn auf dem Podium sind schwarz angezogen.

Ich habe letzten Winter Reinhardts Ödipus im Zirkus Schumann gesehen, und als das wehschreiende Volk, am Anfang, in die Arena hereingestürzt kam, da habe ich etwas Ähnliches empfunden wie jetzt, da ich diese schweigende Menschenmenge erblickte. (Ich hörte später, es seien ungefähr achttausend Menschen da gewesen.)

Aus der kleinen Gruppe vorne auf dem Podium trat ein Greis hervor und sprach mit leiser, alter Stimme zu den achttausend Menschen des Tales. Jedes Wort war deutlich zu hören, jedes Atemholen des alten Mannes, und das schreibe ich nicht nur her, um zu erklären, wie gut die Akustik des Raumes beschaffen ist, sondern mehr, um zu sagen, wie die Akustik inwendig in diesen Menschen beschaffen ist.

Es war „Old First Night", zu der ich zufällig hergekommen war, – die Feier des 37. Jahrestages der Gründung von Chautauqua. Der Greis, der da redete, war der eine der Gründer Chautauquas, Bischof John C. Vincent von Indiana, und er sprach vom anderen Mann, der mit ihm Chautauqua gegründet hatte und den die Erde deckt, Lewis Miller.

Ich hörte lange den Reden zu. Männer aus fast allen Staaten der Union sprachen nacheinander. Ihre Reden waren alle von Enthusiasmus für die Idee, die demokratische Idee Chautauquas erfüllt; von einem Lokalpatriotismus, der zugleich Patriotismus für den Weltteil Amerika war. Von Liebe für die Männer und Frauen, die hier am Werke waren, und von Pietät gegen die Männer und Frauen, die einst für Chautauqua gearbeitet hatten und nicht mehr arbeiten konnten. Hier hatte ich den Eindruck von Geschichtlichem, von Tradition, von Vaterlandsgefühl, das mich anging, das lebendig war und keine Mache, hier hatte ich den Eindruck, dass die Toten leben und bei uns Lebendigen sind in diesem Moment. Denn was ich sah, war etwas absolut Schönes und lebendigstes Leben – und zu dem gehört noch immer etwas mehr, als was die Lebenden allein aufbringen können.

Dann setzte die Orgel ein, auf einmal fiel die große Flagge, das Sternenbanner, von der Kulisse aufs Podium herab, und man sah die Kulisse dastehen, sie war etwa sechs Meter hoch, und in der Mitte war die Form eines Turmes aus der Leinwand ausgeschnitten.

In diesem Jahr 1911 haben die Chautauquaer ihrem Gründer Lewis Miller einen Gedächtnisturm an dem Ufer ihres Sees gebaut, Bischof Vincent hatte das Glockenspiel heute Nachmittag eingeweiht, und jetzt, in einer Stunde, sollten die Kosten durch freiwillige Gaben eingebracht werden, und nicht nur die Kosten für Turm und Glocken. Man brauchte noch Geld für arme Leute, Schullehrerinnen, die einen Sommer lang in Chautauqua leben, gute Luft, gute Nahrung und guten Unterricht genießen sollten, soviel in sie hineinging, ohne einen Groschen von eigenem zuzusetzen, zur höheren Ehre von Mütterchen Amerika.

Es gingen kleine Knaben und erwachsene Männer mit Körbchen herum im Menschental, stiegen auf den Berg der Arena und kehrten zurück in die Tiefe. In den Körbchen waren Kuverte, und in die Kuverte mochte, wer da wollte, Geld, Noten, Schecks hineinstecken.

Reden wurden gehalten. Der Gouverneur trat vor, meldete: ein Kabeltelegramm, die ersten tausend Dollar für den Turm, von Mrs. Thomas Alwa Edison, die gegenwärtig in Frankreich ist.

Gleich darauf begann hinter dem Ausschnitt der Kulissen ein Junge Ziegelsteine aus Pappendeckel aufzubauen. Zehn Ziegelsteine, von denen jeder hundert Dollar vorstellte. Bei Nummer zehn hielt er inne. Nicht lange, denn es kamen weitere zehn dazu, und noch zehn und noch fünfzehn. Bei jeder neuen Lage applaudierten die Achttausend. Rasch wuchs der Turm in die Höhe – eine genaue Nachbildung im Kleinen des Campanile, den ich vor einer Stunde vom Dampfschiff aus gesehen hatte. Noch zehn Ziegelsteine, dann fünf, dann drei, dann fünf.

Reden, Gesang. „The Old Kentucky Home", dieses wundersame alte Lied der Schwarzen, der Chor sang es, die Orgel spielte es, achttausend Menschen summten es leise mit. Dann Reden; Senatoren, Richter, Männer von Universitäten, Fabrikanten, Farmer aus dem Westen. Alle standen auf, nacheinander, und sprachen; von ihrem Stand, ihrer Provinz, von Amerika. Dazwischen Musik, „Way down upon the Swanee Ribber" … Und dann plötzlich das frische, jauchzende: „Dixieland!", die Hymne des Südens, die die aus den Südstaaten hier in der Arena mit entzücktem Pfeifen, kleinen Schreien, einer Art kultivierten Tobsuchtsanfalls, begrüßten und alle, auch die vom Norden, mitsangen, Wort für Wort. In weniger als einer Stunde war der Turm fertig bis hinauf zum Giebel. Ungefähr neuntausend Dollar waren zusammengebracht worden in einer Stunde, Baukosten für den Turm, Baukosten für Menschen. Dann: „The Star Spangled Banner", das Tal setzte sich in Bewegung und zerteilte sich über den ganzen Ort, der im Walde drin liegt, Haus bei Haus eng beisammen, so eng wie das Land weit ist, aus dem diese Menschen hergekommen sind. Nächsten Tag war ich mitten drin in allem. Und heute möchte ich heulen darüber, dass das Muss mich weggetrieben hat und ich nicht eine Woche, einen Monat noch unter diesen Menschen Chautauquas, unter diesen Menschen des großen Amerikas bleiben durfte. –

Ankunft in Chautauqua

Ein junger Student aus meinem Hotel, von dem ich noch sprechen werde, erklärte mir die Institution. Professor E. J. Flügel von der Cornell-Universität Ithaka, der im Sommer über deutsche Sprache und Literatur liest und der Gouverneur von Chautauqua, Präsident George E. Vincent von der Universität Minnesota, nahmen mich herum und zeigten mir alles, erklärten mir Chautauqua.

Ich möchte am liebsten das Programm eines einzigen Tages hier aufschreiben, das Programm vom Freitag, 4. August 1911. Ich habe 49 Vorträge gezählt, sie stehen auf dem Tagesprogramm gedruckt. Einige will ich erzählen. Ein Vortrag über moderne soziale Bewegungen in Europa. Über Wald und Vögel. Über den Kindergarten. Über Shakespeare. Über außerchristliche Glaubensbekenntnisse in der Union. Ein Vortrag über die Geschichte der Banken Amerikas, vom Präsidenten einer der größten Banken New Yorks gehalten. Über die Zubereitung von Eisspeisen und Creme. Über die Kirche und die Arbeiterfrage. Über die Persönlichkeit und Kunst von G. K. Chesterton. Über Björnsons „Handschuh" und die Frauenfrage. Über Missionstätigkeit in den großen Städten. Und am Abend ein Konzert mit Chören und Solisten in der großen Arena: „Schön Ellen" von Max Bruch und „Die Kreuzfahrer" von Niels Gade.

Ich habe Vorträge gehört, ausgezeichnete, in der Arena, in der wundervollen „Hall of Philosophy", einem griechischen Tempel mitten im Wald, in den Häusern der Methodisten, der Presbyterianer, der Nonconformisten. (Christian Science ist ausgeschlossen aus Chautauqua!) Im Kindergarten habe ich die Lehrerinnen mit den entzückendsten kleinen Amerikanern und Amerikanerinnen spielen sehen und habe Vorträge mit angehört, die diese Lehrerinnen im College von den besten Lehrkräften der Universitäten Amerikas in vielen Fächern erhielten. Ich habe in den schönen Werkstätten die Lehrerinnen das kunstgewerbliche Handwerk erlernen sehen. Ich war auf dem Baseball-Feld und habe vom Ufer Schwimm- und Ruder-Matche ausführen sehen. Ich war in „Pianoville", dem entlegensten Winkel Chautauquas, wo Virtuosen von großem Namen ihre Klavier- und Geigenfarmen haben, Hühnerhöfe für angehende Klavier- und Geigenvirtuosen. All die wundervollen Plätze, Häuser und Häuschen, in denen gelehrt, gelernt, gelebt und geflirtet wird, habe ich, teils von außen und teils von innen, mir angesehen.

Das Baseball-Feld

Professor Flügel und Gouverneur Vincent, der Sohn des Bischofs, haben mir den inneren Mechanismus dieser national amerikanischen Bildungsstätte erklärt. Sie ist für den gebildeten Bürger und den Lehrer der Mittelklasse berechnet und geschaffen. Der Lehrerstand (der in Amerika ein Lehrerinnenstand ist) erhält hier eine einheitliche Wissensbasis, und wer so entlegen wohnt, dass er sich jahraus, jahrein mit Gedrucktem behelfen muss, kann hier acht Wochen lang Universitätshörer werden, wenn er Lust dazu hat. Das Gitter um Chautauqua herum ist da, damit der oberflächliche Besucher aus den Sommerfrischen rings um den Chautauquasee den Wissbegierigen den Platz nicht wegnehme und dass, wer da lernen will, mit gutem amerikanischen Geld für seinen Unterricht und für den der „scholars", der unbemittelten Lehrerinnen, bezahle. Im Ganzen sind zurzeit etwa fünfzig hier.

Es gibt 75 Professoren und vortragende Damen, die während der acht Wochen wie die Sklaven arbeiten dahier. Es sind heute 15.000 Menschen in Chautauqua anwesend. Außer den Kursen über Schulfächer für die Lehrerinnen und den Vorträger aus allen Gebieten, gibt's alljährlich einen Spezialkurs über einen bestimmten Gegenstand. Dies Jahr sind es amerikanische Fragen, voriges Jahr waren es Kulturfragen Englands und nächstes Jahr werden es Kulturfragen Deutschlands und Frankreichs sein. Chautauqua gibt alljährlich zu diesem Spezialkurs Bücher heraus, die die Sommergäste mitnehmen und im Winter sind sie dann daheim in Chautauqua! Dies Jahr sind es: „Der Amerikaner des 20. Jahrhunderts" von H. P. Robinson, dem Washingtoner Korrespondenten der Londoner „Times"; „Der Geist der amerikanischen Regierung" von Professor Allen Smith, Universität Washington; „Material und Methoden der Romandichtung" von Clayton Hamilton, und „Zwanzig Jahre in Hull-House" von Jane Addams in Chicago, der großen Sozialreformerin.

Ich habe Broschüren und Berichte mitbekommen und gelesen, dass Männer und Frauen wie James Garfield, Mac Kinley, Roosevelt, Taft, Drummond, John Fiske, Julia Ward Howe, Benjamin Ide Wheeler, Frances Peabody, Susan Anthony, Lew Wallace (um nur ein paar in Europa bekannte Namen zu nennen) Chautauqaer waren und sind, hier gelebt, gelesen und gesprochen haben. Dass man Grade und Ehren einheimsen kann und nach Hause mitnehmen darf, wenn man die und die „Prüfung" abgelegt hat, ist vielleicht nicht sehr ernst zu nehmen. Ein herzlicher alter Herr aus Kentucky, der mich im Hotel ansprach (er hat mich für einen schottischen Reverend gehalten, war aber nicht mehr als schicklich enttäuscht, als ich ihn aufklärte), erzählte mir, er sei jetzt 78 Jahr alt, komme seit dreißig Jahren mit seiner Frau und Tochter nach Chautauqua, und die ganze Familie habe vor drei Jahren „promoviert". Ich habe im Ganzen das sympathischste, feinste und liebenswürdigste Leben, das die heutige Bourgeoisie an irgendeinem Sommerort der Alten oder Neuen Welt zur Schau tragen kann, in Chautauqua ein paar Tage lang genossen; und wenn ich meinem Nachbarn vom „Kaiser Wilhelm der Große" wieder begegne, dann will ich ihm sagen: ich habe Amerika an einem Ort beisammen gesehen und ein Bild von Amerika in mir empfangen, ohne dass ich die smart set in Newport hätte tanzen sehen.

Chautauqua ist ein Ort für den wohlhabenden Bürger, und der „Mann ohne Niveau" hat hier nichts zu suchen. Er wird auch keines bekommen hier, denn das ist nicht vorgesehen. Chautauqua ist kein soziales Experiment, dazu sitzen auch zu viele hübsche und gelangweilte Frauen mit ihren Stickerei-Arbeiten zu Füßen der Professoren. Aber ich glaube, sieben Tagereisen weit an einen Ort herzukommen, um ein paar Wochen lang in einer freien intellektuellen Atmosphäre unter gebildeten und bildungsbegierigen Menschen leben zu können, das ist gar kein so schlechter Anfang für ernstes soziales Streben. Der Bourgeois ist ebenso, wenn nicht bildungsbedürftiger als der Proletarier: und in Chautauqua wird vielleicht, wenn man genauer hinschaut, etwas für die Zukunft getan, was gar nicht auf dem Programm von Chautauqua steht.

Das Hotel „Athenäum", Chautauqua

In Amerika wird überhaupt manches g e t a n . Ich habe erwähnt, dass mir in meinem Hotel, dem Hotel „Athenäum", ein junger Student die ersten Aufklärungen über die schöne Institution und das Problem Chautauqua erteilt hat. Dieser Student, ein Graduierter der Columbia-Universität in New York, wohnte nicht etwa zufällig im Hotel „Athenäum", sondern er war dort bedienstet.

Er war es, der mir mein Zimmer angewiesen hat, er war Clerk im Hotel.

Ich hatte mit meinem Koffer Schwierigkeiten bei der Dampferstation. Kaum war ich in meinem Zimmer, klingelte ich dreimal; ein junger Mann kam herein und sprach: „I am the Porter." Er sah aus, wie Wilamowitz-Moellendorf in jüngeren Jahren ausgesehen haben mag. Ich sagte mir: was, du mit deinem Gesicht bist der Portier? und erklärte ihm hierauf meine Angelegenheit. (Ich hatte von den Dingen im Hotel keine Ahnung.) Eine Viertelstunde später brachte er mir auf seiner Schulter meinen Koffer. Er war ein stämmiger junger Mann, dieser Portier.

Ich hörte später, er sei Kandidat der Medizin. Ich hörte auch, dass das Stubenmädchen, das mein Bett machte, ein Collegegirl sei, ebenso das Fräulein, das an der Table d'hote mit dreißig anderen Collegegirls die vierhundert Gäste des Hotels bediente; und der Liftjunge war ein Gymnasiast, und alle die Clerks waren „collegepeople", und jeder und jede arbeitete, und zwar ziemlich hart, und verdiente sich einen Teil seines oder ihres Unterrichtsgeldes für das nächste Semester. Und wenn sie am Abend fertig waren mit ihrer Arbeit, dann saß die feine Millionärsgattin aus Cincinnati mit dem Mädchen, das bei ihrem Tisch aufwartete, und mein guter Herr aus Kentucky saß mit dem Liftjungen beisammen in der Halle des schönen Hauses, und sie unterhielten sich über mancherlei, über die Verhältnisse ihrer eigenen kleinen Heimat in der großen gemeinsamen, der alte Herr holte sich Rat beim Liftjungen über etwas Lateinisches, was er heute im Vortrag des Professors nicht recht verstanden hatte, und der Liftjunge musste sich mit der Erklärung beeilen, denn es wurde geklingelt, und Nummer so und so viel wünschte Eiswasser aufs Zimmer gebracht zu bekommen.

Ich habe mit ihnen gesprochen und vom Columbia-Mann vieles gelernt und gehört über die Universitäten Amerikas, über die Menschen und die Anschauungen der Menschen auf diesem merkwürdigen, jungen und bärenstarken Kontinent. Beneidet habe ich sie alle, vom Clerk zum Liftjungen hinunter, alle miteinander.

Der Anschauungsunterricht im Hotel „Athenäum" hat mir etwas beigebracht, was ich mir aus hundert zerstreuten Tatsachen hätte zusammensuchen und -stellen müssen. Ich werde nun alles besser verstehen, was ich in den Staaten sehen und hören werde, das weiß ich sicher.

Die Klasse, scheint es, existiert hier herüben nicht. Auf alle Fälle: in einer ganz anderen Form als drüben in Europa. Stellen Sie sich einmal einen deutschen Studenten als Kellner in einem Sommerhotel und eine höhere Tochter aus guter Familie in einer niedereren Funktion als der einer kunstgewerblichen Pfuscherin vor. Ein Korpsstudent, ein Gesicht mit Schmissen, ein Mann mit einem Komment im Gehirn. Der Franzose sagt: vous voyez ça d'ici.

Ich meine, wie muss einem amerikanischen Austauschprofessor zumute sein, wenn er von einem „Salamander" wieder hinaus auf die Straße kommt und die elektrischen Straßenbahnen des 20. Jahrhunderts sausen an ihm vorbei. Die jungen Herren haben andere Sorgen!

Nein, die Klasse existiert in Amerika gewiss nicht in der Form, wie in Europa drüben. Der Unterschied zwischen dem einen arbeitenden und dem anderen arbeitenden Mann ist sicher ein wesentlich geringerer als in Europa, wo zu allen Verbarrikadierungen der Menschen gegeneinander noch die Klassifizierung der Arbeit kommt, die die Klassen regelt, zerstückelt, in kleine Unterabteilungen nummeriert und wertet.

Gewiss steht der Mann mit eine Million Dollar jährlichem Einkommen hier herüben in einer ganz anderen Kaste, als der mit „nur" tausend. Und ich kann's mir gut denken, dass die vielen Klubs und Logen dahier eine Auswahl treffen, die verdammt nach Kaste und Klasse ausschaut. Aber dass ein Mann aus der Kaste der Gebildeten auf einen Sommer oder ein Jahr in einen niederen „Job" hinuntersteigt, ohne hierdurch seiner Kaste verlustig zu werden, das ist Amerika und nicht Europa, daraus spricht ein demokratischer Geist, und ich weiß nicht, ob der sehr weit oder sehr nah ist vom Ideal des Sozialismus.

Ich weiß es nicht. Ich weiß nur, dass sich hier herüben der Kampf der Klassen mehr als ein wirtschaftlicher Kampf abspielen muss, d.h. reinlicher, nicht mit der Gehässigkeit und Tücke, zu der uns in Europa das Kastenwesen und die snobistische Ambition der niederen Klassen, in die höheren hinaufzuklettern oder sich in die höheren hineinzuschwindeln, und all der ähnliche Plunder zwingt. Ich weiß auch: in diesem raschen Wechsel der Berufsarten des einzelnen; in diesem mit der Waffe der Kraft und Veranlagung von Mann zu Mann und nicht aus einer Festung in die andere Festung hinübergeführten Kampf; in diesem sozusagen mit dem kurzen Römerschwert geführten Kampf um das materielle Dasein – kann eine anständigere Form der Gesamtheit sich entwickeln, als eine Nation es im alten Europa ist. Wo einer durch Patente, Adelsbriefe, Titelchen und Narrheiten schlimmerer Sorte sich hindurchdrängen muss, an denen die Kraft zersplittert und die Energie niederträchtig wird. Ich lerne aus diesem simplen Anschauungsunterricht in der Hotelhalle dahier, dass in Amerika der Kampf der Arbeit gegen das Kapital, der große kommende Weltkrieg, gegen den es keine Arbitration und kein Haag gibt, mit einer Blutigkeit wird ausgefochten werden müssen, die ihresgleichen nicht hat in der Geschichte der Kämpfe der Menschheit. Es ist meine letzte Stunde in Chautauqua. Während alles in den Hörsälen, im Amphitheater, in all den schönen Häusern im Walde beisammensitzt, um zu lernen, seine Kräfte zu vervielfachen, gehe ich mit meiner Reisetasche den Weg zum Eisengitter zurück, den ich gekommen bin am ersten Tag. Ich muss mein Billett zurückgeben, das mich in diesen dreieinhalb Tagen etwa drei Dollar gekostet hat, und damit höre ich dann auf, ein Chautauquaer zu sein.

Es ist ein schöner Sommertag, für lange Zeit mein letzter in den Staaten, denn ich fahre heute über den Ontario nach Toronto hinauf.

Die Sonne scheint auf den Chautauquasee herunter, auf Häuser, Wald und helle Menschen dazwischen. Wie ich an „Palästina" vorüberkomme, hocken drei kleine Kinder am Ufer des Sees von Galiläa und treiben kleine Papierschiffchen hinüber von Tiberias nach Kapernaum.

REISE DURCH KANADA

Ontariofahrt

Der Ontario ist das kleinste von den fünf Meeren im Inneren Nordamerikas. Wenn man ihn an seinem westlichen Zipfel durchquert, vom Niagara hinauf nach Toronto zu, so ist dieser Zipfel noch breit genug, dass ein paar Stunden lang die Ufer rings unter den Horizont hinuntergehen und Himmel und Wasser um das Schiff sind, vielleicht noch ein Fetzen Rauch in der Ferne.

Ich weiß, ich fahre über einen See, und ich kenne auch die Landkarte Kanadas gut genug, um zu wissen, dass die Grenze Kanadas und der Staaten ein gerader Strich ist, wie mit dem Lineal quer durch den Weltteil gezogen, und doch stellt sich dieses feierliche Gefühl von innerem Erstaunen wieder in mir ein, das mich damals beherrschte, als ich unterm so und so vielten Breitengrad plötzlich wusste – nun bin ich der Neuen Welt näher als der Alten.

Kanada ist eine neue Welt in der Neuen. Schade, dass ich nicht länger mich in den Staaten aufhalten durfte; hätte ich's gedurft, sicher wäre mir der Kontrast stärker bewusst geworden. Ich erinnere mich, hörte ich als Kind von jemandem sagen: er sei nach der Neuen Welt, um ein neues Leben zu beginnen (die meisten, von denen man das erzählte, hatten ihre guten Gründe, Welten und Leben umzutauschen!), mit einem Mal war da alles sonderbar um diesen Menschen herum! Er selbst. Dann dieser Begriff: die Neue Welt. Und dann: das Neue Leben! Ein erwachsener Mensch beginnt in einer neuen Welt ein neues Leben! Es war so etwas wie ein Märchen, und der arme Bankrotteur, der gebückt auf dem Stuhl gegenüber den strengen Onkeln saß, war ein Märchenprinz, nichts weniger.

Was damals die Neue Welt war, ist inzwischen, der Technik und der Konkurrenz und all den übrigen Segnungen sei Dank, ziemlich alt und schon äußerst selbstverständlich geworden – aber jenes nördliche Land über dem graden Strich durch Nordamerika hindurch ist heute noch so etwas wie ein Märchenland, etwas frisch zur Welt Gekommenes, fast Unwahrscheinliches. In Wahrheit ist's ein Kontinent, von dem kaum die etwas Genaues wissen, die in ihm leben; für mich, da ich über dieses Binnenmeer dorthin treibe, etwas absolut Rätselhaftes; meine Augen blinzeln; ich möchte schon Toronto sehn!

In New York ist mir auf einem Bahnhof ein kleines blaues Heft in die Hände gefallen, der Titel heißt: „Fünftausend Tatsachen über Kanada". Jetzt, während es Abend wird und Himmel und Wasser und die rauchenden Schiffe wie Nebelwände ineinander sich schieben, blättere ich im Heft und probiere die Landkarte Kanadas im Winde aufzuspreizen. In diesem Abendlicht eines schönen Augusttages wird die Statistik und die Landkarte unversehens zu einer einzigen Nebelwand mit Lichtern hier und dort, unwahrscheinlich und die Phantasie aufregend, so wie der Horizont dort im Norden jetzt geworden ist wie eine ungeheure haardünne Schildkrotplatte, hinter der eine Kerze brennt irgendwo.

Dieses Land Kanada, in dessen Norden sich die Linien der Landkarte zag und ungewiss auf dem Papier verlieren, hat vor Jahrzehnten noch als ein Land des ewigen Winters gegolten, als ein Tummelplatz von Felljägern, Fallenstellern, Indianern und spärlichem Abenteurergesindel über unermessliche Wüsteneien. Jetzt fängt man an, zu ahnen, was es ist – – Kanaan!

In dieser englischen Dominion leben acht Millionen Menschen, und es ist Raum in ihr für hundert Heute schon sind durch die Eisenbahnen, die das Land erschlossen haben, 250 Millionen Acres für landwirtschaftliche Zwecke aufgemacht worden. In ein paar Jahren werden neue Bahnlinien noch einmal so viel Land aufgemacht haben. Aber es sind bis heute erst 80 Millionen Acres urbar und unter Kultur. Vor zwei Jahren stand Kanada an zehnter Stelle unter den weizenbauenden Ländern der Erde, heute schon an fünfter Stelle.

Unermessliche Wälder warten auf die Axt. Unermessliches Prärieland, von der Fäulnis der Faunen und Floren von Urzeit her gedüngt und wieder gedüngt, wartet auf die Pflugschar, die die schwarze Erde zum ersten Mal umdrehen soll. Erz ist in den Bergen. Die Ströme und Seen sind schwarz von Fischen; Wild lebt in den Bergen und hat nie seinen Jäger gesehen. Auf rollenden Hügelländern, Tage und Tage weit, kann das Vieh im Freien weiden in all den vier Jahreszeiten. Und es gibt im Westen, in der Nähe des Pazifik, Hügelabhänge, auf denen die Bäume zweimal im Jahr Früchte tragen.

Die „fünftausend Tatsachen" sagen dies in einem minder biblischen Stil, als ich es hier tue, aber mir ist das Wort Kanaan in den Sinn gekommen; ich schreibe heute, in Vancouver, am Stillen Ozean, zehn Wochen nach der Ontariofahrt dieses Wort mit gutem Gewissen nieder, und in diesen zehn Wochen hab ich das Land gesehen.

Ich war in den Städten und bin über Land gefahren. Ich war in den Bergen, wo das Gold wächst, und war bei den Weizenbauern auf der Prärie. In Alberta habe ich mit Ranchern gespeist und in Saskatchewan auf Farmen übernachtet. In dem Felsengebirge haben mir Jäger und Bergsteiger ihre Abenteuer, und in den Tälern westlich von dem Felsengebirge haben mir Siedler ihre Kämpfe in den ersten und ihre Erfolge in den nächsten Jahren erzählt. In Ottawa, in dem wunderschönen Regierungspalast, und in Winnipeg in der nicht minder schönen Einwandererhalle hat man mir Zahlen und Daten geliefert, die ich ernsthaft in mein Notizenbuch hineingeschrieben habe. Mehr wert, als Zahlen zu hören, war's mir, das Leuchten in den Augen der Menschen zu sehen, die vor wenigen Jahren noch arm und verstoßen und verzweifelt aus der Alten Welt (und auch aus der „Neuen") herübergekommen waren und heute froh von „Our Country!" zu mir sprachen.

Und wie könnte ich je den Nachmittag vergessen, an dem mir das tiefste Geheimnis dieses Landes offenbar geworden ist, im südlichen Alberta, auf der Ranch der Familie Mc Gregor, bei Bow Island, inmitten einer Wüstenei. Durch den Willen der Menschen ist dort eine Oase entstanden, im ödesten grauen Weideland, – mitten in meilenweiter Heide ein viereckiges Stück Land, auf dem Obstbäume, Nutzholz, Blumen und Kakteen, Getreide und Feldfrüchte von fünfzehn Arten gezüchtet worden waren: eine Experimental-Farm, ein Beweis für die Fähigkeit des Bodens, anderes herzugeben als bloß Futter für Vieh- und Pferdeherden.

Ich habe Kanada im Sommer gesehen und weiß nicht, wie es im Winter ausschaut. Ich denke mir, die Erde schläft hier tief und lange, um sich für die Arbeit zu stärken, die sie für die 100 Millionen leisten müssen wird. Für die Hundert, von denen sie jetzt erst acht die Nahrung und Fülle des Lebens gibt. Aber dieses Sommerland Kanada, das ich kenne, sollte ich heute in Vancouver es mit Namen nennen, ich wüsste keinen anderen, tauglicheren dafür zu finden, als den aus dem Alten Testament.

Wie gesagt, es hat Raum und Brot und Hoffnung für 100 Millionen Menschen. Hier ist augenblickliche Hilfe, Erde übrig für die Hungernden, die Arbeitslosen, die Zurückgewiesenen, die Fabriksklaven und die Gehirnsklaven der heutigen Gesellschaft. Sieht man dem Lauf der Welt zu, wie Irrtümer über Irrtümer den notwendigen Gang der Entwicklung aufhalten, und wie Generation um Generation todwund und verzweifelt die Augen von der Zukunft abkehrt und sich niederlegt, um zu sterben; sieht man selbst vor Mitleid mit den Liegengebliebenen kaum das Rot am Himmel mehr, das langsam aber unaufhaltsam herbeikommt, näher, näher; dann wünscht man: es möchte doch ein Gelobtes Land da sein, das augenblickliche Hilfe in seinen Grenzen hätte für die Menschen, die an der Gegenwart zu stark zu leiden haben.

Die Welt geht wahrscheinlich ihren Gang, auch wenn nicht 92 Millionen unterwegs verhungern. Wer kann mich denn überzeugen von der Theorie, dass es notwendig sei, die Massen total zu verelenden, durch das Nichtmehrweiterkönnen die Massen zur plötzlichen Abschüttelung, zum, endgültigen Fertigwerden mit der Unerträglichkeit ihres Zustandes aufzustacheln? Ich sehe nur, dass das Übermaß des Elends aus dem Leidenden keinen Revolutionär, sondern einen genügsam-zynischen Bettler macht.

Kanada gehört dem Staat England, dieser aber weiß allein damit nichts anzufangen und gibt es daher einem jeden hin, der herbeikommt und es haben und bebauen will. Ein jeder, woher er komme, kann 160 Acres von der Regierung haben (der Acre gleich 0,4 Hektar) und muss den Leuten, die in ein paar Jahren von der Regierung ausgeschickt werden, um nachzuschauen, was er mit dem Land angefangen habe, nur zeigen: ich hab einen Teil des Landes bebaut und seht her, hier ist die Hütte oder das Häuschen, in dem ich wohne. Aus den Fabriken, den Büros, aus den Massenquartieren können die Gestalten, die man in Europas großen Städten schon gar nicht mehr anschauen kann vor Herzleid und Ingrimm, hierher zur Erde kommen und mit dem Himmel über sich leben! Sie können hier auf etwas gesündere und reinlichere Art zu ihrem Brot und dem Genuss ihres Lebens gelangen, als die Proletarier, die ihre Partei durch kleine Versicherungen und den Herrschenden abgerungene Konzessionen und Konzessiönchen in Kleinbürger verwandelt. Ohne demütigende Wohltätigkeit und Komiteebeschlüsse können die Legionen der verschämten Armen und der Ärmsten, die ihre Scham schon verlernt haben, von den ekligen Rinnsteinen der Vorstadt hierher zu den Jahreszeiten der Erde zurückkehren. Sie dürfen sich Engländer nennen und den schönen bunten „Union Jack" über ihrem Giebel aufpflanzen, – gezwungen werden sie nicht dazu. Ich werde sogleich berichten, wie ich bei Leuten war, die hier sie selbst bleiben durften und die der Staat England nicht gezwungen hat, sich seinen Gesetzen anzupassen.

Von all der Statistik behalte ich mir nur ein, zwei Ziffern. 100 Millionen Menschen brauchen nicht mehr zu hungern. Dieses Land hier ist um 112.000 Quadratmeilen größer als die Union. Achtzehnmal so groß wie Deutschland.

Ich erinnere mich gut an die Fahrt über den Ontario. Die Sonne war untergegangen, und im Norden erschienen die Lichter Torontos. Am Ende dieser Lichtkette am Ufer stand eine aufrechte Linie von Lichtern, – man sagte mir, das sei der Turm des Vergnügungsparks Scarboro Beach. All dies sah aus wie eine Zeile, ein geschriebener Spruch aus Licht mit einem Licht-Ausrufungszeichen am Ende. Ein paar Möwen flogen über unserem Schiff, und eine Minute lang noch ein anderer Vogel, ein Süßwasservogel, ein schwarzes, schlankes Tier, ein Kranich. Rasch flog er davon über unser Schiff, nordwärts gegen Toronto zu.

Während er gerade in die Lichterschrift am Horizont vor uns hineinflog, dachte ich mir: dieser Vogel ist ein rechter Märchenvogel. Und ich dachte mir auch: schöner als das schönste Eswareinmal-Märchen im Grimm ist das Märchen, das so anfängt: Es wird einmal sein!

Toronto, die englische Stadt

Auf den ersten Blick glaubt man, man ist wieder in Europa. Kaum eine halbe Tages-
reise weit von den Staaten, mit einem Wasserzipfel zwischen dem Staat New York
und der Provinz Ontario, glaubt man sich nach Europa zurückversetzt, aber in einen
seltsamen Winkel von Europa, irgendeine Wartehalle mit weither zusammengewür-
feltem Völkerkunterbunt.

Um es gleich herauszusagen: es ist ein schauderhaftes Kunterbunt, das sich da
zusammengerottet hat. Man sagte mir später in Ottawa, in Winnipeg, und auch hier in
Toronto sagten es mir die Leute von der Heilsarmee: der Einwanderer, der in den großen Städten des Ostens, in Toronto, Quebec, Montreal bleibt, ist der am wenigsten
erwünschte Typus des Einwanderers. Er hat's auf die leichteren Chancen abgesehen
und gibt sich auch mit den geringeren Chancen zufrieden. Ihn zieht's nicht zur Erde,
sondern zum Asphalt. Das Meer hat er umsonst durchquert. Er hat nur einen Rinnstein um einen anderen eingetauscht. Er hätte daheim bei seinem alten Rinnstein bleiben können. Im Westen schießen Städte wie Pilze fabelhaft über Nacht in die Höhe,
dieser Unerwünschte aber ist alles, nur kein Städtebauer. Statt im Westen ein Herr
zu sein, ist und bleibt er ein Schmarotzer im Osten. Er wird aus diesem kanadischen
Osten bald denselben unerträglichen, überwimmelnden Fäulnisherd gemacht haben,
der seine Heimatstadt im alten Kontinent war. An den Straßenecken kleben riesige
Plakate mit Aufschriften, die wie Kanonenschüsse, aber auch wie Notsignale klingen!

„Fünfzigtausend Farmarbeiter sofort nach dem Westen!"

„Dreißigtausend Ernteleute für Manitoba verlangt!"

„Die unerhörteste Ernte, seit Kanada Weizen baut!

(Ich weiß nicht mehr wie viel) … 100 Millionen Bushels warten auf den Schnitter!"

Eine gesunde Prahlerei, die anzeigt, dass das Land Menschen braucht. Aber die
Menschensorte, von der ich grad sprach, zieht es vor, jahraus, jahrein in ungesunden Fabrikhallen sich krummzuschwitzen bei der Fabrikation eines und desselben
Maschinenteils und läuft an den grellen und verheißungsvollen Plakaten blind und
taub vorüber.

In dieser relativ kleinen Stadt kommt es einem so vor, als dominiere das fremde
Element, aber das ist eine Täuschung. Sie wird durch die Liberalität hervorgerufen,
mit der der Engländer den Fremden in seinem eignen Lande schalten und walten
lässt nach Herzenslust. Ganze Straßen tragen armenische Aufschriften. Das Ghetto

ist von beträchtlichem Umfang. Russen und Griechen bewohnen ganze Stadt-teile, ebenso Syrer. Im allgemeinen hat es den Anschein, als sei die Einwanderung aus dem östlichen Europa und aus Kleinasien hier stärker als die aus dem Westen. Sonntag Nachmittag ergehe ich mich in dem Vergnügungspark Scarboro Beach – nicht ein gutes, freudiges Menschengesicht. Nicht einer von den selbstbewussten positiven Köpfen, denen man drüben in den Staaten so oft begegnet. Kleine gierige Kleinstadtbürger, gelblich bittere Proletariergesichter. Abstoßende Rohheit in den Vergnügungen. Den stärksten Zulauf hat der „Splasher", – man wirft mit Bällen nach einem armen Kerl, der auf einem Brett über einem Bottich sitzt. Trifft der Ball ein Brett, so gibt's ein Hallo, der arme nervöse Kerl (aus Barmherzigkeit hat man ihm eine Maske umgebunden!) fällt ins Wasser und muss dann nass und mühsam wieder aus dem Bottich auf sein Brett hinaufkrabbeln. Daran vergnügen sich diese Leute.

Kommt man aber in die guten Viertel, wo die eingesessenen Engländer zu Hause sind, so merkt man gleich o ja, das ist Old England. Die Häuser sind aus Ziegeln und Stein und nicht aus Holz wie drüben in den Staaten, wo sogar in den Villenvier-teln ein „Frame-House" neben dem anderen Straßen und Straßen lang zu finden ist. Etwas zeigt hier, in Jarvis Street, in Rosedale an, dass diese Häuser den Menschen als Heime dienen. Drüben in den Staaten wird man das Gefühl nie los, dass die Wohn-häuser provisorische Zelte sind, heute aufgerichtet, morgen abgebrochen. Sogar jetzt im Hochsommer, wo allüberall die Vorhänge hinter den Scheiben herunter-gezogen sind, sieht man's den hübschen, gepflegten Gärtchen an, dass Sorge und Freude ihrer Eigentümer bei ihnen sind, und dass ihre Eigentümer in der Fremde die Photographie ihres Hauses auf dem Tisch ihrer Hotelzimmer vor sich stehen haben.

Etwas anderes, das stark an „the old country" drüben in England gemahnt, ist die Anzahl der Kirchen in Toronto. Ich fahre mit der Straßenbahn über die Ringlinie und traue meinen Augen nicht. Ich zähle in 41 Minuten, 22 Kirchen, – fast an jeder Haltestelle eine. Ich höre dann von einem wohl informierten Herrn, dass Toronto bei einer Einwohnerzahl von etwa 300.000 Seelen, 250 Kirchen besitzt.

Dann gibt's aber andere Einzelheiten, die anzeigen, dass man allerdings weit weg ist von dem alten Lande. Unter rohen, hin- und hergebogenen Baumstämmen, die als Telegraphenstangen dienen, stehen ebenso ungeschlachte Wildwestburschen, mit einer beträchtlichen Patina über ihrem Engländertum, in unbehaglichen Beru-fen von der Pionierart erworben, Kräfte um Kräfte. Der westlüsterne Reisende kann sich unter diesen breiten gelben Hüten und roten Hemden alle die romantischen Berufsarten vorstellen, die in den Wäldern Ontarios, in den Goldgräberlagern von Britisch-Kolumbien, an den Strömen im unerforschten Yukon und auf den unge-heuren Viehweiden des südlichen Alberta im Flor stehen.

Merkwürdiger aber und charakteristischer noch für diese englischste Stadt der Dominion ist ein Typus von Menschen, dessen Anwesenheit die Atmosphäre Torontos bestimmt; wenn ich mich an Toronto erinnern werde in späteren Jahren, wird diese Menschensorte ganz vorn an der Rampe der Erinnerung stehen in mir.

In meinem Hotel wimmelt es von „j ü n g e r e n S ö h n e n", und draußen in der Stadt, am Hafen, in den eleganten Straßen, in den Warenhäusern, in den Büros der Schifffahrts-, Eisenbahn-, Landgesellschaften, überall sehe ich und erkenne ich sie wieder. Überall stehen sie, sitzen sie herum, rauchen, gähnen sie herum, sprechen sie Mister wie Mistah aus und haben ihren Stempel auf allem, was sie tun und lassen: die „jüngeren Söhne".

Sie sehen aus wie Exilierte und wirklich – schon als sie geboren wurden, als zweite und dritte Söhne alter englischer Adelsfamilien, waren sie ganz und gar exiliert und enterbt; nach dem englischen Gesetz erbt der Erstgeborene Titel und Gut, und der jüngere Sohn ist auf die Gnade der Eltern und des Erstgeborenen angewiesen. Der jüngere Sohn ist der Zukurzgekommene; vom Gesetz hat er nichts zu erwarten; er muss sich resigniert oder empört durchs Leben schlängeln. Die Tage dieser unglückseligen Menschensorte sind gezählt, wenn Gott Lloyd George Leben und Gesundheit gibt. In diesem Falle wird eine mittelalterlich grausame Anomalie aus den Sittengesetzen des ersten Volkes der Erde ausgestrichen sein – die Ausgeburt nicht des englischen Geistes, sondern einer todgeweihten und dem Untergang entgegentreibenden Kaste der Alten Welt.

Immerhin haben die unglücklichen Exemplare dieser Menschensorte, wenn's beim Militär und in dem Klerus keinen Platz mehr für sie gibt, die großen Kolonien Britanniens als Tummelplatz zu ihrer Verfügung. Sie finden in diesen Kolonien Raum und Freiheit genug, ihr Rösslein zu tummeln, Gold zu graben, in Boden und Erzeugnissen des Bodens ihr Gold zu verspekulieren, Weizen und Melonen zu züchten, wenn sie das lieber mögen, auf einmal, sie wissen's selber kaum wie, sitzen sie auf einer guten, dampfenden Scholle der Mutter Erde, statt in einem morosen Klubsessel in St. James bei Piccadilly! Und was die Hauptsache ist, sie sind der verhassten Notwendigkeit enthoben, dem ältesten Bruder Viscount oder Lord Soundso von Angesicht zu begegnen, dem Herrn, der nichts weiter zu seinem Glück zu tun brauchte, als zuerst zur Welt zu kommen.

Genau beschnüffelt sieht der jüngere Sohn in seiner physischen Existenz wie ein desparater Klubmann aus, der nach einer verlorenen Partie im Straßenkot dasteht, mit der Alternative vor sich: soll ich mich nun im Whisky besaufen, soll ich zu den Mädchen gehen, oder soll ich mich nicht lieber ein für allemal und definitiv mit einer Kugel totschießen?

Er kann Aviatiker werden oder Sportkorrespondent über See. Wenn er klug ist und seine Fäuste taugen was, so fährt er mit der „Empreß of Ireland" nach der Dominion. Und da strecken wir auch schon alle beide, er und ich, die Füße unter denselben Hoteltisch. Haben beide, aber aus ungleichen Gründen, die Taschen voll von Prospekten über Farmländer, Viehzucht, Reiserouten, Grundstücksspekulation, – Prospekte und Broschüren, die hierzulande in schweren Mengen hergestellt und unter die Leute geworfen werden; und die der trägen Phantasie des jüngeren Sohnes nachhelfen, Weg und Möglichkeiten zur Existenz zu finden.

Gegenwärtig hat er es leicht, seine Unschlüssigkeit hinter langen Gesprächen zu verbergen, die sich sämtlich um das garstige Wort „Reziprozität" herumbewegen und politische Gespräche sind.

Ich werde, Gott sei's geklagt, dieses Malefizwort jetzt sieben Wochen lang in allen Tonarten hören müssen. Am 21. September finden in Kanada die Wahlen statt, und die Frage ist: ein Reziprozitätsverhältnis oder keines mit der Union? Eine liberale Regierung oder eine konservative? Sir Wilfrid Laurier oder Mr. R. L. Borden?

In diesem Land der Zukunft, in dem die ungeduldige Erde nach Befruchtung schreit, werde ich ein politisches Gezeter anhören müssen, sieben Wochen lang. Ich beschließe, mich gut und rasch im vorhinein zu anästhesieren, und tue das gründlich.

Ein sympathischer junger Kanadier, Sproß der berühmten Familie, die ganz Kanada mit Erntemaschinen versorgt und mit Konzertsälen und Orgeln beschenkt, ist mein Cicerone in Toronto. Ihm verdanke ich es, dass ich im York-Klub und später im Golf-Klub Gast einiger gelehrten und einflussreichen Herren bin, denen ich Dinge Deutschlands berichten soll und von denen ich Dinge Kanadas erfahren kann. Es ist eine feine Gelegenheit, zu reden und zuzuhören, bei Gott!

Nun, ich merke es gleich und die Herren merken es auch gleich – es ist da so was wie ein Sozialist in ein Nest von Konservativen geraten. Aber es läuft alles gut ab und wir haben alle „a good time" miteinander, unten in dem schönen Haus in der Stadt und oben auf den Golfhügeln, von denen man den Blick auf den Ontario hat.

Heute, 27. September, da die liberale Regierung unter dem „Erdrutsch" (the landslide, wie die Affäre hier pittoresk benannt ist) begraben und die Konservativen obenauf sind, heute, da alles vorüber ist, weiß ich es: in der Gesellschaft befand sich ein älterer, liebenswürdiger Herr, dem jetzt, in der neuen Regierung, einer der drei obersten Posten in der Dominion angetragen werden soll. Ich hätte also die Ohren spitzen und gut aufpassen sollen, um über die wichtige Frage Reziprozität oder nicht die definitivsten und maßgebendsten Ansichten zu hören und mit mir zu nehmen auf meinen Weg durch die sieben Wochen.

UNCLE SAM: "GOL DARN HIS OLD TREE. I WANT THE SAP"

Onkel Sam zapft den Kanadischen Ahorn an.

Stattdessen habe ich, in mich hinein, versteht sich, ein paar Monologe gehalten, als einer, der in Dingen der Politik auf dem einigermaßen primitiven Standpunkt eines Sonntagnachmittagspredigers im Hyde-Park steht und stehen bleiben wird. Die Amerikaner brauchen die Farmprodukte Kanadas, das als Farmland eben mitzuzählen begonnen hat, und die Amerikaner möchten ihre Industrieprodukte in Kanada los werden, das eben als konsumierendes Land mitzuzählen begonnen hat. Kanada könnte durch den Freihandel sein Frühstück billiger besorgen und in billigeren Kleidern bei seinem Frühstückstisch erscheinen. Der amerikanische Vierteldollar ist zudem ebenso gut wie der englische Schilling und näher: das ist ein berühmter Ausspruch Sir Wilfrid Lauriers, des liberalen Expremiers. Andererseits aber ist man, sozusagen, eine englische Dominion, und, wie die Konservativen behaupten, ist der Grenzstrich zwischen den Staaten und der Dominion ein Trennungsstrich, während der Atlantische Ozean ein Meer ist, das die alte Heimat mit der neuen verbindet! Der englische Scherenschleifer drückt den kanadischen Konsumenten an sein brüderliches Herz und schielt über seine Schulter nach dem Land unter dem Strich hinüber, ob von dort keine Scheren herübergezückt werden, die das Meer auseinander schneiden würden. Was zur Folge hätte, dass die beiden Hälften von Nordamerika zusammengepappt werden müssten usw. usw.

WHEN OUR INTERESTS CLASH WHOSE OX
IS LIKELY TO GET GORED?

Der Stier sind die Staaten, Kanada ist das Kalb.
Agitationsplakate der Konservativen.

Ich frage mich in mich hinein: was bedeutet es schon für die Menschheit, ob Rezipr oder nicht? Geht sie durch, wird's den Interessen der einen, fällt sie, wird's den Interessen der anderen politischen Partei dienen. Rückt die Welt einen Hahnenschritt vorwärts, wenn die Liberalen am Ruder bleiben, oder einen zurück, wenn man sie fortjagt? Wird es weniger ausgebeutete Menschen, weniger Frauen, die sich prostituieren müssen fürs Brot, weniger arbeitende Kinder, weniger Verbrechen, die kein Gesetz bestraft, weniger systematische Verdummung durch 250 Kirchen an jeder Trambahn-Haltestelle geben? Ha, der Wille des Volkes, Urlüge der Weltgeschichte!

Ich bin ein paar Mal über den Strich, „the boundary", zwischen Kanada und der Union hinüber- und herübergefahren, und wirklich, die Berge gingen über den Strich, und die Saat schwankte so im Winde, dass die Ährenspitzen die Linie hinüber- und herüberbewegten, und die Sonnenblume, der Kopf der Sonnenblume wusste nichts von Reziprozität auf seiner sehnsüchtigen Wanderung, schaute sich weder nach Sir Wilfrid noch nach Mr. Taft um. Also wozu diese Narrheiten.

Ich bemühe mich, zu den Ausführungen meiner Wirte das aufmerksamste Gesicht zu schneiden, dessen meine Larve fähig ist, und gehe erst aus mir heraus, als man mich allen Ernstes fragt (es ist Anfang August und von Marokko noch keine Rede): also bitte, heraus mit der Sprache, will Deutschland den Krieg mit England, oder will es ihn nicht?

„Ha!" sage ich. „Ha! wer ist denn dieses Deutschland, das will oder nicht will? Ich glaube wohl, wenn man Deutschland sagt, so ist darunter das deutsche Volk zu verstehen? Das deutsche Volk aber will, wie das Volk anderer Länder, vorläufig nichts weiter als ein Bankkonto und ein Sparkassenbuch und ein Mittagsschläfchen Sonntag nach Tisch. Den Krieg sicherlich nicht. Der Herr Unter-Schlächtergeselle an der Ecke möchte gern Ober-Schlächtergeselle werden und denkt nicht im Entferntesten daran, Herrn Tommy Atkins zu schlachten oder in den „Dreadnought" ein Loch zu bohren. Man wolle also das deutsche Volk nicht mit den Augenbrauen-in-die-Höhe-Ziehern und den Leuten vom gerollten R im Worte Krieg verwechseln." Und daran knüpfend halte ich einen kurzen Vortrag, den ich hier nicht wiedergeben kann.

„Good" sagen die gelehrten Herren und schmunzeln, und der einflussreiche Herr, der jetzt solch hoher Würdenträger werden soll, sagt „Good!" und ich freue mich dieser Zurufe, die mich an die Rufe erinnern, womit man bei Boxer-Matchen, die Burschen im „Ring" nach einem gelungenen upper-cut oder einem left-swing anzufeuern pflegt.

Zum Glück ist nicht lang von Politik die Rede. Jemand fängt an, von der deutschen Literatur zu sprechen. Der Geschichtsprofessor der Universität Toronto erzählt mir, was ich schon in der Cornell-Universität gehört habe, dass auf den hohen Schulen Storms „Immensee" das meistgelesene deutsche Buch ist, und nicht nur auf den Schulen, in ganz Amerika. Als klassisches Buch erfreut sich Freytags „Soll und Haben" der größten Popularität. Von den heutigen Autoren aber ist es Gustav Frenssen, der am meisten gelesen wird.

Dann kommen wir auf Gerhart Hauptmann zu sprechen. Es wird spät, und an diesem Tage ist von Krieg und Reziprozität weiter keine Rede mehr.

Montreal, die französische

Fährt man, von Buffalo herkommend, nordwärts nach Toronto, so ist's, als führe man aus Amerika nach Europa, fährt man aber von Toronto ostwärts nach Montreal, so ist's, als führe man aus England nach Frankreich. Torontos Villenstadt sieht auf ein Haar Londons reizendem Vorort Hampstead gleich, in Montreal aber um Notre Dame herum (der Schutzmann, den ich nach dem Weg frage, spricht das Wort „Natterdämm" aus) glaubt man sich in das Pariser Bondieuserie-Viertel um St. Sulpice, Rue Madame, Rue Bonaparte, versetzt.

Schon auf dem St. Lawrence, wenn man zu Schiff von Toronto die zahmen Stromschnellen nach Montreal hinunterfährt, merkt man auf: Frankreich! An den Ufern stehen Kirchen in großer Zahl, Kathedralen aus Holz im Stil der steinernen der Normandie und der Bretagne, Die Klöster am Wasser aber sind aus haltbarerem Material, gute steinerne Häuser neuen Ursprungs; von Combes' und Clémenceaus Gnaden hierher an den Strom Kanadas verpflanzte graue, blaue und schwarze Männlein und Nönnlein wandeln die Gartenpfade entlang, spazieren ans Ufer hinunter, in wohlgepflegter Beschaulichkeit. Die Kirchen und Klöster in Montreal hab ich nicht gezählt, weil die Trambahn nicht so bequem an ihnen vorüberfährt wie in Toronto, ich kann nur sagen, dass ich genug Kirchen und Klöster in Montreal gesehen habe. All dies aus dem richtigen Frankreich fortgetriebene Volk sitzt an den schönsten Punkten der schönen Stadt tüchtig und zäh inmitten alter Gärten und komfortablen Neubauten fest und lässt sich's gut gehen im falschen Frankreich dahier.

Der Engländer lässt sie leben, wie er alle Menschen in seinen Grenzen leben lässt (im Orient macht er's ja anders). Der junge Riese Kanada hat einen guten Magen und wird das indigeste Zeug schon verdauen. Immerhin geht ihm von den Pfründen auch gewiss nicht wenig Fett in den Leib über und somit ist alles gut.

In Montreal erzählt einem jeder Pflasterstein, dass der Osten Kanadas ein französisches Land war, ehe er eine englische Dominion wurde, und dass der Habitant früher dagewesen ist als der Settler. Maisonneuve, Cartier, Champlain, Frontenac sind einige Namen der Geschichte, Quebec heißt: welch eine Mündung! Und Montreal hört sich auf französisch ausgesprochen auch besser an als: Mantreohl, wie es die Engländer aussprechen.

Montreal ist eine französische Stadt, von seinen 450.000 Einwohnern sind rund 350 Französisch sprechende Kanadier. Das exotische Element, das sich in Toronto so breit bemerkbar macht, ich meine Russen, Juden, Syrer usw., tritt hier ganz zurück, obzwar es in der Bevölkerung im Verhältnis ebenso zahlreich vertreten ist. Der Typus des französischen Kanadiers ist nicht sehr verschieden vom Typus des Kleinbürgers des alten Frankreichs, den der ausgezeichnete Menschenschilderer Charles Huard gesehen, konturiert und auf eine definitive Formel gebracht hat. Der verderbliche Einfluss des Katholizismus auf die äußeren Merkmale der Rasse macht sich hier unangenehm bemerkbar, ein Duckmäuservolk von kleinen Sparmeistern und Beichtstuhl-Habitues läuft an den vornehmen und rassigen Bekennern der High Church und des Methodismus vorüber.

Ihr Französisch hört sich komisch an. Kanada-Französisch ist überhaupt eine merkwürdige Sprache. Französische Kanadier auch der gebildeten Klassen, die ich sprach, behandelten ihre Sprache so, wie französische Komiker, französisch radebrechende Touristen des alten Englands karikieren. Andere sprachen den harten Dialekt von Rouen oder St. Malo, aber mit Worten und Akzenten untermengt, die die jahrhundertelange Abgetrenntheit vom Mutterland ins Idiom hineinpraktiziert hat.

In Ottawa habe ich mir im Parlamentspark die Aufschrift notiert:

„Pick no flowers!

Ne cassez pas ces fleurs!"

Ich dachte immer, es heiße cueillir? Und gar der Titel der Senatoren auf der Tafel vor dem Verhandlungssaal:

„The Honourable Messieurs!"

Geschäftsschilder, Trambahnschilder, Steininschriften auf Regierungsgebäuden und Monumenten in Montreal tragen französische Worte zur Schau; Amts-, Unterrichts-, Gerichtssprache ist Französisch; an vielen Stellen sieht man die französische Trikolore friedlich sich mit dem „Union Jack" im gleichen Winkel von einem gemeinsamen Halteschaft zur Seite biegen; in den Reden, die in Ottawa gehalten werden, kommt es zuweilen vor, dass einer oder der andere der Honorable messieurs, bildlich gesprochen, den Union Jack mit der linken Hand herunterholt und in die Hosentasche steckt, um gleich darauf mit der rechten Hand in seine Brusttasche zu greifen und die französische Fahne über dem Kopf zu schwingen.

Das wäre interessant, sagte ich mir, einmal einen französischen Kanadier über sein National- und Rassenbewusstsein auszuholen. Und es wäre nicht gar so schwer gewesen, Herrn Bourassa oder Herrn Lemieux oder im Notfalle einen Redakteur der „Patrie" mit diesem Anliegen aufzusuchen.

Als ich gerade aus dem Telefonbuch mir die Adresse des Herrn Bourassa und der „Patrie" herausgeschrieben hatte und vor dem Fenster, meinen Hut bürstend, auf die Place Viger hinunterblickte, da sah ich unten auf der Place Viger einen Mann mit der guten klerikalen „Presse" in der Hand auf einer Bank sitzen und beschloss, zu diesem Mann zu gehen und die Bourassa und Lemieux und alle offiziellen Nationalisten Kanadas ungeschoren zu lassen. Denn was könnte ich bei denen schon einheimsen als ein paar offizielle und für solche Gelegenheiten extra hergerichtete Redensarten?

Ich ging also auf die schöne alte Place Viger hinunter, die mit ihren Springbrunnen und alten Häusern, von denen schmale Freitreppen zwischen geschwungenen Gittern aufs Pflaster niedersteigen, mit ihrem Donjonhotel und mächtigen Platanen wie ein alter Platz in einem Provinznest der Touraine aussieht; ich ging hinunter und setzte mich auf die Bank zum „Presse"-Leser und war bald in ein Gespräch mit ihm geraten.

Er war ein Mann aus dem Volke, ein braver alter Menuisier, in Montreal geboren, aus einer Familie, die vor Menschengedenken aus Frankreich herübergekommen war; und seither hat keiner der Familie das Geld, aber auch nicht den Wunsch gehabt, die alte Heimat drüben wiederzusehen.

„Ganz merkwürdig ist es", sagte ich, „wie man hier sofort jedem Menschen ansieht, ob er französischer Kanadier sei oder was anderes. In der Union drüben amerikanisiert sich der Deutsche, Russe, Jude in wenigen Jahren, und die Kinder dieser fremden Rassen kommen auf amerikanischem Boden schon mit amerikanischen Schädelformen zur Welt, hab ich gehört – hier aber hat sich der Typus des Franzosen von Anfang her ganz rein konserviert."

Katholische Baukunst
in Montreal

„Wir sind keine Einwanderer. Nous sommes chez nous."

„Nun, so ganz ‚chez vous' doch nicht, dies ist hier eine englische Dominion, nicht wahr?"

„Man erinnert uns aber nicht daran. Wir fühlen uns wohl unter der englischen Flagge, wir haben absolute Freiheit. Im Grunde gibt's gar keine kanadische Nationalitätsfrage. Diese Wahl im nächsten Monat wird die erste sein, bei der die Nationalitätsfrage mitspielen wird – Machenschaften der gens de la politique!" Er lächelt und ich auch. Merkwürdig, über die Reziprozität haben wir auch dieselbe Anschauung, dieser Leser der klerikalen „Presse" und ich!

„Aber, unter der Nationalitätenfrage gibt es doch die Rassengegensätze, die nicht von der Räson und auch von den Interessen nicht wegdisputiert werden können?"

„All dies ist hier gemildert, spielt sich in den mildesten Formen ab – außer jetzt natürlich, in der Wahlagitation. Nous ne sommes pas aigris! Der materielle Aufschwung ist großartig, Handel und Industrie blühen und gedeihen, das Land ist das reichste der Erde und uns allen geht es gut. Wenn's den Leuten gut geht, fragen sie nicht viel nach der Rasse."

„Aber die alten Familien; es muss sich hier doch so etwas wie eine Aristokratie gebildet haben?"

„Die alten französischen Familien hierzulande denken gar nicht daran, sich als Aristokratie zu etablieren. Die L o r d s , die vor Jahrzehnten aus der „oldcountry" (olde quantrie) hierher gekommen sind, probieren so etwas, konnten sich aber nicht lange halten. Schauen Sie her: jetzt schickt man uns den Herzog von Connaught hier herüber, damit da so etwas wie ein Hof eingerichtet werde. Das ist ein Missgriff der Regierung. Der Herzog wird sich, passen Sie auf, in der kürzesten Zeit bis in die Knochen hinein blamiert haben. Dieses Land ist durch und durch demokratisch. Hier haben wir zwei Klassen – die der Arbeitenden und die der Nichtarbeitenden. Wir haben es besser als die in der Union, weil hier, wer arbeitet, rascher viel Geld machen kann als drüben in den Staaten. Das liegt daran, dass wir jünger sind."

„Halten die Franzosen nicht irgendwie gegen die Engländer zusammen? Indem sie zum Beispiel ihre Menuiserie lieber von einem französischen als einem englischen Tischler anfertigen lassen?"

„Das wäre die größte Torheit. Der Handel befindet sich zu neun Zehnteln in Händen der englischen Grossisten. Die Leute kaufen bei dem, der billigere und bessere Ware liefert, nicht bei dem, der ihre Sprache spricht. Sie hören darauf, was der Artikel, und nicht, was der Verkäufer ihnen sagt."

„Pin französischer Kaufmann stellt aber doch lieber einen französischen Clerk in seinem Geschäft an als einen englischen ?"

Das versteht er nicht. Ich wiederhole die Frage in einer anderen Form: „Was ist einem französischen Kaufmann lieber: ein englischer Clerk, der französisch kann, oder ein französischer Clerk, der perfekt englisch spricht und schreibt."

„Der Tüchtigere … aber vielleicht doch der Franzose von den beiden."

Darüber lachen wir beide ein bisschen. Dann aber verschieße ich mein letztes Pulver und zeige mit dem Finger auf „La Presse",

„Ihr Klerus aber! Sie werden doch nicht leugnen können, dass der französisch-katholische Priester unter einer nationalenglischen Regierung national-französisch fühlt?"

„Jawohl, das tut er, aber einfach darum, weil der katholische Priester von Natur aus ein Intrigant ist. Der Engländer lässt den Katholiken und den Mohammedaner und den Sonnenanbeter seinen Kult ruhig ausüben. Alles ist in Ordnung. Wir schielen auch nicht nach den Staaten hinüber, das lügen nur die Konservativen; wir hören genug von der politischen Korruption in der Union drüben, wozu sollen wir uns dort hinübersehen? Wir haben es besser hier."

(?? Jetzt habe ich sieben Wochen lang ihre Morgen- und Abendblätter gelesen und weiß wirklich nicht, ob der Mann recht gehabt hat.)

Dann stellt er die stereotype Frage: ob ich zum ersten Mal in Kanada bin und wie mir das Land gefällt? Als ich ihm erzähle, ich komme aus Toronto, fragt er mich nach dem Lacrosse-Match zwischen den Tecumsehs und dem National Team letzten Sonnabend zu Hanlons Point.Ich habe diesem Ereignis zufällig beigewohnt und muss nun, so gut ich's kann, erzählen, wie es zugegangen ist dabei; und jetzt, da vom Sport die Rede ist, merke ich an der aufgeregten Teilnahme dieses ältlichen Mannes auf einmal, dass dieser Franzose da schon ein Engländer ist!

Ottawa – das Parlament

Die laufende Straße

In Ottawa stehe ich um drei Uhr nachts auf dem Perron und warte auf den Expresszug Quebec-Vancouver, der mich nach Winnipeg mitnehmen soll. Die großen Städte des Ostens haben mir wenig gegeben, ich habe mich auch mehr aus Pflichtgefühl in ihnen aufgehalten und war dankbar für jeden ungehobelten Telegraphenpfahl mit einem Rothemd und Cowboyhut darunter, der mich an den Westen gemahnte. Die alte stilvolle Stadt Quebec aber habe ich gar nicht aufgesucht. Alte stilvolle Städte gibt's in Europa genug, sagte ich mir; jetzt nur rasch nach dem Westen, wo der Stil noch nicht angefangen hat und das Leben uferlos, uneingeengt, auf keine Formel noch gebracht, über die Stränge schlägt.

An der Wand des Wartesaales hängt die Karte der C. P. R. Jedes Kind in Kanada weiß, was diese mysteriösen Buchstaben bedeuten: Canadian Pacific Railway. Eine starke, heiße Freude überläuft mich, wie ich die dicken Striche betrachte, die auf der Karte quer durch den Kontinent vom Atlantischen zum Stillen Ozean gezogen sind und die Schienenwege versinnbildlichen, über die die Züge dieser Gesellschaft fahren.

Ich weiß nicht: aus welchem dummen atavistischen Trieb eines geborenen Vagabunden und Nomaden soll ich mir diese Aufwallung erklären, die mir immer wieder den Verstand trübt, wenn ich eine Landkarte oder ein Kursbuch, ja auch nur irgendeinen ordinären Fahrplan für fünfzehn Pfennige in die Hand nehme? Von Konrad Dreher habe ich einmal einen Lustspielnarren dargestellt gesehen, der das Reichskursbuch im Kopf hatte; aber wie bei mancher Lustspielfigur lag's auch bei dieser nur an dem Gesichtswinkel, aus der sie betrachtet wurde, dass sie nicht wie eine echte Figur der Tragödie dastand. Bei einer Eisenbahn oder großen Dampfschiffsgesellschaft bin ich leichter als bei der Betrachtung irgendeines auf kapitalistischer Grundlage basierenden Getriebes dabei, die Zusammenhänge und Konsequenzen zu übersehen, die mich schon bei einer Dampfkessel- oder Lokomotivenräderfabrik fanatisch machen würden. Ein Eisenbahnzug, ein Dampfschiff sind die großen Werkzeuge der unaustilgbaren Sehnsucht des Menschen, und ohne dass dies Instrument sich seines fernerliegenden Zweckes bewusst würde, einfach dadurch, dass es den Drang des Menschen nach der Welt und der Weite stillt, dient es dem Endziele jeder Sehnsucht, der Verbrüderung des Alls, all der Menschen auf diesem allen gehörenden Erdball, dessen Gesetzen wir alle gleich untertan sind, an allen Punkten und in allen Klimaten unseres Planeten.

Dieser Eisenbahnzug, mit dem ich nach dem Westen hinausfahren werde, gilt mir mehr, als wofür mir ein bequemes Vehikel allein gelten würde. Und wenn's eine Bahn gibt, so ist es diese mit den mystischen drei Buchstaben, die aus unserer heutigen Zeit, aus der Nähe besehen, mehr als bloß eine Aktiengesellschaft mit Kapital, Dividende, Landbesitz und gut und schlecht bezahlten Angestellten vorstellt. Ich bin nicht der Erste, der sie ein Weltwunder nennt, auch nicht der Erste, dem sie einen gelinden Schauer der Begeisterung den Rücken hinunterjagt.

Auf einer Farm in Saskatchewan habe ich ein Notenheft auf einem Harmonium gefunden, in dem unter allen möglichen nationalen und geistlichen Gesängen eine Hymne: „The C. P. R. Hymn" mit Text und Noten abgedruckt stand. Ich hab mir die letzten Zeilen gemerkt, sie lauten:

> „The Railroad cars are going humming
> Through the great North-West,
> We'll sacrifice our hats, we will,
> Four Dollar hats, brand new!"

Wenn der gute Farmer seiner Begeisterung einen neuen Vier-Dollar-Hut zum Opfer bringt, so darf ich wohl das Gleiche mit einer Druckseite meines Buches anfangen! –

Man setzt sich in den Imperial Limited am Ufer des Atlantic und fährt einen Tag lang durch die Normandie und die Bretagne. Man geht in der Bretagne schlafen und erwacht in Thüringen. Man geht im Harz schlafen und erwacht in Sibirien. Man legt sich in Sibirien zu Bett, erwacht in Ungarn und fährt zwei Tage und zwei Nächte lang durch die Weizenfelder Ungarns. Man legt sich in Vorarlberg in seine Klappe und fährt beim Aufwachen durch die Schweiz, die sich Stunde um Stunde mit sich selber und mit sich selber so lange multipliziert, bis man froh und atemlos die Dämmerung auf diese haarsträubendste Gebirgslandschaft herunterkommen sieht. Zwischen den träumerisch milden Seen und Hügeln des schottischen Hochlands wird's wieder Tag. Die Nacht aber und den nächsten Morgen fährt man durch ein zerklüftetes, donnerndes, unwahrscheinliches Felsengeröll, dessengleichen man nur aus den Bildern Gustave Dores zum „Inferno" kennt. Zum letzten Mal erwacht man zwischen Obst- und Blumengärten, in einem tropischen Land der turmhohen Zedern, Erlen und Schlingpflanzen, sieht in der Ferne das Meer schimmern, sieht an den beiden Seiten der Bahn bärtige Hindus, bezopfte Chinesen, mit Speeren nach Fischen zielende Indianer stehen und weiß bei Gott keinen Vergleich mehr für Britisch-Kolumbien anzuführen, in dem man angekommen ist und der Zug nicht mehr weiter kann.

Wirklich, es geht nicht an, von dieser Märchenbahn wie vom Orientexpress zwischen Paris und Istanbul oder dem Nordsüdzug zwischen Petersburg und Palermo zu sprechen, die ja auch durch alle Wunder der Erde im Hui hinwegfegen. Denn diese kanadische Bahn verbindet nicht große Städte und verschiedenst geartete Zentren der Kultur miteinander, sondern sie hat sie g e s c h a f f e n . An dieser Bahn, die sich durch Wald, Wüstenei, Fels und Tal ihren Damm gelegt und ihr Geleise festgenagelt hat, ist Leben aufgestanden und dagewesen, Zoll für Zoll zwischen zwei Meeren. Menschen sind ihr gefolgt, Zoll für Zoll, und haben aus ihren neuen Heimstätten zugesehen, wie die Bahn sich langsam gegen Westen zu von ihrer Heimstätte entfernt. Zwei andre große Systeme gibt's noch in Kanada, die Grand Trunk Pacific und die Canadian Northern, und beide leisten der Menschheit Pionierdienste. Beide sehen an ihrem Weg durch den Norden, durch den Westen Hoffnungen und Erfüllungen aufschießen, Zoll für Zoll bei ihrem Vorwärtsdringen. Aber Kanada ist durch die C. P. R. erschlossen worden und darum darf man in ihr von Ozean zu Ozean mit anderen Gefühlen fahren als in einer x-beliebigen Bahn über lange Strecken.

Sie gebietet gegenwärtig einschließlich der circa tausend Meilen, die sich unter Konstruktion befinden, über einen Schienenstrang von 11.700 Meilen im Innern Kanadas. (In den Staaten der Union stehen weitere 4.300 Meilen unter Kontrolle der Gesellschaft.) Ihre Schiffe fahren zwischen Liverpool und Montreal und zwischen Vancouver und Yokohama. Von Liverpool über den amerikanischen Kontinent bis Yokohama umspannen diese drei Buchstaben den Weltverkehr. Die Regierung hat die Gesellschaft für die Erschließung ihres Landes mit einem Geschenk, einer Verleihung von 25 Millionen Acres belohnt. Um hieran eine Bemerkung zu knüpfen, fehlt es mir an Autorität und nationalökonomischen Kenntnissen; ich erwähne dies nur, weil ich auf dieses Detail später zurückkommen muss. Auch über die Gefahren für die politische Verwaltung eines Landes, das einer privaten Gesellschaft ein solches ungeheures Territorium überlassen hat, über die Gefahren, die dieser „grant" für Kanada mit sich bringt, kann ich aus dem erwähnten Grunde nicht urteilen. –

Um drei Uhr nachts fühle ich in Ottawa auf dem Perron eine starke, heiße Freude in mir sieden, wie sich in der Ferne der milchweiße Schein des Zuges zeigt, das kalt forschende Auge des Scheinwerfers auftaucht, das sich den Weg durch Kanada sucht. Hinter Häusern und Bäumen verschwinden Auge und Schein zuweilen, und dann liegt eine gespenstische Wolke allein in der Nacht da. Aber plötzlich ertönt das lang gezogene Heulen des Zuges ganz in der Nähe, und der Scheinwerfer wirft zwei silberne Linien, die parallel bis zu meinen Füßen herlaufen, auf den Boden vor sich. Ich gehe den Perron entlang, dem Schwarzen nach, der mein Gepäck trägt.

Plötzlich bleibt der Schwarze stehen und schaut auf den Boden vor sich nieder. „What's the matter?" und der Schwarze erzählt mir, mit weißbeleuchteten Zähnen in seinem Nachtgesicht, dass hier auf diesem Fleck vor drei Stunden ein Mensch überfahren worden ist, einem Menschen beide Beine abgerissen worden sind vom Zuge. Es ist um Mitternacht geschehen; er wird jetzt wohl schon tot sein. Er war erst vierzig Jahre alt, hatte Weib und Kinder. Er war kein Neuling und kein Springins-feld, sondern ein alter, treuer und erfahrener Bediensteter der Gesellschaft.

Während der Schwarze mit meinem Gepäck auf den Schlafwagen am Ende des Zuges losgeht, bleibe ich auf dem Fleck stehen. All meine gute Gotteslaune ist ver-flogen im Augenblick. Mir ist der Preis eingefallen, der für jede Freude jedes Men-schen, für jeden Zollbreit Lebens auf dieser Erde gezahlt werden muss. Ich denke an die Tausende und Tausende, die draußen im lockenden Westen ihr Leben lassen mussten, damit die Bahn gebaut werden könne; damit sich Menschen an der Bahn niederlassen können in Heimstätten; damit eine freudige Gotteslaune aufflackern könne für einen Augenblick im Herzen eines Weithergekommenen.

Es nicht vergessen! Daran denken, wer das Leben der Welt schafft heutigen Tages und um welchen Preis. Es nicht vergessen. Es keinen Augenblick lang vergessen.

Hinten am Ende des Zuges, in den Schlafwagen ist's finster, schläft schon alles. Aber hier vorn in den „Kolonistenwagen", hinter dem Gepäck- und Postwagen, ist jetzt mitten in der Nacht noch Leben, Lärm und Licht hinter den herunter-gelassenen Fenstern.

Indes der Schwarze mein Gepäck dort hinten hin trägt, bleibe ich vor einem die-ser Wagen stehen und sehe in der Nacht eine Szene, die ich nicht vergessen werde.

Drin im Wagen steht ein riesiger dürrer Kerl – ich kann ihn nur von der Hüfte aufwärts sehn – mit nacktem Oberkörper mitten im Gang da und hält zwei nackte Beine, die vom oberen Schlafbrett herunterbaumeln, mit den Händen fest. Drei gespenstische Gestalten torkeln um diese Gruppe herum.

Der Kerl ist tätowiert vom Adamsapfel bis an den Nabel hinunter. Ich sehe eine blaue und rote Schlange unter der linken Achselhöhle auf die Brust hervorkommen. Auf den linken Oberarm ist die französische Fahne, auf den rechten ein fingerlanger Dolch, der nach oben steht mit der Spitze, tätowiert. Auf Brust und Bauch und um den Nabel herum das obszöne Bild eines nackten Frauenzimmers. Der Mensch hat auf seinem roten schrumpfigen Hals den pomadisierten Kopf eines Jahrmarkt-Ringkämpfers sitzen und redet mit einer schaurigen syphilitischen Stimme auf den Menschen oben auf dem Schlafbrett ein, dessen strampelnde Beine er mit seinen rohen Fäusten festhält.

Auch die anderen drei, offenbar betrunken, gestikulieren und schreien dort hinauf. Einer schwenkt eine Flasche in der erhobenen Hand über seiner Mütze, es ist nicht zu erkennen, will er sie dem oben anbieten oder will er mit ihr auf ihn losschlagen.

Der Schwarze kommt, er kann sich nicht erklären, was mit mir geschehen ist.

Nächsten Morgen gehe ich durch den ganzen Zug und sehe mir die Leute in jenem Kolonistenwagen an. Die ganze Gesellschaft scheint unterwegs ausgestiegen zu sein. Es führt da, von North Bay, eine Seitenlinie nach Cobalt zu den neu entdeckten Goldminen in Porcupine, Nordontario, hinauf.

Ich erwache spät, in meinem Wagen ist schon alles auf.

Wir fahren durch eine öde Strecke, steinigen Boden, Nadelholz, verwildertes Gebüsch um verlassene Seen und Teiche. Zuweilen durchqueren wir reißendes Wasser, das Holz mit sich führt, systematisch und eckig behauene Scheite, die sich an den Biegungen und Buchten stauen und zuweilen ganze Seen zudecken. Stundenlang Steine, Nadelholz, Wasser, Steine. An den Stationen ein Blockhaus, aus dem ein paar verwahrloste Menschen, zerlumpte Kinder dem Zug nachglotzen. Einmal eine kleine Gruppe von Blockhäusern mit einer kleinen Holzkirche dazwischen.

Ich versuche es, mir vorzustellen, wie es dem Einwanderer zumute sein mag, der aus der alten Heimat in diese neue kommt, denselben Weg nach dem Westen fährt wie ich jetzt und aus dem Fenster des Zuges schauend, mit Erschaudern sich sagt: in diesem Land soll ich mein Leben neu beginnen?! Einen Tag und zwei Nächte lang wird er durch diese Einöde fahren, Hügel, Wasser und Wald sehen. Man müsste ihm die Augen verbinden; das Herz muss ihm brechen vor Angst – in d i e s e m Land?!

Aber auch für den, der als Tourist aus dem schönen Aussichtswagen am Ende des Zuges das Land sich anschaut, gibt es Verstimmendes hinter den Fenstern zu sehen, nicht nur zwischen Ottawa und Winnipeg, sondern auf der ganzen Strecke, vom Atlantik zum Pazifik. Und auf den Landwegen und Bergpfaden, wo nicht die Bahn durchfährt, sondern Wagenstraßen führen, auch. Ich meine die Art und Weise, wie man in diesem Lande Platz und Raum für Bahndämme, Straßen, Dörfer, Telegraphenstangen, Pfade und Pfädchen macht.

Es wird einfach jeder Baum, jeder Baumstamm und jede Handvoll Gebüsch, die im Wege steht, niedergebrannt oder mit Dynamit aus dem Wege gesprengt. Unbarmherzig, barbarisch und frevelhaft unsinnig zugleich.

In diesem reichen Kontinent kommt es, scheint's, auf ein paar tausend Quadratmeilen verbrannten Waldes wohl nicht an. Und so ist der Weg der Canadian Pacific und der Grand Trunk Bahn, über die ich gefahren bin, von verkohlten Waldstrecken und zerrissenen Baumrümpfen gezeichnet, im weitesten Umkreis, den größten Teil des Weges lang, der ja, mit der Ausnahme der Strecke durch die Prärie, durch Wald und Wald und Wald führt vom einen Meer zum anderen.

In den Bergen des Kootenay, Britisch Kolumbien, nachdem wir vier Stunden lang durch einen vernichteten Urwald von fünf Mann dicken Zedern, Erlen und Hemlock gefahren waren, erklärte mir ein Ingenieur, dass das Wegsprengen der Bäume und Wurzeln auf einer Strecke, deren regelrechte Ausgrabung einen Tagelohn von vierthalb Dollar erfordern würde, sechzig Cent Dynamit kostet. Und auf demselben Wege klebten alle hundert Schritte weit die offiziellen Plakate des Ministeriums des Innern, Verhaltungsmaßregeln zur Verhütung von Waldbränden enthaltend, an den zerrissenen und verkohlten Stämmen!

Stellenweise hat's den Anschein, als hätten die Menschen dieses Wüten gegen den Wald von den Stürmen gelernt, die mit Blitzschlägen und verheerenden Brünsten ganze Bergkuppen meilenweit in eine Einöde von grauen entlaubten und toten Lanzen- und Masten-Forsten verwandelt haben.

Dieser schwarze zersprengte Wald hier unten und dann, hinter dem Urwald landeinwärts, diese graublauen toten Lanzen gegen den Himmel geben ein Bild der trostlosen Vernichtung, an das man sich lange erinnert.

Aber die Natur, die fruchtbare, triumphierende, treibt auch in dieser Vergewaltigung ihr Spiel und ihren überlegenen Scherz mit dem törichten und anmaßenden Menschlein. Von der Glut der brennenden Wälder reifen die Samenkapseln der Blumen des Kleinkrauts in wenigen Minuten, bersten, und ihr Inhalt fliegt in weitem Bogen auf den Boden rings, wo er sich in die Ritzen der Erde verkriecht … Die verkohlten Stümpfe ragen aus einem tropisch wuchernden Gewirr von buntem Unkraut hervor, in dessen undurchdringlicher, üppigster Fülle sich die Tiere des Waldes bis an die Schienenstränge hervorwagen! Im Westen sah ich sonderbar geformte Maschinen vor die Lokomotiven gespannt – „weedburner", Unkrautverbrenner, die das bunte Gezeug mit Feuer übergießen und wohl auch die Schwellen ein bisschen mit anzünden dabei.

Die „Imperial Limited" fährt mit achtzehn Wagen von Ozean zu Ozean. Ich gehe einige Male durch den ganzen Zug und schaue mir die Menschen an, die in dieser laufenden, sausenden Straße mit mir wohnen; unsere Wohnung bewegt sich unaufhaltsam dem Westen zu, der unser aller Ziel ist.

Die Lokomotiven, die diese Straße hinter sich herschleifen über die ungeheuren Strecken, die Lokomotiven sind Unterseeboote, die auf mannshohen Rädern einherlaufen. Ein komisches, kleinwinziges Schlötchen ragt aus ihnen vorn in die Höhe, dahinter zwei Buckel, wie kleine Observationstürme, und zwischen diesen Buckeln schwingt eine Glocke unaufhörlich hin und her – die entsetzliche amerikanische Eisenbahnglocke, die den Unglücklichen, der in der Nähe der Bahn haust, bis in seinen Schlaf hinein verfolgt und martert. Auf dem Schlot sitzt vorne das Polyphem-Auge, das ich auf dem Perron in Ottawa erblickt habe, und das ich dann in die Prärien, in Abgründe, Ströme und Felsenrisse und endlich auf die Wellen der Meerenge von San Juan de Fuca hab' starren sehen, in den Wochen, die kamen und die nun dahingegangen sind. Noch ein Instrument sucht der Lokomotive den Weg freizumachen und zu sichern durch die Weiten, es ist ein riesiges pflugartiges Eisengestell, der Kuhfänger, „cowcatcher", und dieses hybride Wesen, vorn wie ein Pflug, hinten wie ein Unterseeboot anzusehen, ist also der Straße vorgespannt, in der die wohnen, die nach dem Westen wollen!

Eine Straße wahrhaftig. Eine lange sonderbare Straße, die in einem ärmlichen Arbeitervorort anfängt, durch das Viertel führt, wo die bescheidene Wohlhabenheit ihren Wohnsitz hat, und hinten in der Villenstadt der Reichen, der Muße und des Luxus aufhört. Laufe, wunderbare Straße, lauf' nach dem Westen!

Die Kolonistenwagen vorn im Zuge sind wie richtige Wohnräume eingerichtet. Ein Gang geht durch die Mitte der Wagen. (Aller amerikanischen Wagen, von den Pullmans bis hinab. Abteile kennt man nur in eigens dazu gebauten Wagen, die für den Bedarf der oberen Vierhundert eingerichtet und deren Preise auch danach sind.) Rechts und links sind Bänke mit je zwei Sitzen. Ein aufklappbarer Tisch ist an der Wand befestigt, über den Bänken aber sind Bretter an die Decke geschraubt, die man bei Nacht herunterlassen kann, und die sich als Schlafbretter an Ketten erweisen. Jeder Wagen der Kolonistenklassen hat eine richtige Küche am Ende; zu allen Tageszeiten sitzen da die Mütter, Töchter und Frauen und kochen das Essen für die Familie. Drei, vier, fünf Tage lang wird in diesen Räumen gekocht, gegessen, geschlafen, gespielt, gelebt – gehofft.

Und gesungen! In all den Gegenden, durch die ich gefahren bin, in all den rollenden Straßen, durch die ich durchgelaufen bin, hat es einen Mann, eine Frau, meist aber ganze Familien gegeben, die mit lauter Stimme Psalmen gesungen haben. Einmal, an einem Sonntagabend hoch oben im Nordwesten, habe ich einen ganzen Kolonistenwagen:

„Nearer, my God, to Thee"

singen gehört.

Unaufhörlich kommt und geht der Candy- Junge durch den Zug, mit monotoner Stimme: „Chiclets, Choc'lates, Chewing-gum!" Bücher, Zeitschriften und die Zeitungen aus den Städten auf der Strecke anbietend. Die Schwarzen in ihren grauen Uniformen, die armen Schwarzen, die für einen Dollar Taglohn dienen und oft drei Nächte hintereinander kein Auge zumachen dürfen, lehnen gähnend in den Übergängen zwischen den Wagen. Der weiße Kondukteur setzt sich zwischen die Reisenden, macht seine Rechnung oder sein Schläfchen oder einer allein reisenden Dame, die sich's gefallen lässt, den Hof. Drei Schreibmaschinen klappern von früh morgens bis spät in die Nacht hinein vor armen rastlosen Sklaven, die das Wunder des Reisens nie kennen werden. Hinten in dem bequemen Aussichtswagen hat alles schon Bekanntschaft miteinander geschlossen. Die rotlackierte „Person" ist in feste Hände geraten. Zwei „jüngere Söhne" haben sich gefunden und verraten mir naiv und liebenswürdig im Rauchzimmer ihre Pläne, die sie aus Landkarten und Farmprospekten sich zusammenspekuliert haben. Die kleinen Kinder laufen umher und stiften Freundschaften zwischen den Eltern. Meine Tage vergehen mir angenehm zwischen den jüngeren Söhnen, einem guten und warmherzigen alten Ehepaar aus Montreal und einem jungen Japaner, der nach Nagasaki heimreist.

In den Kolonistenwagen hab ich weniger Glück. Die Leute sind müde, verschlafen und wortkarg. Auch leben sie so ziemlich in Dreck und Speck dahin alle diese Tage und ziehen mürrische Mienen über ihre Gesichter, wenn jemand aus der Pullman-Welt dahinten den Schmutz besichtigen kommt, der sich um sie angesammelt hat. Genau wie die Zwischendecker auf den Schiffen den Besucher von „oben" anknurren, wenn er sich in ihre Mitte wagt.

An den Stationen, den spärlichen Haltestellen der Strecke, steigt alles aus, um sich die Beine ein bisschen einzurenken auf dem festen Boden nach dem Rütteln und Schüttern der endlosen Fahrt. Die ganze Bevölkerung der kleinen Orte um die Haltestellen tummelt sich auf dem Perron und mengt sich unter die Reisenden, während der Zug hält. Die Reisenden blicken neugierig auf diese Menschen, die hier inmitten der Wildnis ihr Leben verleben. Dann heult das Signal auf, die Schwarzen erscheinen bei den Schemeln, über die man in die Wagen zurücksteigt, und die zurückbleibenden Bewohner der kleinen Orte in der Wildnis blicken ohne Neid dem davonfahrenden Zug nach, dessen letzter Wagen, der Aussichtswagen, über seiner offenen Veranda in transparenten Lettern die Worte trägt: „Imperial-C. P. R.-Limited."

Das Tor der Prärie

Den dritten Morgen erwacht man am Nordufer des Lake Superior, des Meeres der Mitte. Die Atmosphäre trägt schon einen Hauch von Steppendunst mit sich, die Zeit geht um eine Stunde zurück, aus der östlichen in die Zentralzeit.

Port Arthur kommt in Sicht – der „Puls Kanadas" – und die Merkwürdigkeit Port Arthurs, die riesigen Elevatoren, Getreidemagazine, sind gut zu sehen aus den Waggonfenstern. Da stehen sie am Fuß des sonderbaren Tafelberges, diese riesigen grauen Röhren, vierzehn, fünfzehn nebeneinander wie Tuben in der Patronentasche eines Gottes. Oben läuft eine graue Brücke über sie weg, links und rechts fassen sie hohe, flache Kasten ein, die sie um einige Stockwerke überragen. Festungen sind es, alles in allem.

Getreidespeicher in Fort William und Port Arthur

Auf dem Perron zeigt man sich den größten Getreideelevator der Welt, Eigentum der Canadian Northern, sechzehn solcher Röhren nebeneinander. Wenn sie voll sind, liegen da sieben Millionen Bushels Weizen, das ungemahlene Brot der Welt.

Das Verfahren, nach dem der Weizen behandelt wird dahier, ist rasch erzählt: unten laufen die Waggone aus allen Gegenden der Prärie zum Mund des Elevators zusammen. Dieser Mund saugt gleichzeitig den Inhalt von neun bis zwölf Waggonen auf. Der Weizen rinnt durch Schleusen von gewaltigem Umfang in einen Raum zusammen, in dem ein System von automatischen Schaufeln die Spreu vom Weizen sondert. Staub, Spreu, Unrat wird durch Röhren automatisch von dem Weizen abgeleitet, der gewogen, von Baggermaschinen in die Höhe gehoben und in die großen grauen Türme hineingeschüttet wird. Dort wartet der Weizen dann geduldig darauf, bis die Welt wieder einmal nach Brot schreit.

Es sind Gebilde wie Wolkenkratzer, diese Elevatoren. Sie erinnern mich sogleich an die Generatoren im Krafthaus an den Niagarafällen. In ihnen sammelt sich die lebendige Kraft der Erde, die erfüllte Hoffnung der ins Land strömenden Menschenmillionen.

Die Früchte dieser Kraft, das Mark dieser Hoffnung, werden durch die Gesetze des Handels, des Zwischenhandels, der Börse und der Spekulation in die großen Siebe der Wolkenkratzer von Chicago und New York geleitet. Die automatischen Schaufeln von zehntausend Büros fressen, sodann das Beste dieser Kraft, dieses Fleißes und dieser Menschenhoffnungen in sich hinein, schlingen sie in sich hinein, behalten sie in sich zurück. Die Welt mag sich derweil weiter heiser schreien vor Hunger.

Getreidespeicher in Fort William und Port Arthur

In W i n n i p e g rühre ich mich einen ganzen Tag lang nicht aus dem Bahnhof heraus. Auf der ganzen Welt kenne ich keinen Ort, hab ich an keinem verweilt, der mich derart fasziniert hätte, wie der Bahnhof von Winnipeg. Er ist ganz voll, zum Überlaufen voll und gesättigt von allen Strömen, die durch die Menschenherzen ziehen.

Hier kommen aus allen Teilen der Welt die Menschen an, die die Erde suchen und auf die die Erde wartet. In der Wartehalle stehen auf großen Tafeln die Züge verzeichnet und die Schiffe des Atlantischen Meeres, deren Menschenfracht im Laufe des heutigen Tages über diese Bahnhofshalle ausgeschüttet werden wird. Und die die große Prärie da draußen schon erwartet, seit Erschaffung der Welt, ungeduldig und bräutlich.

Die „Teutonic", „Jonian", die „Cassandra" sind vorgestern und vorvorgestern in Montreal und Quebec eingetroffen. Die Züge, die ihre Passagiere mit sich bringen, werden um ein Viertel vor Elf da sein. Eine Stunde später treffen die „Homeseekers-Trains", die Züge der „Heimats-Sucher" ein. Alle zehn Minuten kommen Kolonistenzüge an und entladen ihren Inhalt von starken, ernsten und gefassten Männern, staunenden, übermüdeten Frauen und schlafenden oder weinenden Kindern. Ich gehe zwischen der riesigen Wartehalle und dem Perron hin und her, sehe auf die Uhr und weiß von jedem Zug: dieser bringt die Leute der „Cassandra", dieser kommt aus St. Paul, diese Leute da sind die dreißigtausend Erntearbeiter, die Manitoba braucht, die dort sind die Heimstätten-Sucher, die Homeseekers – ich erwarte sie, ergriffen und aufgeregt, all die Tausende, von denen ich nicht einen kenne, von denen nicht einer mich auch nur im Entferntesten angeht.

Hier auf diesem Bahnhof habe ich das Gefühl, wahrhaftigem Leben, zwingendem Schicksal gegenüber zu stehen.

Während mich sonst auf Bahnhöfen, angesichts der hin und her schießenden, mit Körben und Taschen und Schachteln aufgeregt hantierenden Reisenden oft und oft die Vorstellung lachen macht: dass die große Mehrzahl all dieser sich Tummelnden ebenso gut daheim bleiben und versauern könnte.

Und meine eigene Wanderlust, wie kommt mir die plötzlich kleinlich und unwahrscheinlich vor und wie in bengalischer Beleuchtung – während da die Heimat-Sucher an mir vorüberziehen zu den Ausgängen.

Sechs kleine Kinder in Schafsfellpelzen, mit hochroten Mützchen auf ihren schneeweißen Köpfen, sitzen auf einem Haufen Bettzeug. Um sie herum ist ein Festungswall von Koffern, Kisten mit Hausgerät, Kinderwagen und riesigen Körben mit Wäsche errichtet. Die Eltern sind ins Einwandererbüro, zum Billettschalter, zum Konsul gelaufen. Wie hätten sie all das Kleinzeug mitschleppen können? Da sitzen nun die Kleinen in ihrer Festung, die bewegliche Habe der Familie bewacht sie, und sie bewachen die bewegliche Habe der Familie. Neugierig und gar nicht schüchtern blicken sie auf all die Leute heraus, die an der Festung vorüberlaufen und von denen keiner ihre Sprache spricht.

Auf einer Bank gegenüber der Tür, die zum Landbüro führt, sitzt eine junge slowakische Bäuerin. Sie hat ein gelbes Kopftuch umgebunden, und wiegt einen Säugling, der in ein knallrotes Tuch eingewickelt auf ihren Armen schläft. Sie hat einen Messing-Ehering am Finger; die junge Engländerin auf der Bank drüben hat keinen Ehering an dem Finger. Auch ihr Baby schläft auf dem Schoß der Mutter, die hübsch in einen weißen Sweater, braunen Rock angezogen ist und einen modischen Federhut auf dem Kopf hat, wie die Frauen der Mittelklasse überall auf der Welt. Sie warten auf ihre Männer, die Slowakin auf ihren Slowaken, die Engländerin auf ihren Engländer. Die Slowakin hat ein Bündel neben sich liegen, das ist ihr Hab und Gut; die Engländerin drüben hat einen richtigen Handkoffer von Leder neben sich auf dem Boden stehen.

Nicht weit von ihnen beginnt auf einmal ein großer brauner Bauernlümmel, mit über dem Topf geschorenen Flachshaar und gesticktem Hemd, die Kamarinskaja auf seiner Ziehharmonika zu spielen. Ein paar andere Bauernkerle tanzen, auf ihren Säcken sitzend, ohne aufzustehen, mit wild strampelnden Beinen die Kamarinskaja mit. Volk sammelt sich um die Russen an, lacht, spricht in allen Sprachen der Welt durcheinander.

Das sind die Leute, die der Westen braucht.

Das Slowakenkind ist aufgewacht von dem Lärm und fängt gottsjämmerlich zu heulen an. Die junge Mutter blickt puterrot um sich, ob ihr Mann denn nicht bald kommt? Dann, als sie nicht mehr weiß, wie sich zu helfen, knöpft sie ihre Bauernjacke auf und gibt ihrem Kind die Brust. Die junge Engländerin drüben hat dieselbe Not mit ihrem Baby. Beide Kleinen heulen in derselben Sprache dasselbe Lied. Die Mutter des kleinen Engländers errötet aber erst, als sie ihren Sweater aufknöpfelt und ihrem Kind den Mund auf die gleiche Art stopft, wie die Slowakin auf der anderen Bank. Die beiden Mütter blicken sich über ihren bloßen Brüsten lächelnd und freundlich an. Sie sind beide noch ein bisschen rot im Gesicht; sie zeigen sich, wie gut ihre Brüste sind, ziehen das Hemd ganz weg von ihrer Brust; und die Röte ist gar nicht Schamröte auf ihren Gesichtern, sondern Stolz. Neben dem Bahnhof, so, dass jeder, der ankommt, ob er sie braucht oder nicht, sie sofort sehen und finden muss, sind die Büros, die Informationshalle und die Logierhäuser des staatlichen Einwanderungsamtes gelegen.

Beamte, an ihren Mützen gleich zu erkennen, freundliche und vertrauenerweckende Männer, die alle Sprachen der Erde sprechen, erwarten die Ankömmlinge und geleiten sie in die Halle, die Büros und die freien Logierhäuser. Dort können sie ihre Papiere vorweisen, ihre Wünsche vortragen, dann ihre müden Glieder eine Nacht lang auf sauberen Betten zur Ruhe legen – und morgen früh werden sie dem Land entgegenfahren, d a s i h n e n g e h ö r t v o n d i e s e m M o r g e n a n !

Nein, wirklich – ich kann mir beim besten Willen so bald nichts dermaßen Einladendes, Mut und Hoffnung Weckendes, Wohlgefälliges vorstellen, wie es die Halle ist im Einwanderungsamt zu Winnipeg. Die gehetzten, von der tagelangen Reise durch Stein und Wasser und verbrannte Wälder, matt und irr gewordenen Augen der Menschen klären sich, werden hell, sicher und froh, wenn die Menschen in diesen schönen, lichtdurchfluteten, mit Ährenbündeln, Früchtefestons und allen Zeichen der Fruchtbarkeit geschmückten Raum eintreten.

Etwas Selbstbewusstes, Forderndes glänzt auf in diesen Augen, die daheim sich nur halb aufzutun gewagt haben. Der Ärmste, der gewohnt war, zu bitten, zu betteln, fortgejagt und wahrscheinlich noch verhöhnt zu werden obendrein, wenn er Arbeit um Brot eintauschen wollte in der „alten Heimat" – hier, das weiß er, ist er der Erwartete, der Willkommene, ein Notwendiger, Nützlicher, wieder ein Mensch gewordenes Geschöpf Gottes.

Er wird mit gutem Blick und aufrichtigem Wort empfangen an der Schwelle dieses Landes, das vor Fruchtbarkeit fast bersten will und mit Menschen unterernährt ist; das ist es.

Der Beamte, der seine Heimatssprache spricht, fragt ihn nach seiner Beschäftigung im alten und Begehr im neuen Land. Eine Landkarte, die in winzige Quadrate eingeteilt ist, wird ausgebreitet zwischen dem Einwanderer und dem Beamten. Der Bleistift des Beamten zeichnet irgendwo ein Viereck in diese Landkarte, der Ankömmling erhält ein rotes Papier, er muss jetzt nur seinen Binkel aus der Gepäckhalle holen und sein rotes Papier gut in die Tasche stecken. In einer Stunde hat er das erreicht, wonach sich seine Träume im grausamen alten Land jahrelang verzehrt und zerfleischt haben. Er hat Land und Brot für sich und sein Weib und sein Kleines erhalten. Er hat jetzt nur noch zu arbeiten.

Wenn ich will, brauche ich mich bloß in die Reihe mit den anderen zu stellen, meinen Pass aus der Tasche zu ziehen und morgen sitze ich auf meinen 160 Acres und bin ein gemachter Mann, statt eines Bücher schreibenden und sich aus unsicheren Quellen ernährenden Proletariers. Den jeder von diesen Besitzern eines roten Papiers mit Misstrauen und einigermaßen begründeter Verachtung von der Seite her anschauen darf – während Er, der Feste und Sichere, mit wuchtigen Schritten zur Tür hinausmarschiert!

Der Settler

Den Schlüssel zur Prärie hat Herr J. W. Greenway, Commissioner of Dominion Lands im Ministerium des Innern zu Ottawa, in der Tasche, ein überaus liebenswürdiger Mann, dem ich die besten Informationen und mehr Empfehlungsschreiben, als mein Koffer fasste, verdanke. An der Pforte der Prärie steht aber als Türhüter Herr Bruce Walker, Commissioner of Immigration zu Winnipeg, eine Persönlichkeit, die schon über das menschliche Maß hinaus zu einem Mythus in die Höhe und Breite gewachsen ist. Dieser behagliche, rundliche Mann stellt unter der Maske eines stark beschäftigten Amtsvorgesetzten das leibhaftige Schicksal von Millionen von Menschen vor, und gewiss wird sein gut schottischer Name nach Sonnenuntergang all über die weite Prärie in zehntausend Gebeten gleich nach dem lieben Gott und dem guten König Georg genannt!

In Ottawa und Winnipeg habe ich theoretischen Unterricht in der Kunst, ein Settler zu werden, erhalten, und habe dann in den drei großen Weizenländern, den Provinzen Manitoba, Saskatchewan und Alberta, die ungefähr drei viertel des für Agrikulturzwecke geeigneten Bodens von Nordamerika umfassen, Anschauungsunterricht über alles weitere Wissenswerte empfangen.

Wenn Sie die Landkarte von Kanada ansehen, werden Sie bemerken, dass die erwähnten drei Provinzen auf genau dieselbe Weise durch gerade Striche voneinander abgetrennt sind, wie die meisten Staaten der Union.

Die Landkarten, auf denen der Einwanderer zugleich mit dem Beamten sich sein Stück Land aussucht, sind ganz auf dieselbe Weise durch gerade Hoch- und Querlinien in Vierecke eingeteilt. Diese Einteilung beruht auf einer Flächenberechnung. von sechs engl. Meilen im Geviert. Der Name des Gevierts ist: a township, ein Stadtgebiet. Es ist in 36 Vierecke zerschnitten, zu 640 Acres, d.h. einer engl. Quadratmeile jedes; jedes dieser Vierecke in vier gleiche Teile von je 160 Acres. Die Regierung hat von diesen 36 Vierecken, sechzehn als freies Heimstättenland zu vergeben, sechzehn gehören, wie früher erwähnt, der C. P. R. (ich spreche von den Strecken in den Weizenländern, die diese Bahn erschlossen hat), zwei der Hudson-Bay-Company, der großen Handelsgesellschaft, der Kanada vor der „Entdeckung Kanadas" in Wahrheit als Eigentum gehört hat, und die restlichen zwei Vierecke sind Schulland.

Dieses Wort „Schulland" ist natürlich nicht so zu verstehen, dass da auf 1.280 Acres in jedem Township eine Schule steht und weiter nichts, freies Land um die

Schule herum. In Kanada ist die Einrichtung getroffen (nach dem Muster der Staaten, wie man mir sagte), dass in einem bewohnten Umkreis von je fünf Meilen eine Schule errichtet ist, in der eine junge Lehrerin den Kindern aus den Farmen Lesen, Schreiben, Rechnen und Nationalgefühl beibringt. Das Land um diese schmucken Schulhäuschen ist sehr viel wert und steht höher im Preise noch als die Ländereien der Canadian Pacific und der Hudsonbay, über die der Settler, wenn er einmal zu Geld gekommen ist, kraft seines Geldbeutels verfügen kann. Der Ertrag aus dem Verkauf dieser Schulländer kommt der Schule zugute, die die Regierung erhält.

Der Settler kommt nun in dem fremden, weiten Lande an, das auf ihn gewartet hat seit Erschaffung der Welt. Es ist jungfräulicher Boden, die Prärie hat nie die Pflugschar in ihren Eingeweiden gespürt. Ich will annehmen, dem Settler sind, nachdem er die Überfahrt und die Reise ins Innere bezahlt hat, in Winnipeg auf dem Bahnhof grad noch fünf Dollar in der Tasche geblieben. Mit denen soll er sein neues Leben als Grundbesitzer beginnen.

Nun, er wird sich natürlich mit seinen fünf Dollar nicht gleich auf die 160 Acres setzen, die ihm gehören, und mit den Fingern den Boden aufwühlen, der ihm zu seiner Existenz verhelfen soll. Sondern er wird am besten als eine „Farmhand“, als Landarbeiter, auf der Farm eines beginnen, der ebenso mit fünf Dollar angefangen hat, wie er. Auf dem Bahnhof steht zwischen der Einwandererhalle der Regierung und dem Landbüro der Canadian Pacific eine Holzhütte, deren Wände mit Plakaten bedeckt sind.

Erntearbeiter gesucht.

Gilbert Plains	50
Gladstone	20
Tessier	100
Roblin	90
Humboldt	50 usw.

Dies Plakat ist mit Dutzenden anderer um acht Uhr früh ausgehängt worden, um zehn sind schon zwei Züge angekommen und hinter dem Ortsnamen Tessier steht die Ziffer Zwanzig, alles Übrige ist gestrichen.

Drin in der Stadt gibt's unzählige Arbeitsbüros, ja es gibt um den Bahnhof kleine Straßen, in denen ein Vermittlungsbüro neben dem anderen ist.

Ich notiere mir einige Löhne.

Drescher 2 ½ Dollar den Tag; Farmkutscher 2 ½ Dollar den Tag; Farmarbeiter 45 Dollar monatlich; immer Kost und Unterkunft einbegriffen. Diese Löhne beziehen sich auf die Arbeit während der Erntezeit. – Mühlenarbeiter 2 ½ Dollar den Tag; Bautischler 25 Cent die Stunde; Bahnarbeiter 2 ¼ Dollar den Tag, Sägereiarbeiter vier Dollar den Tag; Kohlenbergleute 75 Cent pro Tonne; Holzfäller 2 ½ Dollar den Tag; Brückenbau-Leute 2 ½ Dollar den Tag nebst Verpflegung; Koch 65 Dollar monatlich; Vormann auf Farm 75 Dollar monatlich.

Der Mann mit seinen fünf Dollar kann sich also irgendwo als Knecht verdingen. Ein Farmarbeiter, der nicht nur während der Erntezeit dient und gebraucht wird, sondern das ganze Jahr bleibt, kann auf einer Durchschnittsfarm 25 bis 35 Dollar den Monat verdienen. Am besten ist er dran, wenn er sich auf einer Farm verdingt, auf der er die Praxis von der Pike auf erlernt. Arbeitet er und versteht sich aufs Zurücklegen, so wird er in zwei Jahren 360 bis 400 Dollar sein Eigen nennen. Er kann nun die 160 Acres von der Regierung aufnehmen. Alles wird ihm helfen bei seinem Unternehmen, er mag sein und herkommen, wo er und was er mag. Ist er als guter Arbeiter bekannt, wird man ihm den Kredit, den er braucht, aufzwingen. Zuerst braucht er ein paar Ochsen, einen Pflug, eine Egge. Dann Draht zum Zaun, Werkzeug zum Bau seiner Hütte, eine oder zwei Kühe. All das gibt's auf Kredit zu geringen Zinsen. Landbanken, staatliche wie private, haben ihre Agenturen und Filialen in den verlorensten Nestern der Prärie und stehen in direktem Kontakt mit dem Farmer. Im ersten Jahr kann er ohne jegliche Hilfe, sofern es nicht anders zu bewerkstelligen ist, seine 40 Acres umgebrochen haben. Nun braucht er eine Sämaschine, später eine Erntemaschine.

In Saskatchewan habe ich Farmen gesehen und von welchen gehört, die in den ersten Jahren vierzig Bushels (Scheffel) Weizen auf den Acker getragen haben. Das Land hat einen Humus, dessen Reichtum seinesgleichen sucht auf der Erde. Er hat aus der Pflanzenfäulnis und der Verwesung von Tierkadavern seit der Urzeit die Kraft herbezogen, die ihn auszeichnet. Es ist besser, wir nehmen nur einen Durchschnittsertrag von 25 Bushels pro Acre an, einen Ertrag, den in Manitoba der vernachlässigste Boden nach einer Bearbeitung von 30 bis 40 Jahren noch gelegentlich einer Mittelernte liefert. 40 Acres bringen also dem Neuling tausend Bushels ein; aus ihrem Ertrag kann er, nach Abrechnung der Dresch- und der Frachtkosten bis zum Elevator an der nächsten Station, einen Teil seiner Schulden bei der Bank abzahlen und neue machen. Die Qualität des Weizens wird durch Stichproben auf amtlichem Wege durch staatliche Ernteaufseher bestimmt.

Es ist die Regel, dass ein Farmer nach den zwei oder drei ersten Jahren angestrengter Arbeit weitere 160 Acres zu einem nicht allzu hohen Preis und mit geringer Anzahlung zu seinem Land hinzukauft. Der als ein Armer und Verstoßener ins Land kam, hat sich vor dem Hunger und der Verzweiflung in einen Hafen gerettet, in dem er frei und mit erhobenem Kopf um sich blicken kann. Steckt das Zeug in ihm, so wird er aus dem Wunder der Jahreszeiten, das sich vor seinem Häuschen draußen abspielt Morgen für Morgen, die Lehre ziehen und das große Allgemeine aus der Wahrheit erkennen, dass die Arbeit alles ist und der Besitz nichts. Vielleicht wird sich mit der Zeit bedrucktes Papier von besserer Art als das, worauf der Tagesschnickschnack gedruckt ist, auf dem Tisch in seinem Häuschen finden. Vielleicht wird in der großen Stille, in dem langen Winter Kanadas ein Samen in den vielen tausend Seelen aufgehen, die die Alte Welt grausam verdorren lässt und abtötet in dem ekligen Dunst der Massenquartiere.

Aufbruch nach der Heimstätte.
Saskatoon

Die neue Heimstätte – und – die alte.

Die Prärie wird umgebrochen.

Von der Heilsarmee und anderen Institutionen

Dies ist der typische Weg des Einwanderers vom Hungertuch zum Brotkorb.

Natürlich bezieht sich das Gesagte auf einen bestimmten Stand, aber den, dessen Schicksal, so glaube ich, heute die Menschheit am brennendsten beschäftigen und beunruhigen sollte. Erst diese Frage aus der Welt geschafft und nachher alles andere. Auch hier, in diesem unerhörten Land, mahlt darum die Mühle, von der Dehmel in seinem wundervollen Gedicht spricht: „Es wird kein Mensch mehr Hunger schreien …" Das Land, das auf die 92 Millionen wartet, bevölkert sich nicht rasch. Man kann nichts Besseres tun, als seine Ungeduld der Welt mitzuteilen.

Den Überfluss der Welt an Menschen, den grausigen Überfluss an armen und elenden Geschöpfen, den die sogenannte Zivilisation der heutigen Ordnung züchtet, über dieses wartende Land auszuschütten, die Herrscher der Welt könnten nichts Klügeres tun, als dies – einstweilen.

Stattdessen stoßen sie den Überfluss tiefer und tiefer in eine Sackgasse hinein, pumpen diese voll mit Alkohol, damit der Überfluss nur ja gründlich ersaufe und – die Zivilisation soll leben, hoch!

In Winnipeg war ich bei einer Versammlung der Sozialdemokraten. In diesem Lande, in dem es dem guten Willen des einzelnen und nicht der Notwendigkeit anheimgegeben ist, ob er sein Leben gestalten will oder nicht, in Kanada ist heute noch kein Platz für den Sozialdemokraten. Wenn der Fabrikarbeiter hier für seine Klasse kämpft, so kann man ihm sagen: was geht dich deine Klasse an? Sei ein Einzelner und kämpfe für dich. Bekämpft eine Klasse die andere, so werden sie im besten Fall die Plätze tauschen; aber wie lässt sich's am besten gegen das Erbübel, die Klasse, kämpfen? Man kann dem Fabrikarbeiter in Winnipeg mit Fug weiter das folgende sagen: Kennst du nicht den Weg zu Mr. Bruce Walker? Ich will ihn dir zeigen. Geh aufs Land und werde ein Farmer. Wenn in der Stadt Not an Fabrikarbeitern sein wird, wird sich ihr Los von selber bessern. Geh aufs Land zum Nutzen deines Standes.

Ernte auf einer Mennonitenfarm

Aber, wenn ich so zu dem Fabrikarbeiter spreche, so muss ich mich auf die Möglichkeit gefasst machen, dass er mir ins Gesicht lacht und antwortet: all das, was du Dahergereister da sagst, ist von A bis Z falsch. Kannst du mir vielleicht Genaueres sagen darüber: mit welchen Mitteln die Einwanderung speziell nach den Städten, die Industriezentren sind, betrieben wird? Künstlich betrieben wird? Mit welchen Mitteln es die Industrie, die von dem Überschuss des Angebotes über die Nachfrage nach Arbeitskräften lebt, allerorten zuwege bringt, dass das Proletariat sich schon in diesen Städten, die mitten im Reichtum liegen, breit macht und anschwillt zum Entsetzen? Bleibe du gefälligst erst zwei Jahre hier festsitzen; nachher magst du dann reden, bis dahin aber halte gefälligst den Mund!

Mann auf dem Podium, fahre fort. Ich hör schon zu.

Wie ich schon sagte, die Länder der Welt bekunden geringes Interesse daran, ihre Armen in das reiche Land zu schicken (das Proletariat der großen Städte kann bei dieser Bemerkung nicht mitzählen). Ein Rundgang durch die höllischen Vororte von London, Dublin, Liverpool bringt einem an allen Straßenecken den Namen Kanadas auf die Lippen. Sonderbar ist es, dass es hier, obzwar natürlich nächst der Einwanderung aus den Staaten jene von den britischen Inseln die stärkste ist, keine englische Einwanderung im eigentlichsten Sinne sondern eine irische und schottische gibt. Die O's und die Mac's sind es, die, direkt oder schon auf dem Umweg über die Staaten von den Weizenländern des Westens in Scharen Besitz ergreifen.

Wales, Cornwall, der Osten Englands verhält sich still. Die Ziffern der reichsdeutschen Einwanderung, die man mir im Konsulat in Montreal genannt hat, waren ganz lächerlich geringe. Ich kann mir das erklären – die gesegneten Kolonien des Deutschen Reiches bieten wahrscheinlich dem deutschen „Überfluss" verlockendere Perspektiven als die englische Dominion … Nächst den britischen Inseln und den Vereinigten Staaten stellen die slawischen Länder Europas das stärkste Kontingent für die Einwanderung nach Kanada.

In den Konsulaten der österreichisch-ungarischen Monarchie habe ich mich mit Interesse nach Daten über die Einwanderung aus Ungarn erkundigt und habe da die rätselhafte Auskunft erhalten – es gäbe keine. Ich habe nun selber in ungarischen Broschüren gelesen und von berufenen Leuten in Europa und in den Staaten gehört, mit welchen Mitteln die Agenturen gewisser Dampfschifflinien, z.B. der Cunard-Line, deren Schiffe von Fiume nach Häfen der Union laufen, die Auswanderung der ungarischen Kroaten, Slowaken, Rumänen und Magyaren nach den Vereinigten Staaten betreiben. (Sie würden gewiss etwas vorsichtiger zu Werke gehen, wenn sie bei ihren Manövern nicht durch die ungarische Regierung gedeckt würden.) Also warum gibt's keine ungarische Einwanderung in Kanada?

Als ich diese bescheidene und höfliche Frage in den Konsulaten verlauten ließ, erhielt ich zwar keine Antwort, jedoch es wurden mir die bewussten überlegenen Amtsmienen gezeigt, welche einem immer entgegenstarren, wenn man eine den Staat gefährdende Indiskretion begangen hat oder begehen möchte. Erst in Winnipeg löste mir ein freundlicher magyarischer Seelsorger dieses Rätsel auf die einfachste, plausibelste Weise.

Die Ungarn, d.h. ungarischen Staatsangehörigen, die nach den Gebieten der Union wanderen, suchen dort so rasch wie möglich zu Geld zu gelangen (oft durch eine frevelhafte und auf künstlichem Wege hervorgebrachte Unterbietung der Löhne). Sie packen dann, wenn sie notabene noch am Leben sind, ihre blutig erworbenen Dollar in ihr Taschentuch und machen zurück in die Heimat, wo's ihnen alles in allem besser behagt. In Kanada, im englischen Land aber lauert die Gefahr, dass es den Ungarn doch noch besser gehen könnte, als in ihrem eigenen gelobten Land daheim; und tatsächlich, die Ungarn, die nach Kanada kommen, ziehen es vor, in Kanada zu bleiben und ihre Taschentücher der englischen Sitte gemäß und nicht als Bankkonto zu gebrauchen. Die Regierung untersagt also stillschweigend und mit Nachdruck die Auswanderung nach Kanada. Das ist ein amüsantes Exempel.

Im Zensusjahr 1909/10 kamen 208.000 Menschen nach Kanada. Davon waren 60.000 britische Untertanen, 103.000 aus den Staaten, der Rest, 45.000 Menschen, gehörte 62 Nationalitäten an. 1910/11 sind 325.000 Menschen ins Land gekommen. Wie man mir in Ottawa sagte, ist die Einwanderung im Frühjahr dieses Jahres 1911 die außerordentlichste gewesen, die Kanada je gesehen hat.

Was die Heilsarmee betrifft, so kann man von ihr denken, wie man will. Ich werde keinem widersprechen, der ihre äußeren Methoden als abstoßend bezeichnet, und wenn einer mir vorhält, dass ihre Ausbeutung der Arbeitslosigkeit an vielen Orten eine fatale Verschlechterung der Arbeitslöhne in gewissen Gewerben zur Folge hatte, so werde ich ihn nicht gut Lügen strafen können. Aber was sie für die Auswanderung bedürftiger Leute aus den britischen Inseln nach Kanada geleistet hat und leistet – das zwingt Respekt und Bewunderung ab für diese Institution und das Genie, dessen Gehirn sie entsprang, den alten schlauen Apostel Booth. Sie hat auch längst die Klippe einer Wohltätigkeitseinrichtung umschifft und segelt, sehr zu ihrem Heile, unter der Flagge einer sozialen Macht, die aus unserer heutigen Ordnung gar nicht mehr weggedacht werden kann.

Der Weg, den ich beschrieben habe, den der unbemittelte Ankömmling von seiner Ankunft bis zur Übernahme seines eigenen Landes zu gehen hat, ist ein ziemlich ebener, und die Heilsarmee ebnet ihn noch dem Arbeitswilligen, der sich ihrem Schutz und ihrer Vermittlung anvertraut. Aber nicht nur für diesen bedeutet sie eine gute Vorsehung, sondern auch für den Farmer, der auf die beschriebene Art immer wieder seinen tüchtigen Knecht verliert und sich oft in der Zeit, in der er am schwierigsten zu entbehren ist, nach Ersatz umsehen muss. Die untere Schichte muss immer wieder nachgefüllt werden, und dies besorgt zum großen Teil und mit ihrer bewunderungswürdigen Organisation die Heilsarmee.

Ihr System des Arbeitsnachweises und der Versorgung des Farmers mit Arbeitswilligen aus den britischen Inseln hat sich in großartiger Weise bewährt. In Toronto sind die „Headquarters" der Heilsarmee, und dort hat mir Brigadier Morris die Logierhäuser und Mädchenheime der Armee gezeigt, die Bücher gewiesen, in denen Angebot und Nachfrage in überzeugenden Ziffern verzeichnet standen, Briefe der Versorgten und alles Mögliche statistische Material vorgelegt.

In den letzten sieben Jahren hat die Armee fünfzigtausend Menschen herübergebracht. In vielen Fällen hat sie ihnen das Überfahrtsgeld vorgestreckt. Speziell nach Dienstmädchen herrscht in allen Teilen Kanadas verzweifelte Nachfrage. Es ist ein Männerland, und was fängt ein Farmer ohne Frau an auf seiner Farm, auf der doch jemand nach dem Kleinvieh und der Wirtschaft sehen muss. Die Armee sichert den meisten, die sie herüberbringt, eine Quelle festen Erwerbs, für ein Jahr ungefähr, so dass der Arbeitswillige die Heimat schon als fertiger Kanadier verlassen darf. Zur Frühjahrszeit treffen Schiffsladungen voll Menschenmaterials in Kanada ein, von

Offizieren der Armee persönlich geführte und geleitete Gesellschaften, die dann auf die angenehmste und sicherste Weise an ihren Bestimmungsort befördert werden. (Im Zeitraum vom 1. Juni bis 31. Oktober 1911 hatte die Armee laut der „Emigration Gazette" auf 97 Schiffen der Canadian Pacific, Allan, White Star und anderen Linien Emigrantengruppen unter ihrer Obhut, davon auf 36 Schiffen persönlich geführte Gesellschaften.)

Weniger kümmert sich die Heilsarmee um die direkte Kolonisation ihrer Leute in Kanada. Sie sind eben von den Ärmsten, von den fünf Dollar- oder keinen Dollar-Leuten, die als Farmhände beginnen müssen. Immerhin hat die Heilsarmee eine zweite Klasse von Einwanderern, die mich recht sehr interessiert hat und über die ich vom Brigadier bereitwillige Auskunft erhalten habe.

Die große Mehrzahl der Heilsarmee-Schützlinge fährt dritte Klasse, kommt in Quebec an und wird dort sofort nach den Gegenden verladen, wo sie gebraucht wird und ihr Leben begründen kann. Klasse zwei aber kommt in Montreal an und sieht dann auf eigene Faust zu, wie sie weiterkommt.

Diese zweite Klasse besteht zum großen Teil aus kleinen Clerks, kleinen Kaufleuten und Duodez-Kapitalisten, Geistlichen und Militärpensionären. Sie enthält aber auch zu einem nicht geringen Prozentsatz Leute, die von ihren Angehörigen oder Freunden mit etlichem Geld versehen und mit dem geheimen Wunsch und Abschiedssegen, der Teufel möge sie holen, in die Ferne spediert worden sind. Es sind die „jüngeren Söhne des Lebens". Brigadier Morris versteht nicht recht, was ich damit meine. Ich aber weiß es recht gut, was es mit diesen „jüngeren Söhnen" auf sich hat, und verspreche dem Brigadier, ich werde in meinem Buch Propaganda für diese zweite Klasse machen. Ihm ist die dritte Klasse lieber; mir auch. Die Leute, die um zu arbeiten nach Kanada gekommen sind und von denen die Armee nach zwei bis drei Monaten nichts mehr hört, weil sie gut und sicher versorgt sind, keine Hilfe mehr benötigen und ihre Schuld an die Überfahrtskasse bald abgetragen haben werden.

Die zweite Klasse aber, überhaupt die gesamte „zweite Klasse" der Einwanderer nach Kanada, sind Menschen, die aus verschiedenen geistigen Berufen herüber zur Erde kommen. Unter der Schar der Bürosklaven finden sich Künstler und Gelehrte, Oxford- und Cambridge-Leute, Schauspieler und die „Überflüssigen" der intellektuellen Welt.

Legenden sind im Umlauf von ganzen Kolonien aus einem der exklusivsten Colleges von Cambridge, die jetzt im westlichen Alberta, in der Gegend von Lloydminster, ihren Weizen bauen. Legenden von Ranchern, Polizisten und Cowboys, von denen spreche ich später.

Für diese und ähnliche Arten von Kolonisten hat die Canadian Pacific Railway in ihrem System der Ready made farms, der v o r b e r e i t e t e n Farmen, gesorgt.

Es ist dies eine überaus praktische Idee, will mir scheinen, Kanada dankt sie Sir Thomas O'Shaugnessy, dem Präsidenten der C. P. R.

In der Gegend um Irricana, dem gewaltigen künstlich bewässerten Territorium zwischen Edmonton und Calgary, an einer Seitenlinie der C. P. R., sind diese vorbereiteten „fertigen" Farmen gelegen. Wie viele Tausende kultivierter, empfindlich geborener oder gewordener Menschen lassen eher ihr Leben verderben, als dass sie sich den Strapazen auszusetzen wagten, die der Beginn eines neuen Lebens, in einem fremden, weiten, unbekannten Land mit sich bringt? Menschen, denen es an Geld nicht fehlt zum Anfangen, nur an Mut. Auf der Ready made farm finden sie ein hübsches Haus, das warm und gut gebaut auf sie und die Ihren wartet, eine Scheune mit Maschinen, einen Stall mit Vieh, und den besten Boden, den keiner noch bebaut hat vor ihnen. Eine Märchenfarm, ein Tischlein-deck-dich für den zivilisationsmüden Städter, der zur Erde wiederkehren will.

Wird von der Heilsarmee gesprochen, so muss man auch einige Institutionen geringeren Umfangs, aber ähnlicher Tendenz erwähnen. So z.B. die berühmte Stiftung des Dr. Barnardo in London, die Heime und Schulen für verwahrloste Kinder, die im East End Londons unendlich viel Gutes getan haben. In all den großen Städten Kanadas habe ich Barnardo-Heime gefunden; große Scharen von Kindern werden herübergebracht, kinderlose Farmer nehmen sich der Ärmsten an und manch ein Barnardo-Junge sitzt heute als Herr auf dem Gute, das seine Pflegeeltern bewirtschaftet haben, als er ihrer Obhut und gutem Willen anvertraut wurde vor Jahrzehnten. Die Zentralleitung der Stiftung bleibt immer in Verbindung mit diesen Kindern, weiß, wo sie sich befinden und wie es ihnen geht.

Das nach der Philanthropin Annie Macpherson benannte Heim in Stratford, Ontario, hat sich eine ähnliche Aufgabe gestellt und erfüllt sie in geringerem Umfange als die Barnardo-Homes. Sie versorgt die Farmer Ontarios in einem nicht zu weiten Umkreis um Stratford mit ihren Pfleglingen und hat so stets direkte Fühlung mit diesen Kindern.

All diese Institutionen gehören, wie die bekannten Studentensiedlungen in den Vierteln des Londoner und New Yorker Elends, wesentlich ins Kapitel der Wohltätigkeitseinrichtungen, einer Erfindung der bürgerlichen Klasse, die glaubt, auf solche Weise quitt zu sein für die Sünden, die sie an den Unteren begeht. Mit der rechten Hand die Menschheit knebeln und mit der linken ihr den Angstschweiß von der Stirn wischen – „Schneeballen in den Höllenschlund werfen", damit es denen dort unten nicht zu heiß werde!

Irgendwie fühle ich aber, dass die Wohlfahrtseinrichtungen, deren Tätigkeit nach Kanada, dem Erdeland, dem Ackerland hinüberspielt, einen Teil ihres odiösen Beigeschmackes verlieren. Auf alle Fälle hat es, wie ich erwähnte, die Heilsarmee vorzüglich verstanden, ihre Mission in der unverfänglichsten Art, als reines Agenturgeschäft auszuüben. Sie befördert alle ihre Leute herüber, ohne nach Name und Art zu fragen, und ich habe von Leuten gehört, die die Brigadiers und Majore ausdrücklich versicherten, dass sie die Anschauungen der Heilsarmee keineswegs teilten, und somit der Vergünstigungen, die die Armee gewährt, vielleicht gar nicht teilhaftig werden dürften. Die Soldaten haben darauf, mit dem Heilsarmee-Lächeln auf ihren Gesichtern, diese allzu Gewissenhaften versichert: das sei gar nicht nötig, sie würden auch so hinübergenommen.

Ich kann jedem, der mich anhören will, den guten Rat geben, es zu machen, wie ich: werde ich zum Mitsingen des Liedes:

„The old, old story is true …“

oder gar zum Niederknien vor der Bußbank aufgefordert, so lehne ich dieses Ansinnen höflich und entschieden ab. Kommt aber das Salvation-Lassie mit dem Tamburin auf mich zu, so habe ich gar kein Bedenken, ihr meinen Silberling auf das Tamburin zu werfen, denn ihr Werk verdient es!

Bei den Mennoniten in Süd-Manitoba

Wenn der Zug im Dörfchen Altona ankommt, ist das Postbüro voll von Menschen. Das Postbüro ist zugleich der General-Store, in dem man von Salpeter aufwärts bis zu den Nähmaschinen alles kaufen kann, was gebraucht wird. Auf einmal bin ich in Deutschland, höre viele Dialekte, Platt, Hannoversch, Ostpreußisch und das Deutsch, das in den baltischen Provinzen gesprochen wird. Deutsch von drüben, der alten Heimat, aber gottlob nicht das verhunzte Amerikanerdeutsch, ein Mischmasch aus dem heimatlichen Dialekt und Yankee-Slang.

Ich bin noch keine fünf Minuten da und habe schon Bekanntschaften geschlossen. Ich soll von Deutschland erzählen, höre aber lieber denen zu, die mir von Altona erzählen, denn meine Berichte sind mehr auf den Yorkklub als das Postamt dieses Dörfchens zugeschnitten.

Altona liegt im Süden des Weizenlandes Manitoba, Manitous Land, wie die Indianer es benannt haben, des Gotteslandes. Kaum eine halbe Stunde weit vom Staat Nord-Dakota, dessen Berge man hinter dem Städtchen Gretna blau aufsteigen sieht.

Ich bin hier im Stadtgebiet Rheinland, und die Dörfchen und Niederlassungen ringsum heißen Eigengrund, Blumenthal, Schoenhorst, Bergmann, Winkler, Neuhoffnung. Es ist eine der ältesten Ansiedlungen der Mennoniten in Amerika.

Die Mennoniten haben es weniger geschickt angefangen als ihre Schicksalsgenossen, die Puritaner. Diese haben den Weg England – Holland – Amerika gewählt, die Mennoniten sind aber von Holland nach Preußen, von Preußen nach Russland gezogen, ehe sie auf die gute Idee kamen, hierher zu übersiedeln, wo sie seit fünfzig Jahren und darüber in Frieden und Wohlstand leben und ihr Land bebauen.

In die „Ostreserve", jenseits des Redrivers, in die wenige Stunden östlich gelegene Bergtaler Gemeinde kamen, so erzählte man mir, die ersten Mennoniten um die Mitte der 70er Jahre aus Südrussland, wo man sie wegen ihrer Verweigerung des Militärdienstes zu molestieren anfing. Altona hat fünfhundert Einwohner, in ganz Manitoba sind gegenwärtig an die 15.000 Mennoniten.

Der Photograph, er ist mit seiner Familie aus Minnesota hierher übersiedelt, nimmt sich meiner an und mit ihm besuche ich den Schmied, den Landagenten, den Gemeindeschreiber. Mit ihnen allen sitze ich am Abend in den warmen Stuben ihrer hübschen Häuschen beisammen. Es sind gute und einfache Menschen, und es ist Genuss, mit ihnen beisammen zu sein. Der Photograph hat einen schönen Kopf.

Er sieht wie ein deutscher Lehrer aus Schwaben aus, der heimlich Gedichte schreibt und an Sonntagen mit Novalis in der Tasche in den Wald zieht. Eduard von Gebhardt hätte sich glücklich geschätzt, den prachtvollen Wiedertäuferkopf des Landagenten malen zu dürfen. Schön wie ihre ruhigen und ernsten Gesichter sind ihre Namen, die man auf den Schildern der Geschäfte Altonas liest: Friesen, Coblentz, Joerger, Toews.

Ihre Trachten sind die der Tradition und der Sekten, die sich innerhalb ihres Bekenntnisses gespalten haben. Da sind die Schwarzen, die den Gebrauch weißer Wäsche verpönen; sie tragen flache schwarze Kappen und Schaftstiefel, in denen die schwarzen Tuchhosen stecken. Eine andere Sekte trägt die Hosen über die Stiefel gezogen und weiße Wäsche, die aber nicht mit Knöpfen, – Knöpfetragen ist Luxus und Teufelswerk! – sondern mit Haken und Sicherheitsnadeln zugemacht ist, denn:

„die mit den Haken und Ösen
wird Gott der Herr erlösen".

Mein Freund, der Photograph, fühlt sich nicht wohl in Altona und will frühestens in Kalifornien, dem Sonnenland, Obstländer aufnehmen. Das Klima bekömmt ihm hier nicht. Aber, ich glaube, es liegt auch ein wenig an seinem modischen Kragen und hohen Hut. Einer hat einmal seinen Schwager rundherum einkassieren geschickt, der Schwager hatte ein weißes Hemd an und konnte nur von den Weißhemdigen Geld erhalten, von den anderen aber Knurren und zugeschlagene Türen. Bis dann ein Schwarzer kassieren kam.

Indes, es gibt gemeinsame Angelegenheiten, in denen alles, was sich zu Simon Menno bekennt, zusammensteht. Geht's einem Bruder oben in der Rosthern-Reserve, Saskatchewan, in den Staaten oder am Schwarzen Meer drüben schlecht, dann tun sich die Hände in all den sieben Sekten um den Red River auf. Das größte Haus in Altona ist das Seminarium, in dem Missionäre und Lehrer ausgebildet werden. Allüberall, wo Mennoniten hausen, gibt's solche Seminarien, und die jungen Priester gehen herum und predigen, lehren die Lehre vom Tausendjährigen Reich, vom auserwählten Volk Gottes, dem neuen Israel, das selig werden muss vor all den Andersgläubigen. In Oklahoma, Nebraska, Arkansas haben sie rote Indianer gelehrt, schwarze Hemden zu tragen. In Indien unter den Hindus gibt's Mennoniten.

Den Leuten in Rheinland dahier liegt nicht so sehr viel an der Gewinnung neuer Seelen. Sie machen keine Proselyten, enthalten sich jeglicher Propaganda, einschließlich der Propaganda in politischen Dingen – zum größeren Teil.

Mein Freund, der Photograph, hat in seinem Laden einen Aufruf an die Farmer, für den Liberalen zu stimmen, hängen. Er selbst wird nicht wählen, weil sein Glaube es ihm nicht erlaubt. Aber lieb wäre es ihm doch, wenn es Reziprozität mit den Staaten gäbe, weil dann sein Photographenmaterial billiger ins Land hereinkäme! Ähnlich wie ihm, ergeht's in anderer Beziehung denen, die aus Gründen der Tradition ihre Kinder nur in die eigenen deutschen Schulen, die sie sich auf ihrem Landgebiet gebaut haben, schicken und sie die „fremde" Sprache, das Englische, nicht erlernen lassen. Die Kinder der Fortschrittlichen, die Englisch gelernt haben, können auf den Agrikultur-Schulen der Dominion, in den staatlichen Lehrfarmen überall im Lande lernen, wie der Boden ertragsfähiger gemacht werden kann – die Orthodoxen verstehen sich auf diese Kunst nicht, sie bauen ihren Boden nach der alten Fasson, minieren ihn, statt ihn zu bebauen, verbrennen aus Gleichgültigkeit oder Unerfahrenheit ihr Stroh, statt es als Winterstreu für ihr Vieh zu verwenden, und lösen auf diese Weise bloß 25 bis 30 Bushels von ihrem Acre, statt wie in früheren Jahren vierzig. Sie lassen ganze Acres sich mit Unkraut bedecken, sie bebauen kaum die Hälfte ihres Landes. In Montreal hörte ich die Mär, die Mennoniten gingen nicht in Gegenden, wo es Wald, Bäume zum Roden gibt, sondern nach dem Flachland. Sentimental und ahnungslos sagte ich mir die Heimat, die Erinnerung an die Steppen! Bis man mir dann in Altona versicherte, dass sie einfach zu faul sind, die Bäume von dem Ackerboden wegzuputzen, und lieber dorthin gehen, wo das Ackerland fix und fertig, sozusagen auf dem Präsentierbrett, vor ihnen liegt.

Es geht ihnen gut, manche besitzen ganze Quadratmeilen besten Bodens. Zwei Monate im Jahr gibt's zu schaffen, der Rest vergeht in Wohlbehagen, denn die Erde arbeitet oder ruht derweil.

Im Winter essen sie gut, die, denen ihr Sektenglaube den Alkohol nicht verbietet, trinken noch besser, halten sich warm in ihren Häuschen, machen Besuche beieinander und lobpreisen den Herrn.

In ihren Stuben liegt der „Nordwesten", das in Winnipeg erscheinende deutsche Tagblatt, die „Mennonitische Rundschau", und wenig Bücher. Hier und dort findet sich ein Harmonium, dort, wo es die Sekte zulässt, überall aber rundherum lässt man's sich gut gehen, lebt in der Familie, sitzt beim Ofen und „schmokt sein' Peip!"

Sie sind ohne Ausnahme arm herübergekommen, in wenigen Jahren hat das Land sie reich gemacht, obzwar sie es ja nicht ausnutzen, wie gesagt. Legenden sind im Umlauf von fabelhaften Aufstiegen. Da sind die neun Brüder, die vor einem Jahrzehnt herübergekommen sind, die neun waren so arm, dass sie alle zusammen nur eine Mütze besaßen – wer die vom Kleidernagel zuerst erwischte, konnte am Abend spazieren gehen, die übrigen mussten zu Haus bleiben. Jetzt ist der eine der Brüder fünfzigtausend Dollar „wert". Vier große rote Getreideelevatoren von Ogilvie und der Lake of the Woods-Mühle sind an der Bahn aufgepflanzt; von dort bis zur Bank in der Hauptstraße hat der Farmer nur hundert Schritte zu gehen.

„Warum bringen sie denn nicht alle ihre Freunde, Glaubensgenossen, Brüder und Schwestern aus Südrussland hier herüber?" frage ich und bekomme darauf ein paar Anekdoten zu hören, d.h., was ich zu hören bekomme, klingt wie Anekdoten, ist aber eine schaurige Enthüllung von Dingen, die auf dem Grund unserer heutigen Zivilisation liegen.

Der Schmied erzählt mir von den Leuten in Südrussland. Er muss es wissen, er kommt ja selber aus der Mennonitengegend am Schwarzen Meer, wo er vier Jahre lang um einen Taglohn von zwanzig Pfennigen gearbeitet hat. (Jetzt steht seine große Schmiede, Wagen und Pferd bei seinem hübschen Häuschen, hinter dessen sauberen Gardinen blondköpfige Kinder in den Sonnenschein herauslachen.) Er weiß etwas vom russischen Bauer und von der Sinnesart, die dem guten alten Stamm dort drüben im Heiligen Russland aufgepfropft wurde, zu erzählen.

Er war Anno 1910 zu Besuch drüben. Warum kommt ihr nicht, wir haben's gut, ebenso gut könntet ihr es haben, wir bereiten euch den Weg! Aber sie verhungern lieber daheim. Sie haben gehört, in Amerika sitze der Herr mit dem Knecht an demselben Tisch – was muss das für ein Land sein? Ein paar von ihnen haben den Versuch mit Kanada gemacht, haben es aber nicht ausgehalten und sind zurück. Diese hatten guten Lohn und freundliche Ansprache. Niemand stand mit der Peitsche hinter ihnen bei der Arbeit. Da wurden sie missmutig, legten sich apathisch schlafen und dachten, es war besser daheim. Erst wie jemand auf den guten Gedanken kam, sie mit Fußtritten zur Arbeit zurückzuprügeln, da wurden sie munter, da fühlten sie sich in ihrem Element! Aber sie haben es doch nicht ausgehalten, sondern liefen zurück ins Heilige Russland, in die Sklaverei und zum Hungertuch. Die Vettern und Basen daheim beschnüffeln den Schmied, wie er in seinem guten modischen Rock und Hosen daherkommt in die alte Heimat. „Aha", sagt einer „jetzt verstehe ich es, warum dort drüben so viel gestohlen wird, in eurem Amerika. Kein Wunder, wenn ihr so viele Taschen in euren Kleidern habt! Zwei hie, zwei innen, zwei vorn, zwei hinten – natürlich denken die Leute bei solch einem Überfluss an Taschen weiter an nichts als ans Stehlen!"

„Nie nach Amerika hinüber", sagt eine gute Mutter. Das könnte man noch brauchen, den ganzen Tag auf die Kinder aufpassen! Weshalb, weshalb den ganzen Tag, Matuschka? Nun, Amerika ist doch auf allen Seiten vom Meer umgeben – wie leicht fällt da ein Kind beim Spielen ins Wasser! Das Heilige Russland im 20. Jahrhundert.

Wie hat sich dieser treueste deutsche Menschenschlag in der Freiheit, die ihm dieses Land hier gewährt, entwickelt? Der Freiheit, jawohl, denn der Staat zwingt sie zu nichts, was ihnen gegen das Gewissen läuft. Sie brauchen ihre Kinder nicht Englisch lehren zu lassen, sie können ihre Religion frei ausüben, ihre Missionäre ausbilden, zum Militärdienst zwingt sie keiner. Sie haben in ihrem Gebiet die vollste Freiheit.

Ich habe mir ein paar Hefte der „Mennonitischen Rundschau" angeschafft und sie genau von allen Seiten betrachtet. Sie ist eine Kreuzung vom „Kriegsruf" der Heilsarmee und einem primitiven ländlichen Familienblatt mit stark bigottem Einschlag. Sie gilt als das führende Blatt der Mennoniten in der ganzen Welt. Das Wertvollste in ihr sind die Briefe, die die Brüder und Schwestern aus all den Niederlassungen an den Herausgeber adressieren, in denen sie von ihrem eigenen Umkreise und von Besuchen bei Brüdern und Schwestern im Lande und in der alten Heimat berichten. Diese Briefe, interessante und sympathisch berührende menschliche Dokumente, füllen die Hälfte des Blattes aus. Es ist in ihnen von Sonnenschein und Hagelschlag, von Hochzeiten, Taufen und Sterbefällen die Rede, von Glück und Unglück der Gemeinde und ihrer Kinder, in einem redlichen, herzlichen Bauerndeutsch. Sie schließen mit dem Rat, die Brüder und Schwestern mögen diesen und diesen Psalm wieder lesen und beherzigen. Und ich weiß, sie tun es und lesen die Psalmen ringsum in dem weiten Land, ehe sie nach dem Erntewetter hinausschauen aus den Fenstern ihrer Häuschen.

Mit dem guten Recht des Reisenden habe ich manches von dem, was ich unter den Menschen Altonas sah, hörte und fühlte, für mich behalten. Vielleicht ist es nicht recht und ein Widerspruch, wenn ich mich schon jetzt ein wenig nach dem Abend zwischen den schönen, an Hessen und Thüringen gemahnenden Häuschen und Blumengärtchen von Altona zurücksehne. Aber ohne Rückhalt und von Herzen grüße ich nach dem kleinen blauen Holzhaus hinüber, in dem Ehrwürden Hansen, der Dichter „Wilhelm vom Strande", mit seiner guten Frau seinen Lebensabend beschließt. Vor zwei Menschenaltern kam er aus Swinemünde herüber und ist ein Pionier der reformierten Deutschen in den Staaten und der Dominion geworden. Seine Gemeinde hier in Altona ist fast ganz weggestorben um den Greis. Aber es ist darum noch genug Gegenwart um ihn – wir gehen vor das Häuschen hinaus, zwischen die Blumenrabatten und Obstspaliere und sehen zu, wie der jüngste Sohn Ehrwürdens, ein frischer, ganz englisch aussehender Kanadier, das Vaterhaus mit schöner blauer Farbe vom Boden bis zum Giebel neu anstreicht!

Esterhazy in Saskatchewan

Der Magyare steht da, die eine Hand hat er in tränenreicher alkoholischer Heiterkeit hinter sein linkes Ohr gepresst, in der Rechten über seinen Kopf erhoben hält er den Cocktail in die Höhe und singt dazu:

„Ha bemegyek, ha bemegyek
Esterházy – Bar-ba,
Rászólok a, rászólok a
Czigányra!
Huzd rá czigány" usw. …

Dabei hat er sein Lebtag keinen Zigeuner gesehen, er ist schon in Pennsylvanien als Sohn eines Kohlenbergmanns zur Welt gekommen, steht jetzt hier, in der Bar des Hotels in Esterhazy, Provinz Saskatchewan, und spricht sogar in der absoluten Betrunkenheit das reinste Ungarisch, das man sich denken kann. Und im Übrigen gibt es gar keinen Zigeuner hier und anderswo, weit und breit, höchstens ein Grammophon.

Im Ort hatte es sich bald herumgesprochen, dass ein ungarisch redender Fremdling im Hotel abgestiegen sei. Bald flossen die Dollar nur so auf den Schanktisch, und ich lernte die ungarische Gastfreundlichkeit hier herüben unter Kopfschmerzen und allen Symptomen einer leichteren Fuselvergiftung kennen.

Der schlaue irländische Giftmischer hinter der Bar kann schon ungarisch schimpfen und fluchen und gibt auf den Dollar siebzig Cent zu wenig heraus, wenn sich der Ungar über die fremdartige Aussprache von „basszama teremtette" schüttelt. Es ist eine feine Atmosphäre von Besoffenheit ringsum zu spüren.

Mr. Greenway in Ottawa und Mr. Walker in Winnipeg waren einstimmig in der Versicherung, wie hoch die Regierung die Ungarn in der Dominion schätze. Gute, ja vorzügliche Farmer, und „most law-abiding citizens" obendrein. Law-abiding, das war überhaupt das zweite Wort, das ich in all den Regierungsbüros zu hören bekam. Ich hatte den Fehler begangen, ein bisschen zu viel von den Duchoborzen und den Mennoniten und all diesen Eigenbrödlern und Sonderbündlern und von der Toleranz der Regierung zu reden. So bläute man mir dieses Wort law-abiding mit Hammerschlägen ins Gehirn hinein. Sind's die Einwanderer nicht von selber – aber sie sind's, es geht ihnen ja gut, – so lässt es sich die Regierung angelegen sein, sie in Kurzem dazu zu machen. Und die Ungarn sind es schon, sind schon gesetzestreue Bürger, wenn sie Kanadas Boden unter ihren Füßen haben.

In Ottawa hat man mir Wagen und Automobile versprochen, die mich auf dem Lande herumkutschieren sollten. Herr Walker aber bedauerte unendlich, es war grad die hohe Erntezeit und alle seine Regierungsautos sausten mit Kommissären in den Erntegebieten herum. Mir war's recht, die Staatsautomobile hätten mich ja doch nur auf die Renommierfarmen mitgenommen, auf denen der Fremde dann die Hände über dem Kopf zusammenschlägt vor Begeisterung. Ich kam nach Esterhazy, um irgendeine rechtschaffene Durchschnittsfarm eines ungarischen Weizenbauers anzusehen und dabei zuzuschauen, was dieses gute englische Land aus einem ungarischen Bauern zu machen imstande ist. Der daheim in der Quetschmühle zwischen dem Pfaffen, dem Erbadel, dem Juden und den kinematographisch rasch wechselnden und sich ablösenden Regierungen seinen blutigen Schweiß verspritzt. – – –

In allen Orten Kanadas findet man bedruckte Tafeln in den Hotelzimmern: „Bitte nicht auf den Boden zu spucken!" „Bitte die Streichhölzer nicht an den Wänden anzustreichen!" „Gedenke deines Schöpfers, wenn du zu Bette gehst und wenn du aufstehst!" – hier aber, in Esterhazy, stand auf der Tafel:

„Hasardspiel in den Zimmern streng verboten!"

Auch war das vornehmste Firmenschild, das ich auf der Hauptstraße erblickte, nicht das des „General Store" gewesen, sondern es hing über dem Laden eines Rechtsanwaltes. Die Ungarn sind ein Juristenvolk, und das Nationalübel ist das Kartenspiel. Hier war ich wahrhaftig in einem bis in die Wolle gefärbten Ungarn.

Auf ging die Tür der Bar, und zwei Gestalten kamen herein. Die eine, ein kleiner bedächtiger, wie ein Städter angezogener Mann, war Herr Soundso – der erfolgreichste Farmer dieser Gegend, wie man mich mit ehrerbietigem Seitenblick versicherte, Besitzer von zwei Quadratmeilen besten Landes hier herum, eine Persönlichkeit, die ihr gewichtiges Wort mitzureden hatte in der „township". Der Begleiter dieses wichtigen Mannes war ein junger Mensch mit Großstadtallüren, von der Gelenkigkeit der Leute, denen es dran liegt, rasch etwas zu erreichen, und die es auch tun müssen, aus naheliegenden Gründen. „Zweite Klasse der Heilsarmee", sagte ich mir gleich. Und wirklich – es verging keine halbe Stunde, da hatte er mir schon erzählt, er und seine Frau seien mit der Heilsarmee nach Montreal, weil man, fährt man mit der, mehr für sein Geld hat!

Sohn eines Budapester Millionärs. Weit in der weiten Welt herumgekommen, während daheim der Vater die Millionen verspekulierte. Jetzt ist er in politischer Mission unter seinen Landsleuten da. Die Konservativen haben ihn hergeschickt, damit er den einflussreichen Farmer Herrn Soundso, der für den Liberalen „arbeitet", herumkriege, oder, wenn das nicht geht, ihm ein bisschen seine Effekte verpfusche. Gelingt ihm das, und ist man an maßgebender Stelle zufrieden, so wird er sich hier im Kreis niederlassen, das dankbare Gewerbe eines Rechtsanwaltes ausüben, unter seinen leidenschaftlich prozessierenden und in Grund und Land spekulierenden Landsleuten. Da ist also der dritte spezifisch magyarische Typus, der „Cortes", Wahlagitator, eine Kreuzung des Juristen und Kartenspielers, mitten in der fruchtbaren Prärie an der Arbeit.

Ungarische Farmer in Saskatchewan

Der liberale Farmer nimmt Herrn Bahnarbeiter A. in die Ecke, derweil lauert der konservative Exmillionär über seinem Cocktail in der anderen Ecke. Herr A. wird mit einem Lächeln und Händedruck entlassen, und der Farmer wendet sich Herrn Sattlermeister B. zu, der darauf gewartet hat und dessen Miene ausdrückt, er fühle sich wohl geschmeichelt, aber es wird nicht so leicht sein. Der Konservative schlängelt sich an Herrn A. heran und schielt zur Gruppe um Herrn B. hinüber. Das politische Geschäft A-B, B-C, C-D geht langsam das ganze Alphabet lang, und der irische Spitzbube sieht hinter der Bar dem Crescendo schmunzelnd und beherrscht zu.

Der Konservative hat sich mit seiner Frau draußen auf der Farm des Liberalen niedergelassen. Morgen Abend ziehen sie, der Liberale mit etlichen Dollar, der Konservative mit einem Sack voll Versprechungen, einander gut bewachend und belauernd auf die Dörfer in weitem Umkreis, der Umkreis ist aber dem reziprozitätslüsternen Liberalen so gut wie sicher.

Hier werde ich keine Renommierfarm zu sehen kriegen, umso besser. Aber es ist einer, der groß geworden ist dahier, dieser pfiffige kleine Ungar mit seinen zwei Quadratmeilen. Er ist seine hunderttausend Dollar „wert"; als er hereinkam, hatte er ganze 75 Cent in der Tasche. Erreichen seine Söhne das gesetzmäßige Alter, so wird er sie jeden 160 Acres aufnehmen lassen, und die Familie wird an Reichtum zunehmen. Zudem baut jetzt die Canadian Northern eine Linie quer an seinem Gut vorbei, er hat also sein Land nur zu halten, es arbeitet für sich, in zehn Jahren wird es das Fünffache wert sein, wenn sein Besitzer nur warten kann.

Er wartet auch, das sehe ich.

Draußen auf dem Feld der väterlichen Farm arbeitet der fünfzehnjährige Sohn, während der Vater mit dem Gast im Land herumfährt, um die Fahne für Sir Laurier zu schwingen. Die Familie (und das Exmillionärspaar) wohnt in der Lehmhütte, die der Farmer, als er arm hereinkam, mit eigenen Händen gebaut hat. Er erklärt mir auf meine Frage, dass das Geld, das man in ein Wohnhaus stecke, doch keine Zinsen trägt! Draußen vor der Hütte faulen ein paar Bindemaschinen, schon alt gekauft und seit Jahren außer Gebrauch. Das zahlreiche Vieh übernachtet in einem Stall, in den's oben hineinregnet. Die jüngsten Sprösslinge des Zweimeilen-Besitzers laufen zwischen dem Düngerhaufen und den Ferkeln in kleinen dreckigen Hemdchen herum und haben sonst nichts an. Zwei Drittel des Landes liegen brach – das Land arbeitet ja für sich.

Hundert Schritt weit vor dem Haus, in einem Birkenwäldchen, liegt ein totes Pferd schon den dritten Tag. Vorgestern Nacht hat der Coyote (Steppenwolf) sich, vom Gestank gelockt, an das Aas herangemacht, ihm den Bauch aufgebissen und die Leber herausgeholt. Der brave Fido hat den Räuber gestellt, man kann da hinten beim Roggen noch die Leber sehen, die seinem Maul entfiel bei der Flucht.

Die Familie unternimmt jetzt alltäglich Ausflüge ins Wäldchen, um nachzusehen, ob die Maden im Bauch des Pferdes zugenommen haben. Ich werde als Weichling tüchtig ausgelacht, weil ich an dieser Vergnügung nicht teilnehmen will.

Der einzige Schmuck der Lehmhütte ist ein halbes Dutzend Heiligenbilder in nachgemachten Goldrahmen. Dieser Anblick bringt mir eine Geschichte in den Sinn, die ich in Winnipeg vom Seelsorger der ungarischen Gemeinde gehört habe, und die ich nicht unterschlagen darf, denn in ihr steckt etwas von der Zukunft Kanadas, eine kleine, faule, widerwärtige Perspektive sozusagen.

Ich habe mir wahrhaftig nicht die Mühe genommen, all die Broschüren durchzulesen, die sich auf den Hader der konfessionellen Parteien beziehen und die mir in großer Menge unter Kreuzband und in Paketen ins Felsengebirge nachgeschickt wurden. Hier steht, was ich mir von der Angelegenheit gemerkt habe: Die Ungarn lieben es, ihre eigenen Geistlichen aus der alten Heimat herüberzuholen, um am Sonntag in ihrer eigenen Sprache von der Kanzel herab angeredet zu werden. Die ungarische Geistlichkeit zeichnet sich durch liberale Anschauung aus, und diese stimmt mit der politischen Richtung der Gemeinde überein. Die katholische Geistlichkeit Kanadas, die aus Franzosen und Belgiern besteht, war mit diesem Stand der Dinge nicht zufrieden. Was geschah? Ein belgischer Geistlicher wurde insgeheim nach Ungarn geschickt, um die Sprache zu erlernen. Jetzt bearbeitet er von der Kanzel herab, in einem schauerlichen belgisch-französischen Ungarisch, seine Schafe für die politischen Zwecke seines Bischofs. Wenn der Exmillionär Rechtsanwalt in Esterhazy wird, kann er nichts Klügeres tun, als sich mit dem guten Pater P. auf du und du zu stellen. – –

Da habe ich nun leider Gottes eine Farm im ertragreichsten Gebiet des Weizenlandes gesehen. Dort, wo die Millionen hinziehen sollen, die es nach Brot gelüstet. Ich kann nichts dafür, wenn das Idealbild, das mir auf dem Ontario vor Augen erschien, weiter von der Wirklichkeit fortgleitet, wenn ich nach dem Westen komme. Diese Farm bei Esterhazy ist – vermutlich – keine typische Farm des Weizenlandes im Innern Kanadas. Umso schlimmer. Herr Bruce Walker hätte mir ein Regierungsautomobil mitgeben sollen!

Die Duchoborzen und Peter Verigin

Ich sagte Herrn Walker: „Von den Duchoborzen geht die Sage um, dass sie sich zuweilen, mitten während der Ernte oder auch im Winter, auskleiden, und Männer und Weiber ziehen nackt und jammernd durch die Felder, Christum zu suchen, der sich irgendwo in der Nähe aufhalten soll."

Mr. Walker: „Well, das ist vorgekommen. Aber ich habe sie dann so lange ins Gefängnis und in die Irrenhäuser gesteckt, bis ihnen die Lust an ihren Märschen vergangen ist."

„Verzeihen Sie – aber dazu sind doch diese armen Leute nicht aus Russland herübergekommen! Dort hat man sie auch so lange in Gefängnisse und Irrenhäuser gesteckt, bis –"

„All das können wir hier nicht brauchen. Was wir hier wollen, sind gute, gehorsame Bürger, ‚law-abiding citizens'. Übrigens hab ich den Duchoborzen bei der letzten Gelegenheit gesagt, in ihrem eigenen Interesse gesagt: „Wenn's euch nächstens wieder mal nach Christus verlangt, schreibt mir eine Zeile, ich will ihn euch schicken."

Also sprach Mr. Walker. Man kann nicht anders, als ihm recht geben. Ein Nacktmarsch, von zweitausend Menschen im Winter ausgeführt, ist keine sehr gesunde Turnübung. Auch das Vieh in den Ställen fährt nicht gut dabei, das nach drei Tage währendem Hunger, weil niemand nach dem Futter sieht, in den Ställen verreckt oder aus den Ställen bricht und dann von den Behörden eingefangen werden muss – damit die unglücklichen Besitzer, wenn sie von Ihrer vergeblichen Expedition zurückkehren, es nicht im Schnee mit allen Vieren nach oben vorfinden!

Die Duchoborzen haben ihren letzten Marsch vor fünf Jahren vollführt. Fährt man durch ihre sauberen Dörfer im Norden von Saskatchewan und sieht ihre breiten Gesichter hinter den Fenstern ihrer Giebelhäuschen oder zwischen den Sonnenblumen in ihren netten Gärtchen auftauchen, so glaubt man nicht an gefährliche Fanatiker, sondern dass es brave, bescheidene Muschiks sind, die da hausen. In Wahrheit sind es die einzigen Menschen, die heute in Kanada unter dem wirtschaftlichen Prinzip des Kommunismus beisammen leben, in einer R e s e r v a t i o n , wie alle, die sich der Staatsform nicht bequemen wollen, unter deren Schutz die law-abiding citizens ringsum ihren Kohl bauen.

Ich wohne beim Müller, der ein Schotte und Vorarbeiter in der Mühle ist, wo der Weizen der „Doukhobor Community" zu Mehl vermahlen und in Säcken bis nach Liverpool und Schanghai versendet wird.

Freund Kon in Winnipeg, der Immigrationsagent der Grand Trunk Pacific und väterlicher Freund und Berater aller Ankömmlinge slawischer Herkunft, die sich in den von der Grand Trunk-Bahn eben erschlossenen Weizenländern im Norden niederlassen wollen – Freund Kon hat mir geraten, nach Verigin zu fahren, ins Reich des „Duchoborzen-Zaren" Peter Verigin, statt nach den Duchoborzen-Kolonien Elbow und Buchanan, die man mir in Ottawa genannt hat.

Freund Kon kennt die Russen hierzulande, wie er sie in seiner alten Heimat kennt. Die alte Heimat, gedachte Freund Kon ein bisschen zu henken wegen irgendwelcher politischen Vorurteile. Vor drei Jahren noch hat er, als ein Armer, als der er herüberkam, oben in Alberta mit einigen seiner Landsleute Bäume im Urwald gerodet, Schwellen gelegt, Schienen an die Schwellen geschraubt – heute sitzt er zwischen den Oberen der Grand Trunk Pacific und hilft die Schicksale des Systems lenken – eine kanadische Karriere unter Tausenden, die sich in der neuen Heimat in die Höhe entwickeln.

Ich brachte von ihm einen Brief an seinen alten Kameraden Sam Batschurin mit, und einen zweiten an den Sekretär der kommunistischen Gesellschaft. Der Präsident der Gesellschaft ist „Zar" Peter, und der Ort ist nach ihm benannt. –

Den „Zaren" möchte ich für mein Leben gern von Angesicht sehen. Leider wird's nicht möglich sein. Er ist in Britisch-Kolumbien, wo er Obstland für die Duchoborzen aufgenommen hat, die das harte Winterklima hier oben im Norden nicht mehr aushalten. Erst in zwei bis drei Tagen wird er zurückerwartet – wenn ich Geduld hätte, so lange zu warten? Nein, es geht nicht. „Schade!", sagt der Müller. Ein großer Mann! Aber ich muss darauf verzichten, diesen Kommunisten-Zaren von Angesicht zu schauen. Auch seinen Sekretär werde ich nicht sprechen können, der ist ihm nach Yorkton entgegengefahren.

(Yorkton … wo habe ich diesen Ortsnamen gehört?

Der Tonfall, in dem man mir dieses Wort sagt, bringt mir die Szene ins Gedächtnis zurück: vor vier Tagen, als ich von Brandon, Manitoba, nach Esterhazy fuhr, um sechs Uhr früh – sprang da im Zug plötzlich ein Mensch auf und fing wie verrückt im Wagen herumzulaufen an: Stop! stop! Er wollte ja nach Yorkton, und dies sei der verkehrte Zug!

Er war ein großer stämmiger Mann, halb wie ein Städter, halb wie ein Bauer angezogen, in einem billigen schwarzen Anzug, Hemd ohne Kragen, die Haare in die Stirn gekämmt. Die Tränen standen ihm in den Augen, er stotterte heiser, Englisch war nicht seine Muttersprache, er wollte wahrhaftig aus dem mit voller Kraft fahrenden Zug hinausspringen, der Kondukteur und ich, die der Tür zunächst saßen, wir hatten beide Mühe, ihn an den Armen zurückzuhalten …

Bei der nächsten Station sahen wir dann den breiten Rücken des Mannes im Sonnenschein glänzen. Mit seinem Regenschirm unterm Arm lief er, in einem vom Anfang an systematischen Trab, den Schienenweg entlang nach Brandon zurück – die zwölf Meilen nach Brandon zurück – Staunen und Gelächter aus den Coupéfenstern hinter ihm her. – –)

Ich habe Sam Batschurin beim Abladen von Holz aus einem Waggon angetroffen und habe ihm meinen Brief übergeben. Er ist kein Farmer, sondern Kutscher in einem livery-stable. Heute Nachmittag wird er einen Wagen anspannen und dann fahren wir ein bisschen herum in die Dörfer.

Der Müller fragt mich, ob ich Peter Verigin jr., den Neffen des großen Peter, in der Mühle besuchen will? Das will ich, gewiss. Und dann finde ich den jungen Verigin zwischen den Mehlsäcken. Er spricht ganz gut englisch, er scheint es gewöhnt zu sein, Fremden über die Angelegenheiten der Duchoborzen zu berichten, auf meine Fragen kriege ich gut hergerichtete und unverfängliche Antworten zu hören, wir reden laut, denn über uns donnert und schüttert das Werk der Mühle.

Er ist ein junger Mensch mit einem ehrlichen russischen Gesicht. Er wird ein bisschen rot, wie er von seiner Religion spricht. Ich glaub's ihm gerne. Es ist gewiss hart für einen, der seine zehn oder mehr Stunden angestrengt arbeitet, Sätze auszusprechen wie diesen: „Christus ist immer leibhaftig zwischen uns!" (Soll das im übertragenen Sinne oder im Sinne der Marschierer gemeint sein? Die Antwort ist geschickt präpariert.) „Ich glaube an den Himmel!" (An die Hölle aber glaubt er nicht.)

Er will es nicht wahrhaben, dass sein Onkel der Zar sei. Ich beruhige ihn, das sei ja nur so eine Redensart; aber er ereifert sich: „Alle, alle sind gleich!" Er zeigt auf die Marken der Säcke: „Doukhobor C o m m u n i t y", als ob das ein Beweis wäre. Ich habe das Gefühl: Der will oder darf nicht reden. Darum halte ich ihn nicht länger von seiner Arbeit zurück.

Die Duchoborzen sind vor zwölf Jahren aus Russland herübergekommen, wo sie als gefährliche Narren und Anarchisten verfolgt und dezimiert wurden, ihr Leben lang. Sie sind Vegetarier und töten weder Tiere noch Menschen. Sie weigern sich, Waffen in die Hand zu nehmen, die den Zweck haben, ihresgleichen damit den Garaus zu machen. „Dem Cäsar geben, was des Cäsars ist", steht nicht in ihrem Katechismus. Die Quäker in Pennsylvanien, Massachusetts und England waren es, die diesem armen Volk die Mittel verschafften, dass es herüberkommen konnte – aus dem Land, wo man es sterben und verkommen ließ. Arm, wie Gott sie geschaffen hat, sind sie herübergekommen. Immer waren sie fleißig und bescheiden gewesen, aber das heilige Russland hat ihnen Hab und Gut konfisziert und entwendet, sie nach Sibirien und in die Gefängnisse gesteckt, bis sie schwarz geworden sind. Peter Verigin selbst, der drüben, obzwar ein Mann von höherer Kultur und Wissen, ein Bauer und Hirt unter seinen Glaubensgenossen war, ist achtzehn Jahre lang aus einer Festung in die andere getrieben worden, hat mit Schellen an Händen und Füßen Sibirien durchquert in den harten Jahreszeiten …

Jetzt zählen sie hier herüben achttausend Seelen. Sie hausen in Saskatchewan und am Kootenay in Britisch-Kolumbien. Von den achttausend sind sechstausend Kommunisten. Sie leben hier um den Ort Verigin herum in 42 kleinen Dörfern und haben ungefähr 100.000 Acker Landes, die ins Grundbuch in Yorkton, wie man mir sagte, auf den Namen des Präsidenten Peter Verigin eingetragen sind.

Jedes dieser Dörfer wählt drei Männer und drei Frauen, diese sehen nach dem Wohl und Wehe der Männer und Frauen ihres Dorfes, es geht zu wie im Alten Testament. Einmal im Jahr kommen die Zweiundvierzig-mal-sechs zu einer Versammlung zusammen, in der die Angelegenheiten der „Community" besprochen werden. Es ist ein Warenhaus da, aus dem jeder nach Maßgabe seiner Arbeit und seiner Bedürfnisse herausholt, was er braucht, und eine Kanzlei mit großen Büchern, in denen jedem gut und zur Last geschrieben wird, was er schafft und verbraucht. Für die Kinder und die Alten sorgt die „Community". Dieser edle Zug wird mir von den Kommunisten nachdrücklichst eingebläut.

Ein Trommler (so heißen im Volksmunde die Handlungsreisenden) versichert mich, dass die Duchoborzen auf ihrem ihnen von der Regierung reservierten und ihrem dazu erworbenen Land heute drei Millionen Dollar „wert" sind. Er irrt sich und sagt: Peter Verigin sei diese drei Millionen „wert".

Ich verbessere:

„Sie meinen die Community."

Der Trommler erwidert: „Ich meine Verigin."

„Die Community!"

„Verigin!"

Ich: „Aber dies alles hier gehört doch der „Community!"

Darauf lacht der Trommler: „Yep, Siree, also meinetwegen, die Community." –

Jeder Einwanderer wird, wenn er drei Jahre lang in Kanada gewohnt hat, von der Regierung aufgefordert, Kanadier zu werden. Kanadier zu werden, ist nicht schwer und die Prozedur äußerst einfach. In einem Büro in Montreal habe ich gesehen, wie es gemacht wird. Ein junger Mann kam herein, trat an einen Schalter heran, legte zwei Finger seiner rechten Hand auf eine kleine fleckige Bibel, während er in der linken derweil seine brennende Zigarette hielt – der Beamte kritzelte etwas auf einen Bogen, dann kam der Nächste heran. Alles dies ging einfach und rasch zu, wie beim Barbier.

Die Duchoborzen aber weigern sich, die beiden Finger aufs Buch zu legen. Das Land, auf dem sie sitzen, fällt infolgedessen nach drei Jahren an die Dominion zurück, Die Dominion leiht ihnen pro Kopf 15 Acker, die ihnen aber auch jeden Augenblick genommen werden können.

Wie kommt es nun, dass das Land in Yorkton auf Verigins Namen ins Grundbuch geschrieben steht? Der Postmeister, ein deutscher Mennonit, hat früher im Amt in Yorkton gearbeitet und die Eintragung mit eigenen Augen gesehen. Wie das kam, weiß er mir nicht zu sagen.

Was geschieht, wenn „Königliche Hoheit", wie der Postmeister sagt, einmal die Augen schließt? Dann fällt das Land an die Kommunität zurück, sagen die Getreuen. Dann gibt's einen Kampf aufs Messer, sagen die Rebellen, sagt auch Sam Batschurin.

Sam ist 25 Jahre alt und hat Weib und Kind und seine alte Mutter im Dörfchen Terpenje wohnen. Sam gehört nicht mehr der Kommunität an. Er sprüht Blitze, wenn er von der Kommunität spricht, die er übrigens wie „Kominutom" ausspricht.

„Foolish people!" Wer? Die „Kommunisten". Er selbst hat jahrelang für die Kommunität gearbeitet. Hart und von früh bis spät. Er für sein Teil hat es satt, sagt er, für Peter Verigin zu arbeiten. Es heißt: jedem der Kommunisten werden jährlich für seine geleistete Arbeit zweihundert Dollar in den Büchern der Gesellschaft gutgeschrieben. Hat er keine Lust mehr, für die Allgemeinheit zu arbeiten, so erhält er beim Austritt sein Guthaben auf den Tisch gelegt. Sam und seine Familie aber haben, als sie nach jahrelanger Arbeit austraten, fünfzehn Dollar erhalten. Sam ist jetzt Kutscher in einem Liverystable und Knecht eines Kanadiers. Mit ihm ist sein ganzes Dorf aus der „Kominutom" ausgetreten.

Terpenje ist nicht der einzige Ort, der nicht mehr zur Kommunität gehört. Es gibt eine ganze Anzahl von Dörfern unter den 42, die Verigin untreu geworden ist und einfach nichts herausgezahlt bekam beim Austritt, obzwar sich in der Zahl Dörfer befinden, deren Bewohner ein Jahrzehnt und darüber für die Kommunität gearbeitet haben. Alles, worauf die Leute Anspruch hatten, blieb einfach in der Kasse der Kommunität begraben.

Wir kommen in Terpenje an, und Sam hält vor seinem kleinen sauberen Häuschen. Sam benutzt die gute Gelegenheit und stattet seiner Familie eine Visite ab. Seit er nicht mehr für Verigin sondern in einem Job arbeitet, kommt er nur einmal in der Woche, am Sonntag, dazu, seine Familie zu sehen.

Dies ist ein Häuschen der Armut, aber wie hübsch und wohnlich und bunt doch im Vergleich zur Lehmhütte des Ungarn in Esterhazy! Sams alte Mutter und seine schöne junge Frau kommen uns auf der Schwelle entgegen, und es wird mir unter stummen Verbeugungen eine Schale Wasser gereicht.

Sams Frau hat ein sorgenerfülltes Gesicht; sie hält ihr zehn Monate altes Kind Polja auf dem Arm; Polja ist immer krank und hat ein wachsgelbes Gesichtlein unter dem buntesten Wollmützchen, das ich mein Lebtag gesehen habe! Die Familie fühlt sich längst nicht mehr wohl in der Duchoborzengegend und denkt daran, nach Mexiko auszuwandern. Bald ist die hübsche Stube voll von Menschen aus Terpenje. Sam macht den Dolmetscher und ich probiere, so gut ich kann, die politischen Verhältnisse in Mexiko den Leuten darzustellen, um sie von ihrer unglücklichen Idee abzubringen. Sie wollen, was sich bietet, annehmen, aber das gute Obstland, im Kootenay, wo von Verigins Gnaden schon zweitausend der Ihren sitzen, lockt sie nicht. Sie wollen Homesteaders werden und haben genug von Kominutom. Nur die Alten und Ältesten sind dem alten Glauben und Verigin wirklich noch ergeben. Die Jungen wollen, offen oder versteckt, heraus; ja sogar der Neffe Peter, der mir heute in der Mühle von seinem Volk erzählt hat, sucht eine homestead! Wenn Onkel Peter zurückkehrt, wird er es zu seiner großen Verwunderung erfahren.

Sie hassen die Zurückgebliebenen und hassen den Zaren. Sie schicken ihr Korn lieber in eine englische Mühle, sie haben es satt, für den Zaren zu arbeiten. Er hat sie kurz gehalten zur Zeit, da sie für die Kommunität gearbeitet haben, hat es verhindert, dass sie Schulen haben, englisch oder auch nur russisch schreiben und lesen lernen; all dies mit Christus als Rückendeckung.

Freilich, er hat sich nicht selber zu ihrem Führer aufgeworfen. Der Geist kommt über die Gemeinde und der Geist nistet sich in Einem der Gemeinde fest ein. Zuletzt war's eine Frau, die an der Spitze der Duchoborzen stand; als sie starb, hat sie Verigin als ihren Nachfolger bezeichnet, und Peter, der daheim in Russland wahr und wahrhaftig ein Märtyrer gewesen ist, achtzehn Jahre seines Lebens lang, ist jetzt nicht nur der Zar, sondern so etwas wie der Christus der Duchoborzen – die ihm blind ergeben folgen – bis auf die Abtrünnigen, wie gesagt.

Sams Leute und ich nehmen unter tiefen Salamaleks Abschied voneinander; ich streichle noch einmal dem armen kranken Kinde Polja über die gelben Wängelein; dann knallt Sam mit seiner Peitsche und die beiden wilden Bronchos sausen im Hui durch die Felder landeinwärts.

Ich frage Sam nach den Sitten und Gebräuchen, die im Familienleben gang und gäbe sind. In sexuellen Dingen gibt's keine „Kommunität" bei den Duchoborzen, das ist eine Verleumdung durch böse Zungen. Freilich der Zar soll kein Kostverächter sein, und die Erbitterung unter den Leuten geht auch auf diese Ursache zurück, das höre ich nicht von Sam allein. Wirklich, die Frauen dahier sind außerordentlich hübsch. Die Duchoborzen heiraten sehr früh, die meisten mit sechzehn bis siebzehn Jahren. Mag ein Junge ein Mädchen und dieses ihn, dann kommen an einem Sonntagnachmittag die Eltern zusammen, besprechen die Angelegenheit, und die beiden sind Eheleute vor Gott und der Gemeinde.

Wir kommen in einen kleinen Ort, ich glaube, sein Name ist Nadjeshda – in dem die Duchoborzenkirche steht. Die Kirche ist ein großer Saal mit einem Holztisch, auf dem ist ein Glas Wasser und eine Schale Salz. Wenn Gottesdienst ist, tritt, je nachdem der Geist über ihn oder sie kommt, einer oder eine aus der Gemeinde hervor, tritt zum Tisch und predigt den Übrigen von Gott und Christus.

Im Übrigen muss gesagt sein, dass, genau wie bei den Mennoniten drüben, jedes der 42 Dörfchen eine eigene Sekte vorstellt, mit eigenen Anschauungen und Gebräuchen. Der Vater des Postmeisters, ein alter Mann, der mit ihnen haust, seit sie hier sind, sagt: er habe noch nicht herausbekommen, was es mit ihrer Überzeugung eigentlich auf sich habe. In geschäftlichen und weltlichen Dingen sind's die ehrlichsten und vernünftigsten Leute, aber in der religiösen Abteilung ihrer Gehirne sieht's trüb und wirr aus. Von den achttausend sind bloß 35 wirklich wahnsinnig. Mit diesen, soweit sie nicht in Brandon im Irrenhaus sitzen, sondern frei in den Dörfern hausen, haben die anderen ihre liebe Not. Wenn's keine besondere Veranlassung gibt, wie's damals im Winter eine gab, fängt es regelmäßig im Frühjahr in diesen Köpfen zu rumoren an. Da wirft zuweilen auf dem Felde mitten während der Arbeit einer sein Gerät hin, reißt sich die Kleider vom Leibe und beginnt in Zungen zu reden. Die Übrigen – wenn sie der Wahnsinn nicht schon angesteckt hat – packen dann den Propheten zusammen und stecken ihn mit dem Kopf ins Heu oder verbergen ihn irgendwo ganz sicher, sie selber wollen keine Kalamität mehr mit den Behörden haben. Wenn's aber zu arg wird und der Tobsüchtige nicht mehr zu halten ist, dann rufen die Kommunisten selber nach der Polizei. Anderthalb Dutzend der Ihren sitzt fest im Irrenhaus in Brandon. Andere haben sechs Monate Gefängnis abgesessen – Rückfällige gar zwei Jahre … Es sind junge unter ihnen und ganz alte. Natürlich fördert die Unwissenheit, in der sie dahinleben, diese Anlage in ihnen. Die Unwissenheit war auch schuld daran, dass sie, noch vor Jahren, ihre Weiber als Ackergäule vor den Pflug spannten und überhaupt die schwersten Arbeiten verrichten ließen (genau so sollen es die Indianer vor der Ankunft der Weißen gehalten haben!). Bis dann die Regierung sich ins Zeug legte. Jetzt haben sie Maschinen, aber doch noch arbeitet die Frau am härtesten im Felde.

Sam will mich nach dem Dorf fahren, wo das Badehaus der Gemeinde ist. Einmal in der Woche reinigen sie sich im heißen Wasser, nach dem Gebot ihrer Religion. Die Sonne aber geht schon unter, ich verzichte und werde das Badehaus der Duchoborzen nicht mehr erblicken. „Fahr heim", sage ich Sam. Und wir fliegen nach Verigin.

Der Posthalter hat mich zum Abendessen eingeladen, und wie Sam vor dem Store hält, sehe ich drüben, jenseits des Bahngleises, ein beleuchtetes und blumengeschmücktes Automobil in das Häuserviereck um das Warenhaus der Kommunität einbiegen.

Von der Station, von allen Seiten her, laufen Leute dem Automobil nach. Schon im Lauf nehmen sie die Hüte ab – ich errate, quelle chance! Peter Verigin ist es, Zar Peter ist angekommen!

So rasch ich kann, mache ich dort hinüber. Wie ich drüben bin, steht eine Menschengruppe auf dem Platz zwischen den Häusern, die Männer mit bloßem Kopf, alle in einer Haltung, als wären sie in der Kirche dahier. Vor ihnen steht ein großgewachsener, stämmiger Mann, auch er hat den Hut in der Hand, wie die Menschen, zu denen er spricht. Ich sehe seinen breiten Rücken, aber ich kann vom Platze, an dem ich stehe, nichts davon hören, was er sagt. Ich würde es ja auch nicht verstehen, er spricht Russisch.

Er erzählt den Duchoborzen, was er in Britisch-Kolumbien ausgerichtet hat. Er bringt ihnen Grüße aus dem Kootenaytal. Hier und da verneigen sie sich, sehr tief, voreinander, der Mann vor der Menge, die Menge vor dem Mann. Es wird ganz dunkel, der Mond kommt irgendwo herauf, ich stehe wie ein Reporter im Mondenschein und warte auf die Gelegenheit, mich dem Zaren zu nähern. Ich gehe um die Gruppe herum und kann jetzt im Schein eines beleuchteten Fensters dem Sprechenden ins Gesicht blicken.

Es ist der Ausreißer aus dem Brandoner Schnellzug.

Herrgott, sollten alle diese Anklagen, die ich heute von fünf, sechs, sieben verschiedenen Seiten gegen diesen Menschen habe vorbringen hören, falsches Geschwätz, Neid und giftige Nachrede sein? Am Ende und im Grunde ist dieser da weiter nichts als ein Fanatiker von reinem Wasser, ein naiver Draufgänger und Gesichteseher, Stimmenhörer und in praktischen Dingen ein verbohrter Bauer? Dieser russische Märtyrer, der um seines Glaubens willen barfuß durch Sibirien gehetzt, in der Schlüsselburg und Orel und der Paulsfestung gequält worden ist und jetzt im Automobil dahergefahren kommt, drei Millionen wert ist, vor all den anderen rund um ihn, die nichts haben und nichts wissen, weil er es ihnen nicht erlaubt!

Nach langen und tiefen Verbeugungen trennt sich der Redner von den Duchoborzen. Diese stehen noch eine Weile aufgeregt miteinander redend auf dem Hof, der jetzt ganz in Nacht gehüllt ist.

Ein Mann mit einer Laterne kommt an mich heran. Es ist der Sekretär, der mit Verigin aus Yorkton eben angekommen ist. Er hat gehört, ich habe einen Brief an ihn, er muss nur erst das Automobil versorgen, dann kommt er zu mir ins Büro.

Die Duchoborzen stehen da und hören mit ehrerbietigen Mienen das wüste Geknatter an, mit dem die angekurbelte Maschine auf ihren Gummirädern rücklings in die Scheune hineinfährt.

Im Büro bringe ich dann mein Anliegen vor. Ich möchte, da ich ja jetzt die Chance habe, Herrn Verigin hier anzutreffen, an ihn zwei, drei kurze Fragen stellen über die Community, am liebsten heute noch, sollte er aber von der Reise zu müde sein, so morgen früh. Um neun will ich morgen nach dem Westen weiter.

Der Sekretär ist müde, aber gutwillig. Ich sehe es ihm an und kann's ihm nicht verdenken, dass er mich Heim zum Müller und sich in sein Bett wünscht, von Yorkton sind's ja gut acht Stunden Automobilwegs bis Verigin.

Ich möchte also, wie gesagt, einiges über das wirtschaftliche Prinzip des Kommunismus, unter dem die Duchoborzen hier leben, zu hören bekommen. Der Sekretär lässt sich das Wort communism, das ich ja ganz gut und deutlich ausspreche, einige Male vorsagen und zuletzt bittet er mich, es ihm auf ein Blatt aufzuschreiben. Ich schreibe also mit großen Buchstaben das Wort

„communism"

auf ein Stück Papier. Der Sekretär sieht das Wort an, dann mich. Er versteht uns beide nicht, nicht das Wort und mich auch nicht. Er weiß, was Community ist, er ist ja angestellt bei ihr, aber was communism bedeutet, weiß er nicht, hat nie davon gehört.

Ich ziehe mein Notizbuch hervor und mache mir eine Notiz: „Sekretär kennt Bedeutung Wortes communism nicht." Plötzlich wird der Sekretär munter. Er legt seine Hand auf meine Schulter und will jetzt eine Auskunft von mir haben.

Ich soll ihm erklären, warum ich in meinem Notizbuch die Blätter nur auf der einen Seite beschreibe?

Ich erkläre ihm diesen Trick, diese technische Spitzfindigkeit. Darauf begibt er sich, gähnend und todmüde, mit dem Zettel, auf dem

„communism"

geschrieben steht, hinüber ins Nachbarhaus zu Peter Verigin.

Nach einer Weile höre ich, dass mir die Audienz für morgen früh um acht bewilligt sei, und so bin ich nächsten Morgen um acht, meine Handtasche auf dem Boden neben mir, wie ein Reporter in der Morgensonne, zur Stelle und warte auf Peter Verigin. – Er ist mit dem Automobil auf dem Lande herum, und es wird halb und dreiviertel neune. Endlich erscheint das Automobil am Horizont.

Verigin kommt, vom Sekretär geleitet, auf mich zu, und ich sehe: er erkennt in mir auf den ersten Blick, mit einem kleinen Aufzucken der Augenbrauen, den einen von den beiden wieder, die ihn hinter Brandon verhindert haben, aus dem Zug zu springen.

Über sein großes, offenes Gesicht geht die Unruhe schnell dahin, dann bittet er mich durch den Sekretär, der sein Dolmetscher ist, die Fragen zu stellen. –

„Halten Sie es für durchführbar, dass heute in einem staatlichen Organismus Menschen unter dem wirtschaftlichen Prinzip des Kommunismus beisammenleben?"

Antwort: „Der Kommunismus, unter dem die Duchoborzen beisammenleben, ist kein wirtschaftliches Prinzip. Er ist ein religiöses und kein soziales Prinzip. Wir alle arbeiten für Gott und nicht für uns selber, darum bewährt sich das System."

„Befürchten Sie nicht, dass die Regierung eines Tages den Stand der Dinge ändern und Ihnen nahelegen wird, in den Verband des Landes einzutreten und sich Kanadier zu nennen mit all den Verpflichtungen, die das mit sich bringt?"

„Wir stehen sehr gut mit der Regierung und haben eben im Kootenay das größte Zuvorkommen gefunden."

„Haben Sie Briefe von Tolstoi, aus denen man seine Anschauungen über Ihre Stellung als Führer der Duchoborzen erfahren könnte? Sind diese Briefe jemals veröffentlicht worden?"

„Herr Verigin war mit Tolstoi befreundet und besitzt Briefe von ihm, die sich auf die Duchoborzen beziehen, betrachtet sie aber als Privatbriefe."

„Wie erklären Sie sich, dass es unter den Duchoborzen jetzt so viele gibt, die von der Kommunität, also von ihrem alten Glauben, abfallen und es vorziehen, ihre Existenz auf eigene Faust aufzubauen?"

Antwort: „Herr Verigin fürchtet, Sie werden Ihren Zug versäumen."

Tiefe Verbeugung. Automobil ab.

So verlief mein erstes Interview mit einem Mächtigen der Erde.

Ich hatte noch einige Fragen vor, darunter die, ob es die Religion denn zulasse, dass Menschen die Erde Gottes von anderen Menschen kaufen und an andere Menschen verkaufen, wie ein Ding, das ihnen gehört?

Aber, wie gesagt, das Interview war zu Ende.

Ich habe auf meinen Zug, der Verspätung hatte, noch drei Viertelstunden lang gewartet. Peter Verigin fuhr derweil weit, weit draußen in seinem blumengeschmückten Automobil den Horizont entlang auf sein Gut Otradnoe zu, acht Meilen weit von der Station, die nach ihm Verigin heißt und im nördlichen Saskatchewan gelegen ist.

Städte und Leute des Westens

Ich habe zwischen Winnipeg und dem Felsengebirge ein Dutzend Städte Kanadas gesehen, ein Dutzend und darüber, von allen Sorten und Preislagen sozusagen, von solchen, die eben aus dem Ei herausgekrochen waren, bis zu denen, die grad in ihre Flegeljahre eingetreten sind, denn ältere gibt es nicht dahier.

Winnipeg selbst war vor vierzig Jahren noch Fort Garry, wo die Trapper und Felljäger der Hudsons Bay Company ihre Biber, Füchse und Bären abluden, wo diese Füchse sich „Gute Nacht" sagten – und zählte sonst nicht mit auf Gottes weiter Erde. Heute wohnen dort 200.000 Menschen.

Die Entwicklung dieser Stadt geht mit solch rapiden Sprüngen vorwärts, dass sich ihrer Bewohner ein gelinder Größenwahn bemächtigt hat. Wenn einer sich bis zu der Prophezeiung versteigt: in 25 Jahren werde das Parlament Großbritanniens in Winnipeg seinen Sitz haben, und Buckingham Palace werde am Ufer des Red River stehen, so darf man mit dem Finger einen Kreis um die Stirn machen und weitergehen. Aber was soll man sagen, wenn einem mit einem Stück Bleistift und Papier schwarz auf weiß erklärt wird, auf welche Weise in zehn Jahren Winnipeg Chicago überflügelt und den Welthandel aus den Staaten zu sich herübergezogen haben wird?

Im Westen dahier muss man überhaupt seine Uhr reparieren lassen und seine Zeitrechnung anders einstellen als in der Welt draußen. Eine Rubrik in der Winnipeger Tageszeitung betitelt sich: „Looking backward", und in dieser Rubrik stehen Ereignisse aus der vorgeschichtlichen Zeit 1880 verzeichnet. Wie Montreal seinem Maisonneuve, hat Winnipeg seinem Eroberer ein Denkmal gesetzt. Ja, Besseres getan, diesen Eroberer selber in eigener Person als Denkmal verwendet und verwertet. Er steht gegenüber dem Bahnhof, in einem Glashaus, trägt die Inschrift: Lady Dufferin und ist eine Lokomotive, die Lokomotive Nummer eins der Canadian Pacific Bahn, 1877 auf einem Schiff über den Lake Superior herüber und auf frisch gelegten Schienen hierhergebracht. Einwanderer stehen andächtig vor diesem ehrwürdigen Instrument und flüstern: „34 Jahre alt!"

Winnipeg hat sich auch schon ein paar Wolkenkratzer beigelegt und ist stolz auf sie. Man könnte nicht sagen, dass hier schon erheblicher Mangel an Raum herrsche, die Prärie dehnt sich um Winnipeg herum, aber der Städtebengel prahlt auf seiner Hauptstraße mit den hohen Häusern, die dem Fremden einen Beweis seiner unerhörten Vitalität liefern sollen. Der Fremde denkt an ein gefährliches Spielzeug, ein

Taschenmesser, das sich der unartige Junge für sein erstes Taschengeld angeschafft hat, und möchte Winnipeg, wenn's das gäbe, am liebsten in ein Freeville für Städte schicken, bis es großjährig wird.

Jugendlich und jugendprotzig ist hier alles. Menschen, Zeitungen und Firmenschilder schwelgen in Superlativen, dass einem schwindlig wird. Eine ungesunde Habgier schlägt sich, rasch, rasch, ehe die Weizenzüge, aus der Prärie kommend, nach dem Osten weiterrollen, hier noch den Wanst voll vom Ertrage der Arbeit in den Ländern dort im Westen. Die Spekulanten kommen aus aller Herren Länder und spekulieren zusammen mit jenen, die sich in den westlichen Weizengebieten Kanadas in den letzten Jahren bereichert haben und nun ihr Geld in der Stadt in die Höhe schießen lassen. Es gibt eine ortsansässige Macht von Pionieren, Pionieren von gestern und vorgestern, die heute die Plutokratie Winnipegs vorstellen, mit all den Merkmalen dieser Klasse auf dem alten Kontinent.

Wenn ich mich für den Gedanken begeistert habe, dass ein Armer aus der alten Heimat hier in kurzer Zeit sein gutes Brot finden kann, so darf ich mich auch nicht empören über den Anblick einzelner, die in kürzester Zeit so viel Butter auf ihr Brot streichen konnten, dass es ihnen jetzt fett von den Mundwinkeln hinunterläuft.

Die österreichisch-ungarische Amts- und Respektperson, die mir die Kulturlosigkeit der Winnipeger Gesellschaft vorklagt, befindet sich im Unrecht. Ich mache mir nichts daraus, dass der Briefträger und Rübenpflanzer von vorgestern heute mit sechzig Pferdekräften an den Wolkenkratzern Winnipegs vorbeisaust und seine Ehehälfte mit dicken Brillanten, die sie nicht gestohlen hat, vor drei Jahren noch von den Besuchern ihrer Schankwirtschaft in die Weichteile gezwickt worden ist. Die Söhne und Töchter dieser Dreiviertelalphabeten und ganzen Patrizier werden in zwanzig Jahren aufgeregt durch die Museen Europas laufen und die Zivilisation mit Schöpfkellen in sich hineingießen, und es wird nicht das schlechteste Menschenmaterial sein, bei Gott. Es ist noch, ein Unterschied zwischen einer Entwicklung vom Boden der Erde aufwärts und vom obersten Stock eines Bürohauses aufwärts.

Rings um den steinernen Kern Winnipegs ist ein kosmopolitischer Gürtel von hölzernen Vororten gelegt. In den hölzernen Kirchen dort kann man an Sonntagen allen Riten der Welt beiwohnen, in allen Sprachen der Welt Predigten hören. Aus den Holzhütten werden an manchen Stellen Ziegelhäuser, Backsteinhäuser aus diesen und Marmorfassaden. Weit draußen im Felde stehen riesige Bauten ganz einsam, Schulen, Seminare, Krankenhäuser, die die Peripherie künstlich ausdehnen und hörbar zur Stadt reden, also: komm rasch zu mir herausgelaufen!

Jenseits des Red Rivers aber, der die Stadt im Osten in zwei ungleiche Hälften auseinanderschneidet, liegt das rein französische Viertel St. Boniface. Ein Bischof hat sich dort, mit allem was dazugehört, steinern breit und solid eingerichtet, und die katholische Geistlichkeit, der französisch-belgische Katholizismus, zehrt schon, wie eine fette Zecke dahier, an dem gesunden Fleisch des kanadischen Schäfleins.

Der Entwicklungsgang einer Stadt im kanadischen Westen ist folgender.

Zuerst kamen, selbstredend, die Schienen durch die Prärie daher. An einer Stelle neben den Schienen wird eine Holzhütte gebaut und auf diese wird ein Brett gena-gelt, das einen Namen trägt. Einen Namen, der in fünf Minuten aus der engeren oder weiteren Länderkunde oder Weltgeschichte gefunden wird. Sagen wir: Wellington oder Karthago. Das nächste Gebäude, das Karthago erhält, ist ein rot angestrichener Turm, der Weizenelevator von Ögilvie, von der British-American Co. oder irgend-einer anderen Gesellschaft. Ihm gegenüber wird der General Store hingebaut, der zugleich Postamt, Standesamt, Klub, geistliche und weltliche Behörde und Verbin-dungsglied zwischen der Wüste und der Welt vorstellt. Dieses Gebäude ist von vorn gesehen doppelt so groß, wie von hinten angeschaut. Seine Fassade steigt als eine einstockhohe Bretterwand in die Höhe, wenn man aber ums Haus herumgeht, so liegt das Dach flach auf dem Erdgeschoss, und die erste Etage ist eine Erfindung des unsterblichen Potemkin. Im Generalstore, den ein schweißtriefender, arbeitsüber-ladener Pionier von einem armseligen, zumeist schottischen Menschenkind verwal-tet, findet der Farmer alles, was er braucht und nicht selber produziert. Das nächste Gebäude, das Karthago erhält, ist ein Schuppen mit der Aufschrift „Mc Cormick" oder „Massey-Harris Farm-Implements". Das sind die beiden großen Erntemaschi-nenfabriken, die erste hat in den Staaten, die letzte in Kanada ihre Werke.

Bringt es Karthago zu einem Hotel, das das nächste Gebäude in der Reihe ist, so ist Karthago zum Rang einer Stadt emporgestiegen. Jetzt bestehen einfach keine Schranken mehr, die seine Entwicklung hemmen könnten. Gegenüber dem Hotel öffnet ein Friseur seine Bude, die zugleich Billardzimmer ist, und nun bil-den das Hotel und die Friseurhütte Karthagos Hauptstraße. Der Grundstücksmak-ler erscheint auf der Bildfläche, in seinem Häuschen steht ein Tisch, zwei Stühle, ein Feldbett und eine eiserne Kasse. Oho! Karthago zählt bereits mit! Es hat jetzt sogar schon sein steinernes Haus – die Bank of Canada hat es neben den Friseur hingebaut. Daneben erscheint der nächste Pionier, der einen Drug-Store, d.h. eine Apotheke, d.h. einen Quacksalberladen mit Schwindelbüchsen und Teufelsdreck eröffnet. Herr Hong-Sing, der chinesische Wäscher, wird Nachbar des Grundstück-maklers. Vielleicht kommt ein Gemüseladen an, sicherlich aber ein Priester mit bald darauffolgender Kirche und Glockengetöse und in absehbarer Frist der Her-ausgeber, Redakteur und Drucker der „Carthago Gazette". Jetzt stehen meterhohe und breite Tafeln an der Bahnstrecke, ellenlange Ankündigungen in den Blättern der Dominion, alle verkünden Ruhm und Ehre Karthagos, des Stolzes des Westens und des großartigsten Exempels einer Stadtentwicklung im heutigen Kanada.

Steigt man in Karthago aus, weil man auf einen Wagen wartet, der einen landeinwärts führen soll, und geht, um sich die Zeit mit einem schottischen Whisky zu vertreiben, in die Bar im Hotel, so findet man, zu welcher Tageszeit immer, die gesamte männliche Bevölkerung Karthagos an dem Schanktisch versammelt. (Nur der Chinese und der General-Store-Mensch fehlen.) Sofort wird man von fünf Enthusiasten an den Überzieherknöpfen festgehalten.

„Woher des Wegs?"

„Berlin, Germany."

Hallo – große Zusammenrottung – es ist ein Mann aus Berlin dahergekommen, um den Stolz des Westens zu besichtigen. Europa hat also von Karthago endlich gnädigst Kenntnis genommen.

„Geschäfte, eh? Grundstücke?"

Nein; man macht die Gebärde des Schreibens.

Jetzt verklären sich die Züge der Karthagoer.

Einer tritt vor und spricht:

„Vor sechs Jahren war hier noch nichts –" sagt er. „Prärie! Jetzt schauen Sie einmal an, was hier entstanden ist."

Sie stecken dir den Kopf zum Fenster hinaus – du siehst gerade fünf Holzbuden und ein Haus von Stein und enthältst dich am liebsten einer Erwiderung.

Die anderen meinen, es hat dir den Atem verschlagen: „You bet your sweet life, in drei Jahren haben wir hier ein neues Winnipeg!"

Dann hat man, zwischen einem „high-ball" und einem „clover-leaf" auf die ewige Frage: Krieg Englands mit Deutschland oder nicht? zu antworten. Darauf erfolgt das übliche: „How do you like our Country?" und wenn man diese Frage nach bestem Gewissen beantwortet hat, hebt ein Bacchanal von Patriotismus an um den erstaunten Fremdling. Zahlen fliegen durch die Luft, Taglöhnerdollar, mit denen einer anfing, und Busheltausende, mit denen es weitergeht. Zehntausend Angebote auf Farm und Vieh. Keiner sagt: bin ich nicht ein Teufelskerl? Jeder sagt: ist mein Land nicht das erste Land der Welt?

So fängt die westkanadische Stadt an.

Wächst die kleine Stadt weiter – dies geschieht, wenn Wasser in der Nähe ist oder eine neue Bahnlinie vorübergebaut wird, dann fangen auch andere Leute an, von ihr mit Liebe und Bewunderung zu sprechen. Ihr Ruf verbreitet sich im Lande. Rasch kommt der Kinematograph, ein Konkurrent des Hoteliers, einer des Friseurs, einer der Zeitung. Zwei neue Drugstores öffnen ihre Pforten. Drei neue Bars tun sich auf. Ein Ringelspiel mit einer nur drei Töne spielenden Drehorgel versorgt die Stadt mit höheren Genüssen. Und da ist ja auch endlich der Juwelierladen, in dem man bemaltes Porzellan, Jagdscheine und Heiratslizenzen kriegen kann. Die junge Groß-stadt baut ihren ersten Wolkenkratzer, und zwar ist es der Grundstückmakler, der ihn baut. Derselbe, der mit einem Feldbett und einem eisernen Schrank angefangen hat, als hier noch nichts zu sehen war als drei Hütten; mitten in der Prärie.

Einige Städte zwischen Winnipeg und dem Felsengebirge haben es in den letzten zehn Jahren von kleineren verlorenen Ortschaften zum Rang wirklicher Städte gebracht. So, um nur die zu nennen, die ich sah, Saskatoon, Calgary, Medicine Hat, Edmonton.

Edmonton im Norden an dem breiten Saskatchewan-Strom gelegen, durch zwei große Bahnlinien, die Grand-Trunk und die C. P. R. an die gerade Linie von Ozean zu Ozean angeschlossen, von reichen Kohlengebieten und Urwäldern eingefasst, in einer wundervollen, verheißungsreichen Umgebung – Calgary im Süden, die klima-tisch gesundeste Stadt des Weizen bauenden und Vieh züchtenden Alberta am Fuß des Felsengebirges: das sind die beiden Städte, die wohl nach Winnipeg die größte Entwicklung aller westlichen Städte vor sich haben und durch Statistik der Bautä-tigkeit und Bevölkerungszunahme auch beweisen.

Junge Stadt in Westkanada

Indes – traue dich nicht, diese Wahrheiten einem Mann aus Saskatoon oder Medicine Hat ins Gesicht zu sagen. Er wird dich anrüffeln: „Saskatoon's all right!" und wenn er sich überhaupt noch die Mühe nimmt, sich mit dir abzugeben, so darfst du dich auf einen Dithyrambus gefasst machen, der mit zwölffacher Affenliebe das Problem Saskatoon entwickelt und in die Höhe treibt.

Eine Treibhausfrucht, aus der praktischen Ausnützung dieses Lokalpatriotismus erwachsen und durch irrsinniges, überhitztes Inserieren und Lärmmachen in den Zeitungen zu fabelhaften Proportionen aufgedunsen, ist die Grundstück- und Boden-Spekulation in Kanada. Kommt man nach dem Westen, so merkt man bald: jeder zweite Mensch ist ein Grundstücksmakler und Spekulant.

Medicine Hat

In Edmonton habe ich zwei richtige Photos nebeneinander im Schaufenster eines Real-Estate-Agenten gesehen: Edmonton Anno 1908 und Edmonton Anno 1915.

Die letztere war die Photographie einer wolkenkratzergesegneten Stadt der westlichen Staaten, Kansas City oder St. Paul. In Calgary fuhr mich ein Grundstückspekulant auf einen Hügel außerhalb der Stadt, zeigte mit Feldherrngebärde auf das weite, mit zwei, drei Villen schüchtern und schütter bebaute Land, das ihm untertänig war und in den letzten drei Jahren fünfzehnmal mehr wert geworden war als zur Zeit, da er es gekauft hatte.

Spekulanten aus den Staaten, meist deutlich jüdischer Herkunft, sausen durch die lehmigen Straßen dieser Stadt feist und siegesbewusst in Automobilen wie Kegelbahnen so lang. Der Schwarze, der meine Schuhe wichst, hat ein Terrain vor der Stadt. In den Zeitungen stehen Annoncen: Mr. Workingman!! Miss Typewritergirl!! und in den Hotels macht der Gast mit dem Kellner beim Frühstück Grundstücksgeschäfte.

Calgary

In gewissen Orten erreicht die Zahl der Real-Estate-Agenten eine absurde Höhe. In Vancouver, sagte man mir, leben (bei einer Einwohnerzahl von hunderttausend) fünftausend Menschen, Agenten mit Angestellten und ihren Familien, vom Real-Estate-Geschäft. Im Vancouver-Hotel sehe ich mir das nach Gewerben geordnete Telephonbuch an und schlage Real-Estate auf. Beim Buchstaben C gebe ich das Zählen auf und habe bis dahin 144 gezählt.

Jedes fünfte Schaufenster ist mit Kartoffeln, Blumenkohl, Ähren und Obstzweigen geschmückt, und drin kann man Farmen kaufen. Aber von zehn Schaufenstern sind sieben solche, in denen die blauen mit weißen Linien gezeichneten Bogen der Häuser- und Stadtgrundstückmakler hängen. Die Häuser auf diesen Grundstücken werden von Leuten gekauft, die in ihnen sitzen und aufpassen werden, wie die Preise ihrer Grundstücke in die Höhe schießen.

Dabei schaut der Europäer zu, dass er so bald wie möglich aus diesen im Wachstum sich räkelnden Großstädten davonkomme. Das Wasser, das einem in die Wanne läuft, ist eine gelbe Jauche; Städte wie Winnipeg sind um gewisse Jahreszeiten Fieberherde und Reinkulturen von Typhusbazillen; in ausgewachsenen Städten ist die Hauptstraße gepflastert, in allen anderen aber wirbeln die Hufe eines Bronchos und die Räder eines Automobils Staub und getrockneten Mist bis in den dritten Stock hinauf; das einzige gute Hotel ist tagelang, eh' man ankommt, überfüllt, und für Wochen hinaus belegt und das nächstbeste, in dem man unterkommt, ist von einer Beschaffenheit, dass man sich vor seinem Nachthemd schämt, wenn man zu Bette geht.

Für Straßenbahnen, elektrisches Licht, Marmorbelag in Wolkenkratzern, für Fabrikanlagen, Webe, Eisen, Zucker, Sägewerke, prunkvolle Regierungspaläste hat der Westen Geld übrig, aber das Wort Hygiene ist einstweilen hinter der Potemkinschen Bretterwand liegen geblieben.

Humoristische Postkarten aus dem Westen

Die Väter der Stadt sitzen in den Hotels an den Fenstern im Vestibül und haben ihre Füße vor sich, hoch, fast bis in den ersten Stock hinaufgelegt, auf die Brüstung der Fenster. Riesige Stiefelsohlen mit Seidensocken darunter und haarigen Beinen dahinter starren den draußen Vorbeiwandelnden an. Schaut man über die Sohlen hinüber danach aus, was dort hinten vorgeht, so sieht man in der Verkürzung einen selbstzufriedenen, erfolgreichen Dreiviertel-Alphabeten, wie er mit Genugtuung die Brillantenringe an seinen breiten Arbeitsfäusten betrachtet. Neben ihm steht auf dem Boden der mächtige Spucknapf, Cuspidor geheißen wie ein Held aus der Cid-Legende. Der Gewaltige kaut, aber was er kaut, ist nicht Gummi, wie im Osten, sondern Tabak. Von Zeit zu Zeit beißt er aus einer gepressten Tafel mit Wolfszähnen eine Ecke ab, die so lang im Mund herumgewälzt wird, bis ein Strahl wie aus einer Kaffeekanne in den spanischen Ritter auf dem Fußboden hinunterfährt.

Wenn du dich neben den Gewaltigen setzest, wirst du statt Psychologie Statistik profitieren, eine höchst reale Statistik, die in den Taschen des Gewaltigen klimpert. Die Symphonie des Westens ist in dieser Tonart komponiert.

Schaut man vom Platz der Väter durch die Scheiben auf die Straße hinaus, so sieht man zwischen den jungen, kräftigen Männern, die dorten gehen, hübsche junge Mädchen trippeln, einen notwendigen Importartikel, der mit Windeseile unter die Haube geweht wird. Alle Menschen haben den sympathischen, selbstbewussten Zug im Gesicht, der besagt: wir wissen, wir werden gebraucht dahier, und wir wissen auch, dass wir die Frühangekommenen sind. Wann wird es hier Nachzügler geben? Die Zeit ist nicht abzusehen.

Alle guten Wünsche für die Starken und Willigen, die Hintersichwerfer alter Verhältnisse, die Wagemutigen, die ihren Brocken Sicherheit gegen die Berge Ungewissheit eintauschen möchten – aber wenn ein Rotrock von der C a n a - d i a n   W e s t e r n   M o u n t e d   P o l i c e vorübergeht, da weht einem die scharfe, würzige Romantik aus lieben Büchern der Kinderjahre um die dankbare und erwachsene Nase.

Mit dem Militär in Kanada hat's die gleiche Bewandtnis wie mit dem Militär in England. Wer einen besseren Job findet, hütet sich, Tommys Khaki anzuziehen. Außer, er hat sich in die Karnevalstracht der schottischen Hochländer verliebt. Mit der berittenen Polizei des kanadischen Westens hat es aber seine eigenen Wege.

In Winnipeg lernte ich einen jungen Mann kennen, er arbeitet jetzt im staatlichen Einwanderungsamt und hat mir die Einrichtungen des Amtes und Asyles im Auftrage von Bruce Walker gezeigt. Ehe er dieses interessante und ersprießliche Amt bekleidete, war er jahrelang Sergeant bei den Berittenen gewesen.

Im Städtchen Humboldt, Nordsaskatchewan, einem exponierten Platz, von wo es galt, mit vier Untergebenen in den endlosen Einöden und Wäldern auf Verbrecher zu jagen und die Indianerstämme im Schach zu halten.

Sein Vater bekleidete eine höhere Charge im deutschen Heer. Er selbst stammt aus Berlin und hat in Greifswald Medizin studiert. Seiner Wissenschaft verdankte er diese heikle Aufgabe: einmal, mitten im Winter, drei Reittage weit im Norden einen ganzen Indianerstamm, Männlein und Weiblein, gegen die Pocken zu impfen, es grassierte die Krankheit unter den Rothäuten.

Man sieht, es ist keine Sinekure, die die Mounted Police in Kanadas Westen ausübt. Tage und Nächte lang einem Pferdedieb aus einer Ranch über Steppe und Wälder allein nachjagen müssen. Oder einem bis an die Zähne bewaffneten Desperado aufzulauern, der, nachdem er einer ganzen Farmersfamilie den Garaus gemacht hat, die Gegend nach Obdach, Nahrung und Whisky durchstreift.

Alles in allem zählt die Mounted Force nicht mehr als 650 Mann und ist mit dem Wort Polizei unrichtig gekennzeichnet. Unter ihren Cowboyhüten tragen die Männer der C. W. M. P. ein selbstbewusstes, verwegenes und intelligentes Gesicht zur Schau. Sie sind gut bezahlt, mit unbeschränkter Autorität über ungeheure Gebiete ausgestattet, und ihr Job ist einer, den sie sich aus eigenem Antrieb gewählt haben, in den meisten Fällen. Sollte ich diese Miliz mit einem in Europa mehr bekannten Militärkörper vergleichen, so wär's die Fremdenlegion, die ich nennen müsste. Nur dass die Leute der Mounted Police aus ganz anderen Gesellschaftsschichten herkommen, als jene Unglücklichen in Sidi bel Abbès dort unten im tiefsten Abgrund der Menschheit.

Ein Bekannter, der bei einem Crikett-Match der Leute in Regina dabei gewesen ist, erkannte in ihren Jacken und Mützen all die Farben der feudalen Hochschulen Englands, Trinity-College von Cambridge, Balliol und Christchurch von Oxford und die Ramblers von Eton dazu. In Wahrheit sind es nicht wenige von den „jüngeren Söhnen" der ältesten Adelsfamilien Englands, die in dieser wilden Miliz unter angenommenen Namen ihrer Abenteurerlust und Verzweiflung nachhängen. –

Ich glaube, ich muss in diesem Kapitel noch Rechenschaft über den gegenwärtigen Stand der Cowboy-Spezies ablegen. Es sind mir einige Exemplare dieser romantischen Menschenart untergekommen, ich will sie in kurzen Worten klassieren und erledigen. Nach meiner Wahrnehmung bildet die gewaltigste Mehrzahl die kommerzielle Gattung der Buffalo-Bill-Zirkusreiter. Des Weiteren gibt's den Amateur-Cowboy. Einem dieser Sorte bin ich in den Rockies begegnet. Er vermietete Pferde und ritt in Fellhosen mit den Gesellschaften der Ausflügler mit. Zitierte einer von der Partie Browning oder Ruskin, und zwar falsch, so stieg der Gaul des Cowboys hoch, und der Cowboy musste ihm die Sporen geben und den Irrtum verbessern. In Morley (bei den Indianern) bin ich einem wirklichen Cowboy von einer Ranch begegnet, der über die Aussichten der deutschen sozialdemokratischen Partei bei den nächsten Wahlen, Spaß beiseite, erschöpfende Auskunft zu geben vermochte und mich im Übrigen versicherte, dass er seine Stimme auf Herrn Arthur Masters, den Kandidaten der Sozialdemokraten Calgarys, abgeben werde. Einen anderen habe ich in Vancouver gesehen, wie er in Lederhosen und Sporenstiefeln, im roten Hemd und gelben Halstuch, mit einem Lasso widerspenstige Besucher in ein Kinematographentheater hineinlotste. Dies hört sich wie ein Witz an, bedeutet aber im Grunde, dass die Profession im Rückgang ist. In Bow-Island, Süd-Alberta, war ich Gast der Familie Mc Gregor, die eine der größten Pferde- und Vieh-Ranches der Gegend besitzt. Auf dieser selben Ranch habe ich die erstaunliche Experimental-Farm gesehen, von der ich in einem vorigen Kapitel Bericht gab. Die Ranches, die auf unendlichen Strecken nur Weide für Vieh und Pferde abgaben, weichen allmählich einem System von „gemischten Farmen", zumal seit die künstliche Bewässerung sich in den Gegenden, die ich bereiste, zu bewähren anfängt. Der Cowboy sitzt jetzt einen Teil des Jahres auf den Erntemaschinen seines Arbeitgebers und wird erst im Spätherbst für einige Tage, wenn der „Roundup", das Einfangen und Abstempeln des Viehs auf den Gütern, stattfindet, ein strickeschmeißender Sohn der Wildnis. Er schießt nur mehr in schlechten Romanen in den Spiegel hinein und die Korke aus den Flaschen. Er fährt in Automobilen in die nächste Stadt und ist auf linksstehende Zeitungen abonniert. Er fühlt sich als Arbeitender und als Knecht des Arbeitgebers. Aus praktischen Gründen trägt er wohl Hosen aus Ziegenfell und zwei Revolver im Gürtel, aber der Hausmeister-Sprössling in Schöneberg, der sich am Samstag für zehn Pfennige seinen allwöchentlichen Nick Carter kauft, hat romantischere Gelüste – als dieser junge gebräunte Arbeiter auf den öden Steppen zwischen Clyde und Galloway-Herden.

Authentischer Cowboy

Es ist nichts mehr los mit der alten Romantik aus unseren lieben Büchern der Kinderjahre. Vielleicht noch oben in dem sagenhaften Alaska, unter den Goldgräbern und Jägern in den unerforschten Wäldern. Hier unten, in den Gegenden der

Eisenbahn und der Zeitungen, gibt's keine andere Romantik mehr als die des erwachenden Bewusstseins von dem, was nottut – und wenn noch so viele Ziegenfellhosen auf gondelähnlichen spanischen Sätteln durch die Felder sausen.

Cowboys beim Abstempeln

Begegnungen mit Indianern

Berg, Strom, Wald, Fisch und Wild,
Alles Roter Mann.
Weißer Mann kommt, mit ihm großer Rauch,
Roter Mann gibt Weißem Mann Alles.
Weißer Mann gibt Rotem Mann Hölle.

(Großes Offenes Herz.)

Nicht gerade darum, weil die Indianer ein so schwer zivilisierbares Naturvolk sind, stellen sie ein solch sympathisches Wunder im neuen Weltteil vor. Sondern darum, weil alles rings um dieses stolze, beraubte und misshandelte Volk herum sich der modernen Zivilisation erfreut und der Indianer es vorzieht, in seinen Bergen und Gebüschen elend zugrunde zu gehen. Darum hat der Indianer auf irgendeine Weise sich die Liebe der Menschen erworben, die die Erde lieben, die aber die Zivilisation einigermaßen krank gemacht hat.

Man darf von den Indianern nicht als von einem vertierten und verlorenen Volk reden. Man braucht sich nur die Kunst und die traditionellen Kunstformen dieses Volkes anzusehen, um den ganzen

Ein Prärieindianer

Abstand ihrer uralten, sicherlich schon längst vor dem Kommen der Weißen dem Verfall geweihten Kultur, zu dem, was wir so benennen, zu ermessen. Man braucht nur ein paar gute Exemplare der Rasse sich anzuschauen, um eine Vorstellung davon zu gewinnen, wie dieses Naturvolk in der Freiheit beschaffen sein mochte. Ein amüsantes Erlebnis ist mir in Niagara Falls, ein anderes in Caughnawaga bei Montreal widerfahren; in beiden Fällen hat's mit einer Blamage geendet, aber sieht man nur genauer hin, so waren gar nicht die, die sich blamierten, die Blamierten.

Bei Niagara Falls, im nordwestlichen Winkel des Staates New York, sind die Tuskaroras zu Hause, ein total verkommener, das heißt gänzlich zivilisierter Indianerstamm von kleinen katholischen Kartoffelbauern. Ich blieb in der Niagarastadt vor einem der zahllosen Läden stehen, die mit „Indianer-Curios" und Postkarten handeln, und sah mir den billigen, für die Sonntagstouristen in Fabriken hergestellten Schmarrn an. Dann ging ich in den Laden und fragte nach dem Preis der D a n t e - B ü s t e aus Gips, die inmitten der Mokassins, bemalten Häute, kleinen Holzkanus und gefiederten Kopfbedeckungen im Fenster herumstand. So nebenher erkundigte ich mich bei dem Ladenbesitzer, was die Büste denn vorstelle? (Es war eine Verkleinerung der bekannten Dantebüste der Renaissance aus dem Museum zu Neapel.) „Das ist der große Häuptling Rote Wolke", sagte mir der Herr des Ladens ...

Und wirklich, wollte man die Blasphemie begehen, die Büste, so wie sie ist, zinnoberrot anzustreichen und rechts und links von den Schläfen hinunter zum Kinn, drei gelbe Zickzacklinien drüber zu malen, was für ein feiner Indianerkopf!

Das andere Mal aber, habe ich mich blamiert, Caughnawaga, am rechten Ufer des St. Lawrence, gegenüber von Montreal gelegen, ist eine Reservation von Irokesen-Indianern. Die ebenfalls katholisch und zahm gewordenen Bewohner ernähren sich durch Arbeiten an den Damm- und Elektrizitätswerken, schlecht und kümmerlich, jedenfalls ebenso elend wie die elendesten der Proletarier. Ihre Frauen sitzen bei den Fenstern und machen grausliche blaue Tuchtauben, alle dieselbe Taube, der, niemand weiß warum, drei rote Tuchkirschen aus dem Schnabel baumeln. Damit es nur ganz klar ersichtlich sei, was das Ganze vorstellt, so sticken sie den Ausgeburten ihrer katholischen Phantasie noch das Wort: BIRD auf den Bauch – ich sah sofort ein, hier war für mich nichts zu holen. Gelangweilt starrte ich in all die offenen Fenster hinein. Da waren Männer und Frauen, die kein Wort Englisch oder Französisch verstanden, in einem unbekannten Idiom sich miteinander unterhielten, alle hatten unter ihren beim Trödler gekauften schmutzigen Lumpen das katholische Duckmäusergesicht vom jenseitigen Ufer sitzen.

Endlich – vor einem Häuschen am Rand des Dorfes, stockten meine Schritte. Was ich dort vor dem Häuschen sah, vor dem Tor, mitten vor dem Eingang, so wie es die Tradition wollte, war ein roh bemalter Pflock – eine Säule von Holz, nicht mit Tierköpfen bemalt, wer hätte das auch von diesen armseligen Caughnawagern erwartet, aber immerhin ein geschnitzter, roh bemalter Holzpflock – der erste leibhaftige Totempflock, der mir auf meiner Reise begegnete!

Im Häuschen war niemand, es war zugesperrt, aber der Pflock hatte mir Mut und Interesse wiedergegeben, und ich fragte mich im Dorf bis zum Hause des Maire durch.

Um es rasch herauszusagen, der Maire, ein Halbblut-Irokese, wusste nichts von einem Totempflock in seinem Dorfe. Ich erklärte ihm, wo die Hütte stehe, vor der ich den Pflock gesehen habe. Es war die Hütte des Barbiers, und der Totempflock war der bemalte Pflock, den die amerikanischen Barbiere vor ihren Läden haben; nun, reden wir weiter nicht darüber …

Es wäre ganz überflüssig gewesen, mit dem Maire über die romantischen Vorstellungen, die sich ein Europäer von der ersten wirklichen Indianerreservation macht, die ihm begegnet, zu diskutieren. Der Maire wusste mir über die Gebräuche und Sitten der Irokesen dahier weiter nichts zu berichten, als dass sie fleißige und tüchtige Arbeiter sind, sich schlecht und recht durchs Leben schlagen und alle Sonntage brav in die Kirche gehen. Dann fing er, natürlich, an, mich über die Möglichkeit eines Krieges zwischen Deutschland und England auszufragen. Worauf ich dieselbe Antwort gab, die ich in Klubs und General-Stores und allen möglichen Lokalen Kanadas gegeben habe.

Der Maire saß da, in seinem Holzhaus, in seinem Salon, der wie eine gute Stube in Berlin-W. eingerichtet war, rechts ein Rokokosessel, links ein gotisches Büfett, Axminsterteppich und Kelim-Portiere, ein Neunzigpfenniggobelin mit einer Watteauszene über der Tür, auf einem Vertiko falsches Meißner Porzellan und an der Wand ein Öldruck des Königs Eduard. Er saß da, dieser Irokese, auf der Höhe der Zivilisation saß er da und hatte Angst vor der deutschen Armee …

Erst viele Wochen später, im Innern Kanadas, bin ich der ersten wirklichen Rothaut begegnet, auf der Station Hobbema zwischen Edmonton und Calgary. Es war ein prächtiger alter Kerl vom Stamme der Bobtails, wie ein altes rostiges Stück Eisen anzusehen, mit kleinen schwarzen Zöpfchen bezottelt, mit Muschelohrringen und einem Perlenhalsband geschmückt. Der Zug hielt nur eine Minute, aber für diese eine Minute hätte ich ihm am liebsten einen Dollar geschenkt, so ein feiner alter Kerl war es.

Ich bin in vielen verschiedenen Reserven gewesen, bei den Sarcees in Alberta, bei den Stoneys in dem Felsengebirge, in der Squamish-Reserve, in Nord-Vancouver, die interessanteste aber war die der Sarcees bei Calgary.

In Ottawa, im Ministerium des Innern, hatte ich einen Empfehlungsbrief an die sämtlichen Indianer-Agenten in den Reserven Kanadas mitbekommen, aber der Zugang zu den Reserven ist auch so, wenn man den Rothäuten mit einem „Greenback" winkt, die leichteste Sache der Welt. Wir fuhren, ein junger Norweger, der mit Grammophon, Kinematographenkasten, Leinwandzelt und Schießgewehr die Gegend heimsuchte, eine Amazone aus Calgary und ich, eine ganze Weile, zwischen dem Gebüsch, das die Reserve der Sarcees bedeckt, herum, die wunderbar klare, frischbeschneite Kette der Rockies vor den Augen, ehe wir eine menschliche Niederlassung zu sehen bekamen. Ein paar alte Sarcees fuhren mit Holz auf ihren Leiterwagen und mit ihren fetten Squaws auf dem Holz in die Stadt. Des Norwegers Begrüßung: „Miasin-Kisiko?" das heißt „How-do-you-do?", konnten sie nur mit einem blöden Blick des Kannitverstan erwidern. Die Worte gehören der Cree-Sprache an, die Sarcees sprechen ihre eigene.

Wenn die Indianer ausgestorben sein werden, so werden ein paar Hundert Sprachen – und Gott weiß wie viele wunderschöne Legenden! – mit ihnen aus der Welt sein, denn so etwas wie schriftliche Aufzeichnungen haben sie nicht.

In Vancouver habe ich mir ein amüsantes Büchlein angeschafft, ein Wörterbuch des Chinook-Jargons, der von den Fellhändlern bei den Alaska-Indianern zusammengestellt worden ist. Aber schon tiefer, an der Küste des Pacific in Vancouver, versteht kein Indianer mehr den Jargon der nördlichen Brüder; meine Versuche, mich durch das Wörterbuch mit den Squamishs zu verständigen, schlugen ganz und gar fehl.

Die Vielfältigkeit ihrer Sprache, durch die Distanzen der Wohnorte und die Feindseligkeit der Stämme hervorgerufen, ist auch der Grund, weshalb mir in der Bibel-Gesellschaft, die doch das Neue Testament in fast alle Sprachen der Welt übersetzt hat, gesagt wurde, es gäbe keine Indianerbibel. Erst jetzt, so hörte ich, wird sie von einem Missionar ins Chinookische übersetzt. „Amen" und „all right" haben dieselbe Übersetzung – kloshe kaakwa!

Ein richtiger Totempflock

*Die Tepeeh und
ihre Bewohner*

Wir fahren also durch das Gebüsch in der Reserve herum und schauen nach menschlichen Niederlassungen aus, in der weiten, von einem Drahtzaun umgebenen Einöde. Im Süden steigt Rauch zwischen den Büschen auf, und da sehen wir auch schon eine Gruppe von Zelten stehen.

Drei, vier Zelte stehen in einer kleinen Rodung da, die Bewohner des einen sind gerade dabei, ihr Zelt abzubrechen und auf einen Karren zu laden. Eins, zwei, drei, ist die Leinwand von den Stäben herabgewickelt, die Stäbe aus der Erde gerissen, Bettzeug, Ofen, Kind und Kegel auf den Karren geladen. Das Pferd zieht an, und eine Stunde später steht das Zelt, die Tepeeh, eine Meile weit weg im Feld aufgerichtet. Was am alten Wohnplatz zurückblieb, ist ein Haufen von Knochen, Unflat, namenlosem Schmutz und Gerüchen. Immer, wenn sie einen Ort bis zur Unmöglichkeit verunreinigt hat, zieht die Familie mit ihrer Tepeeh davon, und die Erinnerung an sie fault in dem Sonnenlicht.

Rasch kaufen wir, was zu kaufen wert ist, die Indianer verkaufen uns ihre Halsketten, Gürtel, gestickten Schuhe und Gamaschen warm von ihrem Leib herunter, sie sind daran gewöhnt, eigentlich leben sie davon.

Das ist ein armes und armseliges Volk und zur Arbeit zu faul und zu entnervt. Der Staat zahlt ihnen, einmal im Jahr, durch die Indianer-Agenten, eine lächerliche Summe aus, nicht mehr als vier Dollar für jeden Erwachsenen, einen fürs papoose, den Säugling.

Mit ihren Stickereien, mit allerhand Schaustellungen, Tänzen und dergleichen betteln sie sich in den Städten und auf dem Lande von den Leuten, die zu ihnen kommen, die Groschen zusammen, die sie vor dem absoluten Verhungern bewahren. (Natürlich gibt's Reserven, in denen die Indianer sich selbst erhalten, durch Arbeit auf dem Feld, in Werken, wie ich das in Caughnawaga sah, durch Abholzen ihrer Reserven, Fischfang und Jagd. Die Regierung fördert sie bei dieser Arbeit, wie sie kann, durch die Agenturen.)

An einem Stock in der Tepeeh hängt ein Fetzen rotes Fleisch, es ist der aufgerissene Leib eines Feldhamsters, eines Golfers; davon leben sie. Eine Blechdose mit Brot, Zucker und Tee steht in einer Ecke, ein Kind auf dem Boden hat den Kopf ganz in einer verrosteten Konservenbüchse vergraben.

Dass man ihnen keinen Schnaps verkauft, ist ihr großer Schmerz. In den Bars der westlichen Städte, in deren Nähe Indianer ihre Reserven haben, kann man auf Tafeln lesen:

„V e r b o t e n

ist es, Getränke zu verkaufen an: Minderjährige, Betrunkene und Indianer." Das Gesetz bestraft den Weißen, der dem Indianer einen Fingerhut voll Alkohol verkauft, mit ungewöhnlich hohen Strafen. In der Geschichte Amerikas findet man ja den langwierigen Krieg gegen die Liquor-traders, die professionellen Händler, die die Indianer mit Alkohol ihren Räubereien gefügig machten. Hie und da verschaffen sich die Rothäute natürlich doch eine Flasche oder ein paar. Dann heben große Orgien an, mit Unzucht, Mord und Totschlag, Brandstiftung und Amoklaufen. Der Indianeragent hat sich bei solchen Gelegenheiten seiner Haut zu wehren, sein ohnehin nicht sehr beneidenswerter Beruf wird ziemlich ungemütlich, wenn Alkohol in der Nähe ist.

Seit der Kodak erfunden wurde, geht's ihnen ein bisschen besser. Sie lassen sich, wie die Mohammedaner, nicht gern photographieren. Im Anfang werden sie sich wohl auch ein bisschen vor der Höllenmaschine geängstigt haben. Aber für wenige Cent verkaufen sie ihre Angst und ihr Vorurteil. Jetzt, da wir unseren Apparat auf sie richten, rennen sie durch die Heide davon und schreien auf der Flucht zurück:

„How much?"

Einer ist da unter den Sarcees, mit dem wir uns verständigen können. Es ist ein hübscher Bursche von fünfzehn Jahren, offenbar Halbblut, Krähenkind mit Namen, Bertie Crowchild. Wie er auf Indianisch heißt, vermag er uns nicht zu sagen. Er weiß nur zu berichten, dass er seinen Namen ändern wird, wenn er mal heiratet. Dann wird er selber einer vom Stamm der Krähen werden, Bertie Crow; bis dahin ist er das Kind eines vom Krähenstamm.

Squaw und Papoose (zwischen den Stangen)

Bertie ist Methodist. In dem blauen Buch, das ich in Ottawa mitbekam, steht zu lesen, dass von den 211 Indianern der Sarcee-Reserve noch 133 Heiden sind. Eine Stunde weit von Calgary, einer der größten Städte Kanadas, hausen noch 133 Indianer in den Gebüschen, die den alten Glauben an den großen Häuptling und die vier Löcher im Himmel bewahrt haben.

Wie wir dastehen und mit den Leuten unterhandeln, kommt eine sonderbare Gruppe durch das Buschwerk zu uns herbei.

Ein alter Mann mit langen weißen Haaren. Er hat auf dem Kopf einen alten löchrigen Hut, mit einem Kranz von rötlichem Feldgras rundherum. An seinen linken Arm ist mit einem Streifen Fuchsfell eine große, runde, ganz verrostete Eisenplatte befestigt, in der Platte sind fünf Buckel und zwei Löcher. Der Alte ist blind, und ein kleines Mädchen führt ihn an einem langen Stab, dessen Ende es in seinen Händchen hält. Am anderen Ende des Stabes folgt ihm der alte Mann durch die Heide.

Dies ist Natschuka, der Medizinmann. Da kommt er durch die Büsche her mit seiner Medizintasche um die Schulter, das tausendfach verrunzelte Gesicht mit den erloschenen Augen ist zur Herbstsonne in die Höhe gekehrt. Er ist der Älteste des Stammes. Als wir ihn fragen, Bertie ist Dolmetsch, wie alt? antwortet er mit Schütteln der Hände. Wir zählen 66, aber er ist mindestens neunzig alt, hat wohl mit 66 aufgehört, weiterzuzählen.

Gegen das Photographiertwerden hat er nichts. Wir versprechen ihm Geld, und da steht nun der Älteste Seines Stammes, der Mann der großen Legende, der Mann, der die vier Löcher ins Firmament geschnitten hat kraft seiner Zaubergewalt über die Elemente, mit seinem Hut auf dem Boden hinter sich, steht er da, neben unserer Real-Estate-Amazone und lässt sich für Geld photographieren. Aus den Teepeehs blinzeln schmutzige Squaws zur Sonne heraus, eine hat ihr Papoose im Arm, das Wurm ist mit Tüchern an ein Brett gebunden, es ist ein ganz hellhäutiges Wurm.

Wo ist unser Bertie hin? Er sollte doch mit aufs Bild kommen? Wir suchen überall nach dem Krähenkind, ergehen uns in allerlei Vermutungen. Hat wer ihn beleidigt? Oder ist es wegen des Geldes? Vielleicht hat er seine Bedenken gegen das Photographiertwerden?

Endlich, wie der Chauffeur schon die Kurbel andreht, erscheint Krähenkind vor einer Tepeeh. Was gab's?

Das Sprechen, das Zuhören hat ihn angestrengt. Er hat sich eine halbe Stunde lang in seiner Tepeeh auf die Matratze legen müssen, war sehr krank. Und wir haben doch so leise wie möglich mit ihm und den anderen gesprochen. Man kann sich überhaupt schwer einen Begriff davon machen, wie fein und höflich und leise diese „Wilden" miteinander reden und verkehren!

Natschuka und die Amazone

Wie ist diesem müden, erschöpften, in weniger als hundert Jahren ruinierten Volk zu helfen?

Im Blaubuch, das man mir in Ottawa mitgab, steht die Gesamtzahl der kanadischen Indianer, einschließlich der Eskimos in den nordwestlichen Territorien und dem Yukon vom März 1910 mit rund 111.000 Seelen verzeichnet. Die Zahl ist im letzten Jahr um rund fünfhundert Seelen zurückgegangen. (Tuberkulosis ist die Krankheit des Indianers.)

Hie und da wird eine Reserve „aufgemacht", d.h. die Einwohner haben sie entweder aufgegeben, oder sie sind weggezogen oder ausgestorben. Dann kommt, wenn sich die Reserve in guten, ertragreichen Gegenden befand, das jungfräuliche Land in die Hände des weißen Farmers. Es ist ein großes Ereignis im Lande – zur Zeit meiner Reise wurde eine solche Reserve in Wisconsin aufgemacht, und die Zeitungen brachten spaltenlange Berichte über den Beneidenswerten, auf den bei der Verlosung des Bodens das saftigste Stück gefallen war.

Ein ganzes Heer von Staatsbeamten verwaltet auf den Hunderten von Reserven und in Ottawa die Angelegenheiten des aussterbenden Volkes. Schulen, Hospitäler, Kirchen für die Indianer beschäftigen ein weiteres Heer von Weißen, die Gesamtsumme der Gehälter dieser Heere beträgt viele Hunderttausende von Dollar.

Wie schon berichtet, gibt's in den getreide-, holz- und jagdreichen Gegenden Tausende von Indianern, die sich selbst erhalten, self-supporters. Diese braucht der Staat natürlich nicht zu unterstützen, und dadurch ergibt sich die amüsante Tatsache, dass der Staat die Drohnen mit seinen Kopfprämien füttert.

Ein Herr im Nelson-Klub, Britisch-Kolumbien, ehemaliger Besitzer der altberühmten Cockton-Ranch, die 100.000 Acker groß, am Rande von Alberta und den Süßgras-Bergen Montanas gelegen war (ein ehemaliger Cowboy, jetzt Stütze der

Christian Science) hat mir sehr merkwürdige Dinge von seinen Erfahrungen mit dem wilden Stamm der Bloods erzählt. Dieser Stamm lebte an den Grenzen seiner Ranch, als die Missionäre grade begonnen hatten mit der Rettung der Ungläubigen.

Ehe die Weißen kamen, war der Indianer Gentleman. Er wär's gewiss heute noch, wären die Weißen nur auch Gentlemen gewesen. Die Bloods waren von jeher eine der gefürchtetsten, kriegerischsten Rassen, aber solang der Weiße sie in Ruhe auf ihre Büffel jagen ließ, taten sie dem Weißen nichts. Sie waren verlässlich; in Ehrensachen, Geleit- und Geldsachen konnte man sich auf sie verlassen. Fünfzig Meilen kam einer herangeritten, um ein paar Dollar zurückzuzahlen, die ihm geliehen waren. Ihre Gebräuche glichen denen der Ritter im Mittelalter, mit Ausnahme des Frauenkultes. Kein Indianer hätte sich herabgelassen, sein Pferd selber zu zäumen, Kriegsschmuck oder Jagdkleid selber anzulegen, sein Junge, sein Schildknappe war dazu da. Wenn der Büffel erlegt war, musste die Frau heran, ihm das Fell abzuziehen, das Fleisch für die Nahrung zu bereiten. Der Indianer rührte keinen Finger weiter, nachdem der Pfeil seine Schuldigkeit getan hatte.

Erst als die Weißen mit ihrem „foul play" Jagd auf Leib und Seele des Indianers machten, mit Hinterlist, Lügen und Schlichen und furchtbarster Grausamkeit niedermetzelten, was ihnen mit der Friedenspfeife und reinlichen Absichten entgegentrat, da wurden die Gentlemen im Handumdrehen zu Bestien. Nach ihrer Unterwerfung verdarben die Missionäre an ihnen, was noch zu verderben war, und heute ist die Rothaut im Verkehr mit dem Weißen ein Bettler oder Duckmäuser und gewitzigter Betrüger.

Das Blaubuch führt als christliche Glaubensbekenntnisse unter den Indianern das anglikanische, presbyterianische, methodistische, kongregationalistische, baptistische und römisch-katholische auf. Außerdem gibt's unter ihnen Mennoniten und Mormonen. In Wahrheit sind sie aber alle Heiden geblieben. (Von den 1149 Bloods sind 849 als solche angeführt) Als der Cockton-Rancher einen katholischen Geistlichen in seinem Kreise fragte, wie viele Indianer er während der acht Jahre, die er für seinen Glauben arbeitete, wirklich zum Christentum bekehrt habe – nicht die offizielle Zahl, sondern die wahrhafte, innere, die Gewissenszahl – da antwortete der Priester: er glaube, e i n e n ! Dieser Priester hat in den acht Jahren wenigstens das Lügen nicht erlernt!

Bei den Stoneys im Felsengebirge habe ich dann einen Indianeragenten kennen gelernt, ihn und seine Familie mir angesehen, diese Menschen, die einen der merkwürdigsten Berufe sich erwählt haben in unserer heutigen Zeit.

Draußen, übers Feld, jagten ein paar Indianerfamilien vorbei, Mann, Frau mit Papoose auf dem Rücken und ein kleines, siebenjähriges Mädchen, alle auf einem

Pferd sitzend, durch den Herbstregen aus den Gebüschen gegen die Berge zu. Mein Indianer, Moses Wesley, kutschierte mich in seiner Rig auf der Reserve herum. Der Häuptling, mit dem feinen Namen Jonas Two-Youngmen, war nicht in seiner Tee-peeh, sondern beim Heuen, das war schade, denn was übrig blieb, streckte allerhand gestickte und geschnitzte Sachen zum Verkauf hin und war in anderen Angelegenheiten nicht zu sprechen. Wir fuhren also bald ins Haus des Agenten, am Fuß eines Berges hin. –

Vor dem Automobil:
Krähenkind mit einem kleinen Sarcee

Die Frau des Agenten hat in den 25 Jahren, die die Familie nun unter den Indianern, in allen Teilen der Dominion, verlebt hat, eine der schönsten Kollektionen von allerhand Perlenarbeiten, Steinäxten, Kriegsschmuck, bemaltem Leder und Medizinbüchsen zusammengebracht.

In ihrem warmen, behaglichen Haus, das voll ist mit altem, guten englischen Hausgerät und Silberzeug, wie man es in den Büchern der Brontes und Jane Austen beschrieben finden kann, wartet sie auf einen Käufer für ihr indianisches Museum. Mit den Indianern hat die Familie während dieser 25 Jahre nicht anders als durch die großen Bücher drüben im Bürohaus verkehrt.

Dass es Menschen sind, die da draußen um das Haus herum wohnen, die die zum Teil wunderherrlichen Kunstwerke aus Leder, Stein und Perlen hergestellt haben – das kann ich aus den Gesprächen der schottischen Familie nicht heraus-finden. Am besten gefallen ihnen ein paar Stickereien, die die Indianerweiber von schlechten modernen Chintzes und Kattunbettdecken herunterkopiert haben. Die guten traditionellen Zeichnungen der alten Kunst zeigen zickzackförmige, mäan-derförmige, parallellinierte Muster in den apartesten Farbenzusammenstellungen:

dunkelrot, schwarz und gelb; weiß, lila und ultramarin; hellgrau, schwarz, grün und weiß. Diese neuen Zeichnungen aber, von denen die Schotten dahier so entzückt sind, stellen bunte, ordinäre Rosen auf Stengeln, plump und ohne jedes Farbengefühl, sklavisch kopiert und schlecht zusammengenäht, dar. Seit 25 Jahren wohnt die Familie des Agenten mit den Indianern beisammen und versteht doch nicht das Geringste von dem Indianer.

Das Felsengebirge

Hierzulande ist keiner so wildfremd – auf einmal packt ihn einer auf der Straße oder in der Bahn um den Hals und fängt mit ihm an, über die gemeinsame Angelegenheit: Kanada, zu reden. Aber in den Rockies kennt diese freundliche Zutraulichkeit einfach keine Grenzen mehr. Dies Land hat zu seinem schweren Reichtum noch den herrlichsten Spielplatz der Welt bekommen, und dem Kanadier, der so schon kaum mehr weiß, wo er mit dem Staunen aufhören soll, gehen hier die Augen über. Ich weiß nicht, ob der Herr recht hatte, der mir in Laggan vor dem Lake Louise um den Hals fiel und behauptete, im Himalaja gäbe es nichts Ähnliches, das aber weiß ich aus meinen bescheidenen Reiseerfahrungen, in Tirol und der Schweiz habe ich keine Szenerie des Alpenlandes gesehen, die ich anführen dürfte, ohne den Rockies unrecht zu tun.

Die Rockies genieren sich ihrer Herkunft nicht; in aufrechten, offenen, fächerförmigen Mulden und Bergspalten zeigen sie, wie ihr Stein von Gletschern geknetet und durchpflügt worden ist von Urzeiten an. Im Innern des Gebirges ist es blau und hellgrün von Gletschern. Oft werden sie frech und strecken ihre spitzen Hälse bis an die Bahntrasse hinunter wie irgendein Lindwurm Böcklins. Dunkelgrüne Abgründe zerreißen das helle Eis, zeichnen und malen Verästelungen darauf, von der Zartheit eines jungen Tännleins. Zwischen zwei Gletschern klettert eine ungeheure steinerne Eidechse grau und in der Bewegung erstarrt zum Himmel empor. Ein Bergrücken, ein Grat, nackt und schneeweiß wie das präparierte Skelett einer vorsintflutlichen Fledermaus, liegt steif und unbeweglich, fest ins violette Gestein verkrallt und verbissen da im Sommersonnenschein.

Unten, in der Region des Zwerggehölzes bekommen die Berge ein andres Gesicht. Stellenweise erinnern Formen an die Dolomiten, stellenweise an die Basteien der Sächsischen Schweiz. Tausend horizontale Farbenstriche über eine Bergwand, die sich frisch aufgetan hat, darunter liegt Schutt und Geröll in tausend Farben. Ein anderer Berg ist in der Mitte auseinandergebrochen und zeigt statt der Schichtenformation Rhomben, echte und rechte Honigwaben. Seltsame Gestalten von Stein stehen an den beiden Seiten des Zuges, wunderliche Männer in gelben Havelocks, mit fallenden Schultern, runde farbige Steinhüte auf den Köpfen, manche wie Brüder des Balzac von Rodin anzusehen, eher aber Schwäger der Frau Hitt, Junggesellen, verknöcherte, dem Treiben zusehende Sonderlinge. Sie sind aus einer tüchtigen Masse.

Rings um sie hat das Wasser, in langer Arbeit, all das weiche Zeug weggeschwemmt, ganze Berge weggeschwemmt – sie aber waren aus härterem Material schon drin im Bauch der Berge, jetzt stehen sie in der Sonne da, hart und von allen Seiten beleuchtet, all das poröse Zeug um sie herum ist weg, vom Wasser weggespült, beim Teufel. –

Überall feiert die Phantasie, das Schauen seine Feste. Zur Seite der Fahrstraße auf dem Berg, im verbrannten Wald, scheuen die Rösser unsres Tally-Ho und werfen den Schaum aus ihren Mäulern auf uns Passagiere zurück – ein riesiger Bär steht am Wege und schlägt mit seiner schwarzen Pranke nach dem Wagen – aber es ist nur ein verkohlter Baumstrunk mit einem verkohlten Ast über den Weg.

Im Wald schreien die Elche, die Wapitis, man hört ganze Skalen von klagenden Tönen, empörte Gesänge der Tiere, denen der Berg nicht mehr gehört. Kariboos, langfellige Widder erscheinen mit misstrauischen, menschenähnlichen Gesichtern auf den Lichtungen. Zwischen dem Unterholz treibt sich der Grizzly herum und hat nur vor einem Tiere Angst, dem Berglöwen, auf den die „jüngeren Söhne" Englands mit Todesverachtung durch die Berge jagen.

Der König des Felsengebirges, der Buffalo, lebt in umzäunten Parken, ist nur mehr eine Sehenswürdigkeit und wird bald ausgestorben sein. Einige aristokratische, untätig kauende und wiederkäuende Familien werden vom Staat erhalten und dem Fremden gezeigt. Diese Parke heißen Reserven, und der Fremde denkt unwillkürlich an die Indianer, die auch in umzäunten Reserven, von Gnaden des Staates, ihr Leben dahinbringen, mit dem Unterschied, dass es den Büffeln besser geht.

Im Museum in Banff, ist eine Photographie des englischen Missionärs zu sehen, der in den 40er Jahren des vorigen Jahrhunderts als erster weißer Mann bis hierher ins Herz der Rockies vorgedrungen ist. Jetzt zeichnet eine Kette von Sommerorten die Strecke der C. P. R. durch das Gebirge nach. Burgähnliche Hotels an Punkten, die an den Mendelpass und an Maloja erinnern, sorgen für den Passanten. Um sie herum haben sich kleine Villen geschart, von einer amüsanten, unvorhergesehenen Bauart, halb Schweizer Chalet, halb indisches Bungalow. Aus gewaltigen Stämmen sind sie breit, niedrig und solid zusammengefügt; eine Veranda läuft um das ganze viereckige Blockhaus herum, über die Brüstung der Veranda ist ein reichgeschnitzter mexikanischer Ledersattel zum Trocknen gelegt. Auf dem Schaukelstuhl liegt das in Indien erjagte Tigerfell des Besitzers, vor den Stufen ins Haus das langhaarige Kleid eines einheimischen Kariboos. Wolfshäute, mit den Schädeln der Tiere noch im Fell, sind an die Wand des Blockhauses genagelt, an einer langen Stange flattert die Union Jack. Jetzt kommt uns der Herr des Hauses entgegen, ein alter englischer Offizier, der sich hier einsam niedergesetzt hat und mit seiner Flinte, die das Getier Indiens und Afrikas kennt, in den wilden Bergen des Felsengebirges nach Beute streift.

Amazonen jagen vorüber, mit offenem flatterndem Haar, auf störrischen Pferdchen; es sind die selben jungen englischen Pensionatsfräuleins, die im Winter in Lausanne, Brüssel und Dresden Grieg und Sinding fingern. Jetzt tragen sie gelbe Leinwandhemden über ihren kindlichen Brüsten, ein Cowboytaschentuch um den Hals und einen Indianergürtel um ihre schmalen Hüften. Im Lederrock sitzen sie auf Männerart zu Pferde, das wilde Pferdchen unter ihnen zuckt unter der Haselgerte im Vorüberfliegen.

Nichts Schöneres kann man sich, mitten während der Reise, zum Ausruhen wünschen, als die weite halbdunkle Hotelhalle, an einem Septembermorgen, während es draußen stürmt und die Kuppen sich bepudern. Durchs Fenster glaubt man ganz deutlich zu sehen, wie das Laub der Wälder sich verfärbt und die Wälder bunter und reicher werden mit jedem Augenblick. Im Kamin lodern harzige Scheite, Zedernholz, die Tierköpfe an den Wänden haben gläserne Augen und zwinkern und blinzeln phantastisch von der dunklen Täfelung auf den Gast herunter.

Ein eben angekommener Fremdling wünscht die Inschrift über dem Kamin zu entziffern, und während er ein Streichholz mühselig die Buchstaben entlang führt, spricht jemand aus einem Lehnstuhl ihm die Worte vor:

> „The World is my Country,
> All Mankind are my Friends,
> To do Good is my Religion."
>
> (Thomas Payne)

– eine schöne und freundliche Inschrift über einem englischen Kamin wahrhaftig!

Und zutraulich, wie alle Menschen hier im Westen werden, auch die aus dem zugeknöpften Osten, sitzt schon der Fremde bei dem Fremden und spricht mit ihm von dem Lande, von den Menschen, von den Wundern der Rockies, aber auch von sich, seinen Angelegenheiten, seiner Familie, seiner alten und neuen Heimat. Man fühlt sich nicht beengt, nicht unbehaglich, möchte nicht aufstehen, ist nicht versucht, nach Europäerart zu sagen: bitte, wir kennen uns ja viel zu oberflächlich, mich interessieren Ihre Angelegenheiten nicht im mindesten, glauben Sie nicht, dass ich nun auch anfangen werde, mein Innerstes vor Ihnen Wildfremden auszukramen dahier, was ist das für ein indiskreter Kerl, Herrgott, wie sind doch diese Leute unkultiviert im Vergleich zu unserem gesitteten westeuropäischen Kurpublikum! Der kanadische Mann ist noch jünger als sein Vetter südlich vom Strich, er ist noch einen Grad stolzer auf sein Land, seine junge Zivilisation, er tut sich etwas zugute auf seine Kenntnisse und Schicksale, und wenn er sicher ist, seinen kleinen Effekt erzielt zu haben, und davongeht, so sieht man ihm mit einem gerührten Lächeln nach und gelobt sich, sein Freund zu bleiben, hier und nach der langen Reise.

Den Pass des „bockenden Pferdes" werde ich nicht beschreiben. Wer noch eine Station vorher im Zweifel war, dass der Ingenieur der wahre Held und Meister des verflossenen Zeitalters gewesen ist, dem vergeht dieser Zweifel auf dem Pass des „bockenden Pferdes" zwischen Laggan und Revelstoke, an der Kanadischen Pacific, im Herzen der Rockies, die den Namen: Rückgrat Amerikas tragen.

Hier ist die Landschaft so erschütternd und wild geworden, dass einem der Atem stockt und die Haare zu Berge stehen. Mit vier Lokomotiven keucht die Bahn eine schmale Felsenspur entlang, 1.000 Fuß über dem Kolumbiastrom dahin, der sich, weiß vor Gischt, durch das zerklüftete Tal dem Pacific entgegen wirbelt; oben, über der Trasse, 8.000 Fuß hoch über der Bahn, hängen von steilen Felsenwänden, die wie Achat schimmern, weißgraue Gletscher über das Gestein herunter, wie Trauben von geronnenem Glas. Der Zug schießt durch eine Felsenspalte und alles ist verkehrt; ein vertracktes Wirrsal von Bergen, die sich durcheinanderschieben, Strömen, die nach drei Seiten in betäubenden Sätzen davonbrausen, Felsenbrücken, die sich quer von einem Berg über einen Hügel geworfen haben, tausend Hindernisse zwingen die Schienen in die schwierigsten Kurven, Steigungen und Senkungen. Die Bahn drückt sich durch Tunnels, die im Berginnern Schleifen und Spirale nachahmen, über Stahlbrücken, die das Wunder des Kontinents geheißen sind, der Reisende im Aussichtswagen taumelt von der rechten Seite auf die linke hinüber und zurück, für den Zeitraum einer Stunde weiß er wahrhaftig nicht mehr, wo rechts und links, oben und unten ist.

Man muss sagen, dieser Gebirgspass hat wirklich Glück gehabt; er hat seinen pittoresken Namen von einem Erlebnis erhalten, das wohl fürs Pferd aber nicht für seinen Reiter ein amüsantes Erlebnis gewesen ist. Der kühne Ingenieur, der für seine Bahn das Terrain sondieren kam, wurde von seinem Gaul derartig vor den Kopf gestoßen, dass die Indianer ihn schon zu begraben anfingen. Er wurde wieder wach, und die Bahn fährt jetzt dort durch, wo sein Grab hätte sein sollen. Die Indianer, die eine so direkte Kraft des bildlichen Ausdrucks haben die meisten Indianernamen von Orten hier herüben ergeben, übersetzt, Begriffe von hoher Phantastik – benannten die Enge nach dem bockenden Pferd, und man muss ihnen und dem Pferd für den Namen dankbar sein, denn wirklich, die Gegend hier herum und insbesondere die ewigen Berge, heißen nicht schön, man könnte das nicht sagen.

Die C. P. R. hat, als sie ihre Bahn durch dieses neuerschlossene Land baute, die Erde hier einfach unter ihr Personal verteilt, die größten Funktionäre haben dabei natürlich die größten Berge bekommen. Ein Riese dahier heißt Mount President, ein etwas kleinerer daneben Mount Vice-President. Der gewaltigste dieser Berge, die von den Indianern, als es noch keine Eisenbahnen gab, als ihre wirklichen Götter verehrt wurden, ist nach dem High Commissioner von Kanada (unter der eben abgesetzten liberalen Regierung), Lord Strathcona and Mount Royal benannt, dem auch unzählige Städte, Parke, Hotels, Galoschen und Felsenspalten, Zigaretten und Apfelsorten ihren Namen Strathcona verdanken. Lord Strathcona ist ein Finanzgenie, und der Handel Kanadas hat ihm eine Menge zu verdanken. Ehe er zu seiner hohen Stellung gelangte und seinen Titel erhielt, war er ein gewöhnlicher Bürger mit Namen Mr. Donald Smith. Ein Genie war er jedenfalls schon als Bürgerlicher; der 10.000 Fuß hohe Berg hieß darum einfach Mount Donald. Als aus dem Mr. Smith Lord Strathcona wurde, durfte man dem Berg die Schande nicht antun, dass er als simpler bürgerlicher Berg im Lande stehe, der Berg wurde also in den Adelsstand erhoben und heißt jetzt Mount Sir Donald. Hoffentlich werden ihn die Konservativen, die jetzt am Ruder sind, nicht demolieren.

Die Grand Trunk Pacific, die jetzt ihre Strecke nördlich an den gelben Felsen vorbei durch das Felsengebirge baut, hat auch schon eine Menge Ströme, Wälder und Wiesen nach den Ihren benannt, und es ist nicht ausgeschlossen, dass ich, wenn mich nach Jahren mal mein Weg nach dem Arktik führt, über den „Mount Kon" dort hinauffahren werde!

Der Pfeilsee

Hinter Kicking Horse beginnt Britisch-Kolumbien, das Sagenland. Wenn es heißt, Kanada sei die Zukunft der Welt, so darf man sagen, Britisch-Kolumbien sei die Zukunft Kanadas. Durch das gletscherbesäte Tal des Illecilliwaet neigt sich das Land, vom Rückgrat Amerikas nieder zur Küste des Pacific, zu B. C., wie die Kanadier das Land in liebevoller Abkürzung nennen.

Auf einer flüchtigen Reise ist man dankbar für Symbole, die einem die Quintessenz, Wesen und Rätsel eines Landes auf eine Formel gebracht vorführen; im Ernteland Alberta war's die Blumen- und Baumoase auf der Mc Gregor-Ranch, hier in B. C., so kommt's mir heute vor, ist mir dies Symbol in dem märchenhaften und über die Grenzen der Dominion hinaus berühmten Obstgarten des Herra James Johnstone begegnet, im wundervollen südlichen Kootenay-Gebiet.

James Johnstones Garten

Dieser Märchengarten liegt an einer steinigten Berglehne, und man würde, sieht man von der Stadt Nelson über den Wasserarm hinüber, kaum glauben, dass dort drüben an dem Hange etwas anderes gedeihen könnte, als ein paar kümmerliche Föhren zwischen den grauen Felsenblöcken. Das hat man noch vor zehn Jahren auch wirklich geglaubt. Bis ein armer Schweizer Farmer, der dort auf den Steinen saß und kümmerlich Roggen oder Kartoffeln oder was Ähnliches pflanzte, in dem Boden den besten Boden für Apfelbäume, Birnenbäume, Pfirsich und Pflaumenbäume entdeckte. Dieser erst als Narr verschriene, bald zugrunde gegangene und gänzlich verschollene Schweizer ist der Vater der Obstzucht in B. C. geworden, und diese Obstzucht fängt an, den Obstländern Ontario, Kalifornien und Florida gefährlich zu werden.

Mr. Johnstone sitzt auf dem Erbe des Schweizers, und an den Korb voll Birnen und Pflaumen, den er mir auf die Reise mitgab, wird sich mein Gaumen erinnern, solang ich einen Mund im Gesicht habe. Johnstone führte mich in seinem Motorboot über den Kootenayarm und wies stolz auf die Bank, auf der ich mein Volumen bescheiden im Gleichgewicht hielt; auf dieser Bank hatten Gouverneure, Lords, Minister und sogar einer, der inzwischen König geworden ist, gesessen.

Ist man erst drüben bei den Steinblöcken angelangt, so gehen einem die Augen über. Diese Farm ist 20 Acker groß, aber es ist praktisch unmöglich, mehr als sieben davon zu kultivieren. Um die Zeit der Obsternte haben zwei Dutzend Menschen vollauf zu tun, dem Segen Einhalt zu gebieten, das heißt, zu verhüten, dass die Bäume a u s e i n a n d e r b r e c h e n vor Fruchtbarkeit. 2, 3 Acker bieten einer Familie ihr reichliches Auskommen und sogar einmal alle drei Jahre das Schiffsbillett nach Europa und zurück. Äpfel, groß wie meine beiden Fäuste aneinander gehalten, belasten einen Baum, dessen Jahresertrag 37 Dollar beträgt. Johnstone zeigt auf den Berg über seinem Garten hinauf: dort oben liegt eine Mulde, ginge ein Weg dort hinauf, der Boden ist derart, dass das alte Kanaan beschämt würde durch den Ertrag.

Ich schaue den Berg hinauf, es ist ein Steinkegel, ich sehe Felsen, sonst nichts. Diese Felsen eben, so belehrt mich der Züchter, diese Blöcke, zwischen denen wir hier unten herumgehen, und die Gesteinsart im ganzen Kootenay ist es, die das Wunder dieser Fruchtbarkeit bewirkt. Es ist Granit, der hier langsam stirbt, den die Luft zermalmt und der mit dem Lehmboden eine chemische Verbindung eingeht, die den großartigsten Dung für alles saftige Obst der Welt ergibt.

Diese Vorstellung von dem sterbenden Berg verfolgt mich bis in den Schlaf. Ich habe mich in dem Herumklettern zwischen den Obstbäumen an einem und dem anderen Felsblock angehalten und habe auf meiner Haut vermittels des Tastgefühls die Vorstellung wiedergefunden: der Berg stirbt, und die süßen Früchte gedeihen. –

Nächsten Morgen fahre ich den Pfeilsee hinauf zu meiner Strecke zurück, die mich vom Atlantic hierher geführt hat und über die ich jetzt bald den Pacific erreicht haben werde.

Es geht schon auf Oktober zu, und die himmelhohen Berge, zwischen die der See gebettet ist, die Selkirks im Osten, die Gold-Range im Westen, werfen sich über den schmalen See Wolkenballen zu durch den stahlkalten Himmel. Da liegt der See, zwischen Urwäldern und Felsenwänden, über die Schatten in die Höhe huschen. Er sieht aus wie ein verbogener, unregelmäßig gefiederter Indianerpfeil, vom Norden her nach dem Herzen des Kootenay abgeschossen. Dort, wo der Himmel auf den Bergen liegt, ist der Urwald nur mehr ein Wald von grauen Lanzen, die ins blaue Gestein gepflanzt sind. Waldbrände von Urzeit haben den Riesenstämmen die Rinde vom Leibe geschält. Die Ritter sind tot, und die Lanzen sind in den Boden gestoßen; wo einst das Heer stand, dort zeigen sie nach dem Himmel. Schnee kommt auf sie herab, und über ihnen ist die Wolke halb schon Stein und halb noch Himmel,

Hier unten aber, an den Ufern, bei den Felsenwänden und zwischen den Bäumen leben und bewegen sich Menschen. Es ist unwahrscheinlich, und das Gefühl sträubt sich gegen die Vorstellung, dass hier Menschen leben, in dieser Wildnis, an dieser kaum seit Jahrzehnten entdeckten, seit wenigen Jahren erst befahrenen Wasserader. Aber es ist so: in den Wäldern, auf den spärlichen Lichtungen, die sie sich mühselig aus dem Wald gerodet haben, und die ein Stückchen Boden bis ans Wasser herunter freigelegt haben, leben Menschen.

Die „Rossland" müht sich durch die Wellen vorwärts, ich stehe im eiskalten Nordwind auf dem Deck und sehe die Ufer rechts und links vor dem Kiel zurückweichen. Zuweilen scheint's, als müsste das Schiff stocken mitten in seiner Fahrt. Die Ufer rücken eng zusammen wie eine Gasse, und Sandbänke, Klippenrücken steigen aus dem Wasser empor. Da erscheint das Adlergesicht unseres Kapitäns im Steuerhäuschen, und das Schiff gleitet schlau und witzig, wie ein Fisch mit Flossenschlägen, durch die Enge hindurch.

Hier und da tönt ein dumpfes Brüllen aus dem Innern des Schiffes hervor – dann wird auf einer der Lichtungen im Wald vor uns ein Punkt lebendig. Ein Mensch, der dorten wohnt, ist benachrichtigt worden, Post oder Nahrungsmittel sind an Bord für ihn. – Aus einem Blockhaus kommt ein struppiger Riese von einem Holzfäller heraus, eine Postkarte fliegt über Bord, während wir weiterfahren steht der Riese da mit dem Blättchen in der Hand, kehrt dann in seine Einöde zurück, die Welt im Rücken. Wir aber fahren wieder stundenweit an den unbewohnten Ufern des Sees im Urwald entlang.

Was für eine Sorte von Menschen kann das sein, die sich hier niedergelassen hat, zäh mit dem furchtbaren Wald um einen Fußbreit Raum zum Leben ringt? Dies ist eine andere Sorte dahier, als jene im Weizenland mit der Sonne über sich, die den Himmel in ungeheurem Bogen schaut vom Aufgang zum Niedergang, das Jahr hindurch. Unser Schiff zieht seines gefährlichen Weges dahin, und ich denke an die

Prärie, an den sterbenden Granitberg, an die Ufer des offenen Meeres, an all die Hütten, die ich gesehen habe auf meiner Reise – und plötzlich ist es mir, als sei dieser See hier der Schattensee, und die Ufer und die Menschen gar nicht wirklich, nicht von dieser Welt.

Wir sind an einem Berg vorüber, einem weißen Riesen, der Mount Halkyon heißt, und vor uns liegt eine kleine Lichtung, die auf einer Tafel den Namen „de Mars" führt. Die Brücke wird niedergelassen, in raschem Lauf tragen fünf japanische Schiffsjungen Kisten, Tonnen und Säcke ans Ufer hinunter, legen alles der Reihe nach hin auf den nassen Sand, und schon während das Schiff weiterzieht, laufen sie die steiler und steiler werdende Schiffsbrücke hinauf, hurtig, wie geschickte Affen in das Schiff zurück. Kein Mensch ist auf „de Mars" zwischen den Zedern und Föhren zu sehen. Die Lebensmittel liegen und warten auf dem wasserbespülten Sand. Eine waldige Bucht schiebt sich zwischen unser Schiff und die Haltestelle, wir sind an „de Mars" vorüber.

Spät am Nachmittag halten wir auf eine Rodung, die, etliche hundert Meter im Geviert, zwischen den Bäumen schroff ans Wasser niederfällt.

Ein paar menschliche Wesen tummeln sich dort, durch mein gutes Glas sehe ich zwei Männer in gelben Hemden und gelben Hosen, selber wie entrindete, entlaubte Bäume anzusehen, ein Kind, das mit einem Huhn und einer Ziege vor der Blockhütte am Waldessaum spielt, und unten am See gewahre ich, auf einem Holzstrunk, eine rote Form, etwas wie einen großen Stein, über den man eine rote Decke geworfen hat – aber es ist ein menschliches Wesen, es bewegt sich ja, die Falten der Decke verschieben sich. Wie wir näher kommen, sehe ich: es ist ein Weib, sie hat einen ihrer roten Röcke über ihren Kopf geschlagen, so sitzt sie da und wartet auf das Schiff.

Wir halten, legen an, fahren weiter. Die Männer, das Kind, die Ziege sind ganz an das Wasser herunter gekommen. Die Männer haben die Fracht und die Post in Empfang genommen. Der Dampfer wendet sich ächzend weiter. Das Weib auf dem Baumstumpf hat sich nicht gerührt.

Ganz genau hab ich ihr Auge gesehen. Zwischen den Falten ihres Rockes blickte ihr Auge nach dem Schiff aus. Sie wollte unsichtbar sein für die Augen, die vom Schiff hinunterblickten, aber ihr Auge ging unruhig unsere Augen an Bord entlang, aus dem starren roten Gebilde sah ein lebendiges Auge uns Menschen an, die kamen und weiterzogen; der Herbstwind, der an unseren Mänteln zauste, schien geringere Gewalt über das rote Gebilde unten am Ufer zu haben.

Wie wir schon weit sind, erhebt sie sich, wirft den Rock mit einem Ruck von ihrem Kopf herunter und geht den Männern und dem Kinde nach, langsam auf das Blockhaus zu.

Durch mein Glas sehe ich sie ganz genau. Sie ist eine ältliche Frau, großgewachsen, aber von verquollenen Formen, mit leuchtenden roten Haaren über ihrem ungesunden bleichen Gesicht. In ihrem Gang, auf ihrem Gesicht liegt etwas, dass ich mir sage: ich verstehe dich, ich verstehe es, warum du nicht gesehen werden willst in dieser Einöde, in der du dein Leben beschließt. Ich zeichne mir die Kontur dieser Gestalt in mein Notizenbuch ein, und plötzlich fällt mir eine Frau ein, die ich vor Jahren in München gesehen habe, eines der sinistren Geschöpfe dieser Zeit – ich erinnere mich an die Haltung, an die Kontur, den Gang, an die ganze Gestalt, an die Einöde, in der sie ihre Tage verlebt, und ich schreibe unter die Zeichnung in mein Notizenbuch den Namen: Helene von Dönniges ein. –

Es wird Nacht, tief innen zwischen den Stämmen sieht man das rötliche Licht eines Meilers brennen. Ein kleines Kanu, in dem ein kleiner Indianerjunge und ein weißer Knabe sitzen, kommt ganz tapfer an unser Schiff herangepaddelt. Es ist kalt, und auf dem Deck ist niemand mehr. Auch ich gehe in meine warme Kabine, mit meinem guten Buch, und bereite mich auf die Nachtruhe vor, draußen weht es tüchtig durch die Stricke.

Vorne am Schiffsschnabel hat man jetzt die Laternen hinter den riesigen Scheinwerfern angezündet. Sie suchen dem Schiffe seinen schwierigen Weg vorwärts, nach Norden. Aus meinem Kabinenfenster sehe ich den weißen Schein gespenstisch über Felsen, Bäume, Laub dahinhuschen, der Schein hebt Schichten von Laub von der Masse dahinter ab, trennt eine hellgraue Kulisse von dem dunklen Hintergrund, streicht über den nassen Sand und das schaukelnde Wasser, huscht durch die neblige Nacht und verweilt in ihr.

Auf einmal dröhnt das Signal des Schiffes. Die Scheinwerfer huschen mit ihrem Licht nicht weiter, sondern behalten einen Fleck des Ufers in der Ferne im Auge, sie werden starr, während das Schiff sich bewegt, dreht, vorwärts gleitet. Größer und größer wird der hellgraue beleuchtete Fleck, wie unter einem Fernrohr, das man mit ruhiger Hand in die richtige Distanz einstellt. – Ich sehe: eine kleine Gruppe von Häusern steht dort, nahe beim Wasser, sie sehen anders aus, diese Häuser, als die Blockhütten in der Wildnis hinter uns. Vier, fünf kleine saubere Häuschen stehen in einer Reihe da, hinter der hellgrauen Laubkulisse. Jedes steht in einem Gärtchen, und in den Fenstern brennen Lichtfunken rötlich im Grau. Zwei rötliche Punkte schwingen auch vorne beim Wasser. Eine kleine Gruppe von Menschen steht dort, einer hat die beiden Laternen in den Händen, mit denen er uns das Signal durch die Nacht gegeben hat: Passagiere an Bord nehmen!

Wir sind ganz nahe, und plötzlich sehe ich am Ufer, auf einer Tafel, gerade unter meinem Kajütenfenster den Namen der Station: Renata. …

Da erinnere ich mich: Renata, so hieß der Ort, von dem mir, vor Wochen, der alte liebe Reverend Hansen in Altona, Manitoba, sprach. Eine kleine Kolonie evangelischer Deutschen hat ihn gebeten, ihrer neuen Niederlassung in Britisch-Kolumbien einen Namen zu geben; und er hat sie, nach seinem jung verstorbenen Kinde, Renata getauft.

Diese Häuschen, die so fremd daliegen in der Nacht, mitten im Urwald, dies ist der deutsche Ort Renata.

Schon suchen die Scheinwerfer andere Ufer. Hinter uns, in der Finsternis, sind die roten Lichter in den Häusern deutlich zu sehen, die beiden kleinen rötlichen Laternen schwanken jetzt auf jene schüttere Lichterreihe zu. Zwei Menschen gehen draußen an meinem Kajütenfenster vorüber, aber ich kann nicht hören, in welcher Sprache sie miteinander reden. –

Ein paar Wochen später lese ich, in San Francizko[1], in einer englischen Zeitung Einzelheiten über den Selbstmord Helenens von Dönniges. Es steht kein Datum genannt, und ich kann mich nicht genau entsinnen, an welchem Tage ich über den Pfeilsee gefahren bin.

---

1   Anm. des Verlags: „San Francisco" wäre die korrekte Schreibweise.

Wahltag in Sheepcreek

An dem verhängnisvollen Tage, an dem es sich entscheiden soll, ob Kanada für oder gegen die Reziprozität mit der Union ist, bin ich oben in den Bergen, in einem Goldminenlager an der Grenze von Britisch-Kolumbien und den Staaten Washington und Idaho, meilenweit weg von der Eisenbahn.

Dass es so wild und wüst aussehen wird, hier oben in Sheepcreek, das hätte ich mir denn doch nicht gedacht. In den Zeitungen bin ich wiederholt ganzen Seiten mit Ankündigungen der „Townsite Sheepcreek" begegnet. Wie ich jetzt sehe, ein glatter Betrug. Die Townsite Sheepcreek besteht aus einer Bretterbude mitten im Urwald, ich weiß nicht wie viele 1.000 Fuß hoch über dem Meeresspiegel, aber ich weiß, vier wohldurchrüttelte Automobilstunden Weges von der Station fort, die selber schon in beträchtlicher Distanz hinter dem Rücken Gottes sich befindet.

Herr Buckley, der Manager der „Queen"-Goldmine, löst mir das Rätsel der „Townsite". Der Eigentümer der Bretterbude ist der General-merchant des Ortes und möchte gern eine Schanklizenz erhalten. Andererseits aber ist ein ähnlicher Schwindel mit Grundstücken in Orten, die gar nicht existieren, hierzulande gang und gäbe. Als man hier in den Bergen Gold fand, als der erste Claim von einem Herrn, der jetzt als reicher Mann in Nelson sitzt, in dem harten Boden abgesteckt worden war, da kamen sofort die „Boom"-Witterer, die hier so etwas wie ein Cripple-Creek oder Klondyke in Szene setzen wollten, kauften das wertlose Land für einen Topf Bohnen zusammen und möchten es jetzt, da sich ihre Spekulation als nicht so sehr glänzend erweist, auf diese unsolide Art wieder losschlagen.

Herr Buckley ist ein persönlicher Gegner des Saloon-Projektes hier oben in den wilden Bergen, er weiß wohl warum. Ehe er auf seinen isolierten und unbehaglichen Posten hierher als Aufseher der Goldgräber kam, war er unten in Wisconsin Scheriff gewesen und kennt das Volk der Abenteurer auf Bergpfaden und Landstraßen genau. Schnaps hier oben, unter diesem Goldgräbervolk, das fern von allen Vergnügungen, von Weibern, von der Eisenbahn, zwischen den Gefahren des Innern der Erde und den Aufregungen des Kartenspiels, seine Tage und Nächte zubringt, Schnaps in Sheepcreek bedeutet Schießerei, Disziplinlosigkeit, Ärgernis. Rundherum auf den Bergeskuppen in stundenweitem Umkreis sitzen ein paar Hundert verdurstete Goldgräber auf der Nugget-Mine, der Motherlode, ein Saloon hier mitten im Urwald gäbe eine nette Bescherung.

Aber es lässt sich nicht voraussagen, wer am Ende gewinnen wird. Gehen die leichtgläubigen Toren auf den Leim, oder bemächtigen sich die leichtfertigen Spekulanten Sheepcreeks – wer wird denn persönlich herkommen und sich von der Wahrheit der Annonce überzeugen? Solche Geschäfte werden blindlings beim Real Estate-Mann abgeschlossen! – dann können hier wirklich noch ein paar Bretterbuden mehr aufspringen und Alkohol und Mord und Totschlag dazu.

Gegenwärtig hält die Verwaltung ihre Leute streng, und wenn der Chauffeur oder ein Holzkutscher von der Station eine Flasche Schnaps heraufschmuggeln, so fliegen sie kopfüber aus ihrem Job hinaus. Die Verwaltung macht sich dadurch bei ihrer Arbeiterschaft nicht sehr beliebt, aber die Mine zahlt bessere Dividenden.

Ich habe die Schaftstiefel, die Bluse und die Overalls des Präsidenten angezogen und folge Herrn Buckley durch die Gänge der Mine. Der Präsident scheint zum Glück ein Herr von angenehmer Körperfülle zu sein, sonst müsste ich mir meine eigenen Kleider schmutzig machen. 750 Fuß unter dem Gebirgsbach, dessen Namen die Gegend trägt, dröhnt die Erde von dem Bohrer, den zwei graue, bleiche Männer, über und über nass von umherspritzendem Gestein, bedienen.

„How dye do?"

Ein Querschacht wird angebohrt. Ganz deutlich kann man, wenn man die Kerze über den Kopf hält, die glitzernde neidgelbe Ader im Gestein laufen sehen. Es ist ein ergiebiger Schacht, der da aufgetan worden ist.

Nicht alle sind es.

Zuweilen wird ein Steingang drin im Berg abgeklopft, und der Berg äfft den Menschen, und wenn der Mensch sich im Schweiße seines Angesichts abgemüht hat, da merkt er: der Berg hatte ihn zum besten.

An solch einem tauben, angebohrten Crosscut kommen wir vorbei auf unserem Weg durch die Mine. Ein schwarzer Sack liegt vor seinem Eingang auf dem Boden. Herr Buckley leuchtet mit seiner Kerze hin und spricht:

„Hier ist er gestorben."

Ich weiß von der Geschichte. Gestern früh hab ich sie im „Daily Star" gelesen. Sie stand in unmittelbarer Nachbarschaft der wichtigen Nachricht: der populäre deutsche Autor Herr So und So, gedenke sich nach dem Goldlager bei Sheepcreek zu begeben, um Lokalkolorit für westliche Erzählungen zu holen. Der tote Richard Heskett und der populäre Herr So und So waren für einen Tag im Blättchen Nachbarn geworden, morgen sind beide vergessen.

Da stehe ich mit Buckley vor dem Sack. Ich habe meine Mütze vom Kopf genommen, aber es ist mir nicht gegeben, durch ein Zeichen, ein Kreuz über Stirn und Brust, die Ehrfurcht vor dem Tode auszudrücken. Da stehe ich vor dem Sack, auf dem der Erstickte gelegen hat, und denke an meinen Schreibtisch in Berlin. Ich fühle, grausam wie es nur ein Mensch fühlen kann, was das für ein Gewerbe ist, das unsereiner treibt. Blut klebt an meiner Neugierde, die mich durch den fremden Erdteil jagt und zurück zu meinem Schreibtisch jagen wird. Dasselbe Blut, das andere für die harte Not ihres Lebens in Bergwerksgängen und auf Bahnschienen ruhmlos verspritzen, klebt an meiner Neugierde, auf Schritt und Tritt, wohin ich kommen mag.

Der Kreuzschnitt hat nicht gar weit ins Innere geführt. Als die Sprengung vorüber war, und der Rauch, der Richard Heskett umgebracht hat, sich verzogen hatte, da war der Irrtum klar, der Tod schaute aus dem Loch heraus, sonst schaute dort nichts heraus. –

Eine Stunde lang marschieren wir beide unten in den Gängen des Goldes herum, steigen dann zur Sonne hinauf und gehen in die Mühle, wo Mr. Buckley mir die schütternden wasserüberströmten Tafeln zeigt, auf denen das Steingeröll von den schwereren Goldkörnern gespült und das Gold rein gewaschen wird. Im Retortenhaus nehmen wir drei schwere silberne Äpfel mit, es sind Quecksilber-Äpfel, die in ihrem Innern für achthundert Dollar Gold eingeschmolzen tragen. Dann gehen wir ins Blockhaus des Managers zurück, in dem ich heute und morgen als sein Gast wohnen werde.

Im Blockhaus ist Besuch. Zwei ernste Leute, wie Handwerker im Sonntagsstaat anzusehen, warten auf den Manager. Es sind die beiden Brüder des toten Mannes Heskett.

Gestern haben sie die Leiche ihres Bruders in der Kreisstadt besucht, heute sind sie hergekommen, um seine Habseligkeiten an sich zu nehmen. Am Nachmittag wollen sie wieder weiter.

Mr. Buckley zeigt in eine Ecke. Dort liegt der Handkoffer, die Arbeitskleidung und der Bettsack des Toten, eine blanke Spitzhacke lehnt daneben an der Wand.

Der eine Bruder durchsucht mit weinenden Augen den Koffer, findet das Arbeitsbuch mit Versicherungsmarken, eine kleine rote Kravatte, den Rasierspiegel, die Bibel, eine Photographie. Der andere Bruder starrt wie hypnotisiert auf die Goldwage, die unter ihrem Glassturz auf dem Zahltisch steht.

„Wie ist das geschehen?"

„Er ist zu früh ins Loch zurück, um zu sehen, wie das Dynamit gearbeitet hat."

„Er hat hier in Sheepcreek sein ‚Chance' gesucht."

„Schade, er war ein netter, sauberer Junge, er war beliebt bei all den anderen."

„Wie hat man ihn gefunden?"

Herr Buckley taucht den Kamm in die Waschschüssel und zieht sich vor dem Spiegel einen Scheitel. „Er war noch ein bisschen warm, wie man ihn gefunden hat."

„Wie heißt der Coroner, der die Untersuchung führen wird?", fragt der Bruder, der mit dem Handkoffer fertig geworden ist.

„Dr. Packer, ein kleiner, dicker Rasierter."

„Ich kenn' ihn.", sagt der Bruder.

Dann gehen wir ins Logierhaus zu den Bergleuten hinüber essen.

Bei Tisch ist die Stimmung gedrückt. Ich sitze zwischen Buckley und den Brüdern und werde für einen Freund der trauernden Familie gehalten. Erst wie die Brüder mit dem Wagen fort sind, klärt sich der Irrtum auf. Die Stimmung wird etwas lebhafter, die Gespräche gehen durcheinander. Einer ist da, der lacht und scherzt unentwegt und ist guter Dinge. Es ist ein junger Mensch mit einem Mädchengesicht, Mädchenbewegungen, der Gehilfe des Kochs. Als er hört, ich sei aus Berlin, fängt er an, von den Linden und der Friedrichstraße zu schwärmen. Er hat sich zweimal rund um den ganzen Erdball gearbeitet in seinem jungen Leben.

„Wo hat's Ihnen am besten gefallen? In der alten Heimat?" (Er ist Schotte, aus Glasgow.)

„Ach nein, in Frisco!"

Frisco – ein Seufzen, Ausrufen, zärtliches Hinflüstern des magischen Namens geht über alle diese Gesellen hinweg, hier rundherum an dem langen Tisch. Frisco – das Paradies der Leute, die ihr sauer Erworbenes rasch und fidel von sich schmeißen, in die Gässchen mit den roten Lichtern hinein, auf die Spieltische hinten in den Chinesenläden, auf den Tanzboden, wo die Freuden des Texas Tommy herumspringen.

Draußen pfeift's in der Mühle zur Schicht, und ein paar von den Männern stehen auf, wischen sich den Mund und gehen an die Arbeit. Einer, ein schwarzbärtiger Bär, pufft den Kochsjungen beim Hinausgehen in den Rücken, der Junge biegt seinen Kopf auf die Schulter nieder und blickt den Bären mit seinen hellgrauen, lachenden Augen an.

Oben im Saal des Logierhauses, wo die Betten stehen, ist ein Tisch in die Mitte gerückt. Der Vertrauensmann aus der Kreisstadt ist angekommen, und die kanadischen Staatsangehörigen geben ihre Stimme für den liberalen Dr. King ab, der heut Abend schon durchgefallen sein wird.

Ein Mann hebt zwei Schwurfinger in die Höhe. Ein Zettel fliegt in eine Blechbüchse. Drin in der Blechbüchse rumoren die Geschicke der Nation: Reziprozität oder nicht?

Nebenan, an dem Tisch beim Fenster, gehen indes wichtigere Dinge vor.

Einer hält die Bank, zwölf stehen im Kreis um den Tisch herum, stecken die Hände in die Taschen ihrer harten Hosen und holen zerknüllte und schmutzige Dollarscheine hervor.

Twobits ist der niedrigste Einsatz – ein Vierteldollar. Die Scheine fliegen auf den Tisch. Was ist's für ein Spiel? Black Jack, erwidert man mir. Ich sehe näher hin, es ist das bewusste 21. Ein großer dicker Schwede setzt nie weniger als zwei Dollar. Seine rote haarige Pranke zittert ein wenig, wie er über den Tisch nach den Dollars langt, die er gewonnen hat. Nach einer Weile zieht er blank ab, wirft sich auf eines der Betten und holt unter den alten Kleidungsstücken ein Zeitungspapier hervor; auf dem zusammengefalteten Blatt lese ich „Skandinavisk …"

Die notgedrungenen Abstinenzler entschädigen sich beim Kartenspiel für alle anderen unterdrückten Leidenschaften. Achtstündige Arbeit wird ihnen mit vierthalb Dollar bezahlt. Davon wird ihnen einer für Kost und Logis abgezogen. Manche bleiben monatelang, andere halten es an einem Orte nicht länger als vier oder sechs Tage aus. Sie ziehen von Mine zu Mine. Dass ein Grubenarbeiter seinen Beruf wechselt, gehört zu den Seltenheiten.

„Once a miner, always a miner!", erklärt mir der junge Campbell, der Sohn des Vorarbeiters. Er träumt von einer Bergwerkschule in Dortmund, er will an die Bergakademie nach Sachsen. Er steht unten beim Aufzug im Schacht, sein Vater verdient fünfzig Dollar die Woche, aber der Sohn hat höhere Pläne, Ingenieurstudium, Deutschland!

„Ich will Sie jetzt mit dem anderen Mann bekannt machen", sagt er, und wir gehen in eine hintere Stube des Logierhauses.

Ein junger rothaariger Mensch sitzt dort auf einem Bett und drei Männer stehen um ihn herum. Es ist der Gefährte des toten Heskett, und bei einem Haar läge er dort, wo jener liegt.

„Dick war vier Tage lang nicht in der Grube gewesen", sagt einer, „und war nicht an die Luft gewöhnt. Wärst du auf Urlaub gewesen vorher, so hätte auch dich der Teufel geholt."

„Tommy rot", schreit der Rothaarige. „Die Luftpumpe taugt nichts, daran wäre ich krepiert!" Er ist totenblass, der arme Kerl, und die Augen stehen ihm wie Glaskugeln aus dem Kopf hervor. Eine Kognakflasche steht unter seinem Bett – die Verwaltung hat diesmal Gnade vor Recht ergehen lassen. „Der Coroner …" sagt er und ballt drohend die Faust.

Draußen beruhigt der Manager die Leute, die danach fragen. „Er hat seinen Job geliebt, das ist der Grund. Er hat's nicht erwarten können, zu sehen, wie der Sprengstoff im Crosscut gewirkt hat. Der Gang war noch voll von Gasen. Andere legen sich draußen schlafen derweil. Er hat seinen Job geliebt, das ist der Grund."

Armer toter Heskett. Armes totes Rindvieh! Er hat es nicht erwarten können, er musste rasch sehen, ob die Aktionäre dieses Jahr eine bessere Dividende erhalten werden, als die vorjährige war, Friede mit ihm.

Nächsten Tag, gegen Abend, fahre ich durch den Urwald zur Station zurück. Seit vier Tagen hat's geregnet, und die Straße ist bodenlos.

Siebzehn Dagos marschieren, ihr klatschnasses Bettzeug auf den Rücken geschnallt, bis über die Knöchel in Kot watend, mit knietiefen Schritten, fluchend durch den Wald zur Station zurück.

Ein paar Glücklichere, die gestern mit ihnen von der Station heraufgekommen waren, sitzen warm in den verstreuten Holzfäller-Blockhäusern am Weg und vertreiben sich die Zeit mit Kartenspiel, bis der Regen aufhört. Sie lachen die kotigen, fluchenden Dagos aus, die von einer Seite des Weges auf die andere nach einer trockneren Scholle hüpfen, zwischen den roten Zederstrünken und den blauschwarzen vom Dynamit zerrissenen und verkohlten Stämmen des Waldes. Oben in der Queen, im Nugget, war keine Stelle frei. Motherlode ist im Umbau. Da ziehen sie durch den Wald zurück den Weg, den sie gestern kamen, die siebzehn.

Zehn Meilen zu Fuß, bergauf bergab, durch bodenlosen Kot, das schwere mit Wasser vollgesogene Bettzeug auf dem Buckel – und wieder zehn Meilen zurück, weil's keine Arbeit gab dort oben – das ist kein Spaß. Unser Automobil hüpft halbe Meter hoch durch die Pfützen. Es ist bitterkalt. Wir ziehen unsere Köpfe zwischen die Schultern und ziehen unsere Mützen tief herab über die blaugefrorenen Ohren.

Zauber der Städte Britisch-Kolumbiens

Nur wie ein Reisender, der zu seinem Vergnügen daherzieht, will ich über die Städte an der Bucht des Pacific schreiben, nicht anders.

Über manches wäre zu berichten. Über das merkwürdige System der Single tax, der einfachen Grundrentenbesteuerung, die alle weiteren Steuern aufhebt und in sich schließt – dieses Ideal der Bodenreformer ist in Britisch-Kolumbien und im benachbarten Oregon durch die Tatkraft der für Henry George schwärmenden Stadtväter Wirklichkeit geworden. Über die märchenhafte Bautätigkeit, die die Stadt Vancouver, in der sich das System seit Jahren bewährt, hinauf in die vorderste Front der neuen Städte Kanadas geschoben hat. Über die fabelhafte Lage dieses einzigen Hafenplatzes müsste ich berichten, der, zwischen den beiden werdenden Hauptfaktoren der Pazifischen Küste, Alaska und Panama, den Handel der Küste mit San Franzisko teilen wird in kurzen Jahren. Vom Reichtum des Fabellandes Britisch-Kolumbien wäre zu berichten, von diesem Holz, Erz, Wild und Fischland vor allen anderen der Dominion. Von einer interessanten Bekanntschaft in Vancouver, einem preußischen Aristokraten, Herrn von Alvensleben, der zur rechten Zeit hierher gekommen ist und auf ein Stück Papier eine anschaulich und verwegen in die Höhe gebogene Kurve zeichnet, die die Wertsteigerung aller in Britisch-Kolumbien investierten Kapitalien vorstellen soll. Daran knüpfend wäre vielleicht ein Wort über die angenehme Wertsteigerungskurve zu verlieren, die die Arbeit im gesunden Land der Single tax im Junkertum der Welt bewirken kann, wenn dieses sich zur rechten Zeit von der Armee, den Pferden und ähnlichen Beschäftigungen zu den Ländern des Erdbodens und der vorbeiziehenden Schiffe wendet. Und den Beschluß des „Zaubers" könnte dann ein Satyrspiel machen, in dem die verspäteten Nachzügler aus jenen Gefilden des Junkertums kläglich aufmarschierten, die die Legende von dem Glück, das einer der Ihren in Britisch-Kolumbien gemacht hat, in hellen Scharen an den Stillen Ozean herbeilockt, beständig und crescendo …

Aber wie gesagt, nur wie ein Reisender, der seinem Vergnügen nachjagt, will ich von den Städten an der kanadischen Bucht des Stillen Ozeans berichten, über die sozusagen penetrante Atmosphäre, die das Völkergewühl hier im äußersten Westen über die phantastischen Städte Vancouver, Westminster, Victoria ausbreitet.

Hier ist auf einmal ein neues Element in das schon im Osten erstaunlich wirkende Gemisch gedrungen. Zu den Völkern aus allen Teilen Europas und allen

Ländern um das Mittelmeer herum, die über Kanada verstreut sind, schlägt sich in Britisch-Kolumbien die Masse der chinesischen, japanischen und der Hindu-Einwanderung und tönt das Bunte noch mit gelben und braunen Nuancen.

Wie die Südstaaten der Union ihre Schwarzenfrage und die Oststaaten ihre Judenfrage haben, so fängt der kanadische Westen an, seine Chinesenfrage zu bekommen. (Die Union hat bekanntlich die Einwanderung aus Japan und China vor einigen Jahren in kategorischer Weise geregelt.)

Die Chinesen sind, wie ich auf Farmen und Fabriken im Westen hörte, die anständigsten, solidesten und auch gesuchtesten Arbeiter. Die Hindus, die meist in den niedrigsten Berufen, in Sägemühlen, beim Bahnbau verwendet werden, gelten als langsame, apathische und darum trotz ihrer Gewissenhaftigkeit und Ehrlichkeit wertlose Arbeitskraft. Die auch danach entlohnt wird! Die Japs sind unbeliebt. Sie verrichten ihre Arbeit tüchtig und flink, gelten aber als Spione, und der weiße Farmer und Arbeitgeber ist froh, wenn er den Japaner los ist. Die Chinesen aber sind die Musterarbeiter. Obzwar sie sich mit allen Jobs zufrieden geben, die sich ihnen bieten, sind sie in ihren Lohnforderungen gar nicht anspruchslos und verderben darum den Arbeitsmarkt durch Unterbietung nicht auf die Weise, wie es im Osten die Italiener, Syrer und Slowaken tun. Für ihren guten Durchschnittslohn leisten sie viel sauberere und reichlichere Arbeit als welcher Weiße immer.

Langsam sickern sie in das Städtebild Britisch-Kolumbiens als ein wesentliches Element ein, in manchen prosperierenden Städten, dem hübschen Victoria zum Beispiel, haben sie sich sogar schon im besten Geschäftsviertel der Stadt dauernd und extensiv niedergelassen.

Meine lieben Reise- und Hotelgefährten, ein junges kanadisches Ehepaar, das ich von Banff bis Seattle an jedem Ort meines Aufenthaltes wieder gesehen und genossen habe, zitieren mir in Vancouver Kiplings Vers:

„O East is East and West is West,
And never the twain shall meet!"

den Vancouver so gründlich widerlegt durch das Wesensgemenge seiner Bevölkerung. Und wirklich, das Leben in einer dieser Städte an der Meerenge von Georgia und San Juan de Fuca, an einem Feierabend, wenn die Massen ins Freie strömen, bietet ein bewegtes Bild, das man lange nicht vergessen kann!

Aus den Urwäldern im Norden, aus den lebenden Kathedralen der Douglas-Zedern, der Hemlocks, Föhren und Tannen sind große, wilde Menschen hergekommen, wie von der Mimikry rissig und zottelbärtig gelbgefärbt, Holzfäller in braunen Hemden und Schaftstiefeln, an die die Eisenstacheln geschnallt sind, die ihnen beim in die Höhe Klettern dienen. Feine Lords eilen mit ihren Ladies durch die Straßen, vom Hotel in die Theater, wo Lieblinge Londons und New Yorks Stücke vom Strand und vom Broadway aufführen. Eine Gruppe von Hindus geht, ganz langsam, mit verschleierten Augen und schweigenden, langbärtigen Gesichtern durch die hastende Menge. Sie sind ganz europäisch gekleidet, diese Leute, aber unter dem rosa oder hellgrünen Seidenturban sitzt der blau eintätowierte Stern ihrer Kaste zwischen den Augenbrauen. Ein tolles Abenteurergemisch von konfiszierten Berliner, Wiener, Pariser und Budapester Gestalten schiebt sich und gestikuliert an den Straßenecken, vor den Agenturen der Bahnen und den kleinen Winkelbüros, wo die Börsenkurse in den Fenstern hängen, hin und wieder; die Pools, die Billardsäle, öffnen sich weit auf die Straße und verflüchtigen sich in dunklen Hinterhäusern zu gefährlichen Spielzimmern, Wett- und Würfelverließen. Die Heilsarmee zieht mit Donner und Gloria, es ist Samstag, durch die Gassen, ihre Gesänge, Trommeln und Verzückung. begegnen an der Ecke der großen Handelsstraße einem Wagenzug der Suffragetten, aus dem Zettel in die Menge, auf die Hüte der Leute und die Trommeln der Gottesschar fliegen. Alle Rechte der Erde und des Jenseits wirbeln an der Ecke vor dem Bahnhof in einem betäubenden Höllenspektakel zusammen, die Automobilhupen der rasch dahinfahrenden und rasch reichgewordenen Spekulanten bellen ihr reales Gebell mitten in den Trubel hinein.

Aber hinten, wo das Meer zwischen den kleinen abschüssigen Gassen in der Tiefe durchschimmert, dort wo das nächtliche Feuer der verkohlenden Abfälle von der großen Lachsfischerei schwelend zum Himmel aufsteigt, dort ist eine viel stillere, leisere Welt, eine lichtscheue, sanft auf Filzsocken dahinhuschende, lispelnde, unergründlich unheimliche Welt von dünnen, seidenen, übelriechenden Wesen. In gestickten Röcken und mit Zöpfen huschen Männer vorüber, ihre geschlitzten Frauenaugen funkeln tückisch durch die Finsternis. Aus engen, schmutzigen Treppenhäusern huschen und huschen sie auf die Gassen heraus, still und heimlich wie Ratten des Rinnsteins, huschen auf ihren Filzpantoffeln in verhängte, scharfriechende Spezereiläden, wo unter reichvergoldeten Schnitzereien, die die Wände schmücken, Tonnen mit allerhand ekelerregenden Leckerbissen stehen: Hammeleingeweide, Seepferde, Walfischflossen, Quallen, Honigkuchen und andere Unsagbarkeiten. Zwischen den Tonnen sitzen an langen Pfeifen lutschende Kerle um einen Tisch herum und spielen ein wildes Glücksspiel, mit Triktraksteinen und Würfeln, das berüchtigte Fon Hong, auf das eine hohe Strafe in den Gesetzbüchern des Landes steht. Aufgequollene Chinesenweiber watscheln in flatternden Seidenhosen und hellen, reich mit dunklen Ornamenten verzierten Seidenblusen herum, entsetzliche, eingeölte Pagoden, die Brüste dreimal so breit als die Beine lang, hinter sich ziehen sie liebliche und aparte Miniaturhöschen und Zöpfchen und Blüschen her, in denen kleine gelbe Chinesenkinder stecken.

Aus einem Haus mit einem großen chinesischen, aus elektrischen Lichtern gebildeten Buchstaben tönt ein schriller Lärm heraus, synkopierte Töne, Gekreisch und Geklopf, Holz- und Menschenlaut und Horngetute. Dies ist das chinesische Theater.

Ein kleines Orchester sitzt hinten auf der Bühne, die keine Kulissen hat, sondern ein Podium mit allerhand herumstehenden Möbelstücken, kostümierten und nichtkostümierten, schwätzenden, agierenden, rauchenden, spuckenden und gestikulierenden Menschen ist. Die Musikanten schlagen mit Holzklöppeln auf Holztonnen los; ein Schalmeibläser tutet, dass einem die Zähne davon wehtun; ein Kerl mit einer Kniegeige zwischen den Beinen fiedelt auf einem einzigen Schafsdarm eine Melodie daher, die eine fünftausend Jahr alte Tradition hinter sich hat. Der Kerl ist schon ganz blödsinnig von seinem eigenen Gefiedel, und sein Kopf fliegt, wie vom Veitstanz geschüttelt, auf seinem dürren Hals herum.

Der Rhythmus ist ungefähr: tattata-tih-titti-tattatohtohtohh! Ich werde das, wenn ich in Berlin ankomme, einem kompetenten Musiker vorspielen.

Das Parkett ist voll von schwatzenden, entsetzlich stinkenden Kulis. Sie schieben sich Kürbiskerne zwischen die schwarzen Zähne, rauchen Knaster und kommen und gehen während der Vorstellung. In einer Loge sitzt eine Dame, eine Engländerin. Ihren Schleier hat sie längst nicht mehr umgebunden, jedermann weiß, weswegen sie im Theater sitzt. Alle die Abende, die ich im Theater bin, sehe ich sie in ihrer Loge sitzen. Sie ist wegen des jungen Schauspielers da, der eine der Frauenrollen spielt. Er stelzt mit graziösen Bewegungen, Getue und Genicke, mit wundervollem Spreizen und Aufschnellenlassen seiner langen weißen Hände auf der Bühne hin und her. Mit hoher Fistelstimme singt oder spricht oder gurgelt er eine endlose Melopöe zum Takt der Musik. Er ist ganz weiß geschminkt, hat lange weiße und hellgelb ornamentierte Seidengewänder und eine schwarze Weiberperücke, mit einem Diamanten vorn auf der Stirn. Der alte Vater, ein würdiger Mandarin in herrlichem Schwarz und Lila-Goldbrokat, erscheint mit Gefolge. Er streicht über seinen ellenlangen weißen Bart, dessen Enden er als Begrüßung und Zeichen der Ehrerbietung mit beiden Händen dem Publikum entgegenhält. Ein Dialog im selben synkopierten Rhythmus folgt, mit fragend kadenzierten Takten, die die Fistelstimmen, ohne Leidenschaften zu verraten, vortragen, die Handbewegungen sind edel, und das Ganze ist, um die Wände in die Höhe zu klettern. Herrliche und aberherrliche Gewänder erscheinen, mit kadenzierten Fistelstimmen drin. Die Stücke sind der Geschichte entnommen, haben so gut wie gar keine Handlung, dauern sieben Wochen lang, und alles in ihnen geht inwendig, in spitzfindigen und langweiligen

Dialogen vor, auf die kein Mensch unten im Parkett hört. Nur, wenn der Komiker, ein zerfetzter Kerl mit einem weißen Strich über die Nase, der immer Haue kriegt, erscheint, horchen die Kulis eine Weile hin und schwätzen dann weiter, wenn's oben wieder ernst und edel geworden ist.

Draußen vor der Stadt, dort, wo sich der Meeresarm um den Stanley-Park herum nach False-Creek zu herumbiegt, wartet eine Gruppe von Indianern auf das Schiff, das sie hinüber nach ihrer Reservation bringen soll. Männer, Frauen und Kinder liegen, schlafend oder leise miteinander schwatzend, auf dem nackten Boden, in ihren schmutzigen bunten Trödlerkleidern sehen sie von ferne aus wie unsere europäischen Zigeuner. Sieht man sich aber die Leute aus der Nähe an, so sind es Mongolen. Das sind nicht mehr die herrlichen scharfgeschnittenen Köpfe und kühnen Augen des Prärieindianers; olivenfarbige Backenknochen sitzen in den ockerfarbigen Gesichtern, bestialische Stupfnasen unter triefenden Schweinsaugen. Japaner und Mandschus scheinen diese Rasse zusammengemanscht zu haben.

In einer stillen Nebenstraße der Stadt steht, wie ich auf meinen Schleichwegen vorüberkomme, eine dunkle Menschenmasse, unbeweglich an eine Mauer gepresst, beisammen. Es ist eine große Familie, ein ganzer Indianer-tribe, der da in der düsteren Dämmerung bei der Mauer steht. Auf der anderen Seite der Straße ist die Polizeistation, und hinter einem der vergitterten Fenster im ersten Stock sitzt, in heller Jacke und mit einer Haube auf dem Kopf, eine vom Stamme da drüben.

Männer, Weiber, Kinder, Greise und Greisinnen flüstern leise und beklommen miteinander bei der Mauer, schauen zu dem vergitterten Fenster im ersten Stock hinauf und flüstern dann weiter, leise und beklommen. Ihre schmutzigen Gesichter, die die Laterne drüben vor der Polizeistation bescheint, sind ganz verzerrt von Traurigkeit. Ein paar rohe Straßenbengel, Weiße, gehen vorüber und johlen etwas Unanständiges zum Fenster hinauf. Die Gefangene rührt sich nicht. Das Gesicht auf die Hand gestützt, sitzt sie da beim Fensterbrett und schaut auf den tribe hinunter, zu dem sie nicht hinunter darf, weil sie etwas zu viel von dem verbotenen Feuerwasser sich unter ihre Stupsnase gegossen hat.

Der Hafen von Vancouver

In dem Hafen aber – o dem Hafen von Vancouver, ist Leben zur Tages- wie zur nächtlichen Stunde. Ein großes graues Schiff hat schon dreimal gerufen, jetzt gleitet es, mit Lichtern in allen Kabinenluken, mit roten und grünen Lichtern auf Mast, Back und Kommandobrücke, langsam und ernst vom Pier weg und in den Hafen hinaus. Es ist der Alaskadampfer, da fährt er davon, hinauf nach den Inseln des Yukon, nach den Hafenplätzen Alaskas, nach dem Arktischen Meer. Keiner aus der tücherschwenkenden Menge hier unten, wo ich stehe, keiner aus der kleinen Menschengruppe dort oben auf dem Achter denkt an das Schiff, das da davon fährt, jeder hat einen, der davonfährt, einen, der dableibt, im Sinne. Nur ich denke an das Schiff. Mit versagendem Atem schaue ich dem Dampfer nach, und meine Sehnsucht nach den Ländern dort oben zieht noch eine Furche ins Wasser hinter dem Dampfer her, der davonfährt.

Ich taste meinen Paletot ab nach dem Büchlein, das ich in einer Tasche mit mir trage, nach meinem Reisebrevier, das mich seit Toronto begleitet hat, die ganze weite Strecke her bis nach dem Meer im Westen. Es sind die „Songs of a Sourdough" des kanadischen Dichters Robert Service. Ich brauche das Büchlein nicht aufzuschlagen, ich könnte die Worte im Dunkeln nicht lesen, ich weiß sie ja längst auswendig:

> „There's a land, where the mountains are nameless
> And the rivers all run, God knows where;
> There are lives, that are erring and aimless
> And deaths, that just hang by a hair;
> There are hardships, that nobody reckons;
> There are valleys, unpeopled and still;
> There's a land – oh it beckons and beckons,
> And I want to go back – and I will."

STATIONEN ZWISCHEN PAZIFIK UND MISSISSIPPI

Die Stadt der Erdbeben

Schon auf dem Lloyd-Schiff hab ich dieses Wort vernommen: „a muckraker", einer der Schmutz harkt. Im Gespräch mit meinem Amerikaner, dem Sportsman und Neu-England-Aristokraten, hatte ich ein paar Namen genannt, die ich verehre: Robert Hunter, John Spargo, Charles Edward Russell. Mein Amerikaner blies nach jedem dieser Namen, wie ein Rauchkringel aus seiner Zigarre, das Wort in die Luft. Ich hatte es nie gehört und ließ es mir von ihm auf den Rand der Schiffszeitung aufschreiben.

Jetzt finde ich es in einigen Einführungsschreiben, die mir kanadische Freunde an Leute in den Staaten mitgegeben haben, als ein Epitheton ornans wieder, auf das ich eigentlich stolz sein müsste: „he is a good muckraker!" heißt es in diesen Briefen von mir.

Ich muss mir für die Leute, denen ich meine Briefe überreichen werde, einen Kommentar herrichten. Auf dem Weg von Victoria nach San Franzisko hinunter gelobe ich mir's, niemals Parallelen ziehen zu wollen, zwischen dem Kontinent, aus dem ich kam, und dem, auf dem ich bin; den eigenen privaten Standard von Gut und Böse auf die Einrichtungen dieses großen Landes anzuwenden; meinen Eindrücken, wenn's geht, liebevoll zu misstrauen, und das Morgige, Klare und Reine zu suchen hinter den Dunstwänden der Alltagsmiasmen, vor denen so viele, sich die Nasen zuhaltend, aus den Staaten fliehen.

Das Mistharken kann der fremde, wiss- und wahrheitsbegierige Zuschauer getrost den Einheimischen, den Americanos überlassen, die sich dieser ehren- und dornenvollen Aufgabe gewidmet haben. –

Vier Monate lang hab ich nun Zeitungen und Zeitschriften hier herüben gelesen und bin erstaunt von der Summe sozialer Arbeit, die die Schmutzharker leisten. Schlag welche Nummer der großen, in Auflagen von 100 bis 500.000, von 1 Million bis zu 1.750.000 Exemplaren monatlich oder wöchentlich erscheinenden Zeitschriften auf, von „Everybodys", „Munsey", „Collier", der „Saturday Evening Post", und du gehst sicher, in ihr einen Muckraker an der Arbeit zu finden. Du wirst einen in den stärksten, mutigsten und dezidiertesten Worten verfassten Aufsatz lesen können, in dem einem der großen sozialen Schäden des modernen Amerikas zu Leibe gegangen wird. Revolte gepredigt, der Sinn für das Gute, für das Ideal Lincolns, das amerikanische Prinzip der Achtung vor dem Individuum gestärkt und unterstrichen wird.

Zwei große Augiasställe werden geputzt und geputzt, die Trusts und die politische Korruption in Washington und in den Staaten. Der Trustmagnat und der Grafter, der Bestochene, auf diese zielt die Mistgabel des Muckrakers; und da der letztere die Kreatur des ersteren ist, so bekommt er selbstredend zuerst die Zinken in den Leib. Aber der Schmutz, den sein zerplatzender Organismus umherspritzt, besudelt den immer noch irdischen, aber aus haltbarerem Material geschaffenen Götzen dahinten dermaßen, dass heute schon jeder von diesen Rockefellers, Goulds, Carnegies und Morgans in einem Kleid von Blut und Schmutz von oben bis unten angetan vor dem empörten Rechtsgefühl des Americanos dasteht.

Jeder von den Millionen, die hier die Zeitschriften lesen, weiß heute Bescheid über die großen Raubtrusts, die Milch-, Wolle-, Eis-, Stahl-, Öl-, Eisenbahn-, Fleischtrusts. Jeder kennt die Einrichtungen der „Lobby", des Vorzimmers, in dem der Politiker mit dem Bestecher verkehrt; auf den Boss, der die städtischen Konzessionen gegen tüchtige Trinkgelder an seine Günstlinge verteilt, zeigt heute jedes Kind mit dem Finger zwischen dem Pazifik und dem Atlantischen Meere.

Der Reihe nach wird die Schande des Landes, die Korruption der großen Städte und ihrer lokalen Machthaber, vor den Augen des großen Amerikas durch die Zeitschriften, die jeder liest, aufgedeckt.

Neben der Anklageliteratur der Zeitschriften hat sich eine Anklageliteratur in den Romanen, der dramatischen Produktion Amerikas entwickelt. Man darf getrost sagen, jeder bedeutendere Schriftsteller des heutigen Amerikas ist Sozialist. Kämpft, mit der Waffe der Begeisterung oder dem Handwerkzeug der Tendenz, für die Befreiung seines Landes aus der Sklaverei eines Systems, das mechanisch und automatisch die Masse verelendet und einzelne in schwindelnde Höhen des Wohlstands emportreibt.

Beneidenswerte gibt es unter ihnen, die direkten Einfluss auf die Reorganisation wertvoller Institutionen ausgeübt haben, oder wenigstens eine Reorganisation in die Wege geleitet haben. Ihren Namen nennt jeder rechtlich Gesinnte mit Sympathie, zwischen den beiden Meeren. Da ist der jung gestorbene Frank Norris, der diese selbe Bahn, auf der ich jetzt von Norden nach Süden fahre, die Southern Pacific, in seinem Meisterwerk „The Octopus" bloßgestellt hat. Da ist der Verfasser des „Jungle", Upton Sinclair. Da ist der geniale Jack London, ein als Abenteuersucher verkleideter Prophet und Revolutionsstifter.

Ganz deutlich nehme ich den Klimawechsel auf dem Weg von Kanada nach dem westlichen Staat der Union wahr. Ganz anders reagiert meine empfindliche Epidermis auf die überstürzte Daseinsfreudigkeit des jungen Kanada und auf das männliche Sichselbstbesinnen: der Stadt hier unten in Kalifornien.

Gerade wie ich ankomme, gehen wichtige Dinge im politischen Leben des Staates vor. Die Frauen gewinnen das Wahlrecht. In Los Angelos bereiten sich die Dinge des Mac Namara Dynamit-Prozesses vor – noch wenige Tage und die angeklagten Brüder, Sekretäre der Stahl- und Brückenarbeiter-Gewerkschaft, werden sich offen zur Propaganda der direkten Aktion bekannt haben. Einstweilen kämpft die Reaktion, mit dem verrotteten alten „General" Harrison Otis an der Spitze, gegen den jungen aufsteigenden Gouverneur Hiram Johnson, von dem die Welt noch hören wird.

Es ist nicht schwer vorauszusagen, wer gewinnen wird: der faule Kapitalist, der gegen den sicher herankommenden Mob geifert, oder dieser sympathische Idealist, von dem das Wort stammt:

„When you create a class to govern in this country, just that instant you violate a fundamental principle, on which we founded this government, and you strike a blow to liberty itself. It's a survival of the old worship of power. The rabble and the mob! We're all the rabble and the mob in this Country, and the present design of the government of this State is, that you shall all participate in it."

(Aus einer Rede des Gouverneurs Johnson vor Richtern und Anwälten.)

In Kanada, dem Lande, in dem die Unterschiede noch nicht so betont sind, in dem sich die Klassen, die Kasten, die Bezeichnungen noch in einem halbflüssigen Zustand befinden, durcheinander gehen und ineinander überfließen, klingt ein Satz wie dieser oben unterstrichene hochmütig und anmaßend. Hier unten darf er einen schon begeistern. Weiter im Osten wird man ihn belächeln und sagen: von dem ersten Mann eines westlichen Staates sei doch weiter nichts zu erwarten als eine hochtönende Phrase. Das Volk des Westens gilt dem im Osten als showy people, als lautes, vordringliches, seine Gesinnung in greller Weise ausposaunendes Volk. Der Westen revanchiert sich und schimpft die Leute des Ostens Jingos und erkaltete Hyperboräer mit zugeknöpften Taschen und Herzen. Tatsächlich kommt man auf der Fahrt von Westen nach Osten Europa rapid näher. In Chicago friert's einen schon beträchtlich, in New York vollends ist die Atmosphäre schon ganz geladen mit Europa. Mag der Westerner noch so grell und laut sein, naiv und gutmütig, begeisterungsfähig und gastfreundlich, leichtlebig und rasch gerührt ist er. Er baut rasch und sitzt nicht lange trauernd auf den Ruinen herum. Er hat länger im Jahr und eine heißere Sonne über dem Kopf wie der Bruder am Atlantik, und wenn eine Phrase nur genügend lange von der Sonne bebrütet wird, so kann aus ihr eine lebendige Wahrheit herauskriechen.

Zu der Stadt am Goldnen Tor, zu der wunderherrlichen Märchenstadt, in der ich aus einem hohen tropischen Garten zum ersten Mal den Stillen Ozean in seiner erschütternden Pracht, den Sonnenuntergang im unbegrenzten flutenden Westen gesehen habe, wird mein Gedächtnis zurückwandern manches Jahr.

San Franzisko hat sein Schicksal erlebt und überstanden. Hier gehe ich durch eine neugeborene Stadt, in der das Atmen der tätigen Kraft förmlich wie ein Windstrom durch die Gassen, die Hügel hinab und hinauf zu spüren ist. San Franzisko hat sich aber zu dem fatalen noch ein selbst gewolltes Erdbeben hinzudiktiert, und wie sich das Gemeinwesen San Franzisko aus seinem politischen Schutthaufen emporgehoben hat, das ist ebenso wunderbar, wie die neue marmorweiße Stadt es ist, inmitten ihrer Trümmerfelder.

Gegenüber meinen Fenstern stehen einzelne hohe weiße Häuser, allein, schmal anzusehen, sicher. Sie sind umgeben von Gräben, Ruinen, von Unkraut mannshoch überwuchertem Stein, Ziegel und Glasgeländen. Schaut man genauer hin, so kann man sehen, wie eine kleine Steintreppe vom Pflaster zu einem Haus hinaufführt, das nicht mehr da ist, die Treppe führt zu Grauen und Unglück hinauf, nicht zu einem Heim, rechts und links von der Treppe aber stehen drei, vier verrostete Lanzen, Überreste des Gitters, von der furchtbaren Last des einstürzenden Gemäuers nach außen gegen die Straße zu umgebogen …

Viele dieser Trümmerstätten sind jetzt von Zäunen umgeben und verdeckt, diese Zäune sind aber von oben bis unten mit Wahlaufrufen, Porträten, allerhand Plakaten vollgeklebt, deren Wortlaut das Gemeingefühl stimulieren und den Passanten in eine gehobene Stimmung versetzen soll.

Ehrlich gesagt war's mir die ganze Zeit ein bisschen schlecht und übel von all den Gesichtern, die mich von Zäunen und Laternenpfählen angestarrt haben.

Der Bürgermeister war schon gewählt. Unter den stockhohen Plakaten: „Wählt X. Y. zum Bürgermeister!" klebten ebenso umfangreiche mit der Aufschrift:

„We did it!"

–„wir haben's getan!" Jetzt kam der Distrikt Attorney und die schier endlose Reihe der Kontrolleure an die Reihe. –

Ihren letzten Bürgermeister, Eugen E. Schmitz und den großen Boss, d.h. Bürgermeistermacher, Unternehmer und Manager, der hinter ihm stand und in dessen Händen das Stadtoberhaupt bloß eine Puppe und Jasager zu nennen war, hat San Franzisko auf eine radikale und vorbildliche Weise abgeschüttelt. Dies private Erdbeben San Franziskos hat Amerika ebenso aufhorchen machen, wie sein offizielles die Welt. San Franziskos letzter Boss, ein elsässischer Jude mit Namen Abraham Ruef, ein Mann von ungewöhnlichen Fähigkeiten, hat am Goldenen Tor zehn Jahre lang eine wahre Schreckensherrschaft geführt. Wer in der Stadt etwas bauen, unternehmen, wer ein anständiges oder ein verruchtes Gewerbe ausüben wollte, dessen

Weg führte durch Boss Ruefs Tasche. Als im April 1906 das Erdbeben und das drei Tage anhaltende Feuer die Stadt zerstörten, in vollem Sinne des Wortes alles dem Erdboden gleichgemacht und neu aufzubauen war, da nahm die Gewalt Ruefs phantastische Proportionen an. Telefon, Wasserleitung, Straßenbahnen waren neu zu errichten und Bestechungsgelder, Millionen fingen an, in die Taschen der Beteiligten, die die Arbeiten zu vergeben hatten, hineinzulaufen.

Die staunenswerte Energie, mit der die Leute, die diese Stadt regieren, ihren Wiederaufbau in die Wege leiteten, lenkte auf einmal das Interesse des ganzen riesigen Weltteils auf Schmitz, Ruef und die um sie hin. Allmählich fing das Mitgefühl für Frisko an, sich in Enthusiasmus für Schmitz zu verwandeln, und es gab Stimmen, die Schmitz als Kandidaten für die Präsidentschaft der Vereinigten Staaten ausriefen!

Da stand William Randolph Hearst auf, der Befehlshaber der kolossalsten Zeitungsmacht des heutigen Amerika, Herausgeber des New York American, San Francisco Examiner und eines Dutzends anderer, insgesamt von täglich fünf Millionen Menschen gelesener Blätter, und gegenwärtig die enormste und ungezügeltste Ambition Amerikas. Mit ihm verbündete sich einer der reichsten Männer des Kontinents, Klaus Spreckels, der Konkurrent Patrick Calhouns, des Präsidenten der United Railways, der für die Straßenbahnkonzession eine Bestechung von zweitausend Dollar für Ruef und die anderen aufgewandt hatte – Hearst und Spreckels leiteten eine Riesenkampagne gegen Ruef und Schmitz ein, die mit der Aufdeckung der ganzen Boss-Wirtschaft und dem Sturz der Gewaltigen endete.

Nachdem der öffentliche Ankläger, Heney, einer der tüchtigsten Advokaten Amerikas, im Gerichtssaal niedergeschossen worden war, übernähm ein junger Rechtsanwalt, Hiram Johnson, die Anklage. Schmitz haben sie laufen lassen. Ruef ist zu vierzehnjähriger Zwangsarbeit verurteilt worden. Hiram Johnson ist heute Gouverneur von Kalifornien, derselbe, der das populäre Wort vom Mob geprägt hat und ernsthafter Kandidat für die Präsidentschaft im Jahre 1916. Als solcher wird er vielleicht noch ein Hühnchen mit dem ewigen Outsider Hearst zu pflücken haben. Spreckels aber hat die Trambahnen des neuen San Franzisko gebaut. –

Das Erdbeben muss furchtbar gewesen sein. In Palo Alto drüben, in der Stanford Leland-Universität ist bloß das innere Gebäude-Viereck, zu Lebzeiten der Stifter gebaut, stehen geblieben. Die Gebäude ringsum, Museum, Laboratorien, Bibliothek liegen heute noch in Trümmern. Als ich mich nach der Ursache dieser zwiespaltigen Wirkung eines und desselben Erdbebens erkundige, erwidert man mir: Graft! Das große amerikanische politische Wort: Bestechung, Betrug. Die um das intakte innere Viereck in Trümmern herumliegenden Häuser wurden aus dem elendsten Material erbaut von Unternehmern, die zu ihren Baukonzessionen in der üblichen elenden Weise gelangt waren.

Ich hatte in meiner europäischen Naivität vor, mich beim Stadtbaumeister Mr. Coffey von San Franzisko nach den ästhetischen Prinzipien zu erkundigen, die ihn beim Wiederaufbau der Stadt leiten. (Vor dem Erdbeben hatte Ruef und Schmitz und den ihren ein groß angelegter Verschönerungsplan vorgelegen.) Meine Freunde lachen mich aus: ästhetische Prinzipien? Besseres Material! Stadtanlage? Reinforced concrete, d.h. Eisenbeton!

Im Grund ist's ja wirklich einerlei. Ästhetik hin oder her! Mögen die Westerners das grelle Volk bleiben, das sie sind, wenn sie ihre Prinzipien nur aus härterem Material wiederaufbauen, wenn das erneuerte Amerika die Erschütterungen nur ebenso gut aushält wie das von den Stiftern erbaute „innere Viereck" des großen Landes!

Ich bin nach dem Gefängnis St. Quentin in der Sausalito-Bucht bei San Franzisko mit der geheimen Hoffnung gefahren, ich könnte dort Abe Ruef sprechen. Er ist ein Mann von ungewöhnlicher Bildung, hat im Gefängnis ein Drama verfasst, das nächstens in ganz Amerika aufgeführt wird, und eine Denkschrift über eine Reform des Gefängniswesens, die von Staats wegen gedruckt und an alle Gefängnisdirektoren Amerikas geschickt worden ist.

Ich habe Pech. Genau an dem Tage, an dem ich in St. Quentin bin, macht Gouverneur Johnson hier seinen ersten Besuch. Eine Viertelstunde nach ihm passiere ich auf meinem Rundgang die Jute-Spinnerei, in der Ruef, gelb und verfallen, im gestreiften Sträflingskleid, den Webstuhl bedient. Den Mann anzureden, der vor einer Viertelstunde seinen siegreichen Vernichter von Angesicht geschaut hat, habe ich nicht den Mut. Vermutlich dürfte ich es auch gar nicht, aus Gründen, die im Reglement stehen –

St. Quentin ist ein Gefängnis, in dem man sich's wünschte, eingesperrt zu sein. (Die treugebliebenen Freunde der Mac Namaras freuen sich darüber, dass diese in St. Quentin eingesperrt sind.) Es liegt in der Bay von San Franzisko wie Sorrent in der Bay von Neapel. Es hat seine eigene vortreffliche Musikkapelle, seine Baseball- und Tennismannschaften, seine Klubs und sozialen Vereine. Alle aus Sträflingen gebildet.

Im großen Hof, hinter einem tropischen Blumenbeet, ist noch die Bühne zu sehen, auf der vorgestern eine Truppe von ausgezeichneten englischen Schauspielern, die jetzt drüben in Frisko gastiert, das durchaus nicht moralische Einbrecher- und Detektiv-Stück: „Alias Jimmy. Valentine" aufgeführt hat. Der Direktor von St. Quentin, Hoyle, ist ein Mann, in dessen Seele die Unruhe lebt, die Unruhe des Wissenden um die Quellen von Recht und Unrecht, Gut und Böse. Er versucht seine

Pflicht gegen die Menschheit zu erfüllen, wo andere es sich leicht machen, indem sie ihre Pflicht gegen den Staat erfüllen.

In einem Saal sehe ich zu, wie ein (eingesperrter) Lehrer etwa fünfzig Sträflingen Unterricht in der Naturgeschichte erteilt. Mancher erwachsene Mann lernt hier, hier, in der Muße, die das Gefängnis bietet, erst schreiben und lesen … hier erst …

Die Zellen, die Baderäume, die Mittagskost bekomme ich zu sehen und zu kosten. Natürlich auch das Bertillon-Zimmer. Den stärksten Eindruck aber erhalte ich vom Raum, in dem die Hinrichtungen vollführt werden.

Kalifornien hat den elektrischen Stuhl nicht eingeführt, sondern henkt seine Verurteilten. Drei große Stricke baumeln herab in einem turmartigen Gehäuse, zwei von ihnen haben eine mit Eisenfarbe angestrichene Holzkugel an ihrem Ende, die dritte eine eiserne Kugel. Oben, über dem Turm ist ein kleiner, verschlossener Holzverschlag. Ein Tisch befindet sich in ihm und drei Stühle hinter dem Tisch. Über den Tisch laufen drei dünne Schnüre. An jeden ist unter dem Boden des Verschlages einer der drei Stricke befestigt. Drei Wächter sitzen im entscheidenden Augenblick mit scharfen Messern oben an dem Tisch. Auf ein Zeichen schneidet jeder eine Schnur auf dem Tisch entzwei. (Ich sehe die Kerben auf der Tischplatte.) Keiner weiß, ob seine Schnur das Eisengewicht zum Hinunterfallen gebracht hat, oder ob es nur das unschuldige Holzgewicht war, das am Ende seiner Schnur hing.

Es ist eine humane Einrichtung, human gegen die Wächter, denn auf diese Weise weiß es keiner, ob er oder sein Nachbar das Blut jenes Einen dort unten, dem das schon egal ist, auf seinem Gewissen hat.

Mein uniformierter Begleiter sagt: „Ich habe mich trotzdem niemals zu diesem Dienst gemeldet. Ich bin trotzdem niemals mit den anderen beiden im Turm oben gesessen."

Wie ich wieder ins Freie komme, sag ich mir: „Endlich hab ich das Geheimnis unserer heutigen Gesellschaft mit eigenen Augen gesehen. Die Dreie oben belauert, die den Einen unten umbringen. Die Dreie, von denen es doch keiner gewesen ist. Die Dreie, von denen keinen die Schuld noch die Verantwortung trifft. Die Gesamtheit, die oben sitzt, und den Einzelnen, der unten daweil sicher geht und bar bezahlt. Den Holzverschlag und die Kerben auf dem Tisch will ich mir merken!"

Der Canyon, der Göttergarten und der Vitagraph

Die Naturkräfte, d.h. Ressourcen, und die Naturwunder dieses Landes stehen im Einklang mit seiner Ausdehnung und Peripherie. Die Niagarafälle – ein See stürzt in den anderen hinunter. In dem Canyon, dem Abgrund, den der Coloradostrom in den Staat Arizona gerissen hat, ist aber Raum für noch einen, mit dem Kopf nach unten drüber gestülpten Staat des großen Amerika.

Zwischen der Sierra Nevada Oregons und Kaliforniens und dem Felsengebirge, das von oben her aus Kanada über Wyoming, Montana und Colorado herunterrollt, bis es in Neu-Mexiko sich verliert, liegt die Mojave-Wüste, ein ausgetrocknetes Meer, berühmt um die Klarheit seiner Atmosphäre willen. Keiner, der Bescheid weiß, versäumt es, bei Flagstaff zumindest aus dem Waggonfenster zu blicken, nach der Richtung hin, wo Percival Lowell, der Erforscher Asiens und des noch älteren Mars, in seinem Observatorium sitzt. Von hier kommen die großen Tagesneuigkeiten her, die sich draußen in dem Weltall ereignen, Nachrichten über Eklipsen, politische Nachrichten vom Planetensystem. Ein neugieriger, ungefragter Erdenwurm grübelt da im gelben Sand und sucht in seinem erleuchteten Hirn nach einem Reim auf die größten Dinge zwischen Himmel und Erde.

Nicht weit von Flagstaff, nördlich von der Station Williams, am äußersten nördlichen Rand von Arizona, liegt der Canyon des Coloradoriver. Man kommt auf der Coconino-Ebene an und sieht hinüber nach der Kaibab-Ebene. Zwischen diesen beiden auf fast gleichem Niveau gelegenen Plateaus starrt ein Abgrund. Manche von den Bergen, die tief unten in diesem Abgrund ihre Zinnen in die Höhe strecken, sind, wie zuverlässige Geometer festgestellt haben, 6.000 Fuß hoch, keiner erreicht mit seinem Gipfel das Niveau des Plateaus. Als sähe man sich die Schweiz bei Maloja in einer Schlangenmenschpose umgekehrt durch die Beine hindurch an, so etwa sieht der Canyon aus. Ein Brett von Plateau zu Plateau würde fast wagerecht daliegen, aber es würde einem ein bisschen schwindlig werden vom Anblick der Kuppen, Zacken, Zinken, Türme und Kegel im Hinübergehen. Man fühlt die Vorstellung in sich aufsteigen: hier hat der Höllenhund mit dreifachem spitzen Hundegebiss ein Stück Erde aus dem glatten Erdball herausgebissen. Blutig und zerfleischt starrt das Erdinnere den Zuschauer oben auf dem Plateau an, wie eine offene Frucht.

Den Bergen dort unten hat man Namen gegeben, die sich auf ihre Formen beziehen. Es gibt einen Zoroastertempel, einen Apollotempel mit dorischen Säulen, jede fünfmal so hoch wie das Straßburger Münster, eine Burg Monsalvatsch, eine Cheopspyramide, einen flachen Hexentanzplatz auf einem viereckigen Würfel, zu dem man nur aus der Luft hinunterkann, sogar ein Kriegsschiff modernster Konstruktion, und das so heißt. Nur die armen Indianer (gewiss hat die Flut Tausende ihrer Wigwams fortgerissen und mitgespült) haben keinen einzigen ihrer geheimen Namen für diese unterirdischen Gebirge durchsetzen können.

Der Abgrund, den man da vor und unter sich sieht, ist stellenweise 8.000 Fuß tief; von Coconino bis Kaibab nur dreizehn Meilen breit; wenn man aber die Arme seitwärts ausstreckt, so weisen die Fingerspitzen auf eine halbmondförmige Längsdistanz von zweihundert und einigen Meilen. Er wäre nicht halb so schaurig, wenn nicht die grellsten Farben, rot, hellgrün, gelb und bläulichbraun sich, wie mit dem Lineal gezogen, über diese ganze unterirdische Schweiz dahinzögen. Ein Kegel hat eine gelbe Kappe, einen blauen Rumpf und ein rotes Gesäß. Neben diesem Kegel ist Luft, graues Geklüft tief dahinter, mit dem unsichtbaren Strom in der Tiefe. Sieben Meilen weg beginnt ein eckiger Klotz oben gelb, wird in genau gleicher Höhe wie der Kegel blau und geht dann ins intensivste Rot über, das unten in nebelähnlichem Schmutzgrau versinkt. Auf diesem Dreiklang baut sich die ganze Farbenorgie auf.

Aus den Broschüren, mit denen der Reisende bombardiert wird, wär's ein Leichtes, gelehrte Dinge und Namen der Formationen herauszuschreiben. Dankbarer ist es, sich an den Sonnenuntergang zu erinnern, dessen Schatten die Farben verändern, die Konturen verwandeln, Figuren, die leben, aus baren Felsenwänden heraustreiben, in glatte Felsenwände Höhlen, Grotten schlagen, Inschriften aufzeigen, die nur das Gottesauge entziffert und die dem Menschen nur sein Nichtswissen in einer einfachen Lösung vorzeichnen – über den langsam, langsam sich verdunkelnden zweihundert Meilen weiten Götterwitz. –

Der Canyon, abends

Notizen: eine Fingalshöhle in den Lüften wird auf einmal ein toskanisches Felsennest. Aus einer roten Stadt erhebt sich eine schneeweiße Kathedrale. Ein Berg in der Nähe trägt die flachdächige Stadt Tunis auf seinem Rücken. Sie schmilzt aber zusehends zusammen, zu einer zickzackförmigen Terrassenzitadelle, die nicht mehr auf dem Berg, sondern in einer ausgekratzten Höhle wie ein Basrelief daliegt. Auf einer polierten Mauer von 1.000 Fuß im Geviert erscheinen, wie die Sonne ein bisschen nach links weitergeht, assyrische Menschengestalten, die mit fabelhafter Geschwindigkeit ihre Köpfe vertauschen, mit den Knien wackeln wie Komiker, die Zungen herausstrecken, mit Armen und Rumpf von rechts nach links oder von links nach rechts „müllern". Die Zugspitze steht plötzlich zwischen zwei Kegeln, die sich verdunkelt haben, grell beleuchtet da, den Kopf nach unten. In den Zoroastertempel kommt Leben. Dunkle Fühlhörner strecken sich aus ihm aus nach den Tempeln der anderen Religionen. Es dauert nicht lange, und der Apollotempel mitsamt dem Monsalvatsch haben sich mit ihm zu einem Bund vereint, aus dem eine große gemeinsame Finsternis sich über alle Nachbarhöhen erstreckt, sie rasch auffressend. Die Bogenschützen, die Keilinschriften, die Rodinschen Unzuchtspaare, die von Michelangelo gemeißelten Figuren des Weltuntergangs, die sich lüstern streckenden und streckenden Steinpanther der Apokalypse verschwinden rasch in der von links nach rechts durch den Abgrund ziehenden Nacht. Aus ist die Vorstellung im Amphitheater des Canyon. Und die Menschlein, die heim ins Hotel El Tovar ziehen, finden dort den Eintrittspreis, wie sich's gehört, tüchtig in Dollar und Cent umgerechnet.

In der Hotelhalle liegt ein Buch, darein die Völkerscharen, die hier vorübergezogen sind, ihre Eindrücke, Gedanken und Empfindungen geschrieben haben. Auf der Höhe meiner Sendung durchstöbere ich dieses Fremdenbuch nach charakteristischen Äußerungen der amerikanischen Bürgerseele.

Lobpreisungen der Vorsehung überwiegen. All diese Americanos führen ihre Bibel mit sich, das ist gewiss, sonst könnten sie Bibelstellen und Psalmen nicht so richtig zitieren. Gelehrte Leute aus der Intelligenzstadt Boston äußern sich im Sanskrit. Bewohner der Sonderlingsstadt Los Angeles lassen sich im Esperanto, mit Zitaten aus Omar Khayyam, Whittier, Goethe, Shelley und Mrs. Baker Eddy hören. Enthusiastische Leute aus Texas und Louisiana ergehen sich in patriotischen Expektorationen, viele haben eine Spitze gegen Europa und zischeln: Amerikaner, seht Euch doch erst Euer eigenes Land an, eh' ihr hinübergeht!

Einer nur hat einen vernünftigen Gedanken beim Hinunterstarren in den Abgrund gehabt. Er hat den lapidaren Ausruf ins Hotelbuch eingeschrieben:

„O Hell,
where is the Bottom?"

Bis in den Schlaf hinein verfolgt einen das Bibelzitieren. Hinter der dünnen Wand diskuriert der Nachbar vor dem Zubettegehen mit seiner Ehefrau. Sie fragt nach Geologie, und der Gatte antwortet in den Pausen zwischen dem Gurgeln mit Theologie. Dann legt er sich mit einem Krach zu Bette und lobsinget noch eine Weile dem Herrn. Die Ehehälfte hat schon, müd von der abenteuerlich scharfen Luft und den Erfahrungen eines langen Ehestandes mit einem resignierten Schnarchen begonnen. Das kann gut werden!

Bald fängt auch der salbungsvolle Schafskopf mit Schnarchen an. Während ich den Kopf tief in die Daunen presse, denke ich an die bodenlose Grausamkeit der Natur da draußen. An die Tausende von unschuldigen Indianern, von Menschen und Vieh, die ihr Ende gefunden haben; an die unerbittliche Gegnerschaft des Fließenden gegen das Feste. Und wünsche mir, der Abgrund neben dem Haus möchte doch nicht so tot und stumm daliegen, sondern lieber wie ein riesiger Wasserfall rauschen und tosen, damit ich das Schnarchen nebenan nicht eine ganze lange Nacht zu hören brauchte!

In den „Garten der Götter" fahre ich von Colorado Springs oben bei Denver, auf Onkel Jimmys Buggy. Onkel Jimmy lässt mich nicht in Ruhe. Schon in der Stadt muss ich alles Mögliche über Pikes Peak hören, der in schneeiger Glorie vor uns liegt, allerhand Weisheit, für die Touristen zusammengebraut und durch die jahrzehntelange Zungentätigkeit des alten Kutschers abgeschliffen und abgewetzt.

In der Nähe des „Göttergartens" fangen die Vergleiche an. „Look: sehen die beiden Felsen dort nicht aus, wie zwei Kamele, die sich küssen?" „Allright, Jimmy, laß sie sich küssen." „Look: das dort ist der Löwenkopf, das dort ist der Bär, jetzt sehen wir die Kathedrale, jetzt den Seelöwen, den Frosch, jetzt Montezuma … All dies, Siree, ist aus der Zeit dageblieben, wie Pikes Peak noch eine Insel im Meer war und „später" hat eine vulkanische Geschichte die Felsen da in die Landschaft hineingepflanzt."

Im Hintergrunde:
der Canyon

„Git ye up, alte Mähre, kitzle sie, Onkel Jimmy, damit wir die Karawane dort vorne einholen." Der Alte spuckt seinen Tabak durch die Luft: „Giddiap!" und bald darauf holen wir die Reiter und den Wagen vor uns ein.

Der Göttergarten ist ein Garten aus kurios geformten Felsen, roten, grünen und grauen, die da ohne Grund und Ziel mitten auf der Hochebene unter den Rockies von Colorado herumliegen. Um im Vergleich zu bleiben: der Höllenhund, der zwei Tagereisen weit im Westen das Stück aus dem Staat Arizona herausgebissen hat, hat einiges davon hier über den Staat Colorado ausgespuckt, und da gibt es also ein Naturwunder mehr anzustaunen.

Die Karawane vor uns hält. Ein junger geschminkter Cowboy und ein junges hübsches geschminktes Mädchen lehnen sich vorsichtig an einen Zaun und äugeln miteinander. Im Hintergrund funkelt Pikes Peak, und die Köpfe der beiden, die sich soeben vor dem großen grauen Leierkasten des Vitagraphs augenscheinlich ineinander verliebt, sind genau auf den Felsenweg eingestellt, die klotzigen roten Riesen, die das Tor des Göttergartens vorstellen.

Der Regisseur, Herr Rollin Sturgeon, der die Menschenseele wie die sichtbare Natur mit Hinblick auf kinematographische Wirkung studiert und ergründet hat, souffliert dem Paar: jetzt lächelt, bitte jetzt zögernd eine Hand auszustrecken, bitte jetzt einen Grashalm vom Boden zu reißen und ihn langsam durch die Zähne zu ziehen.

Im Garten der Götter
Vorn der Vitagrap-Cowboy, hinten der Verfasser

(Aufnahme von Paul Goerke & Son, Manitou, Col.)

Eine Wolke erscheint links unter Pikes Peak, und die Szene muss wiederholt werden, damit die Wolke mit auf das Bild kommt.

„Now, business!"

Der Mann hinter dem Leierkasten dreht die Kurbel, langsam schleicht die Wolke vorüber, und die Liebesworte der beiden, die nur berufen sind, die Distanz zwischen den Gebärden zu bestimmen, ertönen aufs Neue – Krach! Etwas ist im Kasten geschehen. Dam' it! Die Wolke ist pfutsch! alles muss von vorn angefangen werden. Das Liebespaar schimpft, der Regisseur ist wütend, nur der Leierkastenmann, das Felsentor und die Wolke sehen gleichgültig drein.

Im Hintergrund voltigiert „Adlerauge", der Halbblut-Apache auf seinem Vollblutpferd herum und macht den Mitgliedern der Truppe, die in dieser Szene der Tragödie „Das Herz eines Mannes" noch nichts zu tun haben, halsbrecherische Kunststückchen vor. „Adlerauge" hat zwei richtige Zöpfchen rechts und links von seinem roten Gesicht niederhängen. Er verdient als authentischer Kinematographenapache mit Zöpfchen 40 Dollar die Woche. Ohne Zöpfchen würde er bloß zehn verdienen. Wie ich ihn nach seiner Squaw frage, antwortet er, seine Squaw sei eine Fraw und stamme aus Leipzig. Die ganze Gesellschaft, fünfzehn Leute, reist nach dem Canyon, wo angesichts der Cheopspyramide und des Monsalvatsch eine Eifersuchtsszene stattfinden wird, von dort aber nach Los Angeles, wo der Stille Ozean den Hintergrund für eine gefährliche Eskapade hergeben muss.

Durch den Garten der Götter reise ich mit diesen unwahrscheinlichen Menschenkindern. Vor dem Riesenpilz liegen sich Tom und Phoebe in den Armen. Dann zieht sich Phoebe hinterm Riesenpilz eine andere Bluse an und kämmt sich die Haare in die Stirn zum Zeichen, dass ein Monat vergangen ist. Szene Sieben spielt an derselben Stelle vor dem Riesenpilz, der Dialog aber heißt:

„Why, Tom, dont be silly! Marry you, a common cowpuncher? Well never, my life!"

„So – hast du – mit mir nur gescherzt? O! O!"

„Well, Tom, you never had a girl flirt? O dont be foolish, my boy!"

Hundert Schritte weiter ertönen Worte des Hasses, 150 Schritte weiter Worte der Hoffnung, noch fünfzig Schritte weiter sind es Worte der befriedigten Rache, alles sehr gut gesprochene, ausgezeichnet gemimte und fürstlich bezahlte Worte – eigentlich habe ich gar nicht das Gefühl, als würde diese aparte und einmal und auf Nimmerwiedersehn vor meinem Auge auftauchende Landschaft durch die now-business!-Romantik profaniert dahier.

Allenthalben ist jetzt ein groß Geschrei zu hören: hie Theater, hie Kinematograph. Als ob man dem Kinematographen, die gut gemimten Leidenschaften mit der echten Landschaft dahinter nicht tausendmal lieber glaubte als dem Theater das ungeschickt gewählte, aber hörbare Wort vor gemalten Kulissen! Von einem geliebten Menschen gibt mir eine gute Photographie mehr und Näheres als die Sudelei eines „eigenartigen" Porträtisten. Überhaupt weiß ich nicht mehr, wo die Grenzen von Natur, Reproduktion und künstlerischem Neuschaffen gelegen sind. Wenn mir Einer oder Eine Dinge im Affekt ins Gesicht schreit, die mich angehen, so kann ich mich bei dem Gedanken ertappen: der oder jener Schauspieler macht das besser! Steh ich zum ersten Mal vor einer hundertmal auf Photographien bewunderten Landschaft, so mag's kommen, dass ich resigniert und naserümpfend konstatiere: es war wieder nichts. Meine Romanlektüre dagegen beziehe ich mir am liebsten aus dem Kriminalgericht in Moabit. Im Übrigen ist unsre Zeit heute im Erfinden vollkommenster Reproduktionstechniken so groß, dass man wirklich nicht so ängstlich den Abstand der Emotion vom künstlerischen Mittel, das sie hervorruft, messen soll – da es sich ja um Dinge handelt, die man doch nicht selber erlebt. –

Vision an der Santa-Fé-Bahn

An diesem heißen Spätherbstnachmittag sitzt unsere Pullmanwelt unter dem Verandadach des Aussichtswagens. Wir fahren durch den lebendigen Wüstenstaub Neu-Mexikos, der hinter dem Zug, mit der Sonne tief im Westen, wie ein goldroter Vorhang in die Höhe steigt. Da man sich seit dem Canyon kennt und wahrscheinlich bis Chicago beisammenbleiben wird, ist ein flottes und allgemeines Gespräch im Gange, das für mich lehrreich und amüsant ist zu gleicher Zeit.

Rücklings nach Osten geschoben, mit dem Gesicht nach dem im goldenen Abend versinkenden Westen gewandt, das Navajoland zur Rechten und das Apachenland zur Linken, spricht alles durcheinander: vom Frauenstimmrecht, von der Revolution in China, von der Politik in den westlichen Staaten, von den Fortschritten der Kultur östlich vom Mississippi, vom nächsten Präsidenten. Eben hat ein sonderbarer Schwärmer das Wort, der den Gipfel der amerikanischen Zivilisation mit einigen perfekt organisierten jüdischen Wohltätigkeitsanstalten in der Union verwechseln möchte – da kommt jemand aus dem Zug da vorne zu uns und macht uns aufmerksam: in ein paar Minuten kommen wir an dem Indianer-Pueblo Laguna vorüber!

Viele sind in unserem Zuge, die kennen schon die sonderbaren Felsenfestungen Neu-Mexikos und Manitous, bei den Colorado-Springs. Auch ich habe sie gesehen, und ihr Anblick ist wie ein Traumbild in mir wach geblieben seither. Aus einer schroff aufsteigenden Felsenwand sind große waagerechte Steinschichten herausgebrochen, so dass nur der Boden, die Rückwand und das Dach von der Natur geschaffen übrig geblieben ist. Zwischen diesen Boden und dieses Dach haben nun die Indianer ihre Festung hineingebaut. Nur ein paar Fenster und ausladende Türme mit Zinnen und Schießluken verraten es, dass hinter der Felsenwand Menschen wohnen. In Friedenszeiten ragen ein paar Holzbalken aus dem Felsengemäuer hervor, an denen klettern die Bewohner der Festung wie Affen so behänd in die Festung hinauf. Die Festung selbst ist ein Gewirr von kleinen Verließen, Wohnräumen, Schleichwegen, Fallen und Laufgängen. Unter dem Beobachtungsturm findet sich ein kreisförmiger Raum mit einer bassinartigen Vertiefung, hier wurden sonderbare religiöse Riten ausgeführt. Tief unten im Naturstein hat man Grabkammern gefunden; die Toten des Stammes lebten dort, von den wunderbaren, schwarz und weiß gezeichneten Töpfen der Navajos umringt, ihr eigenes mystisches Leben, nur um einige Zoll tiefer als die lebenden Krieger oben in der Festung.

Durch die flachen Wüsteneien schlichen bei Nacht die heimtückischen blutgierigen Zunis, Apachen, Arapahoes an die Felsenbewohner, die Cliff-dwellers, heran, alles ringsum niedermetzelnd, brandschatzend, bis ihnen die Felsenfestungen mit ihrer natürlichen Rückendeckung Einhalt geboten haben. Aus Belagerungsnot und Stammesgefühl hat sich bei jenen wilden Troglodyten eine eigene Kultur und Kunstfertigkeit entwickelt.

Viele kleine Dörfer, Pueblos genannt, ahmen in ihrer Bauart, seit die Indianer „zivilisiert" sind, diese flachen und langgedehnten Felsenhöhlen, aber unterm freien Himmel, nach. Wie breite Schachteln aus Lehm liegen diese Häuser, Adobes, beieinander und übereinander. Heiratet der Sohn des Erdgeschosses, so baut er sich seine Schachtel als ersten Stock über das Elternadobe. Bringt's der Stammvater parterre zu Urenkeln, so wird das Adobe ein drei Stock hohes Schachtelhaus. Die Stockwerke sind unregelmäßig, werden je nach Raumbedarf gebaut, alle aber haben einen Streifen des Daches als Terrasse um sich. An den Schachteln lehnen Leitern, buntgekleidete Wesen klimmen zu den lehmgelben Schachteln empor, an deren Wänden rote Tomaten an Schnüren zum Dörren aufgehängt sind. Denkt man diese Farbenflecken weg, so ist die Mimicry des Adobes an den Wüstensand vollendet, wie die der Festung an die sie umgebende Felsenklippe.

In diesen absonderlichen Pueblos liegen solider gebaute Häuser, aber von derselben Bauart und mit lehmartigem Bewurf, wie die Adobes der Eingeborenen. Es sind die Missionen. Der Missionsstil, einer der wenigen originellen Baustile Amerikas, hat seinen Ursprung aus spanischen und mexikanischen Anklängen ebenso sehr wie aus diesen Felsenfestungen. Aus einem kleinen offenen, geschwungenen Aufbau singt die Glocke in das Abendland hinaus ihr Lügen-Lied, das Lied scheint aber schon ebenso sehr aus der Natur ringsum geboren wie die gelben Dörfchen im Wüstensand.

Ganz langsam fahren wir an dem Pueblo Laguna vorbei, das auf einem breiten flachen Stein daliegt an der Nordseite der Bahn. Die Schienen laufen unsicher über den fliegenden Sand, in dem die Schwellen keinen Halt finden können. Im Weiterfahren rinnen die gelben Schachteln ins Abendgelb hinüber, werden von der Sonne in den Dunst hineingesogen, werden transparent, unwirklich.

Nur ein leuchtender, in eigener Farbe lebender Fleck bleibt noch eine Weile, wie in der Luft dahinten, gegen den Abendhimmel dastehen. Es ist ein alter Navajo, in eine zinnoberrote Decke eingewickelt, an der östlichen Spitze des Pueblohügels steht er da und blickt unserem Zug nach.

Riesig groß, wie eine optische Täuschung, wie ein Gespenst aus Abendsonne und Wüstenstaub steht der alte Indianer dorthinten. Wenn ich heute, nach Monaten, die

Augen zumache, steht er immer noch, rot vor seinem gelben Pueblo, die Sonne des Westens im Rücken, unbeweglich da. Bald aber wird unsere Aufmerksamkeit von der Gestalt abgelenkt durch das, was in unserer unmittelbaren Nähe vorgeht. An der Trasse arbeiten Leute. Aus unserem langsam dahinfahrenden Wagen sehen wir diese Bahnarbeiter unter uns, rechts und links sind sie zur Seite gewichen, um den Zug passieren zu lassen.

Es sind braune kurzbeinige Kerle, Indianer, mit den charakteristischen Zügen und Gestalten der Zunis, der Apachen, der Arapahoes hier herum. Es sind Nachkommen der kriegerischen Stämme, der Cliff-dwellers, des großen roten Alten dort hinten auf dem Hügel von Laguna. Sie haben schlechte neumodische, beim Kleiderjuden erstandene Anzüge aus groben dunklen Stoffen an und alte zerknüllte Filzhüte auf ihren schwitzenden, blauschwarz bezottelten Schädeln sitzen. Wie wir vorüber sind, spucken sie sich in die Fäuste und bauen unter der Aufsicht des weißen Boß weiter an dem Schienenweg der Santa-Fe-Eisenbahn.

Niemand spricht mehr von Politik, von Zivilisation, von Wohltätigkeitsorganisationen auf unserer Aussichtsterrasse. Zur Seite der Trasse stehen ein paar ausrangierte Güterwaggone. Leichter Rauch steigt aus einem in die Höhe. Ein altes Indianerweib kocht dort das Abendessen für die Bahnarbeiter, denen diese elenden ausrangierten Güterwaggone als Wohnort dienen.

Ein Pueblo in New-Mexiko

Zwei Freunde der Kinder in Denver

Der Eine

„Was fang ich mit dir an, Paul? Ich denke, das Beste für dich ist, ich schicke dich nach Golden."

„Ich geh nicht nach Golden. Ich will nicht nach Golden; ich will nach Hause, dort gehör ich hin!"

„Aber Paul, wenn du zu Hause bist, vergeht keine Woche und du fängst wieder mit denselben Streichen an. Treibst dich tagüber herum, schwänzt die Schule, bleibst nachts aus. Du bist kein schlechter Junge, Paul, ich kenne dich ja, aber du bist ein schwacher Junge, das Beste für dich ist, glaub mir's, du gehst für eine Zeit nach Golden."

„Schicken Sie mich nicht nach Golden. Ich mag nicht nach Golden!"

„Paul, wische dir die Augen und gib mir die Hand ... so. Jetzt sage mir: hab ich dich nicht anständig behandelt (gave you a fair deal), damals, wie du mit den anderen Jungen die Overalls gestohlen hast? Damals versprachst du mir, du wolltest ein braver Junge sein fortan, und heut bist du wieder hier! Was fang ich bloß mit dir an?"

„Give me another chance! Ich mag nicht nach Golden!"

Eine kalte, harte Frau sitzt in der ersten Bank und ihre grauen Augen sind wie zwei scharfe Messer auf den Jungen gerichtet, der ihr Kind ist. Sie nickt spöttisch zu jedem Wort, das er spricht. Dem Mann neben mir entgeht das nicht. Er streichelt leise die Hand des weinenden Knaben: „Du bist ein weicher Junge, Paul, du wirst es gut haben in Golden!"

„Ich will nicht. Ich will nach Hause."

Die Frau auf der Bank lacht spöttisch. Der Mann neben mir sagt: „Paul, sieh mich an. Hab ich dir damals nicht fair play gegeben? Wie hast du's mir vergolten?"

„Probieren Sie's nochmal mit mir. Ich geh nicht nach Golden!"

Der Mann neben mir seufzt, faltet die Hände, sieht die höhnisch und schadenfroh lächelnde Frau auf der Bank an, denkt nach, sieht von der Frau zum Jungen, sieht auf seine gefalteten Hände nieder ...

Die Szene ist ein amerikanischer G e r i c h t s h o f , der Kindergerichtshof zu Denver, Colorado, und der Mann neben mir, der Mann, der mich eingeladen hat, einer

Sitzung seines Gerichtshofs beizuwohnen, ist Richter Ben Lindsey, „honest Ben", der Abgott der Kinder Amerikas und einer der edelsten und darum populärsten Männer des großen Landes.

Es ist eine öffentliche Sitzung; etwa sechzih Menschen sind da; auf der Anklagebank sitzen zehn Kinder, alle zwischen zehn und vierzehn Jahren.

Der Probation-officer, ein Funktionär, dessen Beruf es ist, die Kinder zu beaufsichtigen, die schon einmal hier vor Gericht gestanden haben, aber durch die Milde und den gerechten Spruch des Richters mit Ermahnung und Handschlag zu ihren Eltern zurückgehen durften – der Probation-officer steht auf und ruft einen Namen in den Saal.

Drei kleine Wesen erheben sich zugleich und kommen zum Tisch des Richters heran. Es sind zwei kleine Kinder, ein Knabe von vierzehn, ein Mädchen von zehn Jahren, zwischen ihnen humpelt ein altes, verhärmtes Mütterlein in schwarzer Mantille daher, nicht größer als ihre Kinder.

Lindsey winkt das Mäderl heran und macht ihr den Mund auf. Der Saal lacht.

„Brav!" sagt Lindsey. „Brav, Filistes! (Felizitas.) Ich sehe, du hast die Zahnbürste benutzt, seit dem letztenmal. Aber, Filistes, dein Gesicht ist schmutzig. I am sorry, du hast heute morgen dein Gesicht nicht gewaschen. Zeig deine Hände her! O weh!" „Judge, you bet, ich hab mein Gesicht heute gewaschen; es ist nur wieder schmutzig geworden."

Das Kind ist die Schwester des vierzehnjährigen Jungen, der der böse Geist des Knaben Paul ist; der ihn zu allerhand kleinen Diebstählen, nächtlichen Trinkereien, Kinematographenbesuchen und Ärgerem verlockt. Filistes ist nur als Dolmetscherin erschienen. Das Mütterlein, eine verschrumpelte kleine Wiener Jüdin, hat in den siebzehn Jahren, seit die Familie hier herüben ist, die Sprache des Landes nicht erlernt, ist zudem stocktaub. Der Junge ist der Typus des degenerierten Juden. Eine dicke Brillantennadel in seiner Kravatte verkündet seine Weltanschauung.

Der Richter sagt Filistes, was er von ihrem Bruder Gary hält. Filistes schreit der Mutter in die Ohren: „Er sagt, Gary muss gehn nine o'clock ins Bett, und wenn er noch amol wird gekätscht playing cards, wird er gehn nach Golden für e Jahr!"

Die Mutter winselt etwas auf deutschjüdisch, Filistes übersetzt es in fließendes Englisch. Im Slang natürlich, dem Jargon der Ärmsten, aber Richter Lindsey versteht den Jargon, spricht sogar in seinem Richterstuhl selber im Gassenbubenjargon mit den Gassenbuben, als ihr Freund und Berater, der von ihnen verstanden sein will.

„He's no bad Kid, she says; she will go round an' look for a job for Gary, so dont you send him to Golden, says she."

Dann übersetzt Filistes wieder:

„Er sagt, er weiß, wir sein arme Leit und Gary muss treien (to try, versuchen) gut zu machen (to make good), so er will Gary geben ä Tschänz bis first vom Dezember, wenn er sich nix gut aufführt, muss er nach Golden."

Die Mutter legt für Gary die Hand ins Feuer, Gary hat bei der Western Union (Telegraphengesellschaft) als Messenger schon zehn Dollar die Woche verdient.

Lindsey: „The trouble is, Filistes, you know Gary, he cant stick to a job (nicht an einer Beschäftigung kleben, bei ihr ausharren), when he's got some."

Filistes zur Mutter: „Er sagt, Gary kenn nicht sticken zu ä Dschab, das is die Matter wis ihm!" (Exempel von Amerikanerdeutsch.)

Es sind arme Leute. Der Probation-officer hat im Haus kaum eine Brotkruste zu essen gefunden. Der Junge muss die Familie erhalten, denn die Älteste, die ihr Brot auf ihre Weise verdient, hat die Familie im Stiche gelassen. Was ist zu tun? Der amerikanische Richter neben mir, honest Ben, der Freund der Kinder, erlebt mehr Katastrophen, als sein zarter Körper und die große Seele, die in ihm wohnt, aushalten kann. –

Wenn er sich erhebt, so ist er nicht größer, als ein vierzehnjähriges Kind. Vielleicht verschafft ihm auch dieser Umstand solche Gewalt, solche innere Gewalt über die Kinder. – Grade, ohne sich zu bücken, kann er ihnen in die Augen schauen. Er nimmt ein Kind bei den Schultern und seine Arme liegen waagerecht zwischen ihm und dem Kind. In seinem feinen Gesicht ist derselbe junge Zug, wie in dem William R. Georges, auf den er große Stücke hält. Aber die Kinder Colorados nennen ihn nicht daddy, wie jene von Freeville ihren Freund, sondern: „our little Ben."

Oft vergessen sie ganz wo sie sind, und ein Geschwätz und Gekicher entsteht wie in einer Schule, wenn der Lehrer zur Tür hinaus ist. Da schlägt der Richter mit der Handfläche auf den Tisch:

„Hello, Kids!"

Die Kinder lachen und machen dem Richter Zeichen, dass sie schon ruhig sind; die Verhandlung geht weiter.

Lindsey spricht mit den Kindern wie ein Erwachsener zu Erwachsenen. Das ist ein weiterer Grund, weshalb die Kinder ihn lieben. Wie lernt man in Amerika, wo das Kind schon als Mensch, nicht als Spielzeug und nicht als kleines Tier behandelt wird, über all die Fitzebutzereien lachen, die in Deutschland Unsitte geworden sind. Was bekommt einem Kind und was will es im Grunde? Dass man es als ein vernünftiges Wesen anerkenne. Einem, der einem Kinde mit vielen geheimtuerischen Gebärden ein Märchen erzählen oder aufbinden will, misstraut das Kind – fühlt sich beleidigt und wird im Verkehr mit ihm zum Lügner werden. Der amerikanische Lehrer, Richter, ist ein Freund und Kamerad des Kindes, und oft kommt es vor, dass die Mutter oder der Vater des Kindes im Gerichtsaal erregt aufspringt und ruft: „Das ist eine Lüge! Jetzt lügt er!" und dabei spricht das Kind, verlass dich drauf, jetzt sicherlich die Wahrheit. Nicht weil es in einem Gerichtshof steht und eingeschüchtert ist, sondern im Gegenteil: weil es an dem Menschen, dem es gegenübersteht, das Menschliche, die schöne Gerechtigkeit, das von Gott in die guten Menschen gepflanzte Gebot der Gleichheit gefühlt hat in seinem Kinderherzen.

Wie viele Kinder an Körper und Seele ruiniert worden sind dadurch, dass man sie kleiner Verbrechen halber in die elenden, überfüllten und unsauberen Kreisgefängnisse mit alten und verhärteten Sträflingen zusammengesperrt hat, das weiß der Himmel allein. Lindsey hat sich ein unvergängliches Verdienst geschaffen durch die Ausrottung dieser Barbarei, und die Staaten haben es nun fast alle Colorado nachgemacht. In Golden ist eine Industrieschule, und die Kinder, die (in der Regel für acht bis zwölf Monate) hingeschickt werden, haben es dort besser als in den üblichen „Reformatories". Ihre Erziehung beginnt zudem schon auf dem Wege nach Golden. Das Kind wird allein, ohne Begleitung, nach Golden geschickt. Mag es, so kann es unterwegs ausreißen. Von den Hunderten Kindern aber, die Lindsey nach Golden schickte, sind nur sechs ausgerissen bisher.

Seit zehn Jahren versieht Benjamin Lindsey sein schweres Amt, das mit vollem Gewicht auf dem zarten, überbürdeten Mann lastet. Er hat es durchgesetzt, dass er von seiner Macht den Gebrauch machen konnte, den ihm sein Gewissen vorschrieb. Leicht hat man's ihm wahrlich nicht gemacht. Ein Mann, der das Verbrechen nicht als Verbrechen betrachtet, sondern ihm in seine Ursprungsquellen nachfolgt, wird bald eingesehen haben, dass diese sich in den vornehmen Quartieren der Finanz und Politik befinden. In seinem Privatbüro zeigt mir Lindsey eine Karte der Elendsquartiere von Denver. Wie die Tuberkulose ist in diesen übervölkerten Distrikten das Laster und das Verbrechen daheim. Die richtigen Schlupfwinkel, in denen sich diese verborgen haben, sind aber in den Kneipen der im Dienste der Politiker arbeitenden Volksvergifter zu suchen. In den Hinterzimmern dieser Kneipen tut Alkohol und Dame Syphilis das Ihre, um Kindesseelen und Herzen zu vergiften. Wenn irgendwo, so ist hier im „wilden und wolligen Westen" der Saloonbesitzer der einflussreiche Helfershelfer des Politikers, des Grafters. Der Fuselduft riecht der amerikanischen Politik übel aus dem Brustton heraus, mit der (besonders vor den Wahlen) die Ideale verkündet werden. Die Winkelbordelle dort in den Hinterzimmern sind nur eine von den kleinen Vergünstigungen, die der einflussreiche Herr in Washington an seinen getreuen Spießgesellen vergibt, für gut geleistete Dienste. Der Bobby, der Polizist, hält daweil vorne Wacht, damit das Geschäft nicht beeinträchtigt werde. –

Die überfüllten Quartiere des Elends und der kleinen und großen Korruption hat nun dieser einzige Mann, der interessanter ist als alle Berge und Minen Colorados, mit eingelegter Lanze angerannt. Die Feinde, die Mächtigen des Landes, haben natürlich alles getan, um ihm sein Handwerk zu legen, ihn zu beseitigen. Nun aber haben die Frauen in Colorado das Wahlrecht. Und zudem sind ja die Kinder Amerikas eben – Amerikaner! Von großen Kämpfen hörte ich in Denver sprechen. Kämpfen, die damals ausgefochten wurden, als keine der Parteien, weder die demokratische noch die republikanische, diesen unbequemen Mann, der, wenn es heut einen in der Welt gibt, ein Sozialist ist, auf ihre Wahlliste setzen wollte.

Die Frauen und d i e K i n d e r hatten aber den Namen Lindsey auf i h r e r Wahlliste stehen, und so wurde Lindsey gewählt und in sein Amt gesetzt, das er im Namen der großen Partei der Menschlichkeit getreu verwaltete. Damals als es ernst war, zogen die Kinder durch die Straßen Denvers, so habe ich es in Denver erzählen hören. Aus allen Stadtteilen, den reichen und den armen, den vornehmen und den übervölkerten, kamen kleine Kinder, Knaben und Mädchen, in Scharen auf die Spielplätze herausgelaufen und berieten, was zu tun sei. Dann formten sie sich zu Zügen, zu einer Armee, und diese Armee marschierte durch die Straßen der verblüfften und beängstigten Stadt. Die Armee hielt vor den Fenstern der politischen Klubs und schrie sich heiser, um denen dort hinter den Scheiben zu zeigen, wie sie gesinnt sei. Hinter den Scheiben aber war es ganz still geworden, und keiner von den Männern, die die Geschicke des Landes verwalteten, traute sich an die Fenster heran, aus Furcht, er könnte das zornige Antlitz seines eigenen Kindes dort unten auf der Straße erblicken. Eine Dame, die ich im Gerichtssaal kennen lernte, erzählte mir von diesem Kreuzzug der Kinder Colorados. Sie hatten eine kleine Marschweise, einen kleinen Vers gemacht, den sie mit ihren Tausenden von hellen Stimmen sangen. Dieser Vers, kunstvoll und echt wie jener, den die Kinder Nürnbergs dichteten, als der Zeppelin an der Tagesordnung war, lautete:

„Who? Where? When?
We wish, we were Men!
So we could vote for our Little Ben!"

Den Leuten hinter den Fenstern blieb darauf weiter nichts übrig als zu kapitulieren.

Nach Golden geht ein Junge erst, wenn in der Freiheit mit ihm gar nichts mehr anzufangen ist. Wenn er keine Eltern hat oder solche, die diesen Namen nicht ver-

dienen. Die große Mehrzahl wird aber auf „Probation" freigelassen und ihre Auf-
führung in ihren Heimen von eigens beauftragten Männern und Frauen (Officers)
überwacht. Viele Frauen übernehmen solche Ämter freiwillig, alleinstehende ver-
witwete Frauen, die sich auf solche Art einen schönen Lebensinhalt schaffen. In
New York hörte ich, dass dort in Verbindung mit dem Kindergerichtshof eine Institution besteht, die Institution des Big Brother, des „großen Bruders". Freiwillig
melden sich junge Leute, Studenten, Studentinnen, jeder, jede beaufsichtigt e i n
e i n z i g e s Kind, ist sein Freund, sein Berater, wird auf Jahre hinaus sein täglicher
Genosse und Beschützer.

Jeden Samstagmorgen ist Report-day. Da kommen die Kinder, die auf Probation freigelassen wurden, vor dem Richter zusammen und zeigen die Zettel vor, auf
denen die Lehrerin ihr Betragen während der Woche vermerkt hat. Lindsey hält
eine Rede. In dieser Rede kommt Christus vor und das Übel, dem der Mensch
Widerstand leisten soll. ...

Dann folgt ein kleines weltliches Frag- und Antwortspiel.

„Ich brauche starke Jungen. Wer ist ein starker Junge?"

„Der zehn Stunden Veloziped fahren kann!"

„Der zwölf Dollar die Woche verdient!"

„He who resists – der widersteht!" „Richtig! Resists – what!"

Aus einer Ecke kommt's: „Stehlen." Aus einer anderen: „Rauchen." Einer ruft:
„Temptation!" Und der hat's erraten.

Einzeln kommen die Kinder an den Tisch des Richters heran. Lindsey kennt
jeden, erinnert sich genau an seinen vorwöchigen Zettel. Wer diesmal einen besseren hat, wird belobt. Er wird mit dem Gesicht nach dem Saal herumgedreht, und
Lindsey verkündet: „Dies hier ist Mike oder Jack Soundso, ein Muster und Exempel
für euch dahinten, hört ihr's?"

Einer hat einen zweifelhaften Bericht mitgebracht.

„Was ist das mit uns beiden, Johnny? Willst du mich zum Lügner machen? Was
denkt deine Lehrerin von mir? Dass ich ein Mensch bin, dem man allerhand weis-
machen kann, sonst säßest du ja längst in Golden."

Das Kind hat seinen Kopf auf den Tisch gelegt. Nachher sind zwei große nasse
Flecken auf einem staatlichen Löschpapier. „Well, be a square kid. Cheer up. Dont
make again a liar of me." Und es ist zehn gegen eins zu wetten, der nächste Report
wird sich sehen lassen können.

Und sie defilieren vorbei, die Kleinen, die Kleinsten, Diebe, Mörder, gefährliche
Einbrecher, jeder wird mit gutem Blick belohnt, mit einem ängstlichen und traurigen
verwirrt und gebessert. Hie und da verschwindet einer oder der andere der Jungen

im Privatbüro dort hinten und dann geht durch die Reihen das Flüstern: Golden! Golden! Aber das steht noch gar nicht so fest. Ein Wort, ein Blick des Kindes kann diesen Menschenrichter umstimmen, und das ist sicher, der einmal durch's Fegfeuer des Privatbüros ging, kommt als ein Geläuterter hinunter auf den Platz vor dem Gerichtshaus, wo die anderen Kinder auf ihn warten, in Gespräche über ihren little Ben vertieft.

Der Andere

Bemerkenswerte Aufregung vor der Redaktion der „Denver Post". Auf der Straße stehen Tausende und schauen zu einem Brett im ersten Stock hinauf, wo ein Baseballfeld abgebildet ist. Hinter dem Brett tickt in der Stube der Telegraph, eine Minute nach dem Wurf in Philadelphia erscheint ein Glühlichtzeichen auf dem Brett, den Wurf anzeigend.

Ein Megaphonmann brüllt Worte in die Menge hinunter, jedes Wort wird mit einem Tumult von wütendem Geschrei oder gellenden, entzückten Pfiffen begrüßt. Heute spielen die „Giants" und die „Athletics" in Philadelphia um die nationale Meisterschaft.

Auf einmal, während alles atemlos auf das nächste Glühlichtzeichen wartet, hört die Menge von der 17. Straße her ein Geschrei von hellen Kinderstimmen herbeikommen. Ich gehe zur Ecke und sehe einen fetten lachenden Mann inmitten sämtlicher newsies, der Zeitungsjungen der Stadt, die Straße entlang ziehen. Das ist der „König der Zeitungsjungen", Noodles Fagan, der populärste Komiker Amerikas, er ist auf seiner Gastreise heute durch Denver durchgekommen.

Am Abend sitze ich und mit mir ganz Denver im Parkett des Varietes, in dem Noodles auftritt. Sämtliche Zeitungsjungen Denvers sind seine Gäste, zwei große Tagesblätter, die Post und der Daily, haben die Galerieplätze aufgekauft, und dasitzen oben die „newsies" und rufen nach Noodles.

Noodles kennt die Sippe und das Gewerbe genau. Eh er seine jetzige Stelle in der Welt ansehnlich ausfüllte, war er einer der Ihren gewesen. Heute hat er viele Preise gestiftet, der Kampf um diese Preise ist die Glanznummer des Programms.

Da stehen sie auf der Bühne, die zwanzig Tüchtigsten des Standes und korrespondieren durch Zeichen und Pfiffe mit den Gefährten auf der Galerie. Noodles hat heute früh auf der Straße eine Rede gehalten, die Abendausgaben bringen sie unter dem Porträt Noodles, der eine veritable Krone von Zeitungspapier auf dem Haupt trägt.

„Vor allem", sprach Noodles Fagan, „muss ein Zeitungsjunge sich die Hände waschen. Welcher Gentleman mag eine Zeitung aus einer ungewaschenen Pratze entgegennehmen. Ebenso wichtig ist es, dass die Finger des Zeitungsjungen keine

Spuren von Tabak aufweisen, denn erstens ist's gegen das Gesetz, zweitens verdirbt es die Gesundheit, und drittens hat ein ehrlicher Junge sein ehrlich erworbenes Geld seiner alten Lady daheim mitzubringen und es nicht in Zigaretten, Candy, Kaugummi und ähnlichen Delikatessen anzulegen, die sich heute nur noch Pierpont Morgan erlauben darf."

Noodles ist in ganz Amerika bei den Gassenjungen so populär wie der beste Baseballspieler, und das will was heißen.

Auf der Bühne geht der Kampf vor sich. In einer Reihe stehen sie da, die Erwählten des Zeitungsjungenstandes. Vorne steht Noodles, er hat eben das Thema des Kampfes angegeben.

Es soll also ein Eisenbahnunglück passiert sein, und die Zeitungen bringen soeben die erste Nachricht an die Öffentlichkeit. Wer diese Nachricht in kürzester und prägnantester Form, auf die sensationellste Weise ins Parkett hinunterbrüllt, erhält den Preis, einen Dollar.

Nacheinander brüllen die Jungen. Hinter jedem einzelnen Gebrüll ertönt das Gesamtgebrüll der Galerie und das Unisono des lachenden Parketts.

„All about the big railway disaster!"

„Al 'bout big 'way 'saster!"

„Al bout this aster!"

Einer leistet sich die Extra-Sensation und ruft den Namen des Eisenbahnpräsidenten aus, der angeblich bei diesem Unglück ums Leben gekommen sein soll. Dieser wird unter ohrenzerreißendem Gebrüll abgetan.

Ein zerfetztes Kerlchen steckt den Dollar ein für die Lösung: „Rio Grande!" (Das ist die Bahn.) „'xti deads!" (kann -zehn und auch -zig heißen).

Allerhand andere Wettbewerbe folgen. Boxerkämpfe, sehr wichtig für den Fall, dass einer unberechtigt einem anderen, der ältere Rechte hat, seinen Platz an der Ecke wegnehmen wollte. Ein sehr amüsantes Wettessen von Soda-Cakes, mit der Aufgabe, sofort nach dem Hinunterschlingen des pappigen Zeugs, den traditionellen Zeitungsjungenpfiff hören zu lassen. Wobei es denen, die in der ersten Reihe des Parketts sitzen, schlimm ergeht.

Die Zeitungsjungen-Blechkapelle auf der Galerie spielt alle patriotischen Märsche, die sie kann. Noodles verneigt sich strahlend vor dem Publikum, das immer wieder nach ihm verlangt. Hinter dem Vorhang gruppieren sich die newsies um ihren König zu einer wohlgelungenen Apotheose, die begeistert beklatscht wird, als der Vorhang in die Höhe geht.

Honest Ben, der Richter, und Noodles Fagan, der Liebling der Zeitungsjungen, beide sind Freunde der Kinder; beide helfen ihnen die Last des Lebens tragen; der eine auf seinen gebrechlichen Schultern, der andere auf seinen guten, fetten, runden. Beide helfen den Armen ihr Los tragen, jeder auf seine Weise. Honest Ben und Noodles Fagan, alle beide sind das große Amerika.

Satyrspiel in Kansas City – und anderswo!

In der hässlichen dunkelgrauen Stadt am Zusammenfluss des Kansas River und des Missouri baut man an einer Ausstellung für Kinderwohlfahrt.

Convention Hall dröhnt von Hammerschlägen. Es wird gebaut, gebosselt, geklebt, genagelt. Eine Hütte ist schon fertig, da steht sie unter der Kuppel, ein realistisches Heim der tiefsten Armut, der realistische Düngerhaufen vor der einzigen Tür, die auch das einzige Fenster dieser Menschenbehausung ist, scheint auf künstlichem Wege seines Duftes beraubt zu sein. Es soll den Besuchern vor die Augen geführt werden, unter welchen Bedingungen die armen Kinder ihr Leben fristen. (Für fünf Cent führt die Tram den, der willig ist, diese fünf Cent zu bezahlen, nach den noch realistischeren Vororten der Stadt, zu den Schlachthäusern am Missouri, zu den scheußlichen Quartieren am Delta des Blue River, zu den verfaulten Holzhäusern, vor deren Türen der schmelzende Schnee monatealten Kehricht enthüllt, der dort geduldig überwintern wird.)

Holzwände werden errichtet, auf denen Photographien von fensterlosen Zimmern kleben, in denen sieben bis zwölf Menschen übernachten. Beispiele und Gegenbeispiele von gesunden und gesundheitszerstörenden Vorratskammern, wenn man diese so nennen darf, für echte und größtenteils gefälschte Lebensmittel. Pathetische Aufrufe, grell gedruckt: „Es ist ein Verbrechen, den Menschen die Luft zu stehlen!" „Kauft gute Milch!" „Verjage die Fliege, sie ist dein Feind!" „Was ist mit Marys neuem Kleid los?" – Daneben ein Fetzen von „echtem Schafwollstoff", der zu neun Zehnteln aus Baumwolle besteht, von einem armseligen Kinderkittelchen aus Worsted, durch das man nach einer Woche alle fünf Finger durchstecken kann.

Das Eine nimmt einen Wunder, wie die Arbeiter, die pfeifend und guter Dinge diese verlogenen Papierwände, mit ihren Photos, Plakaten, Aufrufen und Gegenbeispielen zusammennageln, nicht mit Fußtritten in all den Kram hineinfahren, die einzige Kritik liefern, die solchen Wohlfahrtsunternehmungen zukömmt?

Auch über die Vergnügungen der Jugend gibt diese Ausstellung Aufschlüsse. Im Kinematographentheater ist der beliebteste Film:

„Die berühmten Taten der James-Jungen, der gefürchtetsten Verbrecher Missouris."

Mit der Bemerkung unter dem Plakat:

„Nachdem dieser Film gezeigt worden war, begannen die Knaben auf den Spielplätzen mit Messern und Revolvern zu erscheinen."

Man erfährt aus der Inschrift unter der Photographie eines Tanzsaales, dass „Zehntausend junge Leute von Kansas City wöchentlich 5.500 Dollar für Tanzen ausgeben."

Darunter das Gegenbeispiel:

„Abendunterhaltung in den Heimen der Young Mens Christian Association."

Man sieht sich nach irgendwelchen statistischen Tabellen, Photos, Aufrufen und Plakaten um, die über das furchtbare amerikanische Problem der K i n d e r a r b e i t Aufschluss geben könnten. Aber ich glaube, auch in der fertigen Ausstellung wird darüber wenig zu erfahren sein.

Zum Glück gibt es noch Orte, an denen man was über dieses nationale Problem, Übel, Unglück erfahren kann, Menschen, die ihr Leben daran gesetzt haben, diese schaurige Schwäre an dem Körper des gesunden Amerika zu sondieren, auszubrennen, wegzuschneiden. Diese Menschen sind nicht unter den „Wohltätern" zu suchen. Sie sitzen nicht in den protzigen Salons der 5. Avenue unter den Milliardärsfrauen, die an den Effekt ihrer Hüte denken, während eine Spanne unter ihrem Hut das Mundwerk von sozialen und kirchlichen Fragen überläuft, sondern man findet sie in den Kammern der Träumer, wohl auch in den Klubs der „Insurgenten", unter den Sauerteig-Menschen des Großen Kontinents hier und dort verstreut. –

Die Sozialisten sind die einzigen, die die E i n s t e l l u n g   d e r   K i n d e r a r b e i t in den Staaten fordern. Die beiden großen politischen Parteien Amerikas spielen bloß mit dieser Frage herum. D i e   K i n d e r   s i n d   j a   k e i n e   W ä h l e r .

Andererseits aber s i n d   d i e   E l t e r n dieser Kinder, deren Erwerb zur Aufrechthaltung des Hausstandes herhalten muss, W ä h l e r . Die Partei, die die Eltern der Stütze der Kinderarbeit beraubte, verlöre Wähler. Die Kinder gehören keiner politischen Partei – Organisation an, haben keinen Korruptionsfond, keinen Lobbyisten (d.h. beruflichen Bestechungsagenten in der Vorhalle, der Lobby in Washington), daher ist ihre Lage nicht beneidenswert.

In den Anthrazitminen Pensylvaniens arbeiten 12.000 Kinder, von sieben bis vierzehn Jahren, neun Stunden lang, mit einer Mittagspause von zwanzig Minuten als Breakers. Ein Breaker sitzt rittlings über einem schrägen Schacht, durch den von oben die Kohle hinunterläuft; er muss mit seinem Hammer die großen Stücke klein schlagen; nach einer Stunde solcher Tätigkeit sind seine Poren, nach einem Tag ist seine Lunge voll von Kohlenstaub.

In den Baumwollspinnereien von Süd-Carolina, den Seidenwebereien von Georgia, Louisiana, stehen kleine neunjährige Mädchen von sieben Uhr abends bis sieben Uhr früh an den Webstühlen. Das elektrische Licht blendet ihre Augen. Sie müssen auf die blitzenden Schifflein achtgeben, die den Einschlag durch die Fäden führen. Sie dürfen sich nicht setzen zwölf Stunden lang. Es gibt viele elfjährige Kinder in den Städten des Südens, die blind mit kleinen Blechtellern durch die Straßen gehen!

Wovon wäre noch zu berichten? Von den Bleichereien in Nord-New York, wo Knaben bis über die Hüften in blauen Farbbädern stehen; von den Bürstenfabriken in Connecticut, von den Phosphorwerken, in denen der berüchtigte weiße Zündholzkopf fabriziert wird, von den Schuhfabriken, in denen Kinder die Tennisschuhe mit Äther schön weiß färben, von wie vielen anderen Stätten noch?

Die Arbeit der Kinder wird schlecht bezahlt. Sie repräsentiert die niedrigste Stufe der Arbeit, zu der keine Vorkenntnisse erforderlich sind. Den erwachsenen Leuten, dem Analphabeten, dem der Landessprache unkundigen Einwanderer schnappt das Kind sein Brot vor dem Mund weg. Es gibt Fabrikationszweige, in denen der Fabrikant ohne die Kinderarbeit nicht mehr auskommen kann. Der Fabrikant, der die Kinder heute aus seinem Getriebe entlässt und sie durch höher bezahlte Arbeiter ersetzt, hält morgen der Konkurrenz nicht mehr stand und ist übermorgen ruiniert. Das Verbot der Kinderarbeit würde gleichbedeutend sein mit dem Ruin von so und so vielen Fabrikanlagen. Spinnereien, Bergwerke und Bläsereien, die Kinder arbeiten lassen, gehören Leuten, die ihre Kapitalien in den Eisenbahnen investiert halten; wer der Kinderarbeit zu Leibe geht, sägt an dem Lebensnerv Amerikas, der Eisenbahn herum; ein Grund mehr, weshalb der Kampf gegen die Kinderarbeit so unpopulär ist.

Sechs Staaten haben annehmbare Gesetze, die sich auf die Kinderarbeit beziehen (hauptsächlich westliche); kein einziger aber schließt sie völlig aus. Natürlich haben jene Staaten, deren Industrie hauptsächlich auf der Kinderarbeit basiert, die laxesten Maßregeln gegen sie. Zuweilen verbietet ein Staat die Kinderarbeit in gewissen Getrieben innerhalb seiner Grenzen. Das hat z.B. Tennessee einmal versucht. Was geschah? Die Kinder wurden in Waggonladungen aus Tennessee nach dem Nachbarstaat Süd-Carolina verfrachtet. Die Fabriken in Tennessee konnten zusperren, die Fabriken in Süd-Carolina zahlten fette Dividenden.

Vor fünf Jahren kam ein Gesetzentwurf vor den Kongress, der bezweckte, mit diesem nationalen Verbrechen endlich aufzuräumen, den Produkten der Kinderarbeit den Markt zu versperren – eine Untersuchung wurde eingeleitet, die die weiteren Verhandlungen ad calendas Graecas hinausgeschoben hat, und der siegreiche Lobbyist steht wie immer zwischen dem Volksgewissen und der Exekutive.

Kansas City ist die größte Stadt zwischen Chicago, der Grenze des Ostens und dem freien, unermesslichen und schütter bevölkerten Westen der Staaten. Sie liegt da zwischen der Prärie und der Zivilisation. Alles was der einen entfliehen will und der anderen zustrebt, kommt hier durch. Wie in ein tiefes Loch fallen die Tramps, von beiden Seiten her kommend, in diese Stadt hinein – aus der „vierten", der Gratisklasse (unter dem Waggonboden). Sie ziehen in dieser Stadt ein, angetan mit allem, was sie auf dieser Welt ihr eigen nennen – einem zerlumpten Gewand und dem guten blanken Sechsläufer in der hinteren Hosentasche.

Im Haus zur „Hilfreichen Hand" predigt ein wohlmeinender Herr vor einer schläfrigen und apathischen Schar von elenden Vagabunden, die ergeben und gierig auf die Suppe wartet. Immerhin muss sie noch, eh' die Suppe serviert wird, ein, Psalmenquartett hinunterschlingen, das vier überzählige alte Wohlfahrtsjungfern der guten Gesellschaft von der Estrade herab über die verpestete Atmosphäre ausgießen. Hinweg zum Mississippi!

CHICAGO

Chicago: Eine Impression

Was Teufel ist mir widerfahren, hab ich was Vergiftetes gegessen? Hab ich das fliegende Fieber? Oder ist es bloß, weil ich den Mississippi von Westen nach Osten durchquert habe? Nichts von alledem. Ich bin einfach in Chicago angelangt, der schrecklichsten Stadt des Erdballs.

Ich will es nicht versuchen, ein Bild dieser Stadt zu geben, ebenso wenig eine Topographie des Unbehagens, das sie auslöst. Nur ein paar Geräusche, Gerüche, Gesichte, ein bisschen Schweiß und Rauch und Rastlosigkeit aus ihrer Atmosphäre soll als tintenfarbiger Niederschlag aufs Papier kommen.

Einstweilen treibt mir diese nach der wilden Zwiebel checagua benannte Stadt – sie wuchs in Mengen, wo jetzt die weltberühmten Warenhäuser, die weltberühmten Schlachtbänke, die weltberühmte Getreidebörse und die weltberühmten Bordellstraßen stehen – die Tränen in die Augen. Um neun Uhr früh werde ich, wie ich auf die Straße trete, in einen Wirbelsturm von Menschen hineingetrieben, dass mir Hören und Sehen vergeht. Die zappelnden Bewegungen, die die Menschen in Kinematographenaufnahmen bekommen, das Dahinfegen der Filmautomobile sehe ich hier in Natur übertragen. Mein Baedeker ist sieben Jahre alt und für die Katze. Auch ist, wie ich sehe, die ganze Stadt umnummeriert. Ich lasse mich vorwärts und in die Drehtüre eines Papierladens hineinwirbeln, wo ich den Clerk, einen blassen, am frühen Morgen schon todmüden jungen Menschen nach einem Wegweiser Chicagos, aus dem man die Sehenswürdigkeiten der Stadt kennen lernen könnte, frage.

„Hier gibt's keine Sehenswürdigkeiten", sagt der müde Clerk, „hier gibt's nur business."

Wirklich, über der Stadt liegt ein dumpfer, sakkadierter Lärm, ein unter- oder oberirdisches Rollen, ein Pulsschlag, der sich wie ein nie aufhörendes Teppichklopfen anhört. Durch das eine Nasenloch kommt Kohlenstaub herein, durchs andere der Duft von kochendem Leim. Diese Pasta legt sich um die Hirnhaut und siehe, das Chicagoer Gewissen ist entstanden.

Wie die Leute hier ihren Geschäften nachjagen, das sieht einem ewigen Reißausnehmen vor sich selber verzweifelt ähnlich. In Van-Buren-Street laufen zwei Nonnen an mir vorbei. Geld sammelnd, laufen sie türaus, türein. Ihre Gesichter tief in den erdfarbenen Hauben, ihre Gesichter, auf denen der Friede doch wohnen sollte, sind gespannt und verzerrt von der Geldjagd durch die Straßen.

Indes, ich werde mich hüten, in den Fehler zu verfallen, dass ich den Amerikanismus mit diesem Chicagoer Tempo verwechsle, das aus Atemnot und Gewissenskrämpfen zusammengebraut zu sein scheint.

Soviel ich weiß, ist diese Stadt, diese rapide Stadt, „the windy town", diese windige Stadt viel mehr eine Karikatur Amerikas. In ihr, die, kaum siebzig Jahre alt, heute die zweitgrößte Stadt des Kontinents ist, leben mehr Deutsche als in Hamburg, mehr Schweden als in Stockholm, mehr Juden als in Palästina; eben macht sie eine Entwicklung durch, die sie zum Schrecken und Staunen der Union werden lässt. Ganz Amerika blickt terrorisiert auf diese Stadt hin, die laut genug ihre Drohung ins Land hinausschreit: wartet nur, in ein paar Jahren bin ich die erste hier herüben, in ein paar mehr die erste der Welt. Nach drei Dimensionen schießt sie sichtbar in die Halme, ihre Grenzen habe ich trotz halbe Tage langen Fahrten in schnurgeraden Trambahnlinien nicht berührt. Wie die neuesten ihrer Wolkenkratzer, steigt der Reichtum ihrer Einzelnen schwindelig hoch und rasch in die Höhe; wie ihre von kahlen, mit Kehricht vollgekarrten Feldern unterbrochenen endlosen Vorstädte aus Holz und Kot, verbreitet sich das Elend und die Armut ihrer Vielen erschrecklich weit und breit. Das bedeutet sinnlosen Glanz und irrsinniges Machtbewusstsein in Wohn- und Direktionspalästen und das bedeutet von der Verzweiflung geschwärzte Seelen in Fabriken und Massenquartieren. Das bedeutet ein Auf und Ab, eine Überreizung, ewiges Um- und Umnumerieren von Häusern und Menschen, es bedeutet einen Rundtanz von Habsucht, Verschwendungssucht, Selbstberäucherung, Zerknirschung, Verbrechen, Mitleid, Betrug, Psalmengesang, Totschlag, Ästhetendünkel und Menschenschande. – Aber auf dem Grabe der vier Blutzeugen in Waldheim-Cemetery liegen frische Blumen! –

Hoffentlich geht's hier nicht alleweile zu, wie in diesen ersten Novemberwochen 1911, die ich in Chicago verbringe. Geht's hier jahraus, jahrein im selben Tempo weiter, so steh ich nicht an, zu erklären: Chicago ist die Hölle.

In der besten Gegend der Stadt weckt mich am Morgen nach meiner Ankunft, es ist noch früh, kaum fünf, eine Detonation. Ich springe zum Fenster, schau in den Hotelhof hinaus, ob keiner auf das Glasdach hinuntergesprungen ist? Zwei Tage später weckt mich dieselbe Detonation; ich bleibe aber im Bette liegen, ich weiß ja, es ist kein Selbstmord, keine Wiederholung des glorreichen Haymarket- Attentates, sondern es hat da in der Nachbarschaft wieder einer seinen Morgengruß, eine kleine Bombe, vor dem Tor eines Geschäftskonkurrenten niedergelegt.

Am ersten Frosttag zählen die Zeitungen sieben mörderische Überfälle, drei Notzuchtsversuche im Weichbild der Stadt. Die Zeitungen sind voll von Giftmorden, unaufgeklärten plötzlichen Todesfällen einflussreicher Leute, Schießereien in den belebtesten Straßen um die Mittagsstunde. (Chicago hat den Ruf, dass man in ihr, während in anderen Städten Amerikas ein Mörder erst von zweihundert Dollar aufwärts zu haben ist, einen Mörder schon für acht Dollar haben kann.)

Im Gerichtshof findet das Geplänkel des Staatsanwalts mit den Magnaten des Fleischtrusts statt; sie haben versucht, das Sherman-Gesetz zu übertreten, einen kleinen Corner in Fleisch herbeizuführen, dem konsumierenden Publikum ein wenig die Kehle zuzuschnüren. Der Gerichtshof ist voll von jungen Juristen, von allen Seiten sind sie herbeigeströmt, um zu lernen, wie der berühmte Anwalt der großen Fleischschlächter mit der Anklage umspringt. Zwischen zwei Buchstaben des Gesetzes tut sich ein winziges Loch auf, durch das die ganze Anklagebank ins Freie schlüpft. Es soll schon jetzt alles getan werden, um die Anklage hinfällig zu machen. (Kommt die Sache erst nach allen Instanzen vor das höchste Schiedsgericht in Washington, so siegen ja die Magnaten doch.)

Um Armour Square herum haben einige Raids auf die beteiligten Institute des Bordell-Trusts stattgefunden. Ein paar Straßen weiter im Osten hat man versucht, Jim O'Learys, des Spielerkönigs, bombenfeste und mit Stahlpanzertüren gebaute Spielhölle aufzuheben. Alle drei Trusts, der Fleisch-, der Bordell- und der Spielertrust haben, scheint es, diesen wohlgemeinten Reformversuchen standgehalten. Die Zeitungen nehmen kein Blatt vor den Mund, ausführlich berichten sie über die Stadt- und Kongresspolitiker, die im Dienst des Fleischtrusts, über die Polizei, die im Dienst des Bordelltrusts steht, und über die Wachtstuben, die ruhig weiter Jims Odds auf ihren schwarzen Tafeln stehen haben. (Wird's im Januar zwei Tage mit einer Temperatur unter 0 Grad Fahrenheit geben oder nicht? Fünf zu eins.) Wie in fast allen großen Städten rennt soeben ein neuer Bürgermeister mit eingelegter Lanze gegen die Korruption in allen Gebieten des kommunalen Lebens vor. Mir schwirren noch die legendären Hinky-Dink, Bathhouse John und ähnliche Stadtverordneten-und Polizisten-Spitznamen in den Ohren. Zum ersten Mal auf meiner ganzen Reise stecke ich allabendlich den Revolver in die hintere Tasche – wie leicht könnte man in einer der stockfinsteren, zu Diebstählen und Totschlag vorbereiteten Gässchen dieser Stadt, an einer Ecke, um einen Saloon plötzlich einem Polizisten oder Stadtverordneten in eigener Person gegenüberstehe?

Oben auf der Galerie der Getreidebörse im Board of Trade-Building sitzt neben mir ein alter Herr mit weißem Knebelbart. Er hat seine braune gelbbehaarte Hand ausgestreckt und erklärt mir die Sehenswürdigkeiten dort unten. Nennt die Namen der heulenden Derwische, die um die „Grube" herumstehen, die berüchtigte Grube,

„the pit", in die das goldene Korn der Welt hineinstürzt und aus der imaginäre Papierwerte zurückflattern auf den betrogenen Erdball.

Es gibt noch drei andere Gruben in diesem Saal, die Maisgrube, die Hafergrube und die Speckgrube. Das wildeste Geheul und verzweifeltste Gedränge ist aber um die Weizengrube.

Auf einer hohen Kommandobrücke zwischen den Gruben der Weizen- und der Maismakler stehen die Inspektoren vor langen Papierbogen, Logbüchern der Börse. Zu ihnen schießen über dünne Stahldrähte blinkende Metallkapseln herüber von den hundert Telegraphenschaltern am Ende des Saales. Ein fortwährendes Knacken tönt von den Tafeln, die die Namen der Erntedistrikte Amerikas aufgeschrieben tragen, ins Stimmengetöse herüber. Auf der anderen Seite des Saales rieseln aus Hunderten von Papiersäckchen die Weizenproben in die Holzschalen nieder.

Der alte Herr neben mir besitzt 4.000 Acker Land in Nebraska und ist auf der Durchreise nach dem Osten, wo seine Kinder studieren. Er ist mit seinem Jahr zufrieden, die Hyänen der „Grube" haben weder ihn noch seine Kinder zerfleischt. Ein spitzmausähnlicher kleiner Jude steht auf der untersten Stufe der Grube und blickt blinzelnd in die brüllenden Rachen um ihn hinein. Dies ist derselbe Mann, der vor zwei Wochen eine „Operation" in Weizen versucht hat und elend gescheitert ist. Man hat ihn rechtzeitig „gestützt", d.h. drei Millionen Bushels liegen jetzt für seine Rechnung in den Elevatoren von Chicago, Madison und St. Louis, die er kleinweise und mit ungeheurem Verlust an die Müller zu verkaufen versucht.

Gefilde von Gretna, stille abendliche Spazierwege Altonas oben. in Manitoba! Die blitzenden Metallkapseln schießen hin und wieder, verknüpfen die Geschicke der Menschen, Menschen, die einander nicht kennen, fremde Geschicke …

Ein Wutschrei steigt aus dem heulenden Zwinger, aus den drei hinunterführenden Stufen des vollgespuckten Schwimmbassins empor. Hunderte von Händen recken sich wie zum Schwur. Aus allen Ecken des Saales laufen Menschen, Arme und Beine wie im Veitstanz schlenkernd, an die Grube heran. Von der Kommandobrücke beugt der Inspektor ein Ohr hinunter. Dann schreibt er eine Ziffer auf den Bogen. Ein Blitz schießt von der Kommandobrücke zu den Telegraphenschaltern zurück. Hunderttausend Ticker ticken in der ganzen Welt eine und dieselbe Zahl, auf hunderttausend Köpfen sträuben sich die Haare, in hunderttausend Betten werden sich heut nachtschlaflose, erschöpfte Menschen wälzen bis zum Tagesgrauen.

Mein Nachbar nimmt lächelnd Abschied. Seine haarige Hand geht kaum in meine hinein, wie wir uns mit einem guten Händeschütteln voneinander trennen.

Unten um die Grube dauert das Gebrüll, das Gestikulieren, der Hexensabbat fort. Aus den Schwurhänden sind geballte Fäuste geworden. Jede scheint die nächste zu bedrohen. Gute, warme Faust des Ackerbauers, herrliche, breite, ruhige Faust schwielig wie die Rinde der Erde! –

Im Schatten des Korridors, der zur Treppe führt, sitzt eine schwarze, hochgewachsene Frau auf einer Bank. Unter ihrem breitkrämpigen Hut ist der Schleier vom Gesicht zurückgeschlagen. Ihr Gesicht ist blass und hat schöne, große und einfache Züge. Sie kann nicht älter sein als 35. Sie sieht vor sich hin, keinen der Vorübergehenden an. Sie trägt einen schweren schwarzen Pelz. Ihre Hände in schwarzen Handschuhen ruhen auf ihrem Schoß. Sie halten einen kleinen Bleistift und ein zerknülltes Stück Papier. Wenn das Geheul bis an ihre dunkle Ecke aus dem Saal herüberdringt, schreibt die Frau mechanisch, ohne niederzublicken, ein Zeichen, eine Ziffer, auf das Papier. Was schreibt sie auf? Worauf horcht sie?

Wie mich zwei Wochen später mein Weg um die Mittagsstunde wieder an der Börse vorüberführt und ich für einige Augenblicke auf die Galerie hinauflaufe, sehe ich die Frau auf dem gleichen Platz sitzen. Bleich starrt sie ins Leere vor sich. Ihre Hände, die leblos scheinen, halten den Bleistift, das Stückchen Papier …

Unten aber, vor dem Haus, sieht's aus wie auf dem Markusplatz in Venedig. Tausende von weißen Tauben flattern um den rauchgeschwärzten Kasten. Die verstreuten Körner aus den Mustersäckchen bleiben nicht lang auf dem Pflaster liegen. Mancher heulende Derwisch, der seinem Mitmenschen das letzte Weizenkörnchen am liebsten vom Munde wegreißen möchte, steckt eine Handvoll in die Tasche, eh' er die „Grube" verlässt. Die weißbeschwingten Kinder der Atmosphäre statten ihm ihren Dank dafür auf ihre Weise auf Hut und Paletot ab.

In dieser flüchtigen Skizze soll ein weniges über den heiligen Sonntag gesagt werden, an dem die tollwütige, fiebernde Stadt von der Arbeit auszuruhen vorgibt. Von einer Sonntagsruhe nach europäischen Begriffen ist hier keine Rede, obzwar man weniger Leute auf den Straßen sieht als in europäischen Großstädten. Es heißt vielmehr, sich vom Samstag zum Montag hinüber zu schwingen, ohne das Tempo und Gleichgewicht auf der Kurve zu verlieren, sich nicht überrunden zu lassen von denen, die ihre Anfangsgeschwindigkeit nicht von neuem sich holen müssen, sondern bereits im vollen Tempo einfahren.

Ein Tag von 24 Stunden ist, zumal in Amerika, eine Menge Zeit. Man wird nicht siebzig und darüber, sondern vierzig und darunter, und es sind Kriegsjahre, das weiß Gott. Da das Gesetz das Geschäftemachen mit den Menschen am Sonntag verbietet, macht der Amerikaner mit seinem Gewissen Geschäfte am Sonntag, revidiert seinen Kontrakt mit dem lieben Gott, dieser Kontrakt muss mindestens sieben Tage lang bindend bleiben für beide Teile. –

Der liebe Gott hat am Sonntag in Chicago alle fünf Schritte weit ein andres Gesicht und einen anderen Namen. An der eleganten Michigan-Avenue, die, als der „Corso" Chicagos, als eine Wolkenkratzerreihe das Seeufer entlang aufgepflanzt steht, kann man an einem Sonntagmorgen 75 Weltanschauungen dahinlaufen sehn. Jede läuft in ein separates Tor hinein, hinter dem ein Saal mit Hunderten von Stühlen steht. Um zehn ist jeder dieser Säle zum Platzen voll. In jedem wird ein Gottes- oder Gewissens- oder Hirngespinstes-Dienst abgehalten, der mit Gesang und Bibelzitaten anfängt und mit dem Klingelbeutel aufhört. Was dazwischen liegt, ist das außerordentlichste Sammelsurium von Schriftauslegungen, Darstellungen sozialer, ethischer Nöte, religiöser Wahnideen, indischer Mystik, mehr oder weniger verhüllter Geschäftstricks und Gewissenquacksalbereien, die die Welt an einem Sonntagmorgen im November mitgemacht, erduldet und angesehen hat. Über die Kirche in Amerika schreibe ich später ein Kapitel, hier will ich über die letzten Zuckungen einer der stärksten religiösen Bewegungen, die Amerika je erlebt, kurzen Bericht geben.

Der Prophet Elijah, Elijah der Wiedererbauer des Neuen Zions, ist tot. Im Leben führte er den Namen John Alexander Dowie und war eins der größten Geschäftsgenies des neuen Amerikas. Zwei Stunden nördlich von Chicago liegt Zion City, die Stadt, die berufen war, das Neue Zion zu werden. Das Neue Zion mit dem heiligen Tabernakel des Glaubens im Mittelpunkt der Stadt und einem kolossalen Verwaltungsgebäude dahinter, zur Ausbeutung der menschlichen Dummheit errichtet und Zentrale der in Dollar umgerechneten Leichtgläubigkeit des Menschengeschlechtes.

Das Tabernakel und das Haus dahinter, keines ist je gebaut worden, von Zion City ist nur der Name übrig geblieben und eine gutgehende Spitzenfabrik, Dowies einzige erfolgreiche Gründung.

In Chicago findet in einer gemieteten Kirche ein letzter verzweifelter Versuch zur Sammlung des Häufleins der Zionsgetreuen statt. Der „Aufseher der Christkatholischen Kirche von Zion über die Welt", hat sich soeben nach seiner Rede niedergesetzt, da steht einer von den Getreuen auf und verlangt Rechenschaft über das nicht gehaltene Versprechen des Propheten, in Kurzem im Fleische aufzuerstehen und unter den Seinen zu wandeln. Fünf Jahre sind vergangen und er wandelt immer noch nicht. Der Frager hat eine Nacht sitzend auf dem Grabe des Propheten zugebracht und sein Ohr auf den Stein gelegt. Kein Laut. Nichts.

Der „Aufseher" erhebt sich und verkündet, das Versprechen sei so zu verstehen: mit Christus zugleich wollte der Prophet in seiner Stadt Zion erscheinen. Seit aber, mit der Verweltlichung Zions, Asphalt über die Erde Shiloahs gelegt worden ist, ist die letzte Hoffnung geschwunden. Nie würden sich Christs durchbohrte Füße an den Asphalt der neuen Zeit gewöhnen …

Am nächsten Sonntag, 26. November, liegt das Neue Zion bereits im Sterben. Die Witwe des Propheten, Mrs. Jane Dowie, eine kleine frisierte, wie eine Haushälterin oder Kartenlegerin aussehende Frau, predigt in einem kümmerlichen gemieteten Zimmerchen im Loop-Viertel. Vor anderthalb Dutzenden reduziert aussehender alter Weiber und Männerchen, die fröstelnd und zittrig die Psalmen mitsingen, womit die Sache angeht.

Dann redet die Witwe. Sie hat den Talar ihres Gatten an, denselben, in dem der Prophet vor sieben Jahren in Madison Square Gardens, New York, vor dreißigtausend Menschen geredet hat. Ihre Rede ist nicht Ja Ja und Nein Nein, sondern ein Geschwätz aus Bibelbrocken, Reminiszenzen an ihren Mann, den sie abwechselnd: „der Prophet" und „my husband" nennt, und einem unverblümten Geschimpfe auf die erfolgreichere Witwe, deren Bude nebenan auf dem Jahrmarkt der Eitelkeiten einen stärkeren Zulauf hat. – Diese Witwe ist Mrs. Baker Eddie, die Schöpferin des Gesundbeter-Glaubens, der Christian Science.

„Meine Seele ist in Nöten, aber Christus nimmt sie von mir. Nicht um die Welt würde ich m i t   j e n e n tauschen, die aus Lug und Trug geschaffen sind und sich bereichern durch Irreführung. Ich weiß, ich darf meinem Gott vertrauen, aber dieser Saal kostet zehn Dollar, und wenn Sie einen billigeren wissen, so sagen Sie mir die Adresse. Wir werden jetzt um Kraft und Stärke beten, dann kommt die kleine Kollekte, erinnern Sie sich, dass der Saal zehn Dollar kostet, und ich arme schwache Frau kann doch wirklich nicht draufzahlen."

Während des Schlusspsalms schlägt die Witwe des Propheten mit der rechten Hand den Takt, derweil zählt die Linke das Geld im Körbchen, das der Küster des „Neuen Zions" auf den Altartisch neben sie hingestellt hat –

In dunklen Scharen, aufgeregt und hysterisch, strömen die Americanos aus ihren 75 Kirchen die Michigan-Avenue entlang. In ihre Heime werden sie die Beängstigungen über die Trostlosigkeit ihres ins Nichts hineingaloppierenden Speed mitnehmen. Mühe verursacht es ihnen, nicht über die Arbeitslosen zu stolpern, die alle zehn Schritte weit auf dieser elegantesten Avenue der Stadt herumlungern und betteln. Elend und hohläugig stehen sie da und betteln, in Mengen, denen man nur im gesegneten Italien, dem Land der blaugoldenen Sonne und der göttlichen Faulheit, zu begegnen gewohnt ist.

Die Katze in der Klavierfabrik

Der Besuch der Schlachthäuser in Chicago ist einigermaßen in Verruf geraten bei den Schriftstellern, die nach Amerika reisen. Der ausgezeichnete Wells lehnte es ab, zuzusehen, wie unschuldige Tiere in Scharen zusammengetrieben und die Wehrlosen dann zum Tode befördert werden. Andre Geister geringeren Kalibers haben dann Wells Exempel nachgeahmt. Ich vermute, Grund dieses Zurückhaltens ist weniger das Mitleid mit den Tieren als die außerordentliche und endgültige Schilderung, die Upton Sinclair in seinem Meisterroman „The Jungle" von den „Packinghouses" entworfen hat. Ich sehe nicht ein, warum man um zehn Uhr früh nicht zusehen soll, wie die Rinder und Schweine gestochen werden, die man in Form von Filets und Karbonadeln sich um halb zwei zum Lunch servieren lassen wird. Wichtiger als das Schicksal der Tiere, die abgestochen werden, scheint mir das Schicksal der Menschen zu sein, die sie abstechen. Daraufhin habe ich mir Armours Schlachthäuser angesehen.

Ich traf Sinclair einen Monat später in New York und sprach mit ihm über sein Buch. „The Jungle", ein Werk, das man nicht laut genug preisen und über die Flut der zeitgenössischen Produktion in die Höhe halten kann, ist das Werk eines Sozialisten. Er hat die Missstände dieses, die ganze Welt angehenden Getriebes aufgedeckt, sie der Welt zu bedenken gegeben. Ihm war's mehr darum zu tun, die Welt über die erbarmungswürdigen Zustände aufzuklären, in denen die Arbeiter der Schlächtereien leben, die wirtschaftlichen Zusammenhänge zu erklären, die diese Menschen ruinieren – als von dem Fleisch zu reden, das hier unter den unzulänglichsten hygienischen Bedingungen für den Konsum verarbeitet wird. Allein, wie Sinclair von der Wirkung seines Buches auf das amerikanische Publikum sagt: „I wanted to hit them in the heart, I hitted them in the stomach!" Er wollte sie in die Herzgrube treffen, aber er hat ihnen auf den Magen geschlagen. Jetzt thront in dem dunklen, schimmligen, übelriechenden Korridor, wo die armen bleichen Mädchen von sieben Uhr früh bis sieben Uhr abends die Fleischscheiben in Blechdosen packen, eine M a n i - k ü r e , weithin sichtbar für die Besucher, die an ihr vorübergetrieben werden. Als ein Zeichen dafür, dass die Fleischscheiben von täglich geputzten Fingern in die Büchsen gestopft werden, thront sie da im Korridor. Ihre polierten Nägel glänzen im Schein der Glühbirnen. Sie sitzt, ein bis in den Tod gelangweiltes Schauobjekt, mitten in dem Gestank da und liest, während die anderen um sie fieberhaft arbeiten, einen abgegriffenen Roman. Wahrscheinlich „The Jungle".

Sonst ist aber alles beim Alten geblieben. Rings um die kolossalen Festungen der Schlachthäuser erstrecken sich Quadratmeilen weit die offenen Holzställe, in denen Rinder, Schafe und Schweine auf ihre Apotheose warten. Zuweilen öffnet sich ein Tor, die Tiere strömen heraus, werden durch Schleusen und Verschläge, die sich vor ihnen auftun, durch ein Labyrinth von Pfaden und Winkelstraßen zu einem gedeckten Gang getrieben, auf eine Seufzerbrücke hinauf, an deren Ende das blökende, quietschende muhmuhende Gewimmel gradenwegs in seinen messerscharfen Tod hineinfällt.

Da ist die runde Riesenscheibe aus Holz, auf der sich, an den Hinterfüßen aufgehängt, die strampelnden Schweine drehen. Vor der Scheibe steht ein kleiner vierschrötiger Kerl mit einer spitzen Stahllanze. Dreht die Scheibe einen Schweinebauch in die geeignete Höhe, so macht der Kerl in das Schwein den ersten kurzen Schnitt, von oben nach unten. Das strampelnde Opfer merkt erst jetzt, worum es sich eigentlich handelt, stößt ein Angstgequieke aus wie ein gebranntes Kind, spritzt dem Kerl einen dünnen, heißen, roten Strahl ins Gesicht, über den Leib und die Mörderhände und ist vermittels einer Kette schon zum nächsten Schlächter weiterbefördert, der einen ebenso kurzen, eleganten und systematischen Schnitt an ihm vollführt. Hundert Schritte weiter ist das Tier bereits nach allen Regeln der Kunst abgebrüht, enthaart, in seine Bestandteile zerlegt, in die Kühlräume gebracht, die Spur seiner Erdentage ist ausgelöscht und sein Beruf als Menschennahrung hat feste Form angenommen.

Die Scheibe dreht sich und der Vierschrötige macht seinen ersten Schnitt. Seit dreißig Jahren steht er da und macht seinen ersten Schnitt sicher und selbstbewusst, wie ein Bankdirektor seine Unterschrift unter ein Schriftstück setzt. Er verdient viel Geld, sechzig Cent die Stunde, und ist eine repräsentative Figur des heutigen Amerikas, so gut wie Dowie, Rockefeller und Roosevelt. Er hat dreißig Jahre lang das Tempo ausgehalten –25 Tiere in der Minute, das macht 1.500 in der Stunde, gleich 15.000 für den zehnstündigen Arbeitstag. Dreißig Jahre lange ist er im Speed Amerikas auf seinem Posten geblieben, Schweinemillionen hat sein Lanzenritz dorthin spediert, wo der Fleischfresstrieb der Menschen sie hin haben wollte. Verachte ich diesen Mann wegen seines Gewerbes, seines gleichmütigen, unbewusst rohen Naturells, der inmitten von Todeszuckungen, dünnen roten Strahlen und Angstgequietsch seinen und seiner Familie Unterhalt erwirbt? Keine Spur! Ich bewundere ihn um seiner Kraft und seines Tempos willen.

Mag er immerhin ein Unmensch, ein Untier, ein Unding, eine Boschsche Höllenausgeburt sein – ein Maßstab und Messer der Menschenkraft, ein Rekordbestimmer der Tüchtigkeit, auf die's in seinem Beruf ankommt, ist er, i s t e r!

Ein Feind, nicht der Schweine, sondern seiner Mitmenschen, dazu. Das ist dieser Boschsche Höllenkerl. Seine Tüchtigkeit ist es, die ihn zum Feinde seiner Mitmenschen macht, diesen da, der den Speed aushält. Es ist ja ein Gesetz von Anfang her, der Tüchtige ist der Feind des minder Tüchtigen. Aber in diesem Land, das aus der Tüchtigkeit eine Religion gemacht hat, eine Religion, deren Tempel gleich neben dem der Demokratie sich erhebt und – nicht nur in den Geschäftsstunden stärkeren Zulauf hat, im heutigen Amerika hat dies Gesetz einen kleinen Zusatz, eine Ergänzung erfahren, und zwar diese: D e r T ü c h t i g s t e i s t z u g l e i c h a u c h d e r F e i n d d e s T ü c h t i g s t e n. –

Ein Mann namens Frederik Taylor war jahrelang als Ingenieur in den Bethlehem-Stahlwerken, die dem Carnegie-Trust gehören, tätig. Auf dem Weg von der Gießerei ins Büro und zurück blieb er zuweilen auf dem Hof stehen und sah zu, wie die Roheisenklumpen, die sich dort im Freien sonnten, von Leuten auf Karren verladen wurden.

Ein kleiner Deutscher, den er in seinem Buch („Scientific Management" by F. Taylor, ich glaube bei Macmillan erschienen) schonungsvoll Schmidt nennt, lenkte durch sein Gebaren Taylors Aufmerksamkeit auf sich. Dieser kleine Deutsche war ein kräftiger Bursche, der es zuwege brachte, täglich etwa 12 ½ Tonnen „Pig-Iron" auf die Karren zu laden. Für einen Taglohn von 1:15 Dollar leistete er diese Arbeit. Taylor sah dem Burschen zu und erkundigte sich beim Aufseher nach dem Privatleben des kleinen Deutschen. Schmidt war Familienvater, hatte sich von seinem Lohn ein Stückchen Land vor der Stadt erworben, auf dem er täglich eine Stunde, eh' er in die Werke kam, eine Stunde, nachdem er abends heimkehrte, mit eigenen Händen ein Häuschen baute, für sich und die Seinen, um darin zu wohnen.

„Dieser Schmidt ist ein Dieb!", sagte sich Taylor. Die zwei Stunden Arbeit, die er an seinem Häuschen tut, beweisen, dass er zwei Stunden Kraft den Bethlehem-Stahlwerken entwendet, die ihm diese Kraft doch für 1:15 Dollar pro Tag abgekauft haben, das ist klar.

Taylor ließ Schmidt kommen und frug ihn, ob er nicht gern 1:85 Dollar verdienen möchte? Schmidt bejahte diese sonderbare Frage, konnte sich aber nicht enthalten, Taylor nach den Bedingungen zu fragen, die als Gegenleistung von ihm verlangt würden? Taylor rief hierauf einen Aufseher und ging mit dem Aufseher und Schmidt in den Hof zu den Eisenklumpen hinaus, wo er den beiden ein paar Körperbewegungen vorzumachen begann.

Schmidt ahmte auf Wunsch Taylors diese Körperbewegungen nach, arbeitete im Tempo, das ihm Taylor mit: Eine – zweie – dreie bestimmte, setzte sich zur Ruhe hin, wenn Taylor „Rührt Euch" kommandierte, … Schmidt fing an 1:85 Dollar pro

Tag zu verdienen und dafür 47 ½ schriftlich: 47 und eine halbe Tonne pro Tag zu verladen, (gegen 12 ½ , die er bis zu diesem Tag bewältigt hatte), … Schmidt verdiente für seine v e r v i e r f a c h t e Leistung a n d e r t h a l b m a l so viel wie früher. Sein Häuschen weiterbauen, das konnte er natürlich nicht mehr, dazu war er am Abend zu müde, am Morgen zu schlaftrunken. Das S y s t e m T a y l o r aber war geboren, das System der „wissenschaftlichen Ausnutzung der menschlichen Kraft im Dienste der Fabrikarbeit", das System des „Speeding-up", der Aufpulverung, wie ich es nennen möchte, das System der Anspannung und des Verbrauches der menschlichen Energie bis an die äußerste Grenze der natürlichen Bedingungen. –

Andere haben dieses System auf andre Gewerbe angewandt, Gilbreth z. B. auf das Maurergewerbe. Der amerikanische Maurer hebt den Ziegelstein nicht mehr mit beiden Händen, sondern mit der rechten Hand, derweil führt die linke den Spachtel in die Kalklösung. Auf diese Weise wird ein Ziegelhaus im Tiempo von 350 Ziegeln die Stunde erbaut, statt wie bisher im Tempo von 120 Ziegeln die Stunde.

Ein neuer Typus des Aufsehers (oder haben die Pharaonen und Caracalla ihn schon vorgeahnt?) ist so in das amerikanische Arbeitsfeld eingetreten. Der Aufseher vor der Geburt des Taylor-Systems hatte die Pflicht, nachzusehen, ob die Arbeit richtig und pünktlich gemacht wurde. Der neue aber, der speed-boss, „Hetz-Vogt", bestimmt das Tempo, die Stückezahl, die geliefert werden muss; er ist der Mann, einen Rekord von seinen Leuten zu verlangen; wer den Rekord nicht einhält, fliegt aus seinem Job und kann zusehen, wie er weiterkommt in diesem Leben. –

Was sind die F o l g e n dieser Stückarbeit, dieses mörderischen Tempos, für den Arbeiter und die Industrie?

Erst rangiert der Tüchtige den Untüchtigen aus, das ist selbstverständlich. Dann aber rangiert der Tüchtigste sich selbst, wie gesagt, den Tüchtigsten aus. Denn bei dieser Art von Arbeit wird natürlich ein solch ungeheures Plus an Waren produziert, dass die Fabriken immer öfter und für immer längere Zeit zusperren müssen, weil sie so schon nicht mehr wissen, wohin mit ihren aufgehäuften, aufgestapelten Lagern. Amerika produziert dreimal so viel Waren, als es selber konsumiert, und der Export hält mit dieser Überproduktion nicht Schritt. (Schmidt von den Bethlehem-Stahlwerken ist die unmittelbare Ursache der chinesischen Revolution, sei nebenbei bemerkt. Hätte der Stahltrust seine Exportgelüste nach dem Reich der Mitte bezähmt, so wäre Herr Sun Jat Sen nicht geradeswegs aus der Wall-Street in die Weltgeschichte hineingestiegen!)

Der Arbeiter also feiert einen Teil des Jahres, zehrt seine elenden Ersparnisse, wenn er dergleichen überhaupt hat, gänzlich auf und hat sich somit aus seiner eigenen Tüchtigkeit einen guten soliden Strick gedreht, wie man sieht.

Das System aber, das hundsföttische Stückarbeit-Schindsystem in seiner neuesten Variante blüht, erobert sich in dem weiten Amerika einen Fabrikationszweig nach dem anderen, eine Fabrik nach der anderen, streckt schon seine Fangarme zu uns herüber, nach dem Creuzot, nach Essen, nach dem Vogtland, überallhin. …

Eine weitere Konsequenz dieser Kraftausnutzung bis ins Extreme ist die – vorläufig – spezifisch-amerikanische Einrichtung der „Age Line", d e r A l t e r s g r e n z e .

Es ist in Amerika für einen Arbeiter, der die Vierzig überschritten hat, sehr schwer, eine Stellung in einem Fabriksbetriebe oder einem Geschäftsbetriebe zu finden. Es ist aber auch sehr schwer, mit vierzig Jahren eine Stelle zu b e h a l t e n . Der speed-boss erstattet dem Chef eine kleine Anzeige, der brave, tüchtige Arbeiter erhält am Sonnabend in dem Kuvert mit seinem Wochenlohn einen Schreibmaschinenwisch und kann damit direkt ins Wasser gehn. Das ist das Gescheiteste, das er tun kann. Der Boss telephoniert an ein Büro, Montag morgen um sechs stehen fünfhundert junge Männer vor dem Fabriktor, auf dem die Tafel hängt:

„We dont employ people over 40!",

und der Boss hat die Wahl unter den Kräftigsten und Jüngsten. –

Arbeitswillig   *Verbraucht*

In New York hat man mir einen Arbeiter gezeigt, der sich die Haare färbte; dass sich Arbeiter, eh' sie in ihren Job gehen, die Schläfen mit Schuhwichse schmieren, gehört zu den alltäglichen Beobachtungen; welche legen Rot auf; andere geben zehn Dollar im Monat für „drugs" aus, das heißt: für Arsenikpräparate, die die Herztätigkeit während der Arbeitsstunden künstlich stimulieren.

In Chicago las ich in einer Zeitung einen Artikel mit der Überschrift: „Was kann ein vierzigjähriger Arbeiter, der seinen Job verloren hat, beginnen ?" Antwort: er kann z.B. Portier vor einem Kinematographentheater werden. (Wie die organisierten Gewerkschaften, die die besten und tüchtigsten Arbeitskräfte um sich versammelt haben, dieser Tyrannei begegnen, weiß ich nicht. Ich weiß nur, dass die großen Trusts keinen organisierten Arbeiter aufnehmen mögen. Die „Unions" aber stehen, zufolge ihrer skandalösen Schikanen, die sich zumeist gegen die privaten und gewiss unschuldigen Arbeitgeber richten, im ganzen Lande in gewiss nicht unberechtigtem Verruf. Hierüber später.)

Heute zerreiße ich den Rest meiner Empfehlungsschreiben, die ich an allerhand große Kaufleute, Fabrikanten, Millionäre Chicagos mitbekommen habe und in meinem Koffer führte die ganze Reise lang. Siebzehnmal mindestens habe ich nun denselben Dialog mit Kaufleuten, Fabrikanten, Millionären geführt. Nach fünf Minuten fing mein Gegenüber an, auf die „Labour Unions" zu schimpfen, nach zehn hielten wir bei den Wohltätigkeits-Organisationen, und als mein Gegenüber dann aufsprang, zum Fenster lief, mir den Wolkenkratzer auf der anderen Seite der Straße zeigte zum Beweis für das wunderbare Wachstum des Vaterlandes, da wusste ich, die Zeit sei gekommen, meinen Paletot vom Nagel zu holen. Denn was nachher kam, waren vier neue Empfehlungsbriefe an Kaufleute, Fabrikanten, Millionäre, die den frommen Wunsch maskierten: Scher dich zum Teufel, Europäer. –

Was geschieht mit den Alten, Ausrangierten, Abgetanen, denen, die mit vierzig noch nicht ihr Schäfchen auf dem Trocknen haben, ja es nicht mal zur Würde eines speed-boss gebracht haben, mit den O p f e r n ?

Zum Glück stirbt der amerikanische Arbeiter jung. – Zu seinem Glück. – Zum Unglück Amerikas nimmt der Prozentsatz der Selbstmorde, der Geisteskrankheiten, der Verbrechen aus Not in Schauer erregendem Maße zu. – Irren-, Zuchthäuser schießen in die Höhe und können ihren Inhalt kaum fassen. – In Industriestädten bin ich nach Sonnenuntergang angebettelt worden wie nur noch in Rom und Neapel. – Wer von der hoffnungslosesten Erniedrigung der menschlichen Kreatur ein Bild gewinnen will, mag in die Volkshotels in Kansas City, in South Clark Street in Chicago, ja, in die vielgerühmten Mills-Hotels auf der New Yorker Ostseite gehen, mag um ein Uhr nachts die „bread-line", die Brotlinie vor den Toren einiger großer Speisehäuser, der Heilsarmee, der Brot- und Suppen-Missionen sich formen sehn, Häuservierecke lang, zweitausend, dreitausend kräftige Männer, die wortlos und geduldig warten, Hungernde, Arbeitslose, Bescheidene, Bettler, in der Nacht. ...

Er mag sich auch in den Wohltätigkeitsämtern der großen Städte nach den „Hinterbliebenen" der Vagabunden erkundigen, die sich mit ihrem letzten Wochenlohn in der Tasche auf Nimmerwiedersehen nach dem lockenden wilden Westen aufgemacht haben!

Ein amerikanisches Problem schwerster Art ist das des Landstreichers, des T r a m p . Die jüdische Bevölkerung, die jüdische Einwanderung stellt einen erschrecklich hohen Prozentsatz zu dieser „Berufsgattung". Der arme jüdische Arbeiter, der schon entnervt, geschlagen vor der Schlacht, von den heimatlichen Pogromen anämisch geworden, ins Land der Freiheit und der siegreichen Energie kommt, hält selbstverständlich dem Speed nicht lange stand.

Er hat die Wahl zwischen Selbstmord, Erschöpfungstod, Wahnsinn und Verbrechen. Er wählt die Landstreicherei. Sans Adieu verlässt er, zumeist in einem Alter von 37 bis vierzig Jahren, Weib und Kinder, wird ein „Bum" und verschwindet im Westen oder im Süden.

Der Amerikaner ist gutherzig, verhungern lässt er einen so leicht nicht. Der Arme tut keinem Armen was zuleide. Nur der Reiche tut dem Armen gebrannte Leiden an.

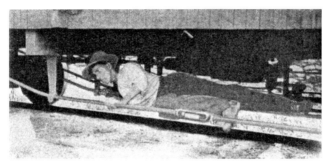

Tramp unterwegs

Selbst der große Philanthrop und Friedensapostel Carnegie erweist sich bei näherem Hinschauen als der tückischste, erbarmungsloseste Leuteschinder. In den Pittsburger Werken gibt's noch eine 24-Stunden-Schicht, die berüchtigte Schicht des „Doppelten Lunch-Korbs". Sämtliche „Schmutzaufrührer" des intellektuellen Amerikas haben sich an der Mauer um diese Pittsburger Ungeheuerlichkeit, Beulen in die Schädel gerannt. Sobald es sich aber nicht mehr um Geschäft und Eintausch von Energie und Kraft gegen Geld und Nahrung handelt, kehrt Arm und Reich sozusagen wieder sein fühlendes Inneres nach außen.

Was riskiert der arme jüdische oder andersgläubige „Bum" bei der ganzen Geschichte? Schlimmer als in seiner Schwitzbude und seinem Massenquartier kann's ihm im Freien und bei den Leuten der weiten Einöde auch nicht gehen. Hat er sich erst zum Pazifik durchgeschlagen, so ist er Ein Lazzarone oder doch etwas Ähnliches und fein heraus. Und wenn auch nicht? Den Tod sieht er immer noch als Tröster und milden Herbergsvater in der Ferne winken.

Mögen sich die Wohltätigkeitsvereine seiner „Hinterbliebenen" annehmen. Was schiert ihn Weib und Kind? In ihrer Not und Verwaistheit wird ihnen wahrscheinlich sicherer durchs Leben geholfen werden, als er es zu seinen „Lebzeiten" vermocht hätte. Hat Er sie etwa auf dem Gewissen, sein Weib und seine Kinder?

Ohne einzelne Fabriken, die ich gesehen habe, zu denunzieren, muss ich sagen, dass ich auf dermaßen unhygienische, mörderische und verbrecherisch vernachlässigte „Shops" doch nicht vorbereitet war.

Dass ich selber heiler Haut aus diesen Räumen herauskam, in denen Treibriemen ohne Schutzgitter herumsausen, siedende Wachsmasse frei herumspritzt, Ätherstoffe ohne Maske auf Schuhleder gerieben werden, tausend Unzukömmlichkeiten auf Schritt und Tritt auffallen und einem das Gefühl revoltieren, dafür sage ich hiermit meinem Schutzengel, der mich auf der ganzen Reise getreulich begleitet hat, öffentlich tiefgefühlten Dank.

Unfallversicherungen, Altersversorgung, Invaliditätspension und ähnliche zivilisierte Dinge kennt das demokratische Land des freien Wettbewerbes nicht. Neben den Bettlern mit heiler Haut fallen einem die Verstümmelten aller Kategorien peinlich auf. Rabelais könnte sich keine groteskeren Gesellen wünschen als diese im Getriebe des amerikanischen Fabrikwesens zu Schaden gekommenen Gestalten, die einem in den Straßen, in den Kneipen, an den Drehkurbeln der Lifts begegnen.

Es muss aber nicht gerade der körperlich Verstümmelte sein, dem sich das volle Mitleid des Betrachters zuwendet. Ärger ist es, was die heutige Produktionsweise mit der S e e l e des Arbeitenden anfängt. –

Die Scheibe, die die quietschenden Schweine dem kleinen Vierschrötigen zuführt, in den Armour-Werken, wird durch das Gebot des speed-boss in Bewegung gesetzt, und wenn sie sich bis heute mit einer Schnelligkeit von 25 Tieren in der Minute gedreht hat, so genügt ein Kurbelgriff, um sie sich morgen mit einer Schnelligkeit von dreißig Tieren in der Minute herumdrehen zu lassen.

Wenn das armselige Wesen oben im Packsaal täglich 15.000 Blechdosen in Papier einwickelt – ihre Hände bewegen sich rasend rasch, so dass man die Finger kaum sieht — so genügt ein missgelaunter Blick der Aufseherin, und sie wird morgen, bei Entlassungsstrafe, 16.000 und 17.000 Dosen einwickeln usw.

Unten in der Schlachthalle stehen die Schlächter in einer Reihe. Vor ihnen ziehen, mit dem dampfenden Leib, der noch blutet oder der schon durch das Laugenbad gegangen ist, die Tiere an den Ketten aufgehängt vorüber. Jeder von den Schlächtern hat eine einzige Bewegung auszuführen. Einer rasiert mit einem kurzen scharfen Messer die obere Partie um den Schwanz herum; der nächste in der Reihe rasiert die untere; der nächste trennt mit einem Schnitt den Schwanz vom Rückgrat ab; der nächste reißt das Eingeweide des Tieres aus dem Bauch heraus; der nächste wirft es auf einen Karren, der sich mechanisch unter ihm fortbewegt; der nächste trennt aus dem Eingeweide im Karren die Leber weg, usw.

Jeder dieser Menschen hat, von sieben Uhr früh bis sieben Uhr abends, denselben kleinen, aber wichtigen Handgriff zu vollführen; er muss aufpassen, dass er ihm gelinge, denn die Kette kennt keinen Aufenthalt. Sprechen, sich den Schweiß von der Stirne wischen, das Blut, das von den Kadavern spritzt, wegstreichen, wie könnte er das. Er kaut Tabak, das ist seine einzige Erholung, seine Erlösung. Was kümmert's ihn, wohin er seinen Tabakssaft spritzt, auf welche Weise er seine Nase erleichtert?

Vor ihm ziehen die Tiere an der endlosen Kette vorüber, hinter ihm ist der Aufseher her. Passiert nur ein einziges Tier, ohne dass der Schlächter seine Arbeit an ihm verrichtet, so ist der Schlächter erledigt, und zwar gründlich.

Rechne es dir aus, wie oft ein Mensch, eine Kreatur mit diesem wundervollen Mechanismus des Herzens, des Nerven- und Gangliensystems, mit der staunenswerten Muskulatur des Armes, der Gelenke, der Hände und Finger in zehnmal sechzig mal sechzig Sekunden, die gleiche, immer gleiche Bewegung ausführen muss, damit jener Mechanismus, jenes Mysterium nicht stocke, erlösche, damit es notdürftig fort sich friste durch eine dunkle Nacht hinüber zu einem trostlosen Morgen.

Drüben in den schönen, lichten und blanken Hallen der berühmten Uhrenfabrik von Elgin sitzen 3.700 Menschen, von denen jeder eine einzige kleinwinzige Verrichtung zu besorgen hat. Täglich werden dort 2.500 Uhren hergestellt, jede Uhr hat 211 Bestandteile. Welche Blicke treffen dich, wenn du neugierig und wissbegierig an den Tischen der Arbeiter vorüberschreitest? Haben Dante in den Pfühlen der Verdammnis solche Menschenblicke getroffen? Und doch sind die, die von ihrer Arbeit aufblicken können, noch die glücklich zu preisenden unter den Sklaven dahier. Vor den meisten zischt und wettert und schlägt eine Maschine, die sie zu bedienen haben. Haarscharfe Nadeln bohren haardünne Löcher in kleine Kupferplättchen, ein Augenblick, ein um einen Millimeter zu weites Vorwärtsschieben des Fingers, und die Nadel fährt ins Fleisch, in den Fingernagel, das Brot verschwindet mit dem Bewusstsein, das den Körper mildtätig ein paar Augenblicke lang von seinen Schmerzen erlöst.

In vielen Fabriken, Warenhäusern usw. wurden mir kleine Broschüren über die Baseball-, Tennis- und Fußball-Mannschaften in die Hand gedrückt, sie handelten von den Taten dieser Mannschaften, der Fabriksmannschaften, in den freien Stunden nach getaner Arbeit.

Aber ich habe auch die „Whisky-Zeile" gesehen an der Grenze der Schlachthäuser und der Stadt, – wo der Arbeiter seinen „Augenöffner" am Morgen hinuntergießt, ehe er an die Arbeit geht, um seinen Magen zur Aufnahme der Nahrung gefügig zu machen, die ihm bis zur Mittagspause hinüberhelfen soll – am Abend aber den Befreiungstrunk hinunterspült, womit er den Ekel und die Verzweiflung nach dem Tagewerk, nach den zehn Stunden, die ihm seine Seele vergiftet haben, loswird.

Mehr als das, was der Arbeiter nach den Arbeitsstunden mit seiner Zeit beginnt, interessiert es mich, zu erfahren: wie geht es ihm während dieser Stunden seiner Fron? Und die Sorge um das Seelenheil des Arbeiters während dieser Stunden ist, scheint's mir, ein weitaus wichtigeres Problem als alle Baseballteams.

Die Spezialisierung der Arbeit, durch die Massenproduktion hervorgerufen, bringt den Arbeiter immer mehr auf das Niveau des leblosen Maschinenbestandteils, des präzis und automatisch funktionierenden Stahlhebels oder Rades herab.

Der monotone Rhythmus ein und derselben Gebärde, eines und desselben Geräusches ertötet die Intelligenz, die Instinkte der selbständigen Aktion und die Triebe zur Unterscheidung, Wahrnehmung und Synthese; die Funktionen des Kleingehirns hören auf und das vollendetste Geschöpf der Natur sinkt mehr und mehr zum Tier hinab.

In den großartigen Universitätsstiftungen von Carnegie, Rockefeller, Morgan sitzen Menschen, die der Maschine den letzten Grad der Vervollkommnung zu geben suchen, um hierdurch ihre Mitmenschen in den Zustand der tiefsten Sklaverei hinunterzustoßen.

Dieser Tage hat im Klub der Kaufleute Chicagos der Dekan der Ingenieurfakultät an der Universität Cincinnati, Dr. Hermann Schneider, einen Vortrag gehalten. Er gab einige Erfahrungen zum Besten, die in jüngster Zeit um die Erhaltung der kostbarsten Eigenschaft, der Quintessenz der Arbeitskraft, die Frische und Lust des Aufschwungs, gemacht worden sind. Es handelte sich dabei, dies sei gleich gesagt, weniger um die Seelen der Arbeiter als um die Seele des Speed sozusagen.

Über einige Experimente, zum Beispiel das Vorlesen populärer Novellen in Zigarrenfabriken oder den unschuldigen Gesang in Blusennäherinnen-Ateliers, haben mir seither Freundinnen in New York berichtet. Das Experiment aber, von dem Dekan Dr. Schneider berichtete, ist so pittoresk, dass ich nach ihm das ganze Kapitel dahier betitelt habe. –

In einer Klavierfabrik in Ohio war's mit den Mädchen, die zur Fabrikation eines einzelnen an sich ziemlich belanglosen Bestandteiles verwendet wurden, nicht mehr zum Aushalten. Die armen Dinger wurden bleich, müde, apathisch und blieben schließlich ganz weg, um nicht wahnsinnig zu werden von der Monotonie ihrer Arbeit.

Der Boss der Abteilung sann hin und her, versuchte dies und das, versuchte es mit hübschen Dekorationen im Arbeitsraum, bequemen Sesseln, nichts half. Immer wieder desertierten die Mädchen dieser Abteilung, der Betrieb stockte, beeinträchtigte die anderen Betriebe ringsum, die ganze Fabrik. Endlich kam dem Boss die erlösende Idee. Er verschaffte sich eine schöne große maltesische Katze und brachte sie eines Morgens in den Arbeitssaal zu den Mädchen mit. Die Katze wurde sofort der Liebling und Abgott der Abteilung. Jedes Mädchen brachte ihr etwas, die eine irgendeinen Leckerbissen, die andere ein Bändchen, jene ein Glöckchen mit.

Der Korb der Katze wurde der Mittelpunkt aller mütterlichen Instinkte dieser armen Mädchen, die mit keiner Puppe spielen, kein Kind wiegen durften, sondern deren Los es war, zu arbeiten, zu arbeiten, ohne Unterlass, ohne Hoffnung, endlos …

„Die geschäftliche Ausnutzung der eingeborenen Sympathie des Weibes für die Katze hat die Arbeitsleistung in dieser Abteilung um etwa zehn Prozent gehoben", sagte Dekan Schneider. „Der gute Einfall des Vormannes tat auch in anderen Abteilungen seine Schuldigkeit. Man hat in diesen ähnliche Stimulantien eingeführt, alle haben sich auf's Beste bewährt."

Chicago hat mich krank gemacht. In dieser Stadt habe ich die blutige Schande der heutigen Zivilisation von Angesicht gesehen, gesehen und erkannt. Soll ich fort? Wohin? Der Hölle entrinnen? Wo ist sie nicht? Die heutige Welt ist die Hölle.

Das Warenhaus über dem Bahnhof

Eines darf man nicht vergessen, wenn man die amerikanischen Riesenbetriebe beobachtet. Das Gesunde, das in die Zukunft hinüber Weisende und das hinüber gerettet werden wird aus ihnen in jene Zukunft, in der die freie Notwendigkeit den Speedboss abgelöst haben wird. In der es keinen Lohn und keine Konkurrenz geben wird, nur eine der Natur entsprechende Kooperation vernünftiger Wesen, eines einzigen Volkes von Arbeitenden unter dem ungeheuren Dom der menschlichen Gesellschaft. Die Organisation, von der Sklaverei befreit, ist dieses Gesunde, das in die Zukunft weist.

Wenn das Mitleid, die Revolte verstummt, steht man voll Ehrfurcht und Staunen vor den gewaltigen Werken, die die Gesetze der Natur in ihren Gefügen nachbilden, auf das Maß, die Bedürfnisse des Menschen reduzieren, einen Mikrokosmos darstellen von höchster Zweckmäßigkeit, wie sie dem Gehirn eines Platon, Fourier, Napoleon nicht vollendeter hätten entspringen können.

Ich fühle mich von solchem Staunen erfüllt, wenn ich an das Warenhaus von Sears, Roebuck & Co. in Chicago denke, meinen Besuch in diesem, kleinen, vollendeten Weltuhrwerk zu schildern anfangen will, das eine der mustergültigsten Organisationen des heutigen Amerikas in sich schließt.

In einem nordwestlichen Vorort Chicagos stehen die fünf Riesengebäude, eine Stadt für sich, sie ist von hübschen Gartenanlagen, Springbrunnenbassins, Klubhäusern, Hotels der Angestellten umgeben und eingerahmt.

Sears Roebuck arbeiten nur mit den Vereinigten Staaten; nicht mit Kanada und nicht mit Südamerika. Sie haben nirgends Filialen, keine Vertreter, keine reisenden Kommis. Sie arbeiten nicht mit Kredit, sondern machen Kassengeschäfte. Mit ihren Kunden kommen sie gar nicht in Berührung, alles wird brieflich erledigt.

In der strengen Geschäftsperiode vom September bis Mai beschäftigen sie 9.000 bis 9.500 Menschen, in der flaueren 7.500. Jetzt, Ende November, wird ein Katalog vorbereitet, der die nach Weihnachten nachlassende Kauflust des Publikums aufstacheln soll. Sears Roebuck haben soeben, wie die Zeitungen melden, die größte Briefmarkenbestellung beim Staat gemacht, die eine Privatfirma jemals gemacht hat, fünf Millionen Fünf-Cent-Marken für diesen Katalog, der „flier" genannt ist. Zweimal im Jahr, nach Weihnachten und Mitte Juli, werden solche „fliers" versendet, einmal im Jahr der große Katalog, ein Kompendium von allem, was man haben kann, mit Ausnahme von lebendem Vieh, frischem Gemüse und Obst. (Man kann bei S. R. ein ganzes Einfamilienhaus bestellen unter anderem. Man gibt die Maße an, die Zahl der Räume, ein Waggon bringt das ganze Blockhaus, bis zum letzten Nagel, es braucht bloß an Ort und Stelle zusammengesetzt zu werden.) In den großen Katalog sind Stoffmuster eingeklebt. Ich werde in den Saal geführt, in dem das ganze Jahr durch Maschinen Stoffe zu diesem Zweck zerschneiden – diese „cut samples" kosten Sears Roebuck jährlich hunderttausend Dollar.

Die Verteilung der Büroräume, der Lagerräume, der „shutes", d.h. Gefälle, polierten Rutschbahnen, über die die Waren kilometerweit zum Bahnhof im Erdgeschoß hinunterschießen, die Gruppierung der Arbeit ist das in seiner Zweckmäßigkeit Elementarste, das ich je gesehen habe.

Am Morgen um neun kommen im Durchschnitt 35.000 Briefe mit Bestellungen an; die meisten enthalten „gemischte Bestellungen", Bestellungen von fünf bis zehn Gegenständen, in einem Gesamtwert von durchschnittlich neun Dollar. (Ein Minimum gibt es nicht.) Da jede Ware ihren Katalogpreis hat und Sears Roebuck nicht mit Kredit arbeiten, sind den Bestellungen schon die eingezahlten Postanweisungen beigelegt. (Weniger Express-Co.-Anweisungen, weniger Checks auf Banken.)

Um vier Uhr nachmittags sind diese Bestellungen bereits ausgeführt, und fünfzig bis sechzig Waggone schießen aus dem Bahnhof im Erdgeschoss, bis oben angefüllt mit den wohlverpackten Kisten und Paketen nach allen Richtungen in das Land Amerika hinaus. –

In den Büros klingt es von Metall. In Kupferröhren schießen Kapseln mit Briefen, Rechnungen, Frachtzetteln über die Köpfe der neuntausend auf Schreib-, Rechen-, Buchungsmaschinen klappernden Beamtinnen und Beamten weg. Das System dieser Röhren repräsentiert eine Gesamtlänge von achtzehn engl. Meilen.

In einem Saal sitzt ein Heer von Mädchen, das nichts anderes zu tun hat, als die eingetroffenen Briefe mit farbigen Stempeln zu versehen. Jeder Stempel zeigt eine Bahnlinie an. Da die Bahnen in den Staaten Privatgesellschaften sind und ihre Frachtbestimmungen die äußersten Varianten aufweisen, passiert jede Bestellung die Kontrolle dieses Saales, in dem wohl die komplizierteste Arbeit verrichtet wird.

Draußen aber, welche furchtbare Arbeitsteilung. Mädchen, die den ganzen Tag Hunderttausende von Briefmarken auf hunderttausend Katalogumschläge kleben. Die dünnen Bogen fliegen wie Flügel eines Ventilators unter ihren Fingern davon. Bei den Druckmaschinen, wo die Teile des Katalogs geheftet werden, hat ein Mensch mit Sinnen, Nerven und Gehirn sein Leben lang darauf zu achten, dass ein gelber Bogen über einen blauen komme und nicht unter ihn. Das Gefühl bäumt sich, wenn man an Tischen vorübergeht, vor denen menschliche Wesen nur darum sitzen, weil noch keine Maschine erfunden ist, die ihre Arbeit verrichtet. Dabei sind diese Wesen in ihrer Erniedrigung noch glücklicher als sie es in dem Moment sein werden, da diese Maschine erfunden sein wird und sie ihr Brot verlieren.

Wie weit weg ist der Mensch von den wundervollen Organisationen des Bienenstaates, des Termitenbaus, des Ameisenhügels gelangt! Vergegenwärtige dir den Abstand des primitiven, aber seinem Impuls folgenden Tieres zu dem denkenden, aber aus Not fremdem Befehl gehorchenden Menschenwesen. Bedenke, welche Summe von Aufschwung, Pfeilkraft der Seele zur Idee verkümmert, zertrieben wird durch die genialste Organisation, die das triumphierende Menschengehirn ausgedacht und in die Tat umgesetzt hat. Bedenke, dass diese Hörigmachung des Menschengeistes Tag für Tag vorwärtsschreitet, dass jeder Kopf, der mit der gottähnlichen Gewalt des Organisierens belehnt wurde von der Natur, an der Entgötterung des Menschengeschlechtes arbeitet, eben Kraft der Gabe, die ihm geworden ist vor Hunderttausenden!

Was sind die Gräuel des Krieges gegen diese „Segnungen" der Friedenszeit, in der sich der Handel ausdehnen darf?

Lange gehe ich noch in der Stadt, mit dem Metall: klang aus den Häusern von Sears Roebuck im Ohr herum. Über dem Blutgeruch und Leimdunst, über dem Kohlenstaub und dem Michigannebel schwebt dieser Metallklang wie Sphärenharmonie, trostlos und kalt wie diese ganze moderne Welt es ist, mit ihrer Zivilisation, grimmigsten Feindin des Menschengeschlechtes! –

Bemerkungen über Hull-House und die „südlichen Parks"

In vorigen Kapiteln habe ich wiederholt, dass ich die Bemühungen der meisten Institutionen, die sich die Verbesserung der Lage der Armen innerhalb unseres heutigen wirtschaftlichen Systems zur Aufgabe gemacht haben, für ephemer, um nicht zu sagen schwindelhaft und schadenstiftend erachte. Der heutigen Ordnung, oben ein bisschen die Zweige zu beschneiden und ihnen ein bisschen Philanthropie aufpfropfen, das erachte ich als ephemer und schwindelhaft. Unten die Wurzeln attackieren, das ließe sich eher hören.

Hier in dieser Stadt, deren unerhörtes Wachstum das System, unter dem die Produktion und die Entlohnung der Arbeit heute vor sich geht, extrem und grotesk scharf beleuchtet, in dieser brennenden, hysterischen Stadt haben sich unter den Augen des amerikanischen Gewissens einige Institutionen der oben angedeuteten Art entwickelt, die mustergültig genannt werden müssen und an denen erst recht der Urschaden aller ähnlichen Institutionen aufgewiesen werden kann.

„Hullhouse", das weltbekannte Settlement im Elendsviertel Chicagos lebt hauptsächlich durch die überragende menschliche Persönlichkeit seiner Begründerin Jane Addams. Diese Frau bedeutet mehr für die Idee des Settlements als die praktischen Resultate, die es durch finanzielle Unterstützung reicher Amerikaner erzielt hat. In einem späteren Kapitel will ich einiges über den „Mogwab" (ein Indianerwort, ins Europäische übersetzt etwa: gros legume, Wichtigtuer, Vonsichbläser), den großen kapitalistischen Menschheitsfreund bemerken. Hier nur so viel, dass durch Miss Addams' Persönlichkeit, Hullhouse ebenso gerechtfertigt ist, wie weiter im Osten Freeville durch die von William R. George. Und die in beide Unternehmungen hineinströmenden Rockefeller- und McCormick und Armour-Gelder dazu. Denkt man sich Miss Addams aus Hullhouse und Daddy George aus Freeville fort, so bleibt ein Heftpflaster auf einer durch Granaten geschlagenen, schwärenden Wunde der heutigen Gesellschaft übrig.

Hullhouse verfolgt zwei Ziele: intellektuellen und gut gesinnten Menschen, die das Leben der Elenden aus der Nähe betrachten wollen, diese Möglichkeit zu verschaffen, und: den Elenden selbst die Möglichkeit zu verschaffen, in guten, lichten, warmen Räumen für ein paar Stunden ihr Elend zu vergessen.

Ein Flügel in Hullhouse beherbergt diese „Studenten", ein anderer beherbergt Turn-, Bade-, Ess-, Musik-, Tanz-, Theater- und Gesellschaftssäle zum Gebrauch der Klubs, die aus den rund um Hullhouse wohnenden Armen der Bevölkerung sich zusammensetzen.

Im Empfangsraum von Hullhouse hängt eine bunte Karte, die die Topographie der Umgebung Haus für Haus, nach Nationen koloriert, darstellen will. Diese Karte zeigt, dass in einem einzigen Tenement, d.h. Massenquartiershaus, in der Straße nebenan, Griechen, Böhmen, Schweden, Litauer, kleinasiatische und russische Juden, Magyaren und Italiener beisammenhausen. Die Karte wird sehr oft erneuert. Die Tenements sind zwar hier in einem Kilometerradius um Hullhouse eben durch dieses Zentrum in letzter Zeit gesäubert und gehoben worden, aber doch macht sich jede Nationalität, die dem großen internationalen Bund der „Miserables" angehört, baldmöglichst davon und sucht gesündere Gegenden auf, wenn es ihre Mittel erlauben. Die bunte Karte bekommt dann wieder eine andre Farbenzusammensetzung. …

Wir waren nachmittags Gäste des Settlements, im hübschen Theatersaal. Ein „Masque of the Seasons" wurde aufgeführt, niedliche Tänze, Deklamation, Gruppen und Rundgesänge, von Kindern der Musikschule und aus den Klubs des Hauses vorgeführt, bildeten das Programm. Griechische, italienische, jüdische und irländische Kinder sangen, sprangen und hüpften, es war nett anzusehen. Im Auditorium saßen die Reichen und Wohlwoller. Den Herrschaften, denen Hullhouse seine Mittel verdankt, saßen da und klatschten Beifall. Wir nahmen dann in dem schönen, künstlerisch eingerichteten Speisesaal an dem Abendessen teil, mit den „Studenten", den Intellektuellen, den Lehrern und Lehrerinnen der Hullhouse-Schulen –

Miss Addams war leider in New York – und nach dem Abendessen geleiteten uns liebenswürdige Damen in die Flügel hinüber, in denen die Tanz-, Turn- und Klubsäle untergebracht sind.

Mein Freund und ich, wir sahen uns auf den Treppen, im Hof, während unsere liebenswürdigen Führerinnen vorangingen, verständnisinnig an: der Flügel, aus dem wir kamen, und der Flügel, in den wir gingen, in dem wir wie in einer Raritätensammlung, einem Museum oder Kunstkabinett herumgingen – etwas lose hingen diese beiden Flügel zusammen. Man musste zwischen den beiden einen kalten Hof durchqueren, und die Atmosphäre war in den beiden Flügeln recht verschieden, grundverschieden … Hullhouse stieg vor unseren Augen in die Luft empor und zerplatzte wie eine Seifenblase –

Wenn's damit getan wäre! Mitten unter den Armseligen (in getrenntem Flügel, komfortabel eingerichtet) zu leben; ihre Lebensbedingungen (ein Jahr lang, wenn's hoch kommt zwei, drei Jahre lang) zu studieren (und dann selbstbewusst als sozialer Arbeiter nach Lake Shore Drive oder der Michigan-Avenue zu ziehen); eine

Zeit (sagen wir sechs bis acht Wochen) sogar in den Tenements mit den Elendesten hausen, als ein Arbeiter oder eine Arbeiterin, verkleidet, ihr rostündiges Tagewerk durchzumachen, ihre Nahrung nach Maßgabe ihrer Einkünfte am eigenen Magen erleben (nach acht Wochen wird man ja doch wieder im „Auditorium" zu Abend essen) – wenn's damit getan wäre!

Immerhin ist Jane Addams eine von den großen Frauen Amerikas, eine aus dem Geschlecht der Frances Willard, Harriet Beecher-Stowe, Susan B. Anthony, und in ihren Schriften kommt unter der „Hullhouse-Studenten"-Neugierde, unter dem Betätigungs- und Befähigungsnachweis der großgesinnten alleinstehenden Frau, die sich eine Familie und einen Wirkungskreis gesucht und gefunden hat, eine innig revoltierte Seele und ein edler Mensch in dieser leidenerfüllten Gegenwart zum Vorschein. Zieht man aber auch noch die magnetische Kraft, die eine solche Seele auf den Wald- und Wiesen-Wohltäter und Amateurphilanthropen ausübt, ab, so verliert dieser Typus vollends den letzten Rest seines spezifischen Gewichtes.

Chicago: hier leben Menschen!

Einen wesentlich stärkeren Eindruck habe ich von den „Parks" mitgenommen. Der freundliche Superintendent holt uns eines Abends mit seinem Automobil ab und wir machen die Runde durch die Volksgärten und Volksklubhäuser im Süden der „windigen Stadt".

Welche Gerüche, welche Einöden, welche unbeleuchteten oder halbbeleuchteten Gässchen, welche verschimmelten Holzbudenviertel und Bordellviertel wir durchqueren, bis wir zur ersten dieser grünen Oasen gelangen, Gott steh mir bei. Auf der Oase aber ist alles vergessen.

Die „südlichen Parks", aus privaten Mitteln, aber hauptsächlich aus städtischen Steuern erworben, ausgebaut und erhalten, erstrecken sich von Michigan Avenue (Grant Park) bis zum Lake Calumet (17. Park).

Ihre Zahl ist gegenwärtig 24, sie bedecken ein Gesamt-Areal von 2.500 Acres. Es gibt unter ihnen große, mit Museen, botanischen Gärten, Golfhügeln und Yachthafen, wichtiger aber sind die kleinen, deren Fläche aus übervölkerten Elendsvierteln um die Schlachthäuser, die Fabriksvororte, die Schwarzenniederlassungen ausgespart sind. Das Areal dieser kleineren Parks variiert zwischen 7 ½ und 23 Acres.

Der freundliche Superintendent zeigt uns drei von den kleinen Parks. Italienische Pergolas sind hübsch vor den Klubhäusern aufgebaut. Hinter diesen sind riesige Schwimmbassins aus Zement in den Boden eingelassen, im Sommer sprudelt dort Michiganwasser. Ringsum in den Gartenanlagen finden sich Freiluft-Sanatorien für Babys, Sonnenbäder für Frauen, Wiesenstreifen zum Herumwälzen, Sandhügel zum Burgenbauen. Helle, freundlich bemalte und dekorierte Turn- und Tanzsäle und Volksbibliotheken sind in den Häusern; auf einer kleinen Bühne proben eben jüdische Schneidergesellen das Drama: „Esther, a Purimplay"; ein litauischer Klub hält nebenan ein Tanzkränzchen; in einem Duschensaal kann man junge griechische Arbeiter bewundern, die sich nach dem Basketballspiel abkühlen und zum Heimweg vorbereiten.

Die Abhilfe
(Gymnasium in einem „südlichen Park")

Besorgt fragen wir unseren Führer: „Welche Formalitäten hat einer zu beobachten, eh' er hier hereingelassen wird? Welche Papiere, Pässe, Legitimationen, Steuerzettel, Taufscheine, Gewerbescheine muss er vorweisen, um hier hereingelassen zu werden?"

„Why! Nothing at all!", erwidert unser Amerikaner erstaunt.

„Aber er muss doch sicher etwas bezahlen für die Benutzung der Bibliothek, der Badewäsche, der Seife, der Turngeräte, der Einrichtungen ?"

„Keinen Cent. All das, was Sie hier sehen, steht dem Volk Chicagos frei und unumschränkt zur Verfügung.

Jeder ist willkommen. Er mag welche Sprache immer sprechen. Er mag die elendesten, von Ungeziefer starrenden Lumpen auf seinem Körper tragen. Er mag daherkommen, von wannen er will. Er braucht kein Papier vorzuweisen, keinen Namen in kein Buch einzuschreiben, weder seinen richtigen noch einen falschen. Jeder ist willkommen, wir leben in einem demokratischen Land dahier."

Dieses Wort; diese Phrase; in Chicago. – Und doch, was wir eben gesehen haben, dieser Blick ins Freie, Offene, Ferne, fast versöhnt es mit der erschrecklichen Realität rings um diese Oase, mit Chicago, der furchtbarsten Stadt der heutigen Welt! –

Ein Tag in den Schulen Chicagos

Morgens um acht holen wir Miss Starr Kellogg, Aufseherin eines städtischen Schuldistriktes, aus dem „Hullhouse" ab und vertrauen uns ihrer Führung an auf einem Rundgang durch die öffentlichen und privaten Volksschulen und durch Gewerbeschulen des westlichen Chicagos.

In der Gesellschaft dieser wundervollen Amerikanerin erlebe ich mit meinem Freund einen meiner großen amerikanischen Tage, einen Tag, dessen Gedächtnis wahrscheinlich sehr lange frisch und lebendig in mir sein wird. Rührung und Heiterkeit werden es frisch erhalten haben, Rührung und Heiterkeit waren die Zeichen dieses Tages, den wir in den Schulen Chicagos verbracht haben.

In der „Rowland"-Schule fangen wir mit den Kindergärten an, in denen die Kleinsten ihre Ringelreihen tanzen, mit glückstrahlenden Gesichtlein Sandhäufchen aufbauen, in die sie Indianerwigwams, Bäume und Büffel zwischen die Bäume pflanzen. Durch Säle geht unser Weg, in denen malen Kinder zierliche kleine Abbilder von allerlei Gebrauchsgegenständen mit farbiger Kreide auf die Tafeln. In einen Saal kommen wir, da analysieren sechs- bis siebenjährige Kleine eine Herbstlandschaft. Nacheinander treten Knäblein, Mägdlein vor die Lehrerin hin und nennen zwei Dinge, die ein „hübsches Bild des Herbstes" ergeben: eine gelbe Baumkrone und eine weiße Wolke dahinter, oder eine Krähe, die auf einem Stoppelacker sitzt, „gives a pretty picture of autumn". Im nächsten Saal turnen Kinder vor einem offenen Fenster mit Rumpfbeugen, Atem in sich hinein und aus sich heraus. Ah, wir sehen, aus dem Deutschland Fröbels und Pestalozzis kommen wir allmählich in amerikanische Regionen. In einem Saal, der fünfzig oder sechzig Kinder von zehn bis zwölf Jahren beherbergt, stoppt der Unterricht, wie wir eintreten. Auf Miss Kelloggs Geheiß erhebt sich die Klasse und trägt unisono die Ballade vom „Brand von Chicago" vor. Gesten begleiten die Worte. Die Worte fallen, einzeln und sauber artikuliert, wie Kristallkugeln von den reinen Kinderlippen. Dies sind fremde Kinder, Kinder russischer Juden, Böhmen, Griechen, Sizilianer. Die Lehrerin hört wie ein guter Dirigent aus dem großen Orchester das Kind heraus, das ein Wort falsch ausgesprochen, eine Betonung auf der unrichtigen Silbe angebracht hat. Hier wird den Kindern all der fernen fremden Länder die Sprache des Landes, die mächtige englische Sprache, beigebracht. Hier wird das Werkzeug gebildet und geschliffen, das einige Säle weiter schon scharf und formidabel zu Diensten der erwachsenden

Kinder steht, die sich bald seiner zu bedienen anfangen werden im Kampf ums Brot und die Freiheit.

Schön und sonor klingen die Verse vom „Brand von Chicago". Auf und nieder stürzt der Rhythmus der Strophen. Ein Crescendo:

„Fire – Fire – FIRE!"

und auf den kleinen Gesichtern, die sich in die Höhe gewandt haben, brennt in kindlicher Erregung der Widerschein der flammenden Stadt!

Aber das Gedicht ist lang, und wir müssen weiter. Miss Kellogg lässt die Kinder niedersitzen, und jetzt müssen sie einzeln aufstehen, nach Nationalitäten, dann, um zu zeigen, wie viele noch in der alten Heimat, wie viele schon herüben geboren sind. Von den fünfzig sind nur zehn in Amerika geboren, die anderen kamen vor nicht langer Zeit. Zwei deutsche Kinder sind unter den fünfzig, die anderen sind Böhmen, polnische Juden, Litauer, Serben, Griechen, Irländer, Sizilianer. Wie sie alle wieder sitzen, tritt Miss Kellogg vor und ruft laut in den Schulsaal hinein:

„Und nun, Kinder, sagt, was sind wir alle?" Die Kinder springen auf, als wäre ein elektrischer Schlag in sie gefahren, die hellen Stimmen jauchzen und schreien und jubeln auf: „A m e r i c a n s !"

Eine Stunde des Unterrichts gehört im Stundenplan der Schulen Amerikas den „Civics". Ins Deutsche könnte man das mit „Bürgerrechte" übersetzen. Einer solchen „Civics"-Stunde haben wir in der „Cooper"-Schule beigewohnt. Nicht viele Stunden hat es während meines Aufenthaltes in Amerika gegeben, die mir solch reiche Belehrung über Amerika gegeben, gleich tiefe, dauernde Liebe zu diesem Land, seinem Volke, seinem Geiste geschenkt hätten, wie diese.

Als wir eintraten, stand ein kleiner Böhme von dreizehn Jahren da und sprach vom „Recall".

„ R e c a l l " bedeutet: „Das Recht zum Widerruf solcher Richter, die ihr verantwortungsvolles und mit unumschränkter Macht bekleidetes Amt zur Unterstützung korrupter Korporationen, Eisenbahnen, Trusts, gegen den geschädigten und wehrlosen Privatmann missbrauchen." Dies Recht dem Volk zu geben, danach strebt jetzt ein großer Teil der fortschrittlichen Politiker Amerikas. Andere Rechte, wie das des „ R e f e r e n d u m ", wörtlich: „Gesetzentwürfe sollen dem Volk unterbreitet werden zur endgültigen Annahme oder Ablehnung" – und das der „ I n i t i a t i v e ", wörtlich: „dem Volke soll das Recht übertragen werden, Vorschläge zu machen, die zum Gesetz erhoben werden sollen" – Rechte, die die „d i r e k t e G e s e t z g e b u n g d u r c h d a s V o l k " bezwecken, sind schon in vielen Staaten der Union, namentlich in denen westlich vom Mississippi, dem Volke gegeben worden. Auch über das „Referendum" und die „Initiative" hören wir den kleinen Böhmen perorieren. Schließlich fasst der Dreikäsehoch seine Rede in folgenden Sätzen zusammen: „Wir müssen es durchsetzen, dass die Senatoren vom Volke gewählt werden! There is nothing, the People needs more, than d i r e c t l e g i s l a t i o n !", und setzt sich auf seine Bank zurück!!

Man ist auf den Kopf geschlagen. Sind wir hier im Kongress in Washington oder in einer Volksschule, was Teufel? Man ist versucht, den Kleinen dort beim Ohr zu fassen und, während man es gelinde beutelt, zu fragen: „Woher weißt du denn, was das Volk braucht oder nicht braucht? Geh und spiel mit Murmeln, Naseweis!"

Aber man horcht doch ein bisschen auf, wenn ein kleines elfjähriges Mädchen aufsteht und die Staaten herzählt, in denen die Frauen das Wahlrecht besitzen. Das Kind nennt den Staat Colorado, da fragt die Lehrerin die Klasse: „Wie heißt die Hauptstadt von Colorado?"

„Denver!", ruft die Klasse.

„Wer ist in Denver zu Hause?", fragt die Lehrerin.

Und da höre ich von Kinderstimmen den Namen gerufen, dessen Nennen mir Rührung in die Augen treiben will, honest Bens Namen, den Namen des milden Richters der Kinder von Colorado.

„Ben Lindsey!", rufen die Kinder.

Und sie stehen auf, eins nach dem anderen, und berichten von den Taten des „Freundes der Kinder". Ein kleiner Junge weiß davon zu berichten, dass Lindsey es den wahlberechtigten Frauen Colorados verdankt, dass er, den die Parteien befehdet haben, auf seinem Posten bleiben durfte. (Treibt hier die Lehrerin Suffragetten-Propaganda? Nun, was weiter? Umso besser, wenn sie's tut!) Ein anderer kleiner Knabe berichtet ernst und sachlich, mit ruhiger, ernster Stimme, was der Richter für die Kinder Denvers getan hat. Er spricht von der Fürsorge für die Waisen, von der Aufsicht, die den kleinen Straßenstrolchen zugute kommt, von dem großen Schwimmbassin im Armenviertel, vergisst nicht, zu erwähnen, wie breit und wie tief dieses Bassin ist, noch das Material, aus dem es gebaut ist: „concrete", das heißt Beton.

Ein Kind steht auf und spricht von den Gesetzen in Oregon, in Tennessee, in Wyoming. Ein anderes knüpft an diesen Bericht an und spricht von den „südlichen Parks" von Chicago und ihren Einrichtungen.

Allmählich leuchtet mir der Zusammenhang zwischen Politik und Volksschule ein. Ich lerne verstehen, auf welche Art das amerikanische Kind für das öffentliche Leben vorbereitet wird, daran es teilnehmen wird, wenn es erst erwachsen ist. Ich sehe: dies ist nicht nur eine Fortsetzung des Geschichtsunterrichts bis in die Gegenwart, sondern dies ist der w a h r e Geschichtsunterricht. Ich sehe, was in Amerika Nationalgefühl heißt und wie dieses geweckt wird. Ich sehe, man muss nicht mit und und vor den Merowingern anfangen, um dem Kind klar zu machen, dass es einer großen Nation angehört. (Nicht einmal mit den Puritanern!) Ich sehe deutlich die Grenzlinien zwischen dem Nationalgefühl und dem Gefühl für die Menschheit, ich horche durstig hin, darauf, was die Kinder sagen, ich lerne manches in dieser Unterrichtsstunde, ich fühle viel in ihr.

Miss Kellogg erzählt uns leise, während der Unterricht weitergeht, dass die Kinder dieser Schulklasse aus eigenem Antrieb eine Eingabe an die Stadtbehörde zum Schutz und zur Rettung von zwei Bäumen auf ihrem Spielplatz gerichtet haben, als diese gefällt werden sollten. Dass sie Versammlungen abhielten, um gegen die Kandidatur eines berüchtigten, verhassten und verbrecherischen Stadtverordneten zu protestieren. Dass sie nach Washington um offizielle Berichte und Broschüren zu schreiben pflegen, wenn ein Gesetzentwurf zur Tagesordnung steht, für den sie sich interessieren, diese amerikanischen Kinder. ...

Die Stunde geht zu Ende, unsere Zeit drängt. Miss Kellogg hält eine kleine Ansprache:

„Kinder! Seht um euch! Wenn euch Dinge auffallen, die einer Verbesserung bedürfen, wenn Dinge geschehen, die euch unrecht scheinen, sagt es hier! Denkt darüber nach, wie ihr sie besser machen würdet, und sagt auch dies hier laut. Aber denkt erst nach darüber, warum sie falsch und böse sind. Seht euch um, Kinder!"

„All right, Miss Kellogg, we will!", rufen die Kinder. Dann fühlt sich die liebenswürdige Lehrerin der Klasse zu einem kleinen Akt der internationalen Höflichkeit veranlasst.

„Kinder!", sagt sie, „wir haben heute das Vergnügen, einen Gast aus Berlin bei uns zu begrüßen. Wir wollen uns jetzt alle erheben und die ‚Wacht am Rhein‘ singen."

Und da stehen wir nun, Miss Kellogg, mein Freund und ich, die Kinder aber singen die „Wacht am Rhein!"

„Stand fast and true
And guard the German Rhine!"

„Dank!", sage ich der Lehrerin, wie wir zur Tür hinaus sind, „heißen Dank im Namen Wilhelms II.! Mir, aufrichtig gesagt, bitte, legen Sie mir das nicht als Undankbarkeit aus, wäre die ‚Marseillaise‘ lieber gewesen – nicht die national-französische, sondern, Sie wissen, welche ich meine!"

„Oh, you are a Socialist! Aren't you?", sagt die Lehrerin.

„Well, not exactly, something in this line!", erwidere ich.

„All right, now come along. I'll show you something!"

Wir gehen in das Bibliothekszimmer der Schule. Auf einem langen Tisch liegen Monats-, Wochenschriften, Tageszeitungen. Zeitungen aller Parteirichtungen. Ich

sehe einige Hefte des Bostoner „Twentieth Century" und des New Yorker „Call".
Das ist die führende Monatsschrift und die führende Tageszeitung der amerikanischen Sozialisten.

„Wir lesen mit den Kindern viele politische Artikel", sagt die Lehrerin. „Finde ich einen politischen Vorgang in einem sozialistischen Blatt gerechter und freier behandelt als in einem anderen, so lesen wir, die Kinder und ich, den Artikel aus dem sozialistischen Blatte vor …"

Ich stelle mir das große Deutschland vor, ich stelle mir eine Berliner Volksschule vor, in der der Lehrer in der Stunde mit den Kindern einen Artikel aus dem „Vorwärts" oder der „Arbeiterzeitung", aus der „Neuen Zeit" liest!!

Ich sehe schon: die amerikanische Schule ist keine Anstalt, in der die Kinder mit allerhand Gelehrsamkeit vollgestopft werden, die sie später nicht brauchen können, ja verschwitzen müssen, um Menschen zu werden. Sie ist ein Werkzeug, mit dessen Hilfe aus den Kindern Amerikaner, d.h. politische Wesen, d.h. Weltbürger gemacht werden. Aller fremden Nationen, Kinder kommen in diesen „Schmelztiegel" hinein, aus dem das harte Metall der Zukunft Amerikas, die die Zukunft der Welt ist, hervorsteigen wird.

Aller unterdrückten Völker Kindern, den russischen Juden, Polen, Irländern, Böhmen, Finnen, wird hier beigebracht, dass sie Menschen mit Rechten sind. In ihrer alten Heimat haben sie dies nicht gewusst, ihre Eltern haben es in der neuen auch nicht mehr lernen können. Diese Wissenschaft ist, glaube ich, mindestens ebenso wichtig, wie das Einmaleins und das Alphabet.

In den Kindern wird das Bewusstsein, die Lehre: Ihr seid Menschen und habt Rechte, zugleich mit dem Bewusstsein und der Lehre: Ihr seid Amerikaner!, entfacht und erhitzt. Und auf einmal heißt es in diesen kleinen Gehirnen: Menschenrecht ist = Amerika.

Jetzt verraucht mir allmählich auch mein Vorurteil gegen die Erziehung des amerikanischen Kindes durch Frauen. Ich habe so viele bewunderungswürdigen Tatsachen im öffentlichen Leben Amerikas entdeckt, die dem direkten politischen Einfluss der Frau ihre Existenz verdanken. Es ist nicht denkbar, dass die Fürsorge für arme Mütter während der Schwangerschaft, für uneheliche Kinder, für Waisen, für Wohlfahrtseinrichtungen, die die Pflege der Frau und des Kindes zum Zweck haben, ohne einschneidenden Einfluss auf das ganze Gewebe einer Gesellschaft bleiben könnte. Indem sich die Frau vorerst auf ihre traditionelle Wirkungsdomäne beschränkt, wandelt sie doch unmerklich die Zusammenhänge der heutigen Ordnung, sodass die Zukunft weniger trüb, die Gegenwart der Menschen um etliches freier und lichter erscheint von Tag zu Tag.

Die amerikanische Lehrerin, die ihren Beruf nicht als simplen Broterwerb auffasst, sondern aus mütterlichem Instinkt und Liebe zu den Kindern ergriffen hat, trägt so viel Wärme, Güte und Schönheit in die Schulstube hinein, dass einen tiefes Mitleid und ohnmächtige Empörung erfassen will – denkt man an seine eigenen Kinderjahre, die einem von einer Horde von eingebildeten Tyrannen und rechthaberischen Narren gestohlen worden sind. Bei uns, wenn man die Kinder des Mittelstandes und ihr Leben sich ansieht, löst der Lehrer die Gouvernante ab in dem Moment, in dem's gilt, etwas zu lernen. Der junge Knabe lernt auf diese Weise wirklich die Frau, etwas früh schon, als unzulänglich und für die ernsten Dinge, die sich ihm erschließen sollen, unbrauchbar, verachten. Der amerikanische Knabe lernt bis zu seinem vierzehnten Jahr, auf derselben Schulbank mit den Mädchen sitzend, von einer Lehrerin, was nach der Auffassung des „Board of Education", das amerikanische Kind bis zum vierzehnten Lebensjahr eben wissen muss. Ein Geist des Respektes wird auf solche Weise in ihm genährt, gegen das andere Geschlecht, etwas, was sich der europäische Knabe auf allerhand Umwegen in späteren Jahren erwerben muss. Fähigkeiten entwickeln sich in ihm, die im europäischen Knaben gefälscht werden, zumeist verkümmern. Auf die primitivste Art lernt er den Sinn des Wortes Gleichheit verstehen, denn wo sollte die Gleichheit sonst beginnen als bei der rechtlichen Gleichstellung der beiden Geschlechter im Menschengeschlecht?

Allerhand feine Exerzitien wurden uns an diesem Tag vorgeführt. Eh' wir die letztgenannte Schule verließen, ließ die Direktorin draußen im Korridor den Feueralarm ertönen, durch ein dreimaliges Anschlagen der Glocke in bestimmten Intervallen. Vor uns im Korridor stand ein Pianino. Das erste menschliche Wesen, das auf dem Plan erschien, war eine junge Lehrerin, sie setzte sich rasch ans Pianino und fing an, einen frischen Marsch von J. Ph. Sousa zu spielen. Ins ganze große Haus kam Leben. Zwei kleine Knaben, zwei größere Mädchen stürmten die Treppen hinunter und stellten sich auf der Mitte der letzten Stufen auf. Dies waren die „Schoolofficers", von den Kindern jeder Klasse gewählte Funktionäre. (Diesen liegt die Sorge und Aufsicht über die internen Angelegenheiten der Klasse, aber auch über die Räume, die Bibliothek, die Spielplätze ob. Jede Schule stellt eine kleine Republik dar, hat ihren Kinderpräsidenten, ihren Gerichtshof, ihre politischen Versammlungen, in denen Stellung zur Politik der Stadt und zu Washington genommen wird.)

Oben auf den Treppen erscheinen die Züge der Klassen, von den Lehrerinnen geführt; in Reihen zu Dritt marschieren sie herbei, im Takt des frischen Sousamarsches; wir schauen auf die Uhr, in kaum drei Minuten sind die 540 Kinder wohlbehalten unten auf dem Hofe angelangt. –

Tanz und Turnen, Gruppenexerzitien mancher Art nehmen einen großen Raum im amerikanischen Unterricht ein. Da die Wehrpflicht nicht besteht, ist dieser Unterricht keine Vorschule zur Disziplin, sondern eine richtige Art, den Körper geschmeidig zu machen für den künftigen Wettbewerb.

In einer der größten Gewerbeschulen Chicagos sitzen wir, nachdem wir durch die verschiedenen „Shops", die Werkstätten für Tischlereiarbeiten, Maschinen, Elektrizitätskonstruktionen hindurchspaziert sind, in einem Lehrsaal, in dem sechszehn bis zwanzig Jahre alte Schüler gerade die einzelnen Punkte der amerikanischen Verfassung durchnehmen. Mit ihrem Lehrer in einem uns wunderbar anmutenden freien und angeregten Gespräch diskutieren. Plötzlich klingelt das Telephon (in der Schulstube!), der Schüler, der dem Kasten zunächst sitzt, hallot in den Apparat und wir erfahren und mit uns erfährt es die Klasse: den Fremden von Distinktion zu Ehren ist eine große Generalversammlung unten im Festsaal einberufen.

Vor der Tür treffen wir Miss Kellogg. Der Unterricht im ganzen Haus ist unterbrochen worden. Die Lehrer sind von ihren Tischen aufgestanden, die Treibriemen in den Shops stehen still. Wie wir, von Miss Kellogg und dem Direktor der Schule geführt, den Festsaal betreten, ist der Saal, die Galerie schon zum Bersten voll. Betäubendes Händeklatschen empfängt uns. Zwischen den 1.500 Schülern gehen wir zur Bühne des Saales, nehmen in den Lehnsesseln auf der Bühne Platz. Der Direktor stellt uns den Schülern vor. Erneuerte Applaussalve. Aus Berlin, der Hauptstadt des mächtigen Deutschen Reiches. Applaus. (Dank, heißen Dank im Namen des Oberbürgermeisters!) Dann dürfen wir wieder niedersitzen. Die erwählten Festordner der Schule treten an die Rampe der Bühne vor und die Begrüßung nimmt ihren Fortgang. Die beiden jungen Leute sind wahre Athleten. Sie ziehen ihre Jacken aus, um sich freier bewegen zu können. Breitbeinig stellen sie sich hin und beginnen mit großen Windmühlenflügelbewegungen, Arme und Oberkörper zu schwingen. Wie sie im Schwung sind, machen sie die Rumpfbeuge und stoßen beide Fäuste hinunter, dem Boden zu. Der C o l l e g e - Y e l l ertönt, d.h.: das Schulgebrüll, das Indianergebrüll der Schüler wird im Takt, den die Athleten mit ihren Gebärden angeben, ausgestoßen. Fünfzehnhundert junge Kehlen brüllen:

„Rah! Rah! Rah! – Reh! Reh!" –

Dann den Namen der Schule. –

Dann ein Pfiff zum Taubwerden. –

Hierauf wird der Schulgesang angestimmt, ein Hymnus, dessen ausschließlicher Text der Name der Schule ist. Da die Schule nach ihrem Stifter benannt ist und der Name des Stifters auf deutsch ungefähr Friedrich Wilhelm Schulze heißen könnte, so hört sich dieser Hymnus nicht gerade erhebend an.

Nun treten die einzelnen Champions der Baseball- und Fußballmannschaften, der Leichtgewichts-, der Bantamgewichts- und Schwergewichtschampion einzeln vor die Rampe. Sie berichten der Versammlung von den Hoffnungen der Mannschaften und ihren eigenen Hoffnungen für die nächsten Wettkämpfe. Von den Ursachen ihrer Siege und von den Übungen, die sie unternommen haben, um ihre Niederlagen wettzumachen. Applaussalven belohnen diese Ausführung. Der Direktor an unserer Seite sieht uns strahlend vor Vergnügen und Stolz an. Miss Kelloggs liebes und gutmütiges Gesicht strahlt vor Vergnügen und Stolz.

Händeklatschen geleitet uns durch die Reihen zurück. Wir nehmen Abschied von den Studenten, dem Direktor, den Professoren, von unserer liebenswürdigen Führerin.

– Draußen auf der Straße bleiben wir stehen, mein Freund und ich und sehen uns an:

„Theater!", sagt mein Freund. „Haben Sie auf die Uhr gesehen? Von drei Uhr bis sieben Minuten vor vier hat die Prozedur gedauert! Dreiundfünzig Minuten eines Schultages sind in Spielereien aufgegangen." – – –

Und wenn's auch so ist? Ihren Lungen ist das Rah Rah Rah wohl ganz gut bekommen. Zwischen Arbeit und Arbeit haben sie eine Stunde lang von Sport gesprochen. Zwei wildfremden Menschen haben sie Freundlichkeit bezeugt auf ihre Art, jawohl. Sie haben n i c h t Theater vor ihnen gespielt, sondern haben sie an ihrem eigenen Vergnügen teilhaben lassen. Wo steht's denn geschrieben, dass der Unterricht wichtiger ist als die Pausen zwischen den Stunden? Dass die Tretmühle vor dem Baseballfeld rangiert? Dass für junge kräftige Weltbürger zwischen sechzehn und zwanzig Jahren, der Leichtgewichtschampion und seine Taten von minderer Wichtigkeit sein müssen als alle Punkte der amerikanischen Verfassung und die Gesetze des Weltalls von Galilei bis Ostwald dazu?

Gewiss lernt man in Amerika weniger Zeugs in sich hinein als in Europa. Aber ganz gewiss! Das Eine weiß ich aber auch: von Schülerselbstmorden habe ich all die Zeit in Amerika kein Wort gehört.

WESTLICH VON DER FREIHEITSSTATUE

Ellis-Eiland

Ich muss nun ganz genau den Zeitpunkt nennen, an dem diese Betrachtungen hier angestellt worden sind. Ellis-Eiland ist keine Insel, sondern ein Prinzip, vielleicht das höchste, das das demokratische Amerika zu befolgen hat, und ein Problem noch dazu, das schwerste, vor das Amerika heute gestellt ist. Und in diesem mit Blitzzuggeschwindigkeit lebenden Lande zeigt ein Prinzip, ein Problem am Nachmittag ein ganz anderes Gesicht her, als es am Vormittag hergezeigt hat. Die Notizen zu diesem Kapitel habe ich im Januar 1912 mir aufgeschrieben. Ich bin im Januar 1912 mit einem Pass, vom Kommissioner Williams, dem Herrn der Insel, versehen, des Öfteren auf Ellis gewesen, dies sei festgestellt.

Jetzt hört man viel von Bestrebungen, die darauf hinzielen: den Leuten, die mit wenig Geld und um zu arbeiten, nach den Staaten kommen, soll das Landen nicht so leicht mehr gemacht werden, wie es vor Zeiten gewesen ist. Diese Bestrebungen folgen aus zwei Ursachen: physischen und sozusagen moralischen.

Die Qualität der Zwischendecksmenschen hat sich verschlechtert. Ja! – höre ich allenthalben seufzen, wären es die Teutonen, Skandinavier, Anglosachsen, Franzosen, die hereinkommen, alles wäre in bester Ordnung. Es sind aber die Sizilianer, Armenier, Türken, Syrer, Griechen, die russischen Juden, die wir jetzt in erdrückender Mehrzahl herüberkriegen. Unerwünschtes Menschenmaterial körperlich und seelisch, sein Hereinströmen fälscht, entwertet den Typus des Amerikaners, heut schon merkt man das; wohin es noch führen wird, ist kaum abzusehen.

In einer Eingabe, die Anfang 1912 dem Kongress der „National Economic Society" in Washington, D. C.,vorlag, hieß es unter anderem: die hauptsächlichen Argumente für die Einschränkung der Einwanderung sind: es kommen mehr Menschen herein, als es gut für Amerika ist; die Mehrzahl setzt sich in den ohnehin schon übervölkerten Städten fest; an den Landwirtschaftsdistrikten, in denen Not an Leuten herrscht, gehen diese Ankömmlinge vorbei; sie assimilieren sich schlecht oder gar nicht, ziehen es vor, kompakte Kolonien von fremdsprachiger Bevölkerung mitten in den englischredenden Städten zu bilden; sie verderben den Arbeitsmarkt durch Unterbietung der Löhne; die Zahl der Verbrecher nimmt zu; ebenso die Zahl derjenigen, die gegen das Gesetz verstoßen, indem sie heimlicherweise schon mit einem festen Arbeitskontrakt in der Tasche Amerikas Boden betreten; die Einwanderung schadet den wirtschaftlichen Verhältnissen Amerikas ebenso sehr, wie die Auswanderung den Heimatsländern schadet.

Dies sind triftige Argumente, das muss man sagen. Jedoch, ich hörte in Versammlungen zu, las in Artikeln, wie ernste und gutgesinnte Amerikaner sie in den wichtigeren Punkten widerlegten, dasselbe geschah in Gesprächen, die ich mit wohlorientierten Freunden über dies Thema führen durfte.

Die Rückwanderung ist beträchtlich. Im letzten Jahrzehnt kamen 5 ½ Millionen Menschen nach Amerika, von diesen sind aber nur sechzig Prozent geblieben. – Die Einwanderung war in diesem Jahrzehnt eine geringere als in früheren. – (Überdies lässt es sich feststellen, dass die Gegner der Einwanderung vor genau hundert Jahren, bei einer jährlichen Einwanderung von 2.800 Menschen genau dieselben Argumente ins Treffen geführt haben wie die Heutigen, angesichts einer Einwanderung von durchschnittlich fünf-mal-hunderttausend pro Jahr!)

Die Masse der Einwanderer drückt wohl die Löhne. Wer aber profitiert davon? Wer ist verantwortlich zu machen dafür, dass diese Masse ausgebeutet, dass ihr der Lebensunterhalt erschwert wird, dass Hungerlöhne für gute und ehrliche Arbeit gezahlt werden? Herren mit englisch klingenden Namen: Carnegie, Rockefeller, Hill, usw.

Übrigens kommen Abertausende jährlich nach Amerika, die hier nicht das Land höherer Löhne, sondern höherer Menschenrechte suchen; zumal unter den verfemten, verschrieenen, angespuckten rumänischen, russischen, syrischen Juden finden sich diese Tausende. –

Kein Mensch kann sich seine Eltern, seine Heimat wählen. Soll ihm, wenn er sie überm Wasser entdeckt, diese Heimat seiner Hoffnung versperrt werden aus Brotneid? Was wäre dann Amerika, die Mutter und Trösterin der Verfolgten, Gekränkten, der Niedergetretenen?

Der „unerwünschte" Einwanderer! Ist denn nicht gerade Amerika das Land, in dem aus dem Unerwünschten ein Willkommener, aus dem Getretenen ein Aufrechter, aus dem Halbtier ein ganzer Mensch gemacht werden kann? Wo gibt es denn heute noch ein Land, das in solchem Tempo Menschen erzöge, wie Amerika es tut? Nicht zum Geldkampf, zur Erwerbstüchtigkeit allein, vielmehr zu einem Ideal, dem Ideal Lincolns, des Menschenrechtes.

Ich meine: sind es die heimischen wirtschaftlichen Verhältnisse Amerikas, die eine Einschränkung der Einwanderung nahelegen, so, zum Teufel: reformiert doch Eure wirtschaftlichen Verhältnisse und lasst nicht die unschuldigen Bessarabier, die von „meriki" wie vom Jenseits träumen, sie entgelten!

Wirklich, wer hier nach einem Aufenthalt von sechs Monaten nichts anderes entdeckt hat als ein Land der unbegrenzten Erfolgs- und Geldmachens-Möglichkeiten, gehört als unerwünschter Einwanderer mit nächster Eilpost zurückbefördert dorthin, woher er kam.

Die Weisheit stammt nicht von mir: was nach Amerika zieht, ist, Ellis Island mit seinen Quarantänebaracken und seinen Spezial-Gerichtshöfen in Ehren, gewissermaßen die Auslese der Menschheit, Kraft und zentrifugale Menschensehnsucht der alten Nationen drüben. – Wer seine alten Verhältnisse im Stiche lässt, um den Kampf mit Amerika aufzunehmen, ist ein Amerikaner von Geblüt und hat das Sternenbanner in seinen Venen und Arterien wehen. Aktivität und Energie sind seine Losungsworte.

Das bedauernswerte Schicksal, dem die Ureinwohner, die Indianer, und auch bis zu einem gewissen Grade die hereingebrachten Schwarzen verfallen sind, darf nicht allein auf Rassenhass zurückgeführt werden, sondern auf die Verachtung viel eher, die der Tüchtige für den Zurückbleibenden, den „slow one", den Faulen und Resignierenden, empfindet. Wenn der Amerikaner es hochmütig ablehnt, den Indianer oder den Schwarzen als seinesgleichen zu achten, kämpft er sozusagen für eines der fundamentalen Prinzipe seiner Rasse. In seiner Rasse hat sich die Lebhaftigkeit des Italieners, der Scharfsinn des Juden, die Gründlichkeit des Deutschen, der Fanatismus des Skandinaviers zu einer außerordentlichen Mischung vereinigt. Die Tüchtigsten, von treibender Phantasie am meisten erfüllten Kinder aller Nationen haben diese Mischung gewürzt.

Verhältnisse der alten Heimat haben das so mit sich gebracht, dass die Einwanderung der angelsächsischen, skandinavischen, teutonischen Rassen sich vermindert hat. Royce, ein Nachkomme der Pilgerväter, beklagt sich in einem seiner Bücher bitter über ein Erlebnis, das ihm nach verhältnismäßig kurzer Abwesenheit von Amerika widerfahren ist: sein erster Gang nach der Rückkehr führte ihn durch die 14. Straße New Yorks – kein englisches Wort war zu hören, kein amerikanisches Gesicht zu sehen! Royce hat recht. Der Typus und Gesamtcharakter des Americanos erleidet durch diese Zuwanderung aus den Mittelmeergegenden gewiss eine Wandlung. Royce wird sich gewöhnen müssen an das veränderte Gesicht der 14.

Straße. Die Prinzipien der demokratischen Stifter haben sich nicht auf Menschen bestimmter Himmelsstriche bezogen, das Wort unerwünscht stand gewiss nicht in ihrem Wörterbuch. Wenn der amerikanische Typus auch allmählich aufhört, dem der Pilgerväter zu ähneln, so wird er doch für den drüben sitzen gebliebenen Europäer der transatlantische Typus bleiben, nun muss eben Amerika die demokratischen Prinzipien seiner Stifter stärken und festigen, dass ihnen die veränderte Einwanderung nichts anhaben könne.

In einer flüchtigen Skizze wie dieser ist es gefährlich, das ungeheuer wichtige Problem der „zweiten Generation" zu erörtern. Auch wage ich es kaum, hier vom charakteristischen Problem des amerikanischen Juden zu sprechen.

Im eben Eingewanderten verharrt das Clan-Gefühl vorerst eine Weile und wirkt wohl auch noch – verschwächt in seinen Kindern, die er mitbringt, nach. Aus erklärlichen Gründen sucht er sich seinen Wohnort fürs Erste in der Nähe seiner Landsleute, weil er ja die Sprache des Landes erst erlernen muss. Der Ire hält zum Iren, der Napolitaner verachtet den Sizilianer, dieser den Juden.

Eine Nation brodelt kürzer mit ihrem spezifischen Gestank im „Schmelztiegel", die andere länger.

Aber in zehn Jahren sind diese Reminiszenzen an die alte Heimat geschwunden. Sieh dir in den Städten die Kinder, die zweite Generation der Eingewanderten, an, die Kinder der Rassen, die sich in der alten Heimat am liebsten, wie Aquariumstiere, gegenseitig aufgefressen hätten, Böhmen und Deutschösterreicher, Polen und Russen, Türken und Armenier, sieh, wie sie im friedlichen Wettbewerb nebeneinander wohnen und sich vertragen, dies ist Amerika! Sieh, sie v e r e i n i g e n sich zu einem g e m e i n s a m e n Ansturm, gegen einen g e m e i n s a m e n Feind, den Ausbeuter, das Kapital, sieh, aus den nationalen Kampfhähnen sind Soldaten des Weltkampfes geworden. Horch hin, wie aus tausend versteckten, verhunzten Mischsprachen, ohne Literatur, ohne Zukunft, die Eine, Englische Weltsprache siegreich hervorsteigt, horch, da vollzieht sich das große Werk der Verbrüderung.

Es ist eine Lüge, dass die Einwanderer sich nicht assimilieren. Sie lernen Englisch. Durch den Trichter der Sprache bekommen sie englische Denkweise, und die Sinnesart, aus der sie entsprang, in ihre stumpfen Gehirne hineingeflößt. Die zweite Generation (zumal der aus Russland eingewanderten Juden, wie ich das in Schulen und Asylen hörte und durch Anschauung bestätigt fand) spricht Englisch, sieht ausgeprägt amerikanisch aus, die dritte hat vergessen, wo die Großväter herkamen, Amerika ist ja, bis auf jene Unglücklichen in den Reservationen, ein Land von Einwanderern.

In großartiger Weise sorgt die amerikanische Volksschule, wie ich im Kapitel „Chicago" angedeutet habe, dafür, dass diese Assimilation gründlich vor sich gehe. Auch durch die alltägliche „Begeisterungsstunde", in der die Schüler den Schwur auf die Flagge ablegen müssen. (Einem solchen „Flaggensalut" wohnte ich in New York auf Einladung des freundlichen Direktors in der 114. Schule an der Oak- und Oliverstreet mitten im kunterbuntesten Tenementviertel der Ostseite bei.)

Amüsant ist es, wie der Einbürgerung sodann künstlich nachgeholfen wird. Blumenthal, Lehmann und Zickel verwandeln sich im Handumdrehen in Bloemingdale, Lyman und Seagle. Der legendäre Jankele, der auf sein Firmenschild kurz entschlossen „John Kelly" hat malen lassen, wusste ebenso gut, dass es klug ist, einen irisch klingenden Namen zu haben, wie der Napolitaner Pasquale Salvini, der heute Patsy Sullivan heißt, und Orazio Danieli aus Catania, der unter dem Namen Dan O'Hara Zitronen importiert.

Das Ghetto auf der Ostseite New Yorks, mit seinem unerhörten Schmutz, asiatischen Gewimmel und Gerüchen, ist im großen Ganzen der Wohnort der eben erst Hereingekommenen, dann der „jüdischen Indianer und Schwarzen", wie ich jene Elemente nennen möchte, die das Tempo nicht einhalten können, die zurückbleiben. Im Bronx-Viertel, in Harlem aber sind schon viel nettere, reinere und luftreichere Ghettos; in ihnen hausen Juden, die Amerika schon näher gekommen sind. Natürlich lässt sich das alles nicht so einfach und primitiv durch die Topographie dekretieren! Immerhin hat das revolutionäre, das heißt das wertvollste Element unter den russischen Juden nicht unter dem Lumpenproletariat der „Ostseite", sondern hier oben in den nördlichen Stadtteilen sein Zentrum.

Unten im Eastend stehen fünf ausgezeichnete Theater (von denen ich in anderem Zusammenhang berichten werde), in ihnen wird Jiddisch, d.h. im Jargon gespielt.

Die Kinder der Besucher dieser Theater sind jedoch schon in den Englisch spielenden Theatern des Broadway und der Uptown zu finden. (Im Parkett und auf der Bühne.) Sie sprechen nur mehr mit ihren alten Eltern im Jargon, untereinander aber ein reines, akzentfreies Englisch. Ihr Judentum verleugnen sie darum keineswegs. Es ist unter den jungen, das beste Englisch sprechenden und das beste Amerikanisch fühlenden, Juden der „zweiten Generation" sogar eine starke Bewegung im Zuge, die sich die Förderung einer neuen hebräischen Literatur zur Aufgabe gemacht hat.

In diesem Zusammenhang kann ich mich nicht enthalten, ein paar Worte über den Antisemitismus in Amerika herzuschreiben. Als ich Commissioner Williams frug, ob sich die Restriktionsbestrebungen in erster Linie nicht gegen die Juden kehrten, die aus Europas Osten herüberkommen, hat Commissioner Williams dies entrüstet verneint. (Wie er auch das Vorhandensein der Restriktionsbewegung nicht zugeben wollte.) Allein ich kann mir nicht helfen, die gegenwärtige einwanderungsfeindliche Tendenz des Amerikaners und der amerikanische Antisemitismus scheinen mir Zwillingsgeschwister zu sein. Und sind es auch. Speziell in New York habe ich diese Wahrnehmung recht lebhaft machen müssen.

Ein ausgemacht trauriges Faktum ist es ja, dass die New Yorker Ostseite einen starken Prozentsatz zum Verbrechertum und der Prostitution beisteuert. Berühmte „gangs" von jüdischen hooligans machen die downtown unsicher; es gibt dort sogar eine jüdische Camorra, die „Schtarkes", nach dem leuchtenden Vorbild der „Schwarzen Hand", organisierte Erpresser und Pferdevergifter. Der jähe Klimawechsel vom Pogrom zur Freiheit wirkt eben in verschiedenen Bevölkerungsschichten und Intelligenzniveaus verschieden.

Dann gibt es, nach einer oberflächlichen Schätzung, heute in der Stadt New York 900.000 Juden. Von einem Galuth, einem Exil, kann da nicht gut die Rede sein. Viel eher von einem neuen Zion! Sie fühlen sich heimisch, was sie in der alten Heimat nie von sich sagen konnten, und die Äußerungen dieses Gefühls wollen den Leuten, die sich schon durch die Tradition daran gewöhnt haben, dass der Jude sich ducken muss, wenig behagen.

Dazu kommt, dass sich das öffentliche Leben ihres wachsenden Einflusses mühsam erwehrt. In den Universitäten sitzen helle jüdische Schwarzköpfe, die die englischen Schüler bald überflügelt haben werden. Im Land des freien Wettbewerbs lässt sich's voraussagen, dass der kleine Eastsider mit dem aristokratischen Mayflowermann bald ins Handgemenge geraten wird!

Diese Bedrängnis nährt das Gewächs des Antisemitismus, das hier und dort sein Haupt aufzuschlagen beginnt. Vorerst wendet sich der vornehme Neuengländer selbstverständlich gegen die Krapüle der Ersten Generation.

Der Schmutz der Ostseite ist ihm ebenso verhasst und widerlich wie die diamantenbesäte, vorlaute Unkultur des Parvenüs aus der 5. Avenue. Dummerweise aber verwehrt der christliche Parvenü dem jüdischen den Zutritt zu seinem Haus, sondert sich die Jugend von der Jugend. Vorerst ist dies ganz eklatant in den „oberen Schichten" wahrzunehmen, allmählich sickert es in die mittleren ein. In Villenvorstädten protestieren die christlichen Einwohner gegen die Ansiedlung jüdischer. In Klubs, in Komitees fliegen schwarze Kugeln in die Büchse, soll ein Jude gewählt werden. Anzeichen deuten darauf hin, dass der aristokratische Puritaner sich mit dem irischen Katholiken zu einem Bund gegen den aufstrebenden amerikanischen Juden vereinigt. (Man sollte glauben, dass diese Hetze den amerikanischen Juden dazu brächte, an den demokratischen Prinzipien des Landes irre zu werden, sie als Firlefanz zu verachten, sich feindlichen Strömungen anzuschließen, um Revanche zu üben für die Verachtung, die er in dem freien Lande erdulden muss? Gefehlt! Mit der imperialistischen Propaganda hat, soweit der Ausländer das überblicken kann, der amerikanische Jude weniger zu schaffen als seine Feinde im eignen Lande.)

Der Amerikaner liebt es natürlich nicht, wenn man ihm den Antisemitismus, dies europäische Laster, diese Krankheit, an der zurückbleibende Volksorganismen zu leiden pflegen, vorwirft. Zum Glück hat er ja auch keine Aussicht auf allzugefährliches Umsichgreifen. Schon darum, weil die Mächtigen des Kapitals unter den Christen zu suchen sind. – Eine K l a s s e , d.h. eine gewisse Schichte der Bevölkerung, die sich als „Klasse" aufspielen möchte, nicht aber das Volk Amerikas hat mit dem amerikanischen Antisemitismus zu tun. Diese Klasse ist es, die durch Restriktionsgeschrei das Land verwirren, die Blicke des Landes von dem wahren Sitz der Gefahr ablenken möchte. Die 5. Avenue hat eine Reform dringender nötig als Ellis Island. –

Wer die amerikanischen Apostel der konsequenten Rassenverbesserung für keine Horde von ausgemachten Narren hält, muss den Maßregeln beipflichten, die das Hereinkommen von Krüppeln, Idioten, Syphilitikern und mit ansteckenden Hautkrankheiten Behafteten verhindern.

Aber die Fanatiker der „Einschränkung" möchten jetzt Leuten, die mit weniger als vier Dollar herüberkamen, den Eintritt verweigern, Analphabeten zurückschicken.

Ist das noch Amerika, das seine Bürger danach einteilt: hast du vier Dollar in der Tasche oder nicht, kannst du das ABC oder nicht?

Der Kerl, der mit 25 Dollar einzieht, die er in einer Spelunke der Ostseite in der ersten Nacht verjuxt, um darauf in der zweiten als Mitglied der Taschendiebgilde auf Raub auszuziehen – der ist also erwünschter, als der arme Slowakenjunge, der frisch und willig und mit einem Zehncentstück in der Tasche Amerikaner werden möchte. Der suspekte Kerl, der sogar einen fremden Namen einwandfrei unter ein Schriftstück schreiben kann, wenn's drauf ankömmt, ist also erwünschter als der Arme, der als kleines Kind in den Schwefelbergwerken oder auf den Hungeräckern fürs Brot schuften musste, statt in der Schule unter den ABC-Schützen stillsitzen zu können?

Außer seinen vier Dollar und seinem Alphabet muss jeder Zwischendecker, der die sanitäre Kontrolle passiert hat, und der nachweisen kann, dass er dem Land nicht zur Last fallen wird, ein Zertifikat der Heimatsbehörde über gute Führung vorweisen. Diesen Empfang bereitet Amerika jetzt seinen Einwanderern, westlich der Freiheitsstatue.

Es ist wirklich schwer, einige Vorschläge zu unterdrücken. So z.B., dass auf den Fragebogen, den jeder beim Verlassen des Heimatshafens ausfüllen muss, statt der Frage: ob er Polygamist sei, die Frage: „Willst du, dass deine Kinder Amerikaner werden?", gedruckt werde. Statt der Frage: „Bist du Anarchist?", diese: „Was ist dir lieber, eine staatliche Vertretung kapitalistischer Interessen oder gar keine?"

Gegen eine Kontrolle gewisser mit unerlaubten Mitteln arbeitender Dampfschiffgesellschaften wäre nichts zu sagen. Ebenso wenig gegen eine scharfe Einschränkung der Padrone-Wirtschaft, die den unkundigen Einwanderer gleich vom Landungssteg wegschnappt und für ihre korrupten politischen Zwecke, Tammany-Hall und gewissenlose Arbeitsunternehmer kapert und aussaugt.

Diese beiden Krebsschäden, die kleinen, wie die Pilze aufschießenden Mittelmeer-Linien und die Pseudo-Arbeitsvermittler, in Wahrheit Sklavenhändler, fressen als giftige Feinde an dem modernen Amerika, nicht aber ein Minus von einen Dollar und die Unkenntnis des Alphabets.

(Padrone heißt nicht so viel, dass diese Spezies nur unter den Italienern zu finden sei; in jüdischen, griechischen, türkischen, ungarischen Wörterbüchern findet sich der Titel des Kerls, der in der Nähe der Landungsplätze in tausend verschiedensprachigen Logierhäusern lauernd, wie eine Spinne sitzt und seine Netze über das ganze Land gezogen hat. Ein Bekannter erzählte mir, dass ihn eines Tages auf dem Schiff ein Zwischendecker gefragt hat: „Wie lange muss man in Amerika leben, um ein Irländer zu werden?" Diese Rasse hat nämlich in Amerika den höchstentwickelten und erfolgreichsten Typus des politischen Padrone, des Boss, Sklavenhalters und Stimmenfängers hervorgebracht.)

Nur ein Wort von der Rückwanderung. In der Rückwanderung der Leute, die sich in Amerika zu Amerikanern entwickelt haben, liegt die größte Chance des Fortschritts, die den zurückgebliebenen Staaten und unterdrückten Völkern der alten Welt erwachsen kann heutigen Tages.

Ellis Island ist ebenso sehr ein amerikanisches Problem wie ein Problem Europas. –

Wie ich schon am Anfang dieses Buches erwähnt habe, sieht Ellis Island, wenn man in die Bai von New York hereinfährt, wie eine Kreuzung von Zuchthaus und Lazarett aus. Jetzt, da ich die Rundfahrt durch den Kontinent beschlossen habe, und das Eiland, von Manhattan herkommend, betrete, befestigt sich dieser Eindruck in mir.

Den Kern des Eilands bildet eine große, mit einer Galerie versehene Halle im Mittelpunkt des Zentralgebäudes. Sie ist weiß getüncht; der einzige Farbenfleck in ihr ist das Sternenbanner, das von der Galeriebrüstung herunterhängt und dem Menschenkinde, das aus den Ärztehallen heraufkommend die Halle betritt, sogleich ins Auge springen soll.

Reihen von Bänken empfangen den Ankömmling, hohe eiserne Gitter umgeben diese Reihen. Kein Entkommen. Vor dem Ausgang der Reihen stehen Beamte hinter Pulten, jeder aus den Reihen muss sie passieren. Muss einem dieser Beamten, die alle Sprachen der Erde sprechen, Rede und Antwort stehen, ihm seine Papiere vorzeigen; dies ist seine erste Behörde. Wer sie glücklich passiert hat, marschiert rechts über eine Treppe hinunter, zur Fähre, die nach Manhattan fährt – er ist schon so gut wie Amerikaner.

Die Halle

Die aber eine gelbe Karte in die Hand gedrückt erhielten, gelangen links ins Fegefeuer, wenn nicht in die Hölle. Sie kommen wieder in Räume mit hohen Gittern um sie herum, in Hallen, endlose Gänge, Gitterkorridore, die mich augenblicklich an die Schleusen in den Chicagoer Schlachthäusern erinnern, durch die die Viehherden zur Schlachtbank gejagt werden. Keiner von diesen Korridoren führt nach Amerika. Viele führen ins Labyrinth des Wahnsinns, der Verzweiflung, des Selbstmords, viele an Amerika vorbei, ins alte Land zurück, in die bleierne, endgültige Hoffnungslosigkeit. In all diesen Gitterräumen wohnt das Unglück. Dies ist Ellis Island, die Insel der Pein, des Gerichtes, der Missbrauchten Geduld, des nackten Schicksals, des ungerechten Rächers; kein Blake vermöchte den Racheengel zu zeichnen, zu singen, der über Ellis in einer Wolke von Angst, Wimmern, Folter und Gotteslästerung thront all diese Tage, die wir im freien Land verleben.

Heute ist großer Tag auf Ellis. Zwei Schiffe des Norddeutschen Lloyd, der „George Washington" und die „Berlin" haben etwa zweitausend Menschen im Zwischendeck mitgebracht; Schiffe der Holland-Amerika-, White-Star-, Anchor-Line und italienische weitere 1.800. All dies Gewimmel ergießt sich über die Bankreihen hinter den Gittern und schiebt sich langsam den Pulten der Kontrollbeamten entgegen. Wirklich, wenn ich vor dem Gitter so für mich entlanggehe und mir die künftigen Amerikaner hinter den Stäben ansehe, da will mich fast dieselbe Empörung überlaufen, die der gute, altem Puritanerstamm entsprossene Neuengländer empfinden muss, denkt er daran, was alles jetzt sein Kompatriot werden und heißen möchte.

Kann eine Gemeinschaft bestehen zwischen jenem alten, edlen und reinen Stamm, der die Ideale dieses Kontinents hereingebracht, verteidigt und hochgehalten hat, Hunderte von Jahren lang, und diesen elenden, tierisch glotzenden Gesellen dahier, dieser stupiden, ungeschlachten Menagerie hinter dem Gitter? Im ersten Augenblick ist die Versuchung da, den Restriktionisten recht zu geben, die sich gegen solchen Zuwachs auflehnen, diese Menschenqualität als Amerikaner ablehnen, ihre Prinzipien von solchem Volk nicht gefährden lassen wollen.

Aber gleich korrigiere ich meinen Eindruck, indem ich mich zwinge, durch die Zerlumptheit des bestialischen Volks dahier die Söhne, die zweite Generation, zu erblicken. Damit ist auf einmal auch das letzte Bedenken weg. –

Man hat Leute, denen nichts gefehlt hat, abgewiesen, weil sie zu hässlich waren. Das ist pittoresk und mehr oder minder entschuldigt. Denn es liegt eine Aufwallung hinter dieser offenbaren Ungerechtigkeit und eine Verheißung werdender Kultur. Aber wenn man von einem Plattfüßigen hört, der zurückgeschickt wurde, dann möchte man den Herrn beim Pult fragen: vielleicht wird die Zukunft Amerikas auch durch Fische mit dem Messer Essen gefährdet? Hier sieht man das Kautschuk sich schon etwas gar zu unverschämt dehnen und wird verstimmt.

Die hauptsächliche Sorge der Prüfungskommission aber bleibt: wird der Einwanderer für sich selber sorgen können? Werden seine Freunde und Angehörigen für ihn sorgen? Oder wird er der Öffentlichkeit, den Staats- und privaten Wohltätigkeitseinrichtungen zur Last fallen?

Mit seiner gelben Karte wird „der Fall" in Eins der zahllosen Zimmer gebracht, die den Sammelnamen: „Detentions-Quarters", Haft-Viertel, führen. Hier krampft sich dein Herz zusammen, Wanderer mit dem Pass, der dir dieses Viertel des Menschenjammers erschließt, für vier Wochen, durch die Gunst des Herrn der Insel. –

Hier ist der Raum der V e r l a s s e n e n , deren Angehörige sich nicht gemeldet haben bei ihrer Ankunft in Amerika.

Wie ich an dem Gitter dieser Abteilung vorübergehe, stürzen fünf Weiber mit zerrauftem Haar und leergeweinten Augen aufs Gitter zu, rufen mich an, wollen in fünf mir unbekannten Sprachen von mir erfahren, ob ich den oder jenen kenne, in Scranton, in Brooklyn drüben oder gar in dem benachbarten Hoboken? (Diese Ortsnamen allein verstehe ich.) Und ich muss mir, während ich kopfschüttelnd weitergehe, denken, dass diese Ärmsten dahier Damaskus, Odessa und Saloniki näher sind als dem zehn Minuten fernen Brooklyn und Hoboken!

Ist ihre geringe Barschaft auf Kost und Unterkunft in Ellis draufgegangen und kam keiner, sich ihrer anzunehmen, so werden sie, ohne Amerikas Boden berührt zu haben, in ihre Heimat zurückbefördert, und niemand frage danach, wie diese sie empfangen wird.

Ein Weinen, Blöken, hier und da ein kurzes schrilles Gezeter, das rasch zusammensinkt, tönt aus diesem vergitterten Quartier heraus. Plötzlich wird's mäuschenstill dahinten. Ein Mann in blauer Uniform geht an mir vorbei, schließt mit einem Schlüsselbund rasselnd die Gittertür des Zwingers auf und tritt unter die mit einem Mal wild gewordenen, vor Schmerz und Hoffnung wildgewordenen Tiere dort hinten ein. In seiner Hand hält er ein Päcklein Telegramme, Briefe, Postkarten.

Laut ruft er die Namen der Adressaten in das verzerrte, stoßende, herankollernde Gewühl hinein. Ein paar Gestalten stürzen auf den Bändiger los. Ein paar kurze, wilde Glücksschreie ertönen. Dann ist das Päckchen verteilt. Das stumpfe Gewinsel, Geblöke, das jammernde Gezeter hebt von Neuem an, verstärkt – während hier, draußen, wo ich stehe, die Glücklichen, in den Armen ihrer freudestrahlenden Angehörigen zur Fähre hinunterströmen, lachend und selig dem Land der Verheißung entgegen.

Weiter weg sind die kleinen Zimmer, in denen Menschen nach Kategorien von Fällen gesondert aufgehoben sind. Es sind ausnahmslos kahle, kalte, weißgetünchte Räume ohne jeden Schmuck, mit harten Pritschen, eisernen Bettstellen, Räume, in denen die Hoffnung erdrosselt niedersinkt beim ersten Anblick.

In einem dieser Zimmer kriege ich drei kleine Mädchen zu sehen, die den dritten Monat hier verleben. Ihr jüngstes Schwesterlein ist im November auf dem Schiff erkrankt und liegt im Lazarett. Wenn es genesen sein wird, werden die Viere zusammen zu ihrer Familie, die das zweimalige Abholen nicht erschwingen kann, nach dem Westen befördert werden. Eng sitzen sie beisammen, die kleinen Mädchen, wie schläfrige frierende Vögel. Das Älteste ist zwölf Jahre alt. Stumm blickt es uns an, wie wir hereinkommen. Es versteht. Mit großen Augen blickt es uns an, ohne zu sprechen, zu fragen. Es hat diese Welt der Armut erkannt und durchschaut. Es ist geduldig, wissend geworden beizeiten. Es weiß: dieses Erdenleben wird ja für sie doch nur eine Kette von Gefängnisräumen sein. Ruhig sitzt sie da, ihre dünnen Ärmchen um die beiden schläfrigen Schwesterchen geschlungen, und schweigt.

Ein furchtbares Zimmer nebenan beherbergt Prostituierte. Es sind, fast ohne Ausnahme, polnische und rumänische Jüdinnen. In ihren Papieren war etwas nicht in Ordnung. Unter einer zurechtgedrechselten Phrase zwinkerte der „Weiße Sklavenparagraph" verräterisch hervor. Mit diesen Elendsten wird kurzer Prozess gemacht. Zudem sind sie fast durchweg krank. Unter den billigen, grellen Halsketten tragen sie die Narben ihres Schicksals.

Hier ist der Raum, in dem die Schwachsinnigen, die Krüppel, das Höllenbreughelvolk der Missgeburten herumsitzt, herumschwadroniert, herumlungert. Hier der Raum der Angehörigen jener Unglücklichen, die die Ärzte unten bei der Untersuchung zurückgehalten haben. Ganze Familien sind hier versammelt, dieser fehlt der Ernährer, jener die Mutter. Sie werden mit den Kranken zurückmüssen in die alte Heimat, ohne vom gelobten Land mehr gesehen zu haben als die absonderliche Silhouette Manhattans fern im Winternebel.

In einem Korridor wird mir ein junger Mann vorgestellt, ein junger, kräftiger Russe mit einem schönen, franken Blick und gutem Händedruck.

Dies ist Zallel M., der Held von Riga.

Um ihn geht ein großer Kampf hin und her, zwischen Ellis, das ihn als einen, der wegen Mordes in Russland gesessen hat, deportieren möchte, und der amerikanischen „Liga zum Schutze politischer Flüchtlinge", die sich seines Falles angenommen hat. Es gibt auf der Insel daher eine Anzahl solcher Schutzkomitees, sie nehmen sich einzelner Fälle an, und der Kampf zwischen der Insel und Washington dauert zuweilen länger, als es dem Körper und dem Gehirn desjenigen zuträglich ist, der den „Fall" darstellt. Seit sieben Wochen sitzt Zallel hier. Siegt die Insel, so muss Zallel zurück, und sein Schicksal – als ehemaligen Mitgliedes des „Bund" und der „lettischen revolutionären Partei" – ist im Moment, da er vom Schiff auf russischen Boden tritt, besiegelt.

Aber schon nächste Woche erzählt man mir, er sei frei und in Manhattan unter dem Jubel seiner Freunde gelandet. Der verdienstvolle und aufopfernde Anwalt jener Liga, Simon O. Pollock, verdient jedenfalls den Ehrentitel, ein Amerikaner zu sein, obzwar seine Ahnen wahrscheinlich nicht auf der „Mayflower" herübergekommen sind.

Gegen welche Macht nun haben diese privaten Komitees die mit dem Gelde wohlmeinender Bürger und Menschenfreunde arbeiten, anzukämpfen?

Mein Pass gewährt mir Zutritt zu einigen kleinen Zimmern, in denen die Gerichtshöfe, die „Special Courts of Inquiry" tagen. Täglich von zehn bis vier defilieren hier die gelben Karten vorbei, hier wird Wohl und Wehe der Fälle entschieden. Das Amt der Richter dahier ist nicht leicht, das steht fest. Ihre Geduld wird auf eine harte Probe gestellt. Mancher „Fall", zumal wenn er den einer allein reisenden Frau vorstellt, kommt in einem schlau präparierten Lügennetz und Gewebe heranmarschiert, und ein Eklat, ein falscher Schiedsspruch, ein Justizirrtum, der vor die Öffentlichkeit gelangt, wird von den Ellis feindlich gesinnten Blättern weidlich ausgenutzt und breitgetreten. Mag es sich dabei um absichtliche Missgunst oder simple menschliche Unzulänglichkeit der Richter handeln.

Diese Richter sind nun, und das ist das Fatale, will mir's scheinen, keineswegs für ihren schwierigen und verantwortungsvollen Beruf vorgebildete Leute. Es sind tüchtige, intelligente und erprobte I n s p e k t o r e n , nicht mehr und nicht weniger. Sie verfügen schon über eine Dosis Erfahrung, Mutterwitz, Geduld, vielleicht Wohlwollen, aber man kann es sich vorstellen, in welchem Tempo all diese guten Eigenschaften sich in diesen halbgebildeten und fortwährend agacierten Menschen bei dem anstrengenden Dienst, der ihnen auferlegt ist, verkehren, wenn nicht verflüchtigen.

Welche Schicksale, welche grotesken Anekdoten, welche Kartenhäuser von Menschenzusammenhängen habe ich in den Stunden, die ich in „Room B" verbrachte, sich aufrichten, zusammenstürzen, weggefegt gesehen – Stille! Wiedersehen zwischen Eltern und Kindern, Brautleuten, Freunden und Verwandten, enttäuschte Erkennungsblicke, gebrochene Eheversprechen, brühwarm empfangene Nachricht über Irrsinn, Untergang, Verschwinden nächster Angehöriger, Todesangst, kalte List und Zerknirschung, drohender Mord und zermalmte Hoffnungen passieren die Tische, an denen die gähnenden, übermüdeten Dolmetscher, die geduldig oder zerstreut hinhorchenden, gelangweilten oder amüsierten, langsam Gummi kauenden Inspektoren sitzen. Sie dürfen nicht lange fackeln, eins, zwei, drei müssen sie entscheiden, ob das, was man ihnen erzählt, auf Betrug oder Unwissenheit zurückzuführen ist. Kein Aufschub! Denn jede Stunde auf Ellis kostet Geld, erst das des „Falles", nachher das der Union. Die Inspektoren-Richter bekleiden ein schwierigeres Amt als die Ärzte unten, die mit Universitätsdiplomen gewappneten Ärzte in den Quarantänehallen. Wünschte man sich, dass auf ihren Plätzen dahier wirkliche, durchaus gebildete, befähigte Richter säßen, wie drüben in den Gerichtshöfen Manhattans, der ganzen Union?

Nun, man wünschte es, wäre man nicht im Herzen tief von der Wahrheit überzeugt: dass kein Mensch auf Erden befähigt noch berufen ist, über das Schicksal seines Mitmenschen zu verfügen, Recht oder Unrecht zu sprechen.

Unten in den großen Hallen, aus denen der Weg gradaus, frei und ungehindert nach Amerika hinausführt, warten die Glücklichen lärmend, essend, singend und schwatzend, ihr Geld zählend, alkoholfreie Getränke trinkend, auf die Fähren, die sie nach Manhattan, nach den Stationen der Lackawanna, Grand Central, Baltimore and Ohio in Brooklyn, New Jersey, Long Island hinüber befördern werden. Agenten der Bahngesellschaften treiben Rudel von gleichfarbig Bezettelten in Korridore hinein, die zu den Fähren führen. Evangelische Bibel- und Traktätleinhausierer laufen mit ihrer Gottesware herum, machen gute Geschäfte, die Evangelien Lukä und Matthaei[2] gehen wie warme Semmeln ab. Hier lernen die Kinder der Alten Welt zum ersten Mal, dass eine Schinkenstulle in Amerika soviel kostet wie drüben ein Laib Brot und ein ganzes Schwein, ein Apfel soviel wie drüben ein Apfelbaum, und dass Sodawasser teurer ist als Sliwowitz und schlechter schmeckt.

Vieles andere noch lernen sie hier. Ein kleiner Ruthene ist in einen Spucknapf gefallen, und ein Missionar erklärt den mit aufgerissenen Mäulern herumstehenden Nationen dieses amerikanische Kupfergeschirr, das ihnen abnorm und ehrfurchtgebietend wie ein Wolkenkratzer erscheint und sie der Zivilisation um ein Stück näher bringen hilft.

Immer neue Scharen strömen in die Hallen. Wer denkt noch an die Käfige oben, an die heulenden, wimmernden, hoffnungslos vor sich brütenden Gefangenen in den „Detention-Quarters?" An die Schlachtbänke der Zentralhalle, an die Inquisitionszimmer, die Folterkammern der kleinen Kinder, der Prostituierten, der betrogenen Bräute, der kranken Väter, der zerstörten Familien, der schwangeren Mütter, denen Amerika sich verschließen will?

Ein Glockensignal reißt alle Tore auf. Draußen stehen die Fähren bereit, sie werden uns alle hinüberbringen nach dem verheißenen Land, Manhattan, der downtown der Wolkenkratzer, westlich von Ellis-Eiland … westlich von der wunderbaren Statue der großen Göttin … sieh, wie sie die Fackel über ihr besterntes Haupt hebt, diese Fackel, die den Völkern der Welt leuchten soll, wenn Nacht über das Meer hereingebrochen ist.

---

2   Anm. des Verlags: Hier ist vermutlich das Evangelium nach Lukas und nach Matthäus gemeint.

Der Schwarze

Mein einziger kurzer Ausflug in die Südstaaten der Union führte mich von Washington, District of Columbia, zwei Stunden weit nach Mount Vernon in Virginien hinüber, zum Landhaus und der Sterbestätte George Washingtons, des Befreiers.

Zwischen Washington und Virginien liegt der Potomac-Strom. Als wir über ihn fuhren, kam der Schaffner, ich saß bei der Tür, an meinen Platz heran und machte sich an der Wand über meinem Kopf etwas zu schaffen.

Ein kleiner Glaskasten war an dieser Wand befestigt; der Schaffner drehte eine Kurbel, da sprang im Kasten die Tafel:

„White"

hervor. Dann ging der Schaffner ans andere Ende des Wagens, zu einem Glaskasten, der dort an der Wand hing, drehte eine Kurbel, worauf die Tafel:

„Colored"

zum Vorschein kam.

Hier fuhren wir also einem Südstaat entgegen, in dem der Schwarze nicht gewürdigt ist, mit dem Weißen auf derselben Bank zu sitzen. Hier näherten wir uns dem Bezirk der Colorline, der Scheidelinie zwischen Schwarz und Weiß, zwischen dem Menschen und dem Untermenschen, in demselben Lande, in dem so viel Blut geflossen ist, weil ein A m e r i k a n e r diese Unterscheidung nicht mehr ertragen konnte in seinem großen Herzen. –

Man braucht nach keinem Südstaat zu reisen, um diese Scheidelinie im öffentlichen Leben und in der Seelenverfassung des Americanos wahrzunehmen. Sie ist überall da und springt in die Augen. Im Norden und Süden, Osten und Westen, beim niederen Volk und den höheren Schichten, bei Konservativen und – jawohl: ich werde sogleich erklären, warum, bei den Sozialisten. Man braucht sein Ohr auch nicht allzu dicht auf das Herz des öffentlichen Lebens von Amerika zu pressen, um zu hören, wie es für den Schwarzen schlägt. Die wirkliche Gesinnung des großen demokratischen Amerikas gegen sein Stiefkind, sein aufgedrängtes Adoptivkind, sein Kuckuckskind, das mit anderer Farbe und trägerem Blut in die Familie getreten ist, schrillt jedem in die Ohren, der auch nur oberflächlich zu horchen gewohnt ist.

Im „Sunday-Club" in Chicago wohnte ich einem Meeting bei; vor einem religiös und tolerant gesinnten Auditorium sprachen angesehene weiße und schwarze Männer für den „farbigen Mitbürger" und gegen die entwürdigende Colorline. Etwa dreitausend Menschen saßen im Saal und auf den Galerien, eigentlich war der Saal voll. Sah man aber genauer hin – da bemerkte man hier und dort unbesetzte Stühle, und zwar ausnahmslos solche neben Schwarzen. –

Der Besitzer eines der größten Warenhäuser Chicagos ist ein Mann, der Hunderttausende für die Emanzipation und die Erziehung der Schwarzen in den Staaten ausgegeben hat. Seinen deutschklingenden Namen hört man nennen, wenn vom amerikanischen Schwarzen gesprochen wird. Sein Sohn zeigt mir die Einrichtungen des großartigen Hauses.

Ich frage ihn: wieso es denn komme, dass ich unter den neuntausend Angestellten keinen Schwarzen sehe (nur unten bei den Lifts stehen welche)? Der junge Mann erwidert: Schwarze anzustellen wäre ja so schwierig und unbequem; kein weißer Angestellter wollte mit einem Schwarzen im selben Zimmer arbeiten. –

Die Single-taxers halten in Chicago ihren Kongress ab. Der Besitzer des größten Hotels verweigert ihnen seinen Bankettsaal, weil die weißen Kellner sich weigern, die schwarzen Mitglieder des Kongresses zu bedienen usw. –

Die Colorline zieht sich wie ein hässlicher Riss, ein Sprung, ein abbröckelnder Spalt quer durch die Marmorsäule des amerikanischen Ideals.

Als die Sezessionskriege aus den Sklaven Bürger machten und auf einmal der Fremdkörper im Fleisch des weißen Amerikas saß, da gab es ernsthafte Männer, die ihre Stimmen erhoben und sprachen: „Ladet die Schwarzen auf Schiffe und zurück mit ihnen nach den Inseln, woher sie kamen, zurück nach Afrika."

Zu spät. – Da sie hier sitzen geblieben sind, hätte das Land sich selbst so weit erziehen und beherrschen müssen, um die Konsequenzen seiner menschenfreundlichen Handlung, die Gesichtspunkte seines größten Bürgers durchzuführen. Dann wären die Schwarzen heut nicht das, was sie sind, nämlich nicht ein Fremdkörper allein im Fleisch Amerikas, sondern schon mehr ein geladenes Pulverfass mit einer schwälenden Lunte im Keller des Stiefelternhauses.

Wenn man hört, dass zur Zeit der Sklavenwirtschaft der Schwarze in den südlichen Herrenfamilien als Diener, Koch, Amme, Vertrauter und Hausgenosse wirkte, so kann man an eine Abneigung aus physischen Gründen ‚zwischen den Rassen nicht glauben. Eher hat der Hass der Weißen, neben dem schon erwähnten Motiv der angeborenen Trägheit des Schwarzen, wirtschaftliche Ursachen. Tausende von alten, reichen Familien gelangten an den Bettelstab, als aus dem Sklaven ein freier Mensch wurde.

Nun da sie nicht die Befehle der Weißen ausführen, sondern ihrem eigenen Kopf gehorchen, merkt der Weiße, dass die schwarzen Kinder, geschwätzig und inkohärent, Organisierens unfähig und ohne Ausdauer sind.

Die Lehrerinnen in den Schulen erklären einem, dass die untüchtigsten, zerstreutesten ihrer Schüler, die härtesten Schädel, in die die Weisheit am schwersten hineingeht, schwarze Kinder sind und gehören.

Und wenn man versucht, Positives und Beachtenswertes anzuführen, vorzuweisen, was Schwarzen seinen Ursprung verdankt, so kriegt man als Antwort die Photographie des Schwarzen vor die Nase gehalten, der dies Positive und Beachtenswerte geschaffen hat, und siehe da: dieser Schwarze ist kein Schwarzer mehr, sondern ein grauer Mischling, das heißt Bastard von schwarzer Mutter und weißem Vater.

Zu dem Hass der Weißen gegen den Schwarzen kommt also noch die Verachtung des Rasereinen gegen den Mulatten, der auf einem Seitenweg der Gesellschaft geboren ist und nicht auf der breiten Ehrenallee zwischen Standesamt und Ehebett.

12 Millionen Schwarze gibt's heute alles in allem in den Staaten. Diese Zahl nimmt rapide zu. Unterschiede zwischen Mulatten, nach dem Grad der Mischung, macht man in der Schätzung beziehungsweise Missachtung kaum. Ein Tropfen schwarzen Blutes, so heißt es, genügt, um über seinen Besitzer all die Schande und den Fluch zu bringen, der das Teil des heutigen amerikanischen Schwarzen ist. Heiratet ein Weißer eine Weiße, das heißt ein ganz weiß aussehender Mann, eine ganz weiß aussehende Frau, und ein Fingernagel verrät einen von beiden, so kann die Familie zusammenpacken und wandern, sie ist so gut wie geächtet.

Der Schwarze lebt in den großen Städten, in den kleineren sowie auf dem Lande in richtigen Ghettos, unter seinesgleichen. Es ist ihm recht schwer gemacht, diesem Ghetto zu entschlüpfen, sich in einer „weißen" Gegend anzusiedeln. Als ich nach Amerika fuhr, wusste ich, dass der Schwarze wegen des unspeakable crime, der Notzucht, begangen an weißen Frauen, gelyncht zu werden pflegt.

In Amerika erst musste ich es erfahren, dass es in den Vereinigten Staaten genügt, dass ein Schwarzer sich in einer „weißen" Gegend niederlasse, um alle Wildheit und Bestialität in dem Weißen zu entflammen. Ein ehrbarer und fleißiger Schwarzer baut sich oder kauft ein Haus für sich und seine Familie in der Nachbarschaft einer „weißen" Straße. Man lässt ihn gewähren. Sein Haus ist sauber, seine Familie ruhig, sein Gärtlein hübsch und gepflegt. Einen Monat, nachdem die Familie eingezogen ist, ruft eine höhnische Stimme durchs Telephon den Vater in seinem Office an. Sein Haus brennt, sein Gärtlein ist vernichtet, sein jüngstes Kind ist von dem Gesindel in die Flammen geworfen worden, als es zu fliehen versucht hat. –

Der Führer der jungen Schwarzen, W. Burckhard Du Bois, von dem ich noch sprechen werde, zeigte mir Photographien einer solchen, von wohlhabenden Schwarzen bewohnten Straße in Kansas City, einer hübschen, sauberen Straße von

Heimen, die im Zeitraum vom 8. April 1910 bis zum 11. November 1911 sechsmal von Dynamitexplosionen heimgesucht und beschädigt worden ist. Eine Gegend, in der sich Schwarze häuslich niederlassen, ist entwertet. Die weißen Anwohner fühlen sich deklassiert. (So ergeht es ja, wie im vorigen Abschnitt erwähnt wurde, zuweilen „christlichen" Vierteln, in denen sich die ersten jüdischen Anwohner sehen lassen – diese lyncht man zwar nicht, aber sie werden wegschikaniert, ihre Post verstreut, ihre Milch in der Frühe über die Stufen gegossen usw.)

Ich will für einen Augenblick diese Parentheseklammern vom letzten Satz herunternehmen und von etwas sprechen, das mir junge Schwarze wiederholt in Unterhaltungen, die ich mit ihnen hatte, beteuerten: nämlich von der Sympathie der Schwarzen für die Juden. „We are in the same boat!", sagte mir mein Freund, der junge Schwarze aus der 53. Straße. „Unsere Schicksale haben ja viel Ähnlichkeit miteinander. Und dann kommen wir ja beide aus Afrika, die Juden und wir Schwarze!"

Nun, natürlich ist dieser Philosemitismus cum grano salis zu nehmen. In New York hielt man im Dezember 1911 in Carnegiehall eine Monsterversammlung zugunsten der jüdischen Bürger Amerikas ab, deren Pässe anzuerkennen Russland sich weigerte. Amerika stand in hellem Aufruhr. Die vorzüglichsten Redner des Landes waren herbeigeeilt, um in dieser Versammlung gegen das Vorgehen Russlands zu protestieren (und sich bei den Juden einzuschmeicheln). Als ich dann eine Woche später als der einzige Weiße in einer Schwarzenkirche einer Anti-Lynch-Versammlung beiwohnte, was bekam ich da zu hören? – „Diese Handvoll Juden, welch ein Geschrei macht man um die herum, weil man irgendwo, in einem fremden Weltteil, der uns nicht angeht, ihre Rechte verletzt – uns dagegen, uns getaufte Christen usw. ..."

Immer wieder hörte ich es von jungen Schwarzen sagen: „Nennen Sie uns nicht ‚Amerikaner!' Wir sind keine, solang uns Amerika behandelt, wie es das jetzt tut. Wir wollen nicht ‚Amerikaner' heißen, wir sind Afrikaner. Wir gehören einer dunklen Rasse an." Als von einem Krieg Amerikas mit Japan die Rede war, vor Jahren, da waren die Sympathien der jungen Schwarzen, mehr oder weniger verhüllt, auf Seiten der Japaner – weil die Japaner ebenfalls einer dunklen Rasse angehören!

Tatsächlich finden sich unter den Wohltätern und Förderern der Schwarzen-Emanzipation auffallend viele Juden. Tatsächlich haben Juden und Schwarze in manchen Punkten der Einschätzung gleicherweise zu leiden, im öffentlichen Leben, in der Verwaltung, im Heer. (Die Schwarzen stärker als die Juden, selbstredend, aber das Prinzip bleibt dasselbe.)

Die hauptsächlichste Institution, die sich die wirtschaftliche und wissenschaftliche Erziehung und Heranbildung der Schwarzen zur Aufgabe gemacht hat, ist das

Tuskegee-Institut in Alabama, an dessen Spitze der weltbekannte Mischling Booker Washington steht. Dieser Mann besitzt außerordentliche organisatorische und schriftstellerische Fähigkeiten, im Grunde ist er aber ein retardierender Faktor in der Entwicklung der Schwarzenfrage Amerikas. Tuskegee arbeitet mit dem Gelde Weißer, weißer Kapitalisten, die große Interessen und Kapitalien in Eisenbahnen und Fabriken, Land und Agrikulturunternehmungen in den Südstaaten investiert haben, und die die Schwarzen hauptsächlich aus dem Grunde fördern – d a m i t i m S ü d e n R u h e h e r r s c h e! Booker Washington ist, um es mit einem gelinden Ausdruck zu benennen, ein Botschafter der Weißen bei seinem eigenen farbigen Volk, eine Art Beschwichtiger, Ausgleicher, Konzessionenmacher – die Entwicklung der Dinge wird ihn samt seinen zweideutigen Tendenzen fortfegen, daraus macht man sich heute in den Staaten kein Hehl mehr.

Unter Roosevelts Präsidentschaft ging's ja noch. Seit Taft am Ruder ist, wurde aber der Schwarze aus den öffentlichen Ämtern sachte und konsequent wieder hinausgedrängt; in Washington sitzen noch, auffällig hingesetzt, ein paar farbige Richter und Distrikt-Attorneys; in den Staaten finden sich, spärlich und verstreut, ein paar farbige Funktionäre in öffentlichen Ämtern; im Ganzen aber kümmert sich Kongress und Senat wenig um die Klagen der Schwarzen und um das Lynchen, das emsig und ungestört weiter betrieben wird, und zwar crescendo.

Amerika darf sich nicht wundern darüber, dass es sich an dem Schwarzen einen gefährlichen inneren Feind großzieht. Dass das Prinzip der Demokratie, hier einmal wieder an dem lebenden Exempel verhöhnt, einen grimmigen Verächter bekommt in der Gestalt des durch dasselbe Prinzip freigewordenen Farbigen. Da die verachteten Schwarzen aus dem freien Wettbewerb ausgeschlossen und nur zu den niedrigsten, schlechtestbezahlten Berufen zugelassen sind (vom weißen Arbeitgeber, nicht vom schwarzen, versteht sich!), sind sie erbitterte Gegner der Einwanderung, weil ja jedes Schiff die „unskilled", das heißt die ungelernten Einwanderer, das heißt Konkurrenten, mit sich ins Land hereinbringt.

Zudem sieht der Schwarze, wie die meist gelesenen Zeitungen, zum Beispiel die Hearst-Presse, seine brennendsten Angelegenheiten einfach ignoriert, weil ein Blatt, das sich des Schwarzen annimmt, sicher ist, seine Popularität einzubüßen. Der Schwarze lernt also die öffentliche Meinung gründlich verachten. (Es gibt ja Blätter, die für den Schwarzen eintreten, zum Beispiel die vornehme New Yorker „Evening Post", der „Boston Guardian", „Philadelphia Ledger", Pulitzers „World", die meisten aber schweigen sich über diese doch so wichtige Frage aus oder begnügen sich, auf der Jagd nach dem Pittoresken, Lynchgerichte ohne jeglichen Kommentar zu beschreiben. …)

Der Schwarze lernt die weiße Kirche verachten, in der von den gleichgeborenen Söhnen Gottes gefaselt wird, und gibt in seiner eigenen schwarzen Kirche hörbar seiner Zustimmung Ausdruck, wenn von der Kanzel herab das Wort fällt: Die Hölle, mit der das Gericht droht, erlebe der Schwarze ja schon diesseits.

Beim Antilynch-Meeting, das ich vorhin erwähnte, hörte ich von der Kanzel einer solchen schwarzen Kirche herab den farbigen Priester rufen: „Das Lynchen wird erst ein Ende haben, wenn wir Schwarzen für jeden der Unsrigen einen Weißen ohne Verhör lynchen!"

Das muss gesagt sein: der w e i ß e Amerikaner, der vor einem Richter erscheint, gilt so lange als unschuldig, bis seine Schuld erwiesen ist. Ein S c h w a r z e r aber gilt so lang als schuldig, bis sich seine Unschuld sonnenklar herausgestellt hat. Ohne viel Federlesens wird ein Farbiger in den Süd- und Mittelstaaten an den nächsten Ast geknüpft, niedergeknallt oder verbrannt, auf bloßen Verdacht hin, oder aber nur, weil das Volk wieder einmal Blut sehen oder verbranntes Menschenfleisch riechen möchte. – Man sollte es bei Gott mit der Einführung von Stiergefechten versuchen, in Georgia oder Oklahoma oder Tennessee!

Idyll aus Oklahoma

Leider herrscht zur Zeit kein rechtes Zusammenhalten unter den Schwarzen. Ich sage meinem jungen Schwarzenfreund: „Warum schließt ihr euch denn nicht den Sozialisten in den Staaten an; das wären ja noch die einzigen, die euch wie Menschen behandelten!" Darauf krieg ich diese Antwort: „Die Sozialisten wollen von uns nichts wissen, und zwar mit Recht. In der alten Zeit der Sklaverei stand für jeden Schwarzenmissetäter in der Plantage ein Schwarzendenunziant auf, der die Sache dem Massah petzte. Von diesem Sklavengeist steckt noch vieles dem heutigen Schwarzen im Blute. Für solche Parteigenossen bedanken sich die Sozialisten natürlich!"

Sie lesen und unterstützen ungern Blätter und Buchhandlungen ihrer Rasse. Ihr Familiengefühl ist wohl stark entwickelt, aus ähnlichen Gründen wie das der Juden. Bitter und sehnsüchtig schauen sie dabei hinüber nach Weißland. Dorthin aber führen bloß krumme sexuelle Schleichwege und Seitenpfade.

Je mehr weißes Blut in die Mischlinge hineingerät (illegitimes versteht sich), umso stärker wird diese Bitterkeit, dieses Verlangen hinüber.

Der Sklaventrieb weicht zurück, der Herrentrieb erwacht. Die Demokratie versagt sich beiden. Bei den jungen Schwarzen entwickelt sich daher ein starker revolutionärer Trieb mehr und mehr. Die Bastarde wollen legitim werden. Die Söhne weißer Väter wollen nun weiße Frauen haben. Tuskegee genügt ihnen nicht, sie pfeifen sozusagen auf Tuskegee, das das Ghetto nur noch sicherer ausbaut, zusammenhält, das Ghetto behaglicher zum Bewohnen macht, die materiellen Bedingungen der Ghettobewohner befördert, die Tore der Ghettos aber fest zusperrt, von innen.

Diese jungen Schwarzen kleiden, benehmen sich, wohnen viel sauberer als z.B. Italiener oder russische Juden desselben Gesellschaftsdurchschnitts. Tüchtige und ernste Männer finden sich unter den Hellerhäutigen, in all den Berufen, die die Weißen ausüben. Für die 12 Millionen Farbiger sorgen Farbige in allen diesen Berufen. Sie hielten die Konkurrenz ganz gut aus mit den Weißen. In weißen Getrieben sind ihnen aber, wie erwähnt, die niedersten Betätigungen zugewiesen. Was nicht ausschließt, dass der Farbige beim Lift es an Intelligenz oft mit dem Weißen im Sekretärszimmer aufnehmen könnte. Niedergehalten, immer wieder zurückgedrängt, in die „Negrobelt", jenseits der Colorline, zermürbt sich, erhitzt sich die Intelligenz durch die stetige Reibung; hoffentlich explodiert sie bald, und ein reinigendes Gewitter saust herunter auf dieses demokratische Amerika.

Von Tuskegee her wird's nicht kommen, nicht von dem tüchtigen und geriebenen Mischling her, der dort sitzt und den Seinen Geduld und die Weisheit predigt: Lernt eure Gewerbe, damit es euch wohl ergehe auf Erden. Sammelt Güter und verzichtet darauf, was der Weiße euch nicht freiwillig gibt.

Der tüchtige und geriebene Mischling, er, den man als den repräsentativen Mann seiner aufwärtsstrebenden Rasse hinzustellen pflegt, hat letztes Jahr ein unangenehmes Abenteuer gehabt. Er wurde von einem Weißen beim Gucken durch ein Schlüsselloch erwischt, und da sich hinter jenem Schlüsselloch die Frau des Weißen entkleidete, gab's Haue, Haue. Der repräsentative Mischling aber hat sich prügeln lassen, wie ein Sklave. Er hat die Prinzipien seiner Erziehungstaktik nicht verleugnet in diesem höchst fatalen Abenteuer.

Ich sage zu meinem Schwarzenfreund aus der 53. Straße: „Glauben Sie nicht, dass dieser Skandal die Sache der Schwarzen in den Staaten um etliche Jahrzehnte zurückwerfen wird?"

Mein Freund antwortet: „I d o n t b e l i e v e   in   l e a d e r s h i p !" Das heißt: „Ich glaube nicht an Führerschaft." Nicht an Recht, noch Beruf eines Mannes, sich mit einem Volke zu identifizieren. –

Mein Freund ist 25 Jahr alt. Also schon als Freier geboren. Seine Mutter war noch Sklavin in Louisiana. Den Satz, den er mir sagte und den ich hier niederschrieb, werde ich mir aufbewahren wie eine Hoffnungsbotschaft. Wie ein Wort, das in einem den Glauben nährt, erhält, stärkt an die Zukunft und die Menschheit.

Wahrhaftig, wenn Eine Generation genügt hat, um aus einem Sklavensohn einen Mann zu machen, der einem eine solche Antwort gibt, dann ist Hoffnung bei den jungen Schwarzen.

Und auch bei dem Land, das solche Erziehung (an der Tuskegee keinen Anteil hat) bewirkte und durchgeführt hat, ist noch Hoffnung. Trotz allen Irrtümern, grausamen Widersprüchen, ja bewussten Lügen. Ob es will oder nicht, immer wieder wird die große Republik siegen, denn, wie es im Lied heißt:

„John Browns Körper liegt verwesend in dem Grab,

Sein Geist marschiert voran!"

Diese Postkarte wurde in Tausenden von Exemplaren hergestellt und versandt.

Wenn der Amerikaner sentimental wird, fängt er an, schöne alte Schwarzenlie-
der zu singen, die Plantagenlieder, „Jubilee-Songs". Das musikalische Genie des
Schwarzenvolkes hat viel zu dem spezifischen Rhythmus des modernen Amerikas
beigetragen. Ein schwerer Schatz von Melodien und Rhythmen eigenster Art liegt
in diesen alten naiven Chorälen und Rundgesängen aufbewahrt. Mit ihren rauen
afrikanischen Kehlen haben die „darkies" wirkliche Tonwerte für die englischen
Worte gefunden, die ihnen ganz neu waren, und die sie lernen mussten, um die
Befehle des Aufsehers zu verstehen und ausführen zu können.

In den Nächten saßen sie vor ihren Hütten, im Baumwollfeld; einer begann zu
singen, ein anderer folgte mit seiner Stimme, so wurden Chöre improvisiert, bis
in die späte Nacht, ins Frührot hinein. Naive wundersame Rundgesänge, gutmütig und geschwätzig zugleich, wie diese gequälten Halbtiere es waren, die aus ihrer
Heidenfreiheit plötzlich ins Christentum hineingeworfen worden sind. In diesen
Gesängen drückt sich auf sonderbare Weise angeborene Schlaffheit und resignierter
Jenseitsglaube in einem ungeduldigen, aufgescheuchten, stockend stolpernd über-
stürzten Rhythmus aus.

> „Ich bin froh, so froh, ich bin froh, so froh,
> Froh, ich hab den Glauben, o so froh!
> Froh, ich hab den Glauben, so froh!
>
> Ich bin froh, so froh, ich bin froh, so froh,
> Über und über froh, so froh!
> Über und über froh, so froh!"

und so weiter, nächtelang. Oder:

> „Morgens früh, wenn ich erwach,
> Morgens früh, wenn ich erwach,
> Morgens früh, wenn ich erwach,
> Gib mir Jesus!"
>
> „Gib mir Jesus, gib mir Jesus,
> Ich schenke dir die ganze Welt, gib mir Jesus!
> Wenn ich mitternachts erwach, usw., usw."

Man läuft durch die Straßen der Stadt, plötzlich, was hört man da: vier kleine zerlumpte schwarze Knäblein, „coons", stehen beisammen und singen Quartett mit

einer Reinheit und Vollendung, derengleichen man sich in der Metropolitan Opera für zehn Dollar nicht erkaufen kann.

Die Beimengung von weißem Blut scheint diesem ursprünglichen Talent nicht zu bekommen. Der meistgenannte Lyriker der Schwarzen, P. Laurence Dunbar, hat Gedichte geschrieben, die nur dort, wo Bitterkeit und Verzweiflung wild hervorbrechen, eigene Kraft und eine ursprüngliche Bewegtheit aufweisen.

Der bedeutendste Dichter der schwarzen Rasse ist der von mir schon erwähnte W. E. Burckhardt Du Bois, Herausgeber der Zeitschrift „The Crisis" in New York, ein Mann in den 30er Jahren; er hat in Frankreich und in Berlin (bei Schmoller) Nationalökonomie studiert, leitet die revolutionär sich anlassende Bewegung unter seinen Stammes- und Schicksalsgenossen, den Jungschwarzen, die mit ihren schwarzen Fingern auf das bedruckte Papier der Verfassung pochen und verlangen, dass Ernst damit gemacht werde. Neben seinen gerühmten Büchern: „Die Seele des Schwarzen Volks", und dem Roman: „Der Zug nach dem Silbernen Vließ" (der Baumwolle), hat er Oden geschrieben, Dichtungen von hohem Schwung, von denen ich eine im Auszug, mit der Erlaubnis des Verfassers hier übersetze.

Es ist die: „L i t a n e i v o n A t l a n t a", 1906 geschrieben, gelegentlich eines Aufstandes, bei dem viele Schwarze getötet wurden.

„O schweigender Gott, dessen Ruf ferne in Nebel und Unergründlichkeit weilt in diesen schrecklichen Tagen und unsere hungrigen Ohren nicht erreichen kann,
Höre uns, guter Herr!

Horch zu uns nieder, deinen Kindern: unsere Gesichter dunkel vor Zweifel, sind zum Hohn geworden in deinem Heiligtum. Mit emporgereckten Händen stehen wir vor deinem Himmel:
Wir flehn zu dir, hör uns, guter Herr!

Wir sind nicht besser als unsere Brüder, Herr, wir sind nur schwache und menschliche Menschen. Wenn die Teufel unter den Unserigen ihre Teufelein tun, verfluche dann den Tuer und seine Tat: verfluche du sie, wie wir sie verfluchen, tu ihnen an, was und mehr als sie je getan haben der Unschuld und der Schwachheit, den Frauen und den Heimen!
Hab Mitleid mit uns elenden Sündern!

Und doch, wer trägt die Schuld? Wer hat sie erschaffen, diese Teufel? Wer zog sie groß im Verbrechen und mästete sie mit Unrecht? Wer hat ihre Mütter verführt, entehrt und weggeworfen? Wer kaufte und verschacherte ihre Verbrechen und wurde reich und fett vom Erlös ihrer Zwietracht?

Du weißt es, guter Gott!

Wozu beten wir? Ist er nicht tot, der Gott der Väter? Haben nicht die Seher in Himmelshallen seine leblose Form und Leiche steif im rollenden schwarzen Rauch der Sünde liegen sehn, zwischen den endlosen Reihen von nickenden Gespenstern des bitteren Tods?

Wach auf, du Schläfer!
Von Lust des Fleisches und Blutlust
Befrei uns, großer Gott!

Von Lust an der Macht und Lust am Golde
Befrei uns, großer Gott!

Von vereinter Lüge des Despoten und der Bestie
Befrei uns, großer Gott!

Eine Stadt wand sich in Wehen, Gott unser Herr, und aus ihrer Flanke sprang das Zwillingspaar Mord und Schwarzer Haß. Rot war's zur Mitternacht. Klang, Krachen und Schrei von Tod und Wut erfüllte die Luft und zitterte unter den Sternen, zu denen die Türme deiner Kirchen stumm hinaufzeigen. Und all dies, um die Gier der Gierigen zu stillen, die sich hinter dem Schleier der Rache verborgen halten.

Neig dein Ohr zu uns, oh Herr!

Verstört sind wir und verzerrt von der Leidenschaft, irr vom Irrsinn eines gehetzten und verhöhnten und gemordeten Volkes; angepresst an die Armstützen deines Throns, heben wir unsre gefesselten Hände und klagen dich an, Gott, bei den Gebeinen unserer geraubten Väter, bei den Tränen unserer toten Mütter, beim Blut deines gekreuzigten Christ: W a s s o l l d i e s b e d e u t e n ? Verrate uns die Absicht! Gib uns das Zeichen!

Schweig du doch nicht, oh Gott!

Oh verzeih den Gedanken. Vergib das wilde lästernde Wort. Du bist ja immer noch der Gott unserer schwarzen Väter, in deiner Seele, Seele sind die weichen Schatten des Abends, die samtenen Töne der tiefen Nacht eingeschlossen. Wohin? Nord ist Gier und Süd ist Blut. Innen der Feigling, außen der Lügner. Wohin? In den Tod?

Amen. Willkommen dunkler Schlaf.

Wir neigen unsere Köpfe und horchen nieder zum leisen Weinen der Frauen und der kleinen Kinder unter uns.
Wir flehen dich an, hör' uns, guter Gott!

Unsere Stimmen sinken in Schweigen und in die Nacht.
Hör' uns, guter Gott!

In die Nacht, o Gott eines gottlosen Landes.
Amen!
In Schweigen, o schweigender Gott.
Selah!"

Die amerikanische Unruhe

Dem Andenken A l e x a n d e r
J o n a s , Redakteurs der New
Yorker „Volkszeitung", eines edlen
und aufopfernden Kämpfers für
das Recht, geb. 14. März 1834
in Berlin, gest. 29. Januar 1912
in New York, sind diese Zeilen
geweiht.

Im wunderbaren weißen Marmorkapitol zu Washington, D. C., sitzt unter der Kuppel des Kongresssaales ein jovialer ältlicher Herr mit gutmütigem Bäuchlein und zuversichtigen grauen Augen hinter den gelehrten Brillengläsern. Es ist Victor Berger, der einzige sozialistische Abgeordnete, den die Vereinigten Staaten in ihren Kongress geschickt haben. Er stammt aus Ungarn, ist seines Zeichens Lehrer, und Milwaukee, die deutsche Sozialistenstadt in Wisconsin, hat ihn dorthin geschickt, wo er jetzt sitzt.

Von Zeit zu Zeit steht der joviale Herr auf von seinem Platze und hält eine Rede zum Thema der Tagesordnung. Er verkündet, wie sich die Sozialisten Frankreichs oder Deutschlands zu dieser oder jener Vorlage stellen würden; was Marx, lebte er, oder Kautsky oder Bernstein, Jaurès, Guesde oder Keir Hardie zu diesem und jenem Gesetzentwurf sagen würden. Die Demokraten und Republikaner hören den Vortrag aufmerksam an, Victor Berger ist ein konzilianter, allgemein beliebter Kollege, sie lernen jedes Mal was, wenn er aufsteht, die Demokraten und die Republikaner, denn Berger ist ein gebildeter Mann, der daheim in Wisconsin Ersprießliches geleistet hat. Setzt er sich wieder auf seinen Stuhl zurück, so geht alles ruhig weiter, als habe eine Grille gezirpt in einer Volière.

Übrigens ist es doch so gut wie egal, ob ein Sozialist im Parlament sitzt oder zwölf Dutzend. Die Paktiermaschine und Kompromissmühle, die das Parlament vorstellt, die Parteien, die scheinbar durch Reibung gegeneinander arbeiten, in Wahrheit aber das Korn des P a r l a m e n t s mahlen, die absurde Vertretung der Interessen Aller durch Einzelne, wurde von denen, die das Korn der Zukunft mahlen, längst durchschaut und abgetan. Die Große Menschliche Dummheit lässt sich das Possenspiel gefallen, jeden Herbst bis zu jedem Sommer, macht sich aus ihren Dienern ihre Befehlshaber und Gesetzediktierer und vergisst die Komödie, durch die sie nasführt worden ist, immer wieder, wenn sie durch große Tiraden und Maueranschläge aufgerufen wird, für Die, die sie so und so viele Jahre lang angeführt haben, neue zu wählen, die sie so und so viele Jahre lang weiter anführen werden. Manch einer hat aus seinem Lexikon das Wort Evolution herausgerissen und sich dafür zum Wort Fortschritt ein Blatt mit eigenen Paragraphen und Gesetzen, die für ihn allein gelten, vollgeschrieben hineingeklebt.

Hier in Amerika liegt der Unterschied zwischen Evolution und Revolution, das fühlt man deutlicher, als wo anders immer, im Tempo des Lebens. Das hat der offizielle Sozialist unter der Kongresskuppel vergessen. Das wollen die vielen ehrenwerten Männer nicht einsehen, die aus der Neuen Welt voll Bewunderung nach dem Frankreich Jaurès' und Millerands und dem Deutschland, das auf dem Wege von seinem Bebel zu einem Millerand ist, hinüberlugen. Das sieht der sehr genau, der ein Auge auf die Schnelligkeit hat, mit der sich das kapitalistische System der heutigen Weltordnung in Amerika entwickelt, sich zu seinen letzten Konsequenzen, zu Trusts ballt, zu zehn, zu sechs, zu drei Namen konzentriert, bis in absehbarer Zeit der große Gott Mammon mit Einem irländisch oder schottisch klingenden Namen belegt, in unumschränkter Majestät allein von Wall Street aus die Welt beherrschen wird.

Gelegentlich dürfte es den akademischen Sozialisten, den Berger, Hillquit, Gompers angst und bange werden, wenn sie die Resultate betrachten, die in letzter Zeit die I. W. W., d.h. die „Industrial Workers of the World" erzielt haben und erzielen. An der Spitze dieser Bewegung steht die machtvolle und bittere Persönlichkeit William Haywoods, eines gewesenen Minenarbeiters, dessen Geschichte in der Chronik der Lohnkämpfe Amerikas Epoche macht. Die Bewegung der I. W. W. hat in ihren Grundprinzipien sowie taktischen Methoden sehr viel Ähnlichkeit mit denen der radikalen Syndikalisten des heutigen Frankreichs. Sie hat bei den großen Streiken der letzten Jahre, der Arbeiterschaft positivere Dienste geleistet, als die opportunistisch zwischen den Arbeitgebern und Arbeitnehmern hin und her paktierenden Leiter der amerikanischen Arbeiterföderation.

Expropriierung der Trusts durch den Staat, Schaffung einer industrialen Demokratie, das sind fromme Wünsche, die die Geldkönige des Landes ohne Aufregung milde belächeln. Etwas ernster schauen sie schon drein, wenn sich aus den harmlosen Reihen der Gewerkschaften plötzlich Männer der direkten Aktion herauslösen, wie die Brüder Mac Namara, deren Verteidigung und Rechtfertigung Haywood in einer historischen Rede in der Cooper-Union, New York, vor dem aufhorchenden Amerika unternommen hat.

Das wunderbare demokratische Grundbewusstsein Amerikas ist dafür verantwortlich zu machen, dass in den Vereinigten Staaten der Sozialist und der Anarchist sich nicht als derart grimmige Feinde gegenüberstehen, wie in Europa, sondern dass die Grenzen stellenweise ganz verwischt sind, auf alle Fälle die Revolte wichtiger erscheint als der Weg, den sie den Empörten vorwärtstreibt. Wenn der amerikanische Sozialist als ein Utopist beginnt, wie übrigens jeder, dem die Idee keine Ambitions-, sondern Gewissenssache ist, so hat er in seinem Lande weniger Anlass, sich zu einem politischen Opportunisten zurückzuentwickeln, als in Ländern mit traditionellen Widerständen. Die Politik und die Politiker sind in Amerika vollständig in Verruf geraten; der altpuritanische Gelehrte und der Gentlemanfarmer aus Virginien sieht die Anarchistin Emma Goldmann lieber bei sich, bringt ihrer Persönlichkeit ein lautereres Interesse entgegen als den interessierten und anrüchigen Lobbyläufern zwischen Kongress und Senat im Washingtoner Kapitol.

(Eine verblüffende Antwort habe ich mir in der lieblichen Stadt Chicago notiert. Sie wurde einem Richter von einem angeklagten Bordellwirt gegeben, den seine Beschützer, trotzdem er ihnen jahrelangen Tribut bezahlt hatte, schnöde im Stich ließen. Der Richter fragte den Mann, nachdem dieser seine Geschäftsprinzipien unverblümt dargestellt hatte, von ungefähr: „Glauben Sie, dass es auf der ganzen Erde noch verworfenere Geschöpfe gibt, als Sie eines sind?"

Antwort: „Jawohl. Polizisten und Politiker." Dieser Ausspruch eines Wissenden wurde in sämtlichen Zeitungen Amerikas, ohne Kommentar, abgedruckt.)

In diesem Lande der freien wirtschaftlichen Konkurrenz unterscheidet man lebhafter als drüben in Europa zwischen Gewerbe und Gesinnung. Das große Prinzip der Demokratie ist ja auch nur als eine Vorstufe gedacht, der Weg bis zur freien Gesellschaft der Zukunft stellt sich im amerikanischen Tempo kürzer dar, als im Trott Europas, das im Abschütteln, Aufladen und Wiederabschütteln so saumselig sich ansieht, von Amerika aus gesehen. Der Mensch, dessen Ziel im Übermorgen ist, erduldet hier nicht den Hohn, der ihm dort zuteil wird, von Leuten, denen ihre Nasenspitze schon zu weit von

Typus des „Insurgenten"

Bildnisse von dreizehn fortschrittlichen
Senatoren übereinander photographiert

ihren Augäpfeln liegt. Ich bin sicher, dass dem Kongressmann der Typus Haywood größeren Respekt einflößt, als der im Rahmen der bestehenden Parlamentsmaschine mitarbeitende Typus Berger. Der relativ sympathische Typus des Washingtonmannes ist der Insurgent, der Bastler an dieser Maschine, der noch an sie glaubt, aber mit den Resultaten ihrer Rotation äußerst unzufrieden ist und sie reformieren möchte. Die Heimat des Insurgenten sind die Mittelstaaten, zumal die stark von deutschen Elementen durchsetzten Wisconsin, Dakota, Minnesota und Iowa, in denen ja auch Berger und der populäre Senator Robert La Follette zu Hause sind. Hier sind Ansätze zu merken zu einer Reform des demokratischen Prinzips auf wirschaftlicher Basis. Hier hängt als Haussegen über dem Bette des fortschrittlichen Deutsch-Amerikaners das prophetische Wort Bismarcks an Karl Schurz: die Probe auf die demokratischen Prinzipien Amerikas werde kommen, wenn – was unausbleiblich ist – in Amerika der große Kampf zwischen Arm und Reich angehen wird. Ich glaube gern, was mir Berger sagte: die deutschen Sozialisten des amerikanischen mittleren Westens haben aus der progressiven Gesinnung der noch Unentschlossenen den Insurgentismus hervorgebracht. Nur muss ich immer wieder sagen, dass in einem toll rapiden Lande wie Amerika mit allen diesen im Grunde konservativen Übergangstypen weniger als nichts erreicht wird. Dass sie als Ballast am Fortschritt hängen, nicht als Hindernisse auf dem Weg der kapitalistischen Entwicklung liegen. Dass einem Extrem ein andres Extrem gegenüberstehen muss: der unaufhaltsamen Zuspitzung eines Systems der bis aufs Äußerste zugespitzte Entschluss zum Umsturz.

Werte Freunde in New York, wie der verdienstvolle Moses Oppenheimer, erklärten mir, vor zehn Jahren habe noch in Amerika der Sozialismus als ein ausländisches, von Fremden, Deutschen und Juden importiertes Erzeugnis bei den Einheimischen in Verruf und Missachtung gestanden. Seine großen praktischen Fortschritte aber, in der Organisation zum Lohnwiderstand, dies große amerikanische Wort: „to make good", vorwärts kommen, habe in den zehn Jahren die Stellung des Amerikaners zum Sozialismus ganz und gar verändert. – Ist das eine so große Belobung, die man einer revolutionären Bewegung spenden darf? Es ist offenkundig, was der Amerikaner: Erfolg nennt. Und man kann es sich ganz leicht vorstellen, dass er nur der Sache Erfolg bereiten wird unter den heutigen Umständen, von der er direkt oder indirekt selber Profit ziehen, die es ihm selbst ermöglichen wird „to make good", seinem Ziele näherzukommen. In diesem Sinne hat die Bewegung der I. W. W. k e i n e n Erfolg in Amerika. Ihre schroffe Ablehnung jeglichen Feilschens stellt sie abseits von allen Möglichkeiten, mit ins Getriebe gezogen zu werden, die dem „making good" zustrebt. Die Tendenz der erfolgreichen Arbeiterföderation heißt: für gute Arbeit einen guten Lohn. Das könnte ebenso gut der Wahlspruch eines x-beliebigen bürgerlichen Dienerschaftsvermittlungsbüros sein. Die I. W. W.-Leute aber haben ihren Standpunkt so formuliert: „Weg mit dem Lohn! Her mit den Produktionsmitteln und mir den Ertrag meiner Arbeit!"

Die Zeit des gütlichen und friedlichen Übereinkommens, das die Gewerkschaften, über die diese Zeit schon hinübergesprungen ist, im Grunde bewerkstelligen, liegt weit hinter uns. Diese elende alte Hose verträgt keine Flicken mehr, auf den Mist mit ihr. Wenn die Methoden der I. W. W. erst „Erfolg" bei Amerika gefunden haben werden, dann wird eben Amerika dort angelangt sein, wo die I. W. W. es hin haben wollen. Aber dann wird das Wort „Erfolg", das „making good", auch ein neues Gesicht bekommen haben.

Im Amerikaner, dem die Subordination, der Militarismus nicht vom Mutterleib an eingebläut, eingedrillt wird, findet der Individualismus starken Boden vor, obzwar der Amerikaner, durch die Not des Wettbewerbs zu einem ewigen Sich-Anpassen, Nachahmen angehalten, noch nicht die Reife zu diesem Zustand erlangt hat. Allein, wer auch nur kurze Zeit hier herüben sich aufgehalten hat, muss staunend und ergriffen die maßlose, schon über alle Schranken schlagende Erbitterung bemerkt haben, die sich des denkenden, im atemlosen Lauf innehaltenden, sich besinnenden Amerikaners bemächtigen kann. Gegen dies mörderische Tempo, gegen diese Hetzjagd, die nur am Grabe innehält, gegen die ganze widersinnige Tollheit des Systems, denn es ist ein Irrtum zu glauben, dass man in Amerika jemals aufhören könnte zu arbeiten – sich mit seinem Erworbenen abseits zur Ruhe setzen könnte! Diese Eigenschaft ist dem europäischen, aber nicht dem amerikanischen Kapital zu eigen. Das Tempo fördert nur solange man es mitmacht, im Augenblick, da man sich von ihm befreien will, zehrt es, vernichtet. Der Milliardär bleibt ein Sklave seines Geschäftes wie sein letzter Angestellter. Nur dass sein Zweck gegen die Allgemeinheit sich kehrt, indem er der Allgemeinheit die Lebensbedingungen entzieht, bis zur Unerträglichkeit erschwert.

Der Amerikaner, der rascher die Spanne vom Streben zum Ziel durchläuft, bleibt auch in den Resultaten seines Denkens nicht bei der zunächst erreichbaren Etappe stehen. Und wirklich, es ist erstaunlich, wie viele Sozialisten, bewusste oder unbewusste, einem unter den Bürgern begegnen, wie viele Anarchisten unter denen, die sich noch für sozialistische Demokraten halten.

Die Herrschenden, d.h. die, die großen Interessen in ihren Händen halten, und ihre Söldner, die Exekutiven, liebäugeln, um dieser wachsenden Unruhe zu begegnen, mit imperialistischen Tendenzen, Methoden der alten Welt, Herrenkult zu praktischen Zwecken. Möchten gern ein stehendes Heer besitzen (nicht um ihre

Grenzen zu beschützen, natürlich, sondern um in die Streikenden hineinfeuern zu können!), schielen nach dem Katholizismus hinüber (dessen Jenseits sie gut brauchen können, um die Gegenwart erst tüchtig zu massakrieren!) und stoßen hypokritisch denselben Schrei wie die Revolutionäre unten aus: Fort mit dieser Staatsform! Nur dass sie es anders meinen, natürlich.

Nicht umsonst habe ich das Wort Unruhe vor dieses Kapitel gesetzt. Die treibende Unruhe ist es, aus der man sich hier herüben so vieles erklären muss.

Die Hast Amerikas ist keine simple Hetzjagd nach dem Dollar, das ist eine V e r - l e u m d u n g ,   b e g a n g e n   a n   d e m   i n   a n g e s t r e n g t e s t e r   W e i s e   a r b e i t e n d e n   V o l k   d e r   W e l t ! Sondern der Dollar ist nun mal eben die gegenwärtige Münzeinheit, durch die die ungeheure Arbeit, die Amerika in seiner Hast fördert, bezahlt wird. Eines der größten Schimpfworte hier herüben ist, ich glaube dies schon einmal niedergeschrieben zu haben, das Wort: „slow“. Langsam! Der Indianer, der Schwarze, sind „slow people“, darum stürmt die Nation in ihrem mörderischen Tempo über sie weg, darum bleiben sie beide zerschunden auf dem Wege hinter dem Amerikaner liegen. A k t i v i t ä t ist das Wort, das dieses Land, das Rätsel dieses befremdlichen Landes erklärt, nicht Dollar. Die P i o n i e r e sind es, die die Mythologie des Amerikaners bevölkern, nicht die Milliardäre. Die Wagemutigen und nicht die von diesem Wagemut profitieren. Kein Amerikaner, sofern er nicht als kompletter Idiot unter den Zeitgenossen figuriert, sieht in den großen Mäzenen und Mogwabs, dem Kunstsammler Morgan, dem Friedensapostel Carnegie, dem Sonntagsschulenvater und -Prediger Rockefeller usw., was andres als: ängstliche, schuldbewusste Herren, die sich mit paar Millionen ein wenig Rechtfertigung und Sympathie erkaufen wollen. Die die zu große, das Geschäft beeinträchtigende Akkumulation des Geldes dadurch zurückdämmen, dass sie verhältnismäßig bescheidene Summen fernab von ihrem Geschäft in Zirkulation zu bringen suchen. Für Spielereien! Es läge nahe, den großen Mäzenen, Aposteln, Mogwabs das elende Los der „unskilled“, d.h. der ungelernten Arbeiter vor die Augen zu halten, die sie in ihren Betrieben beschäftigen, die Not der Heime, die die unnatürlich emporgeschraubten, von den Trusts emporgeschraubten Lebensmittel und Gebrauchsmittel nimmer erschwingen können. Es läge nahe, den großen Königen des modernen Amerikas zu empfehlen, die Ventile für ihre Menschenbeglückung hier anzubringen – aber sie werden sich hüten. Lieber eine Million für eine dumme chinesische Vase hinauswerfen, für Friedenspalast-Stuckaturen oder Sonntagsschulunfug, als dem elenden slowakischen Arbeiter einen Cent mehr pro Tag zuzuschanzen, sein Öl, Tabak, Fleisch, Eis um den Bruchteil eines Cents zu verbilligen. Sieh dir das

Postament an, auf dem diese Kulturförderer ihre Unsterblichkeit errichtet haben: Menschengebein. –

Es gibt eine Erklärung für die Unruhe in den i n t e l l e k t u e l l e n Kreisen Amerikas, der gebildeten Mittelklasse, die sich in ihrem Wohlstande vielleicht williger einlullen ließen, als es die ausschließlich sozial interessierten Kreise vermöchten. Diese Erklärung kann man in die Worte fassen: man beginnt einzusehen, dass man mit all den riesigen Mitteln, die Amerika aufbringt und anwendet, Kunst nur k a u f t , aber selbst k e i n e p r o d u z i e r t . Darin steckt schon was Wahres. Und das amerikanische Tempo, dieses von der Tüchtigkeit und dem Machtbewusstsein bestimmte Tempo des modernen Amerikas, das den Europäer mit solchem Staunen und solcher Ehrfurcht erfüllt, hat darum seine grimmigsten Hasser und Feinde unter den Intellektuellen des großen Landes.

Die verwischten Grenzlinien! Von diesen muss ich noch Kapitel lang sprechen. Vom Staunen, das einen befällt, nimmt man erst wahr, wie sich die Grenzlinien zwischen häuslichem und öffentlichem Leben, Arbeit und Geselligkeit, Kirche und Literatur, Politik und Gottesdienst verwischt oder verschoben haben!

Ein liebloser und eingebildeter, oberflächlicher oder spottlustiger Europäer kann sich an den Rand seines eigenen Kontinents hinstellen und: „Snobs, Barbaren, Kinder, die ihr seid!", hinüberbrüllen nach dem Neuen. Solche wertlose Schafsköpfe kommen mit Überlegenheit geladen nach Europa zurück, auf dessen Kultur sie stolz sind, dessen irrsinnige politischen Abstufungen und sehr genauen Grenzbezeichnungen sie ebenfalls als Kulturbeweise anschauen, und verhöhnen das halbwilde Volk jenseits des atlantischen Ozeans.

Sieht man genauer hin, dorthin, wo jene Grenzlinien gezogen sein sollten, so merkt man bald, dass sterile und verkümmerte Glieder des großen Körpers gerade durch die ungehemmte Infusion aus jenen benachbarten lebenstrotzenden aufleben, mittun. Dass ein und dasselbe Blut, im ungehemmten Tempo und Pulsschlag frei durch den ganzen gewaltigen untrennbaren Körper strömt. Dass das Gewissen sich nicht in ein privates und ein Geschäftsgewissen trennen muss, wie auf dem alten Kontinent. Denn die Kultur des alten Kontinents verdankt ihre Existenz nur der verknöcherten Gewohnheit seiner Träger, den offensichtlichen Widersinn der staatlichen Einrichtungen und Formen zu ignorieren, zu tolerieren, oder ihn, wie einen widerlichen Bestandteil der Atmosphäre, die man seit dem Beginn seiner Tage bis zu ihrem Ende einatmet, einfach gar nicht mehr wahrzunehmen!

In einem vornehmen Klub, bei einem Bankett, konstatiert der letzte Redner, dass alle, die heute gesprochen haben, und es waren Männer und Frauen aus den obersten Gesellschaftsschichten unter ihnen, von der Revolution gesprochen haben. –

Eine werte Freundin beherbergt in ihrem reichen New Yorker Heim ein junges Kind von den streikenden Webern in Lawrence, Mass. Ich sage ihr: „Dies arme Kind hat jetzt gesehen und eine Woche lang genossen, was Reichtum ist und bietet, es ist für sein ganzes Leben verdorben, unzufrieden geworden!" Meine Freundin sagt: „Ich habe in der Seele dieses Kindes die Revolte aufgepflanzt." –

In einer Gesellschaft von „cranks", d.h. von ästhetisch Theoretisierenden, Lebensfragen graziös Zerfasernden und Erledigenden, steht ein tapferes junges Mädchen auf und macht in fünf Minuten aus den cranks, tätige und positive Mitarbeiter an einer praktischen Reform, die an diesem Abend in Gang gebracht wird.

Die Umwandlung beginnt zu Hause. – Was ist ein Dienstbote? Ich weiß es nicht hier herüben in Amerika. (War allerdings weder bei Morgans noch bei Vanderbilts zu Gast.) Ich habe nur gesehen, dass viele junge intellektuelle Menschen, die sich sehr wohl drei Dienstboten halten könnten und auch mit ihnen gut auskämen, es vorziehen, ihre eigenen Dienstboten zu sein – aus Scham über eine Gesellschaftsordnung, die die Trennung Herr und Diener sanktioniert. Ich habe die Wohnräume der amerikanischen Dienstboten gesehen, in denen sich Badezimmer, Empfangszimmer befinden, und habe von den Hunderten von neuzeitlichen Einrichtungen gehört, die mechanisch dem Dienstboten die Arbeit erleichtern und ihn unmerklich der Existenzsphäre seiner Arbeitgeber näherrücken. Diese Einrichtungen sind, zumal in neueren Häusern, schon dermaßen vollendet, dass die, auch anspruchsvollere, Hausfrau sich ganz gut ohne Dienstboten behelfen kann – wenn sie gesonnen ist, ihrer Wirtschaft soviel Zeit am Tage zu widmen, wie die europäische Frau an die Pflege ihrer Fingernägel täglich wendet. – In Amerika hat die „Dienstbotennot" einen anderen Namen und verdient ihn, dazu müssen ein paar erläuternde Worte über die amerikanische Frau gesagt werden.

In Europa liebt man es, die amerikanische Frau nach den outriert aufgedonnerten, laut und prätentiös sich gebärdenden Exemplaren zu beurteilen, die dort auf der Straße, in Salons, bei Hof herumlaufen.

Ich bin nicht gewillt, es so ohne weiteres meinem guten Stern allein zuzuschreiben, dass die amerikanischen Frauen, denen ich begegnet bin, und die ich näher kennen lernen durfte, zum überwiegenden Teil tüchtige, d.h. für ein großes Ziel tätig wirkende Frauen gewesen sind. Ich meine damit nicht Aufbauschung von schlummernden Vierteltalentchen fürs Kunstgewerbe, Klaviergeklimper, Novellenschreiberei, bei der höchstens für die Eitelkeit etwas herausschaut, sonst für nichts. Sondern ich meine ernste soziale Arbeit.

Ich will gerne zugeben, dass ich in Amerika jene Kreise gemieden habe – wie ich es in Europa tue – in denen die oberflächliche, putzsüchtige, das sauer erworbene Geld ihres Mannes zum Fenster hinausstreuende und im Grunde infernalisch sich langweilende Gans zu Haus ist. Diese Spezies ist in der ganzen Welt zu finden, und mit keiner Versicherung macht man die Chicagoer Gans glücklicher als mit der, dass sie grad so schick angekleidet sei, sich grad so zu benehmen wisse und grad so zierliche Knöchel habe wie die Londoner oder Pariser Gans.

Im Berufsleben, im Geschäftsbetriebe, hat sich die amerikanische Frau weitaus sicherer eingebürgert, hat sich die amerikanische Frau bei weitem besser bezahlte Stellungen errungen als die Frau Europas. Ihr Geschlecht dient dem Arbeitgeber, zumal in den Intelligenz erfordernden Berufen, keineswegs als Vorwand, ihre Lohnansprüche zu drücken. Sie tritt in den gleichen Wettbewerb mit ihren Mannkollegen.

Als Hüterin des Hortes der Kindererziehung in den Volksschulen, dieses allerwichtigsten Faktors im Leben des heutigen Amerikas, dieses felsenfesten Wegweisers nach den bunten Gefilden des Amerikas von Morgen, ist zudem die Frau die verehrte Trägerin der Zukunft des ganzen Landes. Wie Eltern geringer Herkunft ihren Kindern erhöhte Lebenschancen zu schaffen trachten, so trachtet das in harter Pionierarbeit herangewachsene Amerika seiner jungen Generation hochgesinnte und edle Frauen zu Erziehern beizugesellen. Das Amerika von heute, seufzend unter dem tödlichen Widersinn seiner finanziellen und politischen Zusammenhänge, weiß recht gut, warum es die so wichtige Mission, seine Kinder heranzubilden, den Frauen übertragen hat.

Nach dem Typus der amerikanischen Lehrerin ist die amerikanische Frau zu beurteilen und nicht nach den gierigen Weibchen, die auf dem europäischen Kontinent verluderten Herzögen nachjagen.

Von Kirchen und Kult

Nimmt man eines der großen amerikanischen Tageblätter zur Hand, so sieht man bald, es ist eine Biblia pauperum. Zwei Drittel des Blattes werden von Photoklischees eingenommen. In den Rest teilen sich gröbster Klatsch, Tagessensationen, Sportberichte. Erörterung wichtiger Fragen, die in der Luft liegen und den Gesprächsstoff wohlgesinnter Männer in den Klubs und den Heimen bilden, findet man in diesen Blättern gar nicht oder in kaum nennenswerter Weise vor (ich habe nur die Blätter der Masse im Auge!), hier und da lassen sich Geistliche auf der letzten Seite in sermonartigen Artikelchen hören – dafür aber stehen solche wichtigen Lebensfragen zu Dutzenden in der Liste der Vorträge verzeichnet, die täglich in unabsehbaren Mengen allüberall in Kirchen, Versammlungen, Klubs usw. gehalten werden.

Wenn es eine amerikanische Nationalkrankheit gibt, so ist es die: Vorträge halten und Vorträge anhören. Dieses Krankheitsbild verliert aber in dem Augenblick sein pathologisches Aussehen, in dem man gewahr wird, dass in all den Versammlungen usw., verhältnismäßig wenig geschwatzt wird, sondern dass es die wirklichen, eigenen Angelegenheiten seiner Kultur sind, die sich der Amerikaner lieber von ernsten und tüchtigen Menschen, vermittels der werbenden Kraft des lebendigen Wortes, vorführen lässt als durch die diskreditierte Presse mit ihrem anonymen Stab. Dies habe ich schon in Chautauqua gemerkt. Der wertvollste Teil der schreibenden Körperschaft Amerikas, darunter die „muckrakers" der großen Zeitschriften, reibt sich in einem fortwährenden Herumreisen, einer alljährlichen Vortragstournee von 365 Abenden, vor der Zeit auf. Er hat die Mängel der Presse mit seiner physischen Kraft zu bezahlen. Der große Kontinent nährt sich vom Geist und Blut dieser Bevorzugten, Verdammten, über deren Anstrengung man weniger erfährt als über das laute Wesen des für seine eigenen Zwecke herumreisenden und radotierenden Politikers, obzwar sie es sind, die den Weg der amerikanischen Zukunft bereiten.

Der Amerikaner will vom Pult, von der Kanzel herunter, hinter dem erhobenen Toastglase her am liebsten praktische Vorschläge hören, die in seinen mit Arbeit angefüllten Tag passen. Und wenn's auch weiter nichts ist, als wie er seinen Magen kurieren kann. Alles soll sich am besten auf Dinge beziehen, die er gleich nach seiner Heimkehr in die Tat umsetzen kann; mit Jenseits und vagem Gefasel muss man ihn verschonen. Die kurioseste Einrichtung in Amerika ist darum die Kirche. Was ich in Kirchen habe zusammenpredigen hören, spottet jeder Beschreibung.

Vom Bösen Feind, der in den katholischen sein Unwesen treibt und dessen Baal-priester die irischen Geschäftemacher und Trustpfeiler sind, sprach ich flüchtig schon früher. Er weiß recht gut, zu welchem Zwecke das Eiapopeia und das nötige Brimbo-rium rundherum taugt, und kennt das Volk, dem er es vormacht, so gut wie seine Absichten. Seine Macht ist nicht zu brechen, wo das Unrecht zum Himmel schreit, seine Priester predigen Unduldsamkeit nach der falschen Richtung hin, damit von da her, wo sie ihren Sold beziehen, die Schafe sich um so geduldiger scheren lassen.

Die Kirchen der Episkopalen, die ein Rendezvousort der Reichen sind, und deren Besuch die Zugehörigkeit zu vornehmen Gesellschaftskreisen bestätigt, arbeiten natürlich mit dem Geld und für die Interessen der Reichen, die unter sich bleiben und nichts Unangenehmes hören wollen. Aber schon die in der nächsten Schichte nach unten rangierenden Kirchen haben zum Teil mit schwierigen Existenzbedin-gungen, nicht selten mit brennender Not zu kämpfen und benutzen daher allerlei mehr oder minder überraschende Taktiken, um ihre Tore offen halten zu können. Dem populären Bedürfnis nach Belehrung, Erörterung praktischer Dinge und sogar Volksbelustigungen aller Art entgegenzukommen, diktiert ihnen ein recht weltlicher Selbsterhaltungstrieb, man kann also auch hier von Korruption sprechen.

Die Verwischung der Grenzen, die schon früher erwähnt wurde, zeigt sich hier-bei in ihrer groteskesten Form. In Pionierszeiten war wohl der Priester der einzige Gebildete unter den hart Ringenden, es wird sich also wohl in diesen die Vorstellung festgesetzt haben, dass, wer ihnen Dinge, die ihr wahres Leben betrifft, sagen will, es mit priesterlicher Gebärde tun muss. In Zeitungsartikeln kann man diese Gebärde wahrnehmen. Dafür kann man auf Kanzeln geistlichen Herren begegnen, die mit aufgekrämpten Ärmeln demagogisch fuchteln. Eine sozialistische Versammlung wird mit dem Absingen eines Psalms begonnen, in der Kirche nebenan redet ein bekann-ter Kanzelredner vom Anti-Trustgesetz und Bernard Shaw. In einer Versammlung, in der über geschäftliche Beziehungen Kanadas zu den Staaten nach der Ablehnung der Reziprozität gesprochen wird, verliest ein Bankdirektor einen Abschnitt aus dem Evangelium Matthäi[3]. Der Herr, der den Vortrag hält, ist ein Journalist aus Toronto. Wie er mit seinem Vortrag zu Ende ist, schließt er die Augen, faltet die Hände und spricht ein Gebet um Einigkeit aller Völker unter dem Zepter Christi – die ganze Ver-sammlung hat die Hände gefaltet, die Augen zugemacht und sagt halblaut:

„Amen!"

(Rockefellers Groß-Almosenier ist ein ehemaliger Geistlicher, dessen Aufgabe es ist, die schmutzigsten Räubereien seines Herrn durchzuführen, wie das bei dem gro-

---

3   Anm. des Verlags: Hier ist vermutlich das Evangelium nach Matthäus gemeint.

ßen Mesaba-Minenschwindel der Fall war, bei dem der Familie Merritt ihr letzter Groschen abgezapft wurde.)

Der Sprung von der Kanzel zur Politik ist in Amerika nicht schwer, aber das typische Amerikanische ist dabei, dass der sozial fortschrittlich gesinnte Geistliche, der zur radikalen Betätigung seiner Absichten übergeht, seinen Glauben behalten, betonen und unterstreichen darf, und dass ihm dies sogar nützt, gewiss nicht als Hypokrisie ausgelegt wird.

Es muss in Priestern, denen es Ernst ist um ihren Glauben und ihren Beruf, schon der Ekel gewaltig aufsteigen, wenn sie die Praktiken mit ansehen, zu denen die Kirche gezwungen ist, um den Klingelbeutel zu füllen. Kirchen der 5. Avenue oder der Uptown vermögen das vielleicht durch die Ankündigung von Predigten über das Shermangesetz und Bernard Shaw, aber, du lieber Gott, auf was für Behelfe verfallen die Kirchen mit intellektuell unkultivierter Umwohnerschaft! Ich habe in Chicago und in New York Kirchen besucht, in denen am Sonntag bei der Tür ein Tisch mit Gratissandwichs stand; Kirchen gibt's, in denen Kinematographen-Vorstellungen abgehalten werden; in denen Kinder die Psalmen p f e i f e n dürfen; in denen der hundertste Besucher eine Prämie erhält; in denen Taschenspieler auftreten; an die Tanzsäle sich angliedern, wo die Pfarrkinder sich nach der Sonntagsvesper vergnügen können.

Bei alledem braucht man die Unglücksraben noch nicht ernst zu nehmen, die von einem Bankrott des Protestantismus in Amerika krächzen.

Dass aber die protestantische Kirche ihren naiven, unkultivierten Besuchern nichts vorzusetzen hat, was dem Pomp, der Augenweide und dem Nasenkitzel der katholischen an die Seite gestellt werden könnte, ist klar! Diese Behelfe sind eine wichtige Waffe in der Hand des katholischen Klerus, der sein Zerstörungswerk in der Kirche wirkungsvoll begonnen hat und bereits in den Schulen mit Hochdruck fortsetzt.

Die protestantische Kirche weiß genau, welches Schicksal ihr bevorsteht, wenn auch die letzten Verzweiflungspraktiken nicht mehr verfangen werden. Je tiefer sie sich in ihren äußeren Methoden encanailliert, umso definitiver verliert sie ihre Macht über die Gemüter, die sie als Zufluchtsstätte benötigen. Es wird aber auch nicht im geringsten schade sein, wenn ihre gotischen Pfeiler, um die Kanzeln herum zu Boden niederschmelzen und die ehrlich gebliebenen Gotteskämpfer diese Kanzeln auf den Buckel laden und dorthin hinübermarschieren, wo sie hingehören, ins Lager der Männer, die das Künftige bereiten. Dort stehen ja heute schon die Besten der amerikanischen Geistlichkeit.

Ich weiß nicht, in welches Lager die Bekenner der C h r i s t i a n   S c i e n c e sich flüchten werden, wenn diese abgewirtschaftet haben wird.

Denn es hat den Anschein, als sollte die Christian Science bald abgewirtschaftet haben. Im Grabgewölbe ihrer Gründerin, der Grande Hystérique Mrs. Baker Eddie, soll sich, so geht die Sage, ja ein Telephon befinden, für den Fall, dass die Missis im Fleische auferstehen sollte, und sich mit der Geschäftszentrale der „Mütterkirche" in Verbindung zu setzen wünschte.

Die Zentrale hat aber dieses metaphysische „Halloh!" bisher noch nicht vernommen, und die Scharen, die in die imposanten Kathedralen des Heilerglaubens strömen, schmelzen allmählich zusammen, da die suggestive Kraft der Gründerin sich absentiert hat. Indes hat die schlaue Dame hier klug vorgebaut. Diese Menschenkennerin hat den Gottesdienst in ihren Kirchen für alle Zeiten auf ein simples Vorlesen von Parallelstellen aus der Bibel und aus ihren eigenen Werken beschränkt – sie wusste ja gut, mit welcher unbesieglichen Trivialität, mit welchem trägen Nichts-Neues-Hören-Wollen sie bei ihrem Publikum rechnen durfte. Dass die Substanz, aus der wir geschaffen sind, Geist und nicht Körper ist, dass die Krankheit daher ein Irrtum und Erhebung der Seele die beste Arznei ist, das ist ihr Dogma, in dem der Hang zum Mystischen im halbgebildeten Menschen sich mit seinem unerschütterlichen Glauben an den Kurpfuscher berührt. Mrs. Baker hat, sozusagen, die übersinnliche Welt mit einem Fünfkreuzerstrickchen an die wahrnehmbare gebunden. Um den Unsinn ihrer Nachfolger mitzumachen, die jetzt Unterschriften sammeln für eine Petition: „Den Medizinischen Fakultäten Amerikas soll die Ausbildung von Ärzten untersagt werden, die Ausbildung von Ärzten verbreitet den Irrtum, dass es Krankheiten gibt" – diesen Bluff mitzumachen, wäre sie viel zu vorsichtig gewesen.

Da in den Gesundbeter-Kirchen die Heilwirkung der Gebete auf Magen und benachbarte Gebiete schwächer zu werden beginnt, tun sich rings neue Kirchlein auf, aus richtiger Erkenntnis, praktischer Erfahrung, Quacksalberei, systematischer Beduselung Stein um Stein aufgerichtet.

In Salons und Sälen der reichen Viertel vereinigen sich die Snobs, Fads und Cranks, um allen möglichen Adepten orientalischer Religionen zuzuhören, gesund aussehenden, olivenbraunen und kuhäugigen Jünglingen mit fünfzehnsilbigen Namen, die den Herren und Damen allerhand Atemübungen und spirituelle Taschenspielerkunststückchen vormachen, (Mazdaznan und ähnlichen Schnick- zu Washington schnack); all diese Stückchen haben eine erhöhte Leistungsfähigkeit in ausgesprochenen oder nur angedeuteten Beziehungen zum Zweck.

Durch die Nachbarschaft solcher unernsten, aber ernstgenommenen Modebekenntnisse werden neue Gemeinschaften diskreditiert, leiden Abbruch an ihren bestgemeinten Bestrebungen. Nach einem Aufenthalt von weiteren drei Monaten revidiere ich meinen ungünstigen Eindruck von der Michigan-Avenue in Chicago und gestehe, dass in manchen dieser neuen Kirchen Großes, Ernstes und Haltbares sich zwischen Menschen aufbaut, wenn sie auch bombastische Namen auf ihren Fassaden tragen: die Kirchen des „Neuen Glaubens", des „Höheren Lebens", die „Kirche der Menschheit", der Universalisten, der Spiritualisten, der Christadelphiker und wie diese Kirchen des mehr oder minder freidenkenden Amerikas alle heißen mögen. –

Bei all diesen Tendenzen läuft die Grenze zwischen Sinn und Irrsinn Gefahr, ebenfalls verwischt zu werden. Der Wallstreet-Krösus mag ruhig, eh er in sein Büro geht, in der Früh zum Hellseher laufen, um die Kurse zu erfahren, die die Mittagsbörse zeitigen wird. Auch um die Leute, die zwischen Glauben und Aberglauben in seelischen Dingen nicht zu unterscheiden wissen, ist nicht schade. Wo aber sind die Grenzen zwischen Seelennot und der Not des äußeren Lebens in: diesen ringenden, hastenden, irrenden und doch im Grunde naiv gütigen und reinlichen Menschen gezogen? Die Unruhe, die all diese kuriosen und befremdlichen Verästelungen treibt, wächst auf dem Boden des großen, fundamentalen Widersinns, in dem diese Gesellschaft ihre Wurzeln verankert hat. Das rasche Tempo, in dem sich die Verhältnisse in Amerika entwi-

Physischer Typus des heutigen Amerikaners Champ Charles, Speaker im Kongress zu Washington

ckeln, hat unter anderem der Welt auch deutlich gezeigt, dass die Institution der Kirche sich überlebt hat. Mag Amerika rasch, und um umso gründlicher mit dem ganzen mittelalterlichen Plunder fertig zu werden, auch noch das gefährliche Experiment mit der katholischen Kirche machen. Es wird in Amerika ohne Zweifel bald erledigt und abgetan sein. Für die Kirche von Morgen, deren Seelsorger heute die Umstürzler sind, bedeutet es wohl keine ernste Gefahr.

Americanos untereinander

Immer erneutes Vergnügen bereitet einem die natürliche und direkte Art und Weise, auf welche sich der Verkehr der Menschen hier herüben abspielt. Ohne Pathos, aus primitivem und natürlichem Instinkt heraus, der den Europäer zuweilen wohl grotesk anmuten kann. Den Europäer, der sich im Ganzen doch noch lieber von einem Höherstehenden auf die Schulter klopfen als von einem Tieferstehenden beim Paletotknopf fassen lässt. Für Faxen und Förmlichkeiten, die im Grund doch nichts andres bezwecken, als den Dünkel des Einen vom Dünkel des Anderen sauber abzugrenzen, hat der Amerikaner nicht viel übrig, weder Lust noch Zeit, über Formen liebt er es, sich draufgängerisch hinwegzusetzen; es tut dem Europäer gut, zuzusehen, wie er es macht.

Schon hat der europäische Kaufmann vom amerikanischen gelernt, sich direkt und unverblümt an den Käufer zu wenden; wir, die das nichts angeht, dürfen doch unsre Freude und Amüsement daran haben.

Die Armee der Vereinigten Staaten verteilt Zettel auf den Straßen. Auf diesen Zetteln sind die Löhne angepriesen, die Chancen, fremde Länder zu sehn, Pension, Kost und Kleidung detailliert. Zum Schluss heißt es:

„Fragen Sie Ihren Arbeitgeber, ob er mit uns konkurrieren kann in diesen Lebensfragen!"

Dieses Zettelchen, das der Europäer schmunzelnd als „echt amerikanisch" in die Tasche steckt, ist ein sympathisches Dokument für die gesunde und ehrliche, der Flunkerei abholde Art des Verkehrs zwischen Menschen und Menschen. Natürlich, die Institutionen ähnlicher Art drüben in Europa, die mit dem „Arbeitgeber hinsichtlich all der Lebensfragen des Soldaten nicht konkurrieren könnten", maskieren diese Konkurrenzunfähigkeit mit einem in dynastischen Farben angestrichenen Wall von Schlagworten und Lügen. Aber auch wenn man nicht gerade gebraucht wird, erfährt man Entgegenkommen und amüsiert sich auf Schritt und Tritt über kleine nette Witzchen. Kommt man ins Theater, und es ist kein Platz mehr zu haben, so wird einem der Abend nicht durch eine lakonische Tafel: „Ausverkauft", verdorben, sondern es heißt sanft und milde:

„Very sorry. All places sold for this night. Come again to-morrow!"

Warum ist der wortkarge Amerikaner da plötzlich so weitschweifig? Vielleicht, weil, der daherkam, hier Vergnügen suchte?

In Frisco ruft mein Hotelnachbar, wie der Präsident Taft in unser Hotel einzieht, fröhlich:

„Hello, Billy!"

versichert mich aber im selben Atem, dass er bei der nächsten Wahl seine Stimme doch auf Woodrow Wilson abgeben wird.

Im Kongress darf's einen nicht schockieren, wenn die würdigen Herren unter der Kuppel Zigarren rauchen und quer an der Nase des Redners vorbei den Cuspidor vollspucken. Man darf sich nicht im Geringsten verletzt fühlen, wenn der junge Millionär, Besitzer der weltberühmten Schuhfabrik, in Hemdärmeln neben einem daherläuft, und darf ihm sogar in seinen Rock helfen, wenn er einen über den Fabrikhof aus dem Männerstiefelflügel in den Damenschuhflügel hinüberbegleitet, weil draußen 32 Grad Kälte sind.

In den Staatsbüros geht man durch offene Türen direkt zu den Gewaltigen hinein, die einem, wenn sie auch noch so abgehetzt und mit Arbeit überbürdet sind, auf die liebenswürdigste Art jede gewünschte Auskunft erteilen (ohne dass man's nötig hätte, nach seinem Einführungsschreiben in allen Taschen zu kramen), einem die minutiöseste Auskunft über ihr Ressort geben, ohne bonzenhafte Anmaßung, ohne Herablassung, gleich freundlich zum Fremden wie zum Kollegen wie zum Publikum.

Der amerikanische Beamte wird von den Leuten, die viel mit ihm zu tun haben, gern ein „knownothing", Ignorant, geschimpft. Über (aus Europa importierten) Beamtenzopf und Instanzenweg und andererseits Schlendrian hörte ich klagen, und auch über die (mehr amerikanische) Einrichtung des „red tape", der Schikane. Der Fremde, den kein Geschäft, sondern Wissbegierde durch die Büros führt, kann all diese Mängel natürlich schwer kontrollieren; das Knownothingtum wird wohl in der furchtbaren Spezialisierung der Arbeit seine Ursache haben, wie die red tape in der ewigen Beängstigung infolge des alle vier Jahre drohenden Regimewechsels. Hier wie anderswo ist der Beamte, der Subalterne, ein richtiger Proletarier und Opfer der unnatürlich sich vorwärtsbewegenden Entwicklung. – –

Ich sah an einem Februartage an der Südspitze von Manhattan zu, wie ein junger Aviatiker auf einem selbstkonstruierten Schlittenaeroplan vom schollenbesäten Hudson aufstieg, eine Schleife um die Freiheitsstatue machte und darauf zum selben Fleck, von dem er abgefahren war, zurückkam, auf eine wackelnde Scholle, es war kalt und starker Nordwind. Der Kontinent hatte sein Interesse auf dieses Experiment gesammelt, und nebst dem tausendstimmigen Hooraygebrüll der Menschenmenge und dem Getute sämtlicher Hudsondampfer waren auf den Sieger hundert Photographenkasten und Kinematographendrehorgeln gerichtet, als er sich auf seiner Scholle niederließ. Was tat der Gefeierte? Er sprang vom Bock, schneuzte sich in die Finger und zeigte den Objektiven seine sehr subjektive Kehrseite, in hockender Haltung, weil ihn etwas an seinem Motor mehr interessierte als die Umwelt. Ich erwähne diese komische Geschichte, um den erfreulichen Mangel an Heroenpose und die erfrischende Gleichgültigkeit zu illustrieren, mit der der Amerikaner sich gegen die Öffentlichkeit verhält. Es wird wenig Scheinheiligkeit, bengalisches Feuer und Ziererei konsumiert, und mancher gordische Knoten, der nur von aufs Äußerste kultivierten Fingerspitzen aufgelöst werden könnte, wird klipp und klar im Verkehr mit dem Hinweis auf die nächstliegende Räson der „unsophistischen" Vernunft entzweigehauen.

Die Prüderie, die sich an vielen Punkten des öffentlichen Lebens breit bemerkbar macht, ist nicht tragischer zu nehmen, als sie in dem kuriosen Hin und Her zwischen altpuritanischen Anschauungsformen und dem von der Reklame und dem Geschäftstreiben überreizten Nervengegaukel des Alltags sich darstellt.

Gern führt man als Beweis für die amerikanische Prüderie den Fall Gorki und den Fall Réjane an. Gorkis Aufenthalt in Amerika wurde durch die Falschmeldung seiner Begleiterin, die er für seine Gattin ausgab, vereitelt. Die Tournee der Réjane aber durch das Gerücht, sie hätte bei einem Champagnergelage auf einem Tisch Cancan getanzt. Beide Fälle hatten einfach Konkurrenzmanöver von eifersüchtigen Zeitungen und Theatermanagern zur Ursache. Sie sind charakteristischer für die Geschäftsmethoden einzelner Unternehmer, als für die Gesinnung des Amerikaners. Bedenklicher ist es, wenn große Tagesblätter, die ernst genommen werden wollen, die Sensationslust des Publikums stacheln und unsauber füttern, indem sie sich monatelang Artikel über Toilettengeheimnisse von Millionärshuren schreiben lassen und auf ihren Titelseiten Seitensprünge aus der 5. Avenue mit allen Bettlakendetails breiten Raum gewähren.

Allerorten versteckt sich hinter derlei Widersprüchen ein abgefeimter Geschäftstrick, wenn man nur näher hinschaut. Persönlicher Erfolg entschuldigt hier mehr als in Ländern mit gefestigtem gesellschaftlichen Kodex.

Gesittete Bürgersleute, in deren Verein man von den Beziehungen der Geschlechter nicht einmal andeutungsweise sprechen dürfte, erregen auf dem Ozeandampfer, der ein jungvermähltes Paar davonführen soll, Gelächter dadurch, dass sie gedruckte Zettel verteilen, auf denen die Kabinennummer der Brautleute den Passagieren mitgeteilt wird! Und dadurch, dass sie diese Brautleute, als sie ahnungslos die Schiffsbrücke betreten, mit einem Schauer von Reis, Symbol der Fruchtbarkeit, und alten Schuhen, die ihre Zeit gedient haben und fortgeworfen werden können, empfangen!

Dabei ist der Verkehr der Geschlechter in Amerika, wie man weiß, ungezwungener als wo anders immer. Da Mann und Frau im Brotkampf bald in den Wettbewerb miteinander treten werden, geht die Erziehung von Anfang an auf freiestes Messen der Kräfte los. Der kameradschaftliche Ton zwischen Knaben und Mädchen, Jünglingen und Fräulein, der ungezwungene Ton in Gesellschaft, beim Sport, der Verkehr auf den Universitäten fällt einem wohltuend auf. „Flirt" und „Galanterie" sind zwei Formen, die wahrscheinlich beide bis zur selben Grenze vorwärtspoussiert werden; die weitaus weniger verlogene ist auf alle Fälle die des „Flirts".

Stirnrunzelnde Auguren versicherten mich, dass in Universitätsstädten die Koedukation, das Beisammenstudieren und -Hausen von Studenten und Studentinnen gewisse ärztliche Berufe, so z.B. das Gegenteil von Geburtshilfe, in Flor gebracht haben. Worauf ich es mir mit diesen Stirnrunzlern auf ewig verdorben habe, durch die Erklärung: dass es das gute Recht erwachsener Menschen ist, zu bestimmen, ob sie Vater und Mutter werden wollen oder nicht. Der abgründige Respekt, den der Staat dem ungeborenen Embryo im Mutterleibe erweist, will doch mit anderen Worten nur besagen: dass er es nicht erwarten kann, mit dem fertigen Individuum Schindluder zu treiben. Sei's, indem er es als Steuerzahler oder als Kanonenfutter mit Beschlag belegt. –

Ich kann es mir gut denken, dass einem Durchschnittseuropäer bei längerem Aufenthalt in Amerika die unleugbare Trivialität im Verkehr mit dem Durchschnittsamerikaner arg auf die Nerven fallen muss. Für das Knownothingtum, dem man im geselligen Verkehr begegnet, gibt's im großen Ganzen weniger triftige Entschuldigungen anzuführen als für jenes der Beamten. In gebildeten Kreisen überrascht einen zuweilen eine abgrundtiefe Ignoranz in Bezug auf Dinge, die fünf Schritt weit vom täglichen Leben oder von amerikanischen Angelegenheiten gelegen sind. Oft habe ich verstimmt die Unmöglichkeit eingesehen, mit einem Amerikaner oder einer Amerikanerin in eine fruchtbringende Diskussion eines Themas, zumal eines nicht spezifisch amerikanischen, zu gelangen. Hinter dem höflichen Gesicht des Gegenübers war allzu deutlich die absolute Unbeteiligtheit zu sehen, und so war's das Beste, rasch abzubrechen. Phantastische Ansichten über Dinge der Kunstgeschichte, der Literatur, der Sitten fremder Völker kann der Americano zuweilen äußern!

Das, wovor sie sich am gewaltigsten fürchten, sind die halben Töne des Verkehrs, die Waffen der Ironie, die sie noch nicht recht zu handhaben verstehen. Wenn man sie vor den Kopf stößt, wehren sie sich schon nach Kräften.

Aber wer stichelt, kann schlimme Erfahrungen machen mit ihnen. Wie Kinder sind sie rasch beleidigt und lassen Bosheit fühlen. –

Viele schuldbewusst oder unklar nach dem Bereich des Wichtigeren neben dem

Alltag Hintappende schaffen sich irgendeine kleine Liebhaberei, ein niedliches Steckenpferdchen an, auf dem sie dann gerührt und selbstbewusst einhertraben. Aus sozialen oder religiösen Spielereien dieser Art wird aber nicht selten wirkliche, ernste Arbeit. Das Tempo der Betätigung hier herüben reißt eben alles nicht genügend Haltfeste, Wurzelsichere mit sich, oder schwemmt es einfach ins Absurde davon, und der Amateur muss, um seine Liebhaberei zu bewahren, ein Arbeiter in seinem Gärtchen werden.

Die Unsicherheit der kulturellen Grundlage, aus der der Amateur hervorkommt, spiegelt sich zuweilen amüsant in den sichtbaren Resultaten, zuweilen aber auch abstoßend wieder. Gar bald kommt der Beschauer dahinter, ob er es mit sympathischer Naivität, mit zynischen Geschäftstricks oder mit Heuchelei zu tun hat.

Ich sprach schon vom Mogwab, dem großen Wohltäter, Wissenschaftsprotektor und Sammler, dem man nur zu oft auf seine Schliche hinter den Kulissen kommt. Der große Stifter und Drähtezieher von Universitäten, Protektor der Kirche und Sonntagsschulen, ist einer der gefährlichsten Raubritter, die die Geschichte je gesehen hat. Der weltberühmte Friedensapostel hat seine Millionen aus dem blutigen Schweiß armer ungarischer, polnischer und deutscher Sklaven herausgepresst, die er in seinen Stahlwerken um einen Hungerlohn in 18- und 24 stündiger Schicht arbeiten ließ. Der edle Wohltäter der jüdischen Witwen und Waisen hat es zugegeben, dass der zwanzigjährige Kammerdiener seines Sohnes für dreißig Jahre eingesperrt werde, um seine Schwiegertochter von einem Verdacht zu säubern. Der große Kunstsammler, der sein Vaterland mit aus allen Privatsammlungen und Kirchen der Alten Welt entführten oder gestohlenen Kunstwerken beschenkt, hat seine Karriere damit begonnen, dass er diesem seinem Vaterlande unbrauchbare Gewehre verkauft hat. Seiten ließen sich vollfüllen mit derartigem Material.

Der Amerikaner, der einen durch solche Sammlungen geleitet, ist stolz auf sie, weniger auf ihre Stifter. Wenn er aber durch die Säle mit dir geht, in denen pietätvoll die frühesten Sammlungen aufbewahrt sind, die den Grundkern der heutigen großen amerikanischen Museen bilden, dann kannst du sehen, wie der Amerikaner neben dir zuweilen errötet und dich gern von einem oder dem anderen Schaukasten weglenken möchte. Die frühesten Sammler haben der Nation alles vermacht, was sie gesammelt haben, in den Ländern Asiens und Europas gesammelt haben, Altes und Neues durcheinander. Im Kasten, an dem du vorbeigehen sollst, ohne einen Blick hineinzuwerfen, kannst du neben einer Gemme von unschätzbarem Wert eine kleine Fünfzig-Pfennig-Holzschnitzerei, den eidgenössischen Löwen von Luzern darstellend, liegen sehen. Unter einem Delacroix oder Teniers an der Wand, in einer Vitrine primitive kleine Mosaikbroschen aus Venedig oder einen

Sokrateskopf aus Vesuvlava. Der kultivierte Americano an deiner Seite errötet oder lächelt verlegen, während du in den Kasten hineinsiehst. Dir aber gibt dieser kleine Schmarren dahier ein freundlicheres Empfinden für seinen Stifter ein, als der anspruchsvolle Marmorblock von Rodin, den ein anderer vorgestern aus Europa mit großem Zeitungsgetöse auf seiner Privatjacht herübergebracht hat.

Notizen über die Literatur, die Zeitung, das Theater

Der Literatur und dem Theater bin ich in Amerika auf Pfaden des öffentlichen Lebens nachgegangen.

Da habe ich gesehen, dass in diesem intensiv und bewusst lebenden Lande eine ungleich stärkere Wechselwirkung zwischen den Problemen der Umwelt und dem Schaffen und Trachten des Schriftstellers existiert als wo anders immer in kultivierten Ländern.

Der amerikanische Romantiker, der dem Alltag entfliehen möchte, zieht sich lieber in die unerforschten Gebiete seines ungeheuren Kontinents zurück als in die unerforschten Gebiete seiner Seele. Bei den harten Knaben in Alaska, in den Wäldern um die nördlichen kanadischen Seen, bei den Indianern auf den Prärien, bei den zügellosen Gebirgsbewohnern in den südlichen Zentralstaaten findet er ursprüngliche Instinkte, unbiegsame Naturen, bei denen er sich wohler fühlt als bei den vom Erwerbskampf und Zukunftsdrang verbogenen Städtern. Der Zusammenhang mit jenen Primitiven erklärt ihm sein Verhältnis zur Weltseele deutlicher, als es das Los des europäischen Schmerzensmannes ist, den ein gleicher Hang durch alle Epochen der Weltgeschichte, Kulturen und Stile jagt.

Dass dieser Zug, diese leicht zu befriedigende Sehnsucht nach Romantik ihre Gefahren birgt, ist evident, und man kann dies in jedem Eisenbahnwaggon bestätigt finden, wenn der Zeitungsjunge mit seinem Armvoll b e s t - s e l l e r s , d.h. gangbaren Büchern daherkommt. Da tummeln sich edle cowgirls, Papieren redende Goldgräber, Indianerhäuptlinge aus Karton auf Kitschprärien, zumeist von Frauen zusammengeschustert – wie es ja drüben auch die Frauen oder weibischen Autoren sind, die die mehr europäischen Ansprüchen genügenden Hofkreise und Adelsmilieus verarbeiten. Die Lebensdauer dieser best sellers ist eine Station, ihr Grab das offene Coupéfenster.

Der Leser darf nicht erstaunt sein, wenn ich in diesem Aufsatz nur sehr wenige Namen nenne, außer den schon früher betonten Frank Norris, Jack London und Upton Sinclair. Ich habe mich in Amerika meist mit Zeitunglesen begnügt und habe aus dem großen offenen Buch des Volkes in freier Luft mehr über den Geist der Neuen Welt erfahren als aus den kleinen gedruckten Büchern hinter Ziegelmauern.

Als ein außerordentlicher Sittenschilderer ist mir Robert Herrick aufgefallen, allerdings fehlt ihm das typisch Amerikanische. Ein kultivierter Brite könnte die

Charaktere des Americanos betrachten, wie er es tut, und zwar kritisch; doch stellt ihn ein starkes Können gewiss in die Reihe der Meister des heutigen Romans aller Länder. Man hat mir Edith Wharton und David Graham Phillips als die besten Vertreter der jungen amerikanischen Belletristik neben Herrick genannt, zu meiner Schande muss ich gestehen, ich habe nichts von ihnen gelesen. Starken Eindruck machten mir einige Bücher von Hutchins Hapgood, die auf der Grenzscheide von Erlebnis und Fiktion stehen und in ihrer brüsken Stellungnahme zu radikalen Problemen diese Legierung von Tendenz und Kunstwerk zeigen, wie sie am vollendetsten in Sinclairs „The Jungle" zum Ausdruck gekommen ist.

Neben dem Pragmatiker James, hat Henry Bergson gegenwärtig wohl den stärksten Einfluss auf die Geistesströmungen des modernen Amerikas. Es scheint, als dienten Bergsons Evolutionsphilosophie, seine Anatomie des Lebenstriebes und die Jamesschen Experimente zur Erforschung der Instinkte auf physiologischer Grundlage dem modernen Amerikaner irgendwie zur Bestätigung seiner Mission, im Vorwärtsbringen der Absichten der heutigen Menschheit. Es ist mir ein Buch untergekommen, eine Essaysammlung des scharfsichtigen jungen schwedisch-amerikanischen Kritikers Björckmann, in der aus jenen Elementen so etwas wie ein neues amerikanisches Glaubensbekenntnis destilliert wurde. In zahlreichen wertvollen Aufsätzen, die ich in fortschrittlichen Zeitschriften las, ließen sich die Einflüsse Bergsons verfolgen, deckte sich der Verfasser mit Bergsons Autorität. Eugeniker, Utopisten, Reformatoren der Nahrungsweise, Back-to-nature-Schwärmer, Zivilisationszerstörer, Atmungsfanatiker tummeln sich auf dem weiten Feld der zeitgenössischen Literatur Amerikas – und dann die Legion, die unübersehbare Zahl der Nachfolger und Verpopularisierer von Emerson und Thoreau, um nur die in Europa bekannten zu nennen: Trine, O. S. Marden, Prentice Mulford. Immerhin muss ich bemerken, dass diese letzteren, wie mir's schien, in Europa viel mehr als Repräsentanten des Amerikanismus angesehen und überschätzt sind wie hier herüben. – –

Dass dem abseitigen, keinem Volke angehörenden, sublimen Phänomen Edgar Allan Poekein, Nachfolger, in Amerika so wenig wie anderswo, herangewachsen ist, erklärt sich von selber. (Wenn ich auch gestehe, dass mir dabei der außerordentliche Schilderer von Kriegsszenen Ambrose Bierce einfällt; sein Buch: „In the midst of life", ist in der Tauchnitz-Collection zu haben.) Die Spekulanten, die seine esoterische Kunst aus Mathematik und Seelenkunde brutalisiert haben, Conan Doyle an ihrer Spitze, sind in Europa zu Hause, das legt ja ein gutes Zeugnis für das amerikanische Schrifttum ab.

Wie steht es aber um die Nachfolge W a l t W h i t m a n s ?

W a l t , das chaotische Sinnbild seines ungeheuren, unerforschten Kontinents, die Feuersäule am Eingang eines rätselhaften neuen Zeitalters des Menschengeschlechts, der wilde Seher und besessene Johannes, diese aus der Natur über alle Zivilisation hinweg schlagende Flut, dieser wahrhaftige Tornado von einem Menschen, um sich blickendes Auge weit und sicher wie das Auge des Leuchtturms, offene Hand, in deren Höhlung die Elemente sich begatten, aufwärtshörendes Ohr, schlagendes Herz, darin das Weltgeschehen pulst, warme Riesenstirne milde niedergeneigt zur letzten Kreatur, W a l t , der nie Geborene, der Unvergängliche, Anfang und Ausgang, erschütternder Ausblick in Zeiten, die kommen werden, hinaus und hinauf!

Walt Whitman

Einen wahrhaften und echten Sohn hat er, der sein Erbe nicht nur getreulich verwaltet, sondern in dem der Geist des Ahnen das Leben unseres heutigen Tages treibt, die Sprache des Sehers auf der Prärie zur Sprache des Streiters an der Straßenkreuzung sich gewandelt hat. Walts Gott glich dem Großen Häuptling und seine Geburtsinsel nannte er mit dem Indianernamen Paumanok. Horace Traubel aber bekennt sich zum Christus des Zöllners, der Hure, zum Gott der Vergeltung, der den niedergeschmetterten Proletarier aufrichtet, und er scheut sich nicht, ihn in der downtown, inmitten des Zügegerassels über der Hölle Allenstreets, inmitten der Kehrichthaufen aus verfaultem Zeitungspapier, Bananenschalen und Abfällen alles Elends anzurufen.

Traubel hat nicht die übermenschliche Phantasie Whitmans geerbt, der aus seinen Trieben Götter geformt hat, wie die Indianer. Hätte er sie, er wäre Der, auf den der Finger Whitmans zeigte, wie auf Grünewalds Isenheimer Altarbild der Finger des Täufers auf den Gekreuzigten zeigt. So klammert er sich mit aller Glut eines Menschengewissens an das Heutige, an den großen Vorgang, dem wir gequälte Glückliche zuschauen dürfen.

Whitman, der die Kriege um 1860 durchgemacht hat, stand in Ehrfurcht und Schauern vor dem Wunder des sich einenden Staatenverbandes, dieser Junge aber sieht die ganze Menschheit in einer ähnlichen Zersplitterung, der ein ähnliches Zusammenschmelzen folgen wird. Sein Camerado heißt Genosse, und im Sezessionskrieg seiner eigenen Zeit sieht er sich, als Heerrufer bei einer größeren Armee stehen, als der legendäre Krankenpfleger von Gettysburgh.

Ihm bleibt der Vorwurf nicht erspart, dass sein innerer Rhythmus vom Metronom Walts bestimmt worden ist, dass etwas Sonntagspredigerhaftes hervorschlägt, zumal in den Prosaschriften, den Collects, sobald die Begeisterung nachgelassen hat in seinem Blut. Dies ist in Amerika kein Vorwurf; ich habe es ja früher betont, dass der Mann, der hier zu den Seelen sprechen will, den Mann von der Kanzel nachzuahmen liebt, um dem naiven Zuhörer begreiflich zu machen, dass er an sein Inneres rühren will. Wollte sich Traubel bloß an den Gebildeten wenden, hätte er's leichter, oder er müsste verstummen, da das anspruchsvolle Ohr die ewige Bergpredigtweise nicht allzu lange verträgt. Aber seine Strophen aus „Optimos" (bei B. W. Huebsch in New York erschienen), haben sich in Volksversammlungen gut bewährt, seine „Chants communal" (die O. E. Lessing übersetzt und der Verlag R. Piper & Co. in München ‚unter dem Titel: „Weckrufe" verlegt hat), sprechen ihre Sprache zu jedem von uns, jedem Menschenkind aus dem großen, herrlichen Mob, von dem Gouverneur Johnson spricht.

Viele Bedenken ästhetischer Art verblassen vor dem Wichtigen, das in Traubels Kunst getan erscheint. Es ist immer Misslich, der Nachkomme und nicht der Christus eines Johannes zu sein. Dass der Ruf nicht verhalle, bis der Erwartete, der große Dichter der großen Neuen Welt erscheint, das wirkt Traubel und die um ihn pietätvoll und voll Aufopferung in der Zeitschrift „The Conservator", die die Whitman-Tradition hochhält und immerhin eine kleine lebende Opferflamme vorstellt in dem einzigen heiligen Hain, der heute in Amerikas Literatur zu finden ist.

Es gibt sauberere, vornehmere, besser informierte und von gewissenhafteren Schriftstellern geschriebene Tagesblätter in Amerika – aber es gibt keines, das es an Verbreitung, an origineller, charakteristisch amerikanischer Bewegtheit und Beweglichkeit mit den Blättern von William Randolph Hearst aufnehmen könnte. Sie erscheinen in New York, Chicago, Boston, San Franzisko, Los Angeles und Atlanta in einer Gesamtauflage von etwa sechseinhalb Millionen Exemplaren, und man kann getrost annehmen, dass sie von einer größeren Zahl Americanos gelesen werden, als welches andere Blatt immer.

Ihr direkter politischer Einfluss ist (wie der der meisten großen populären Tagesblätter Amerikas) gering, wenn nicht gleich Null. In einem Leitartikel des Chefredakteurs des „New York American", Arthur Brisbane, las ich den bemerkenswerten Stoßseufzer: „Wir, die wir in diesem Lande nicht einmal die Wahl eines städtischen Hundefängers durchsetzen können –" und wirklich, man erzählte mir, dass zuweilen staatliche oder städtische Funktionäre trotz der vereinten Opposition der Tages-blätter einstimmig gewählt worden sind.

Wenn ihr direkter Einfluss solcher Art paralysiert ist, so können sie doch durch Unterschlagung bedeutsamer Nachrichten, Totschweigen von ihnen unliebsamen Persönlichkeiten umso mehr Unheil anrichten. Oft habe ich, wenn ich in einem großen New Yorker Tagesblatt, dem „New York Herald", der „Evening Post", der „World" oder „Times" eine verhängnisvolle, gar nicht zu übersehende politische Aktion verzeichnet fand, andere Blätter durchgesehen und keine Zeile in ihnen gefunden, die über dieses Ereignis berichtet hätte.

(Die deutschen Blätter, die „New Yorker Staatszeitung" an der Spitze, bilden dabei eine rühmliche Ausnahme.)

Eine andere bewährte Methode, Ereignisse zu fälschen, ist: das Schwergewicht wird auf Nebensächliches gelegt und die Hauptsache, die zu berichten dem Blatt unangenehm ist, auf irgendeine Art in den Text unauffällig hineingeschmuggelt.

In einem sehr gelesenen Blatt New Yorks fand ich den Sieg der deutschen Sozia-listen bei den jüngsten Reichstagswahlen unter der Überschrift:

„Chauffeur des deutschen Reichskanzlers wegen Schnellfahrens verhaftet",

in fünf Worten ganz beiläufig erwähnt. Das Hauptinteresse des Lesers sollte auf das Faktum konzentriert werden, dass der erwähnte Funktionär verhaftet wurde, als er seinen Herrn nach dem Schloss führte, wo der Kaiser auf Rapport über den Ausfall der Wahlen wartete!

Am selben Tag, an dem spaltenlange Berichte über das Auftreten eines Synago-gensängers sich in den Hearst-Blättern breit machen, verschweigen diese selben Blätter die Mordtaten der „Schtarkes", der jüdischen Camorra, die die Ostseite im Atem halten. In derselben Nummer, in der Hearst den triumphalen Einzug des irländischen Kardinals Farley in New York schildern lässt, sucht man vergeblich nach einer kleinen Bemerkung über die Gefahr des hereindringenden Katholizis-mus für die demokratischen Grundprinzipien Amerikas, mit deren Verherrlichung die Hearstblätter den Mund sonst gewaltig voll zu nehmen pflegen.

Wenn man diesem oder jenem großen Tagesblatt Amerikas den Vorwurf machen kann, dass es im Dienste der großen investierten Interessen, der Trusts, Eisenbah-nen, arbeitet, so kann man den Hearst-Blättern nachsagen, dass sie von dem maß-losen Ehrgeiz ihres Besitzers bestochen sind. Ihre Taktik ist es, dem Italiener, Iren, Juden als wichtigen Faktoren der amerikanischen Politik zu schmeicheln, um ihrem Besitzer zu der sehnlich erhofften Standeserhöhung innerhalb der gegebenen Stu-fenleiter der Republik zu verhelfen. Dieser breitschulterige Amerikaner, mit dem außerordentlichen, von fanatischem Ehrgeiz versteinerten Imperatorenkopf, hat es jedenfalls erreicht, einer der meistgenannten, blindest gehassten Männer Amerikas zu sein. Es ist einerlei, ob seine ephemeren Ambitionen nach dem Weißen Haus je in Erfüllung gehen werden oder nicht, für den Europäer ist dieser amerikanische Zeitungsimperator jedenfalls eine der interessantesten Erscheinungen von geradezu monumentaler Unerquicklichkeit. Die Trusts haben an ihm keinen Freund, aber der H e a r s t - T r u s t führt hier an einem typischen Beispiel die ganze moderne Zivilisation, die es erlaubt, dass der Ehrgeiz eines einzelnen Mannes in einem demokratischen Staatenverband täglich sechseinhalb Millionen Menschen in die Ohren geblasen werde, wieder einmal glänzend ad absurdum! –

Im Dienste Hearsts steht der genialste Journalist, den das heutige Amerika besitzt, Arthur Brisbane. Er macht aus seiner Not seine hervorragendste Tugend, indem er stolz auf seinen Titel, ein g e l b e r J o u r n a l i s t zu sein, pocht. Dieser Titel ist alles, nur kein Geusenruf.

„Gelb" nennt man in Amerika die Sensationspresse, die Sensation um der Sensation willen macht und ausposaunt und sie nicht als Werkzeug zur Unterstreichung einer Gesinnung benutzt. Empört eine riesige, offenkundige Ungerechtigkeit das Volksgewissen, so sondiert der Gelbe erst vorsichtig das Feld nach beiden Seiten, und bauscht, wenn er erst herausgebracht hat, auf welcher er mit besserem Profit stehen kann, die entgegengesetzte gehörig auf. (Ein keineswegs typisch amerikanischer Vorgang, allein die europäischen Gelben sind in dieser Kunst Waisenknaben gegen die Amerikaner zu nennen.)

Sympathisch berührt einen beim Zusehen, dass man bald merkt, im großen Ganzen ist in Amerika immer noch die Freiheit populärer als das Niedertrampeln des Nächsten. In der amerikanischen Biblia Pauperum sehe ich sodann doch noch lieber mir das Bild des Astorschen Sommerbungalows und Roosevelts aufgesperrten Riesenrachen an als die ewigen, unerträglichen Uniformenbilder von Potentaten in den europäischen Blättern.

Wenn Amerika sentimental nach gekrönten Häuptern Europas hinüberschielt, erhält es seinen rügenden Klaps am wirkungsvollsten von Brisbane appliziert, worauf sich der verdrehte Hals mit hörbarem Knarren wieder in seine normale republikanische Lage zurückdreht. Unvergesslich wird mir ein prachtvoller Zornschrei Brisbanes sein, gelegentlich des Empfangs ausgestoßen, den New Yorker Finanz- und politische Größen dem Herzog von Connaught, Onkel des englischen Königs und Statthalters von Kanada, bereitet haben.

Brisbanes Leitartikel sind Meisterwerke gemeinverständlicher Zwiesprache eines äußerst kultivierten und wohlmeinenden Kopfes mit sechseinhalb Millionen Volks über seine vitalsten Interessen, mit einem kleinen, für den Kenner und Gourmand deutlich wahrnehmbaren Beigeschmack von augurenhafter Ironie gewürzt. Brisbane ist der Sohn eines hochbegabten sozialistischen Kämpfers und war wie sein Vater in seiner Jugend ein begeisterter Anhänger Fouriers. Hier einige Themen seiner Leitartikel:

Anweisungen an arme Massenquartiersbewohner, wie sie die Milch in ihren Behausungen aufbewahren sollen. – Was können wir anno 1912 mit dem Schalttag anfangen. – Das Perlenhalsband der Milliardärin, totes, aus der Zirkulation gezogenes Kapital. – Kinder sollen nicht geängstigt werden. – Über die Existenz Gottes; Parabel von den blinden Kätzchen. – Rat an den italienischen Schuhflicker, die Flicken künftig inwendig anzubringen. – Rat an Junggesellen, zwei übriggebliebene magere Findelkinder zu adoptieren, die im Findelhause keinen Liebhaber gefunden haben; Goethe wie Voltaire seien auch mehr tot als lebendig zur Welt gekommen. –

Die gelbe Presse wird von jedermann gelesen in Amerika; Männer wie Brisbane wirken immerhin als Antidote gegen das Gift, den langsam wirkenden, demoralisierenden Einfluss, der in die Seele des Amerikaners aus solchem Tropfenglas träufelt. Die Methoden der amerikanischen Gelben aber werden von der Presse der ganzen Welt nachgeahmt werden. Zuerst wird man und man ahmt schon den Unfug der sensationellen Überschriften nach; da der Leser kaum Zeit mehr hat, die Artikel zu lesen, wird die Zeitung dickleibig, um mehr Überschriften produzieren zu können. Das Überhandnehmen der Klischees beweist, dass auch diese Überschriften kaum mehr gelesen werden. Das systematische Zusammenscharren von allem Skandal, allen Unglücksfällen der ganzen Welt zeigt den verzweifelten Todeskampf der Presse in ihrer heutigen Form an. Die amerikanische hat, wie erwähnt, ihren politischen Einfluss längst schon an die Periodicals, die Zeitschriften, abgegeben. Das Inserat bleibt der Sieger. Wenn die Klischees und die Überschriften nicht mehr genügende Lockspeise für das lesende Publikum bilden werden, um es zu den Inseraten herbeizulocken, dann kommt die Krise, dann muss ein Genie eine neue Form für die Zeitung erfinden.

Die gelbe Presse ist gar keine vereinzelte Erscheinung im Chorus der amerikanischen Dinge, sondern eines von den hier herüben so deutlich wahrnehmbaren Entwicklungsprodukten. Sie zeugt ebenfalls vom Tempo Amerikas, dem Europa, mit einigen großen Tagesblättern in Paris, London und Berlin, bereits nachhumpelt.

Einstweilen kann man sich in Europa kaum eine Vorstellung davon machen, auf was für einem Tiefstand das Gewerbe des amerikanischen Nachrichtenbeschaffers angelangt ist. Auf der letzten Seite der Hearst-Blätter predigt Brisbane, mit ihm zwei andere „Reverends", ein männlicher und ein weiblicher. Zwischen dem Annoncenteil und dieser letzten Seite aber findet eine Katzbalgerei von Photographen, Gesellschaftschnüfflern, Karikaturisten und gelegentlichen Mitarbeitern, wie da sind: Kokotten, Tanzlehrer, Fußballgrößen und Hotelköche, statt –

Das amerikanische Theater, dass Gott erbarm!

Sie haben das Schlagwort vom „tired businessman", vom erschöpften Jobber, gefunden. Das Theater Amerikas soll also auf die geistige Spannkraft und Aufnahmefähigkeit des Kaufmanns zugestutzt werden, der nach acht- bis zehnstündiger angestrengter Arbeit das Schlafengehen gnädigst um einige Stunden hinausschiebt und auf solche Weise Mäzen und Protektor der dramatischen Kunst wird.

Das amerikanische Drama von heute hat wahrscheinlich die Devise mitbekommen: nur keine Aufregung, nur nichts, was die Ruhe stört; business und Politik am Tage, Politik und business am Abend, hinter der fehlenden vierten Wand. Tatsächlich habe ich in all diesen Monaten, in sechs, sieben Varianten immer und ewig das gleiche Stück auf dem Theater gesehen.

Die kreuzbrave und ehrbare business-woman, einmal als Warenhausverkäuferin, einmal als Hoteltelephonistin, als Bahnhofskassiererin verkleidet, die einer Gesellschaft von korrupten Spekulanten oder Politikern die Stirne bietet und dafür von dem einzigen Idealisten der Rotte ehrbar geehelicht wird. –

Wie wenig es das Publikum Amerikas (vielleicht nur in dieser Saison 1911/12?) zu lieben scheint, durch komplizierte Charakterführung beunruhigt zu werden, das sah ich ganz deutlich aus der Bearbeitung von Hermann Bahrs geistreichem Lustspiel: „Das Konzert", das ja dem Europäer keine gewaltigen Rätsel aufgibt, für Amerika aber eine noch immer zu harte Nuss zu sein scheint. Im „Konzert" ergibt sich, wie erinnerlich, der amüsante Konflikt daraus, dass der Künstler des Stückes in seinen ärgsten Eskapaden noch Bourgeois bleibt, der Bourgeois des Stückes aber mit einer ganz unbürgerlich originellen Weltanschauung herumläuft; was der erstere scheinen muss, ist der andere wirklich, und die gütige und kluge Frau, die sich Torheit und Weisheit zu nutze macht, führt alles zum besten Ende. In der amerikanischen Bearbeitung ist der Konflikt umgedreht. Der Künstler ist so, wie sich der Amerikaner den Künstler eben vorstellt, ein kapriziöses Kind, und der andere, der bürgerliche Sonderling, ein pathetischer Mann des common sense. Das Aufeinanderklappen dieser beiden, zwischen denen die ein wenig larmoyant gewordene Frau steht, hat dem Publikum Amerikas doch noch Reiz genug geboten, so dass zwei bis drei Truppen mit dem erfolgreichen Stück seit Jahren durch den ganzen Kontinent reisen.

Rührselige Provinzsentimentalitäten, frugale Farm- und Wildwestmelodramen, in denen die primitive Seele, wie sich's gebührt, über den smarten Städter triumphiert und daneben die Stücke David Belascos, des Dichter-Direktors, der auf alle

Fälle der gerissenste Theatralikus des heutigen Tages ist und als solcher es sich wohl erlauben darf, sein Publikum mit ausgefallenen Problemen vor den Kopf zu stoßen. Er hat, als Schüler und Bewunderer Reinhardts, dessen Methoden, geschickt vergröbert oder gesteigert, dem Bedürfnis des amerikanischen Theaterpublikums, das er durchschaut und lenkt, trefflich angepasst.

Vor der Einführung der französischen Zote steht, als Großsiegelbewahrer der nationalen Heuchelei, der „amerikanische Senator Berenger", Mr. Anthony Comstock; seinem wachsamen Auge entgeht auch in der heimischen Produktion nichts, was auch nur im entferntesten als ein Versuch zur Darstellung des Kampfes der Geschlechter aufgefasst werden könnte.

Durch die großen Theatertrusts, wie die der Frohmans, Klaw, Shuberts – die letzteren haben allein 160 Theater in den Staaten gepachtet, in denen ihre Wandertruppen gastieren – ist eine Kontrolle des Geschmackes des ganzen Theaterpublikums von Amerika ausgeübt. Dieser systematischen Seelenverhunzung probieren kleine, dem „Œuvre" und der „freien Bühne" nachgebildete dramatische Gesellschaften zu steuern, so z.B. die Chicagoer dramatische Vereinigung, mit geringem Erfolg selbstverständlich. Es gibt aber, durch diese Vereinigungen ermutigt, junge Dramatiker, die sich an Experimente wagen, so z.B. der auch in Deutschland bekannte Ch. R. Kennedy, und unter anderen Upton Sinclair in seinen „Plays of Protest", Tendenzstücken sozialistischer Gesinnung. – Man versuchte und unternimmt immer wieder aufs Neue, Versuche, Werke von fremdländischen, d.h. nicht-englischen Dichtern, so von Ibsen, Maeterlinck, Wedekind und Strindberg den Americanos vorzuführen; alle diese Versuche scheitern indes an dem total degradierten Getrieb, das, ärger wie anderswo noch, wie ein Pegel deutlich zeigt – auf welcher Stufe des Verfalls die heutige Gesellschaft angelangt ist.

In den Theatern Belascos begegnet man noch gut und reif ausgeglichenen Schauspielerensembles, an deren Vorführungen man seine Freude haben kann. Hat man aber keine Lust, sich eine unter dem Mittelmaß stehende Truppe, die sich um einen erschöpften und abgehetzten Star gruppiert, drei Stunden lang gefallen zu lassen, so muss man schon nach der Ostseite, zu den jüdischen, d.h. im Jiddischen Jargon spielenden Theatern hinüberwandern. Hier findet man eine erstaunliche Aufhäufung von Komödiantentalent, Rohmaterial, das ebenso wenig von dem am Broadway üblichen fünfhundertmaligen Herunterspielen desselben Schmarrens verdorben, wie allerdings von der kundigen Hand des Regisseurs zur letzten Reife gebildet ist. In den Theatern des Jakob Adler, des „jüdischen Irving", und der „jüdischen Duse", Mme, Lipzin, spielt man auch (neben Melodramenschund arger Sorte) Werke europäischer Autoren, vor dem dankbarsten Theaterpublikum, das es auf der ganzen Welt geben mag heutigentags. Am Broadway, in den englischen Theatern, sind ja die Schauspieler auch zu sieben Achteln deutsche und russische Juden, aber das angeborene Komödiantentalent dieses begabten Volks sprüht im Schmelztiegel des Ghettos doch noch hellere Funken. –

In Adlers „Thaliatheater" im Ghetto sieht man im Vestibül die Porträtköpfe von Zola, Tolstoj, Richard Wagner, Alexander Herzen und des russischen Revolutionärs Gerschuny, aber welcher Galerie von Theaterautoren begegnet man in dem altehrwürdigen deutschen Theater am Irving-Place zwischen Broadway und dem Ghetto?

Vor Jahren, so hörte ich, hat Dr. Baumfeld den letzten lobenswerten Versuch gemacht, den New Yorker Deutschen die Klassiker und ein gutes modernes Repertoire von guten Schauspielern in guter Ausstattung vorspielen zu lassen. Heute aber, Winter 1911/12 sind es die ödesten, verwerflichsten französischen Zoten, die dem wiehernden Beifall des Deutschamerikaners in seinem Theater preisgegeben werden. Schlägt man die Hände über dem Kopf zusammen, weil man sich vergeblich fragt, wo das Schamgefühl der Deutschen hin ist, die solches dulden und fördern (die Amerikaner mit ihrem Comstock sind noch besser dran), so hört man: die Vereinsmeierei mit dem bekannten Niveau ihrer Liebhaberbühnen habe das deutsche Theater ruiniert; oder: die jüdischen Theater haben dem deutschen den Garaus gemacht (!!), oder: die zweite Generation der deutschen Einwanderung geht ausschließlich in englische Theater, und der neu hereingekommene Deutsche steht auf solch tiefer Stufe des Geschmackes und der Kultur, dass ihm das Schlechteste gerade noch gut genug ist.

Die deutschen B i e r b r a u e r sind die Mäzene des deutschen Theaters in Amerika, das ist die richtige Antwort und Erklärung. Neben den großen deutschen Theatern in New York, Milwaukee, St. Louis findet sich immer auch ein großes deutsches Gasthaus, das dem geistigen Erzieher des Deutschamerikaners gehört.

Und doch hätte, wenn irgendein fremdsprachiges, so das deutsche Theater in Amerika seine Existenzberechtigung. Es ist um kein importiertes Nationalgefühl, das hier herüben ins Amerikanische umgewandelt wird, schade; um das deutsche ebenso wenig wie um das französische, russische, italienische. Aber um das Deutsch, das die Deutschen mit herüberbringen, ist es schade, und hier beginnt der Ärger über das deutsche Theater in Amerika.

Es liegt gar keine Notwendigkeit vor, das anmutige Russisch-Jüdisch-Deutsch der Ostseite durch die Schauspielkunst zu erhalten. Aber dem schauerlichen Pennsylvania-Dütsch, dem Amerikanerdeutsch, das man hört und in den deutschen

Zeitungen (besonders denen des Westens) liest, müsste das deutsche Theater ent-gegenarbeiten. Der Deutschamerikaner weiß es und kann es vom Englischameri-kaner bestätigt hören, dass die Staaten den großen Deutschamerikanern der 48er Jahre, den Schurz, Beck, Willard, mindestens so viel verdanken wie den Puritanern, die hier das Reich Gottes aufgepflanzt haben – wenn der Deutschamerikaner sein Deutschtum aus Pietät seinen Kindern weitergeben will, dann soll er sich an das Deutsch erinnern, das diesen Begründern des heutigen Amerikas den Weg hierher herüber gewiesen hat; Schillers, Herweghs, Prutz' und Kinkels Deutsch. Durch das lebende Wort, von begabten Schauspielern auf ordentlichen Bühnen gesprochen, könnte das Amerikanerdeutsch noch gesäubert und zu wirklichem Deutsch zurück-gewandelt werden. Was ist das für eine Sprache, die die amerikanischen deutschen Blätter ihren Lesern vorsetzen? In einem Chicagoer las ich auf der ersten Seite diese, der gelben Presse nachgemachte Überschrift:

„Knallte Nebenbuhler nieder. Hatte Dreck am Stecken." Und auf der Annoncen-seite zum Schluss:

„Hochgradige Damenmäntel, speziell gepreist so und so viele Dollar."

Man kann sich denken, wie der Text zwischen dieser ersten Seite und der letzten aussieht, welches Deutsch Schreiber und Leser solcher Blätter sprechen. (In den „Breitmann-Ballads" von Ch. G. Leland hat dies Amerikanischdeutsch sein schau-erlichschönes Meisterwerk gefunden.)

Einige Zeitungen, wie die sozialistische deutsche Tagespresse und auch die „Staatszeitung" in New York, haben ihrem Publikum den Gefallen noch nicht erwiesen, ihr Deutsch zu verhunzen, um es ihrem Publikum mundgerechter zu machen. Aber die Kämpfe, die die deutsche Presse gegen den Ansturm der eng-lischen zu bestehen hat, sehen sich verzweifelt genug an. Es fragt sich sehr, welche Taktik besseren Erfolg verheißt: dem rapid sinkenden Geschmack des Publikums nachsteigen oder einen Standard fest und hoch halten – durch Reinheit der Sprache (wie der Gesinnung), an der die Besten in der Neuen Welt und der alten Heimat mitarbeiten sollten. –

Eine amerikanische Musik gibt es nicht. Die alten Weisen stammen, soweit es keine englischen Psalmen sind, aus A f r i k a , sind Eigentum der Schwarzen (so wie die „ungarische Musik" Eigentum der ebenfalls aus Afrika stammenden Zigeuner ist), und was gegenwärtig das Ohr des Americanos entzückt, das „zerfetzte Tempo", r a g - t i m e , eine Nachahmung der Schwarzentanzrhythmen, ist von findigen rus-sischen Juden fabriziert, allerdings mitunter mit fabelhafter Geschicklichkeit und musikalischem Können.

Die Popularität solch eines rag-time-Gassenhauers, spottet nach europäischem Maßstabe jeder Beschreibung. Einen Monat lang wird er zwischen Atlantik und Pazifik einfach von jedem Menschen gepfiffen, gesungen, auf der Straße, in den Kasernen, in den Klubs nach dem Essen, jedes Grammophon spielt ihn, man wacht und schläft in seinem apart synkopierten Rhythmus, sein Komponist kann sich eine Privatjacht kaufen und einen eigenen Hafen anlegen dazu.

Ragtime ist der Rhythmus des angestrengten Mannes, dem sieben Dinge, die er zugleich erledigen muss, gleichzeitig durch den Kopf gehen. Der clogdance, Stampftanz, hat diesen Rhythmus akzentuiert, es ist der Rhythmus des ungeduldigen, unregelmäßigen, irritierten amerikanischen Lebenspulses.

Ich habe mich, als ich dieses nationale Geräusch hier herüben eine Zeitlang mitangehört hatte, lebhaft an die Zigeunermusik erinnert gefühlt; als einmal ein Orchester in San Franzisko die zweite Rhapsodie von Liszt (in einem outrierten Tempo) in der Hotelhalle spielte, da wusste ich: Liszt ist der Klassiker des Ragtime! –

Das einzige Musikgenie Amerikas ist John Philip Sousa, der Komponist und Kapellmeister. Das ist ein nationales Genie, wenn es heut eins in der Welt gibt und dazu eins, das mehr kann als bloß Kontrapunkt setzen.

An Kraft des Volksausdrucks nimmt er es mit welchem Neapolitaner von der Tavola Rotonda der Piedigrotta-Feste auf, dieser Teufelskerl. In seinem Militärmarsch: „The Stars and Stripes for ever", hört man die Rotationspressen von Hearst sausen, die Pfeifen der Pittsburger Stahlwerke, das Gejohl der Streikenden davor und die Kanonen von Fort Wayne, den Donner der Niagarafälle und den Bohrer unter den Woolworth-Caissons, das Getümmel des sonntägigen Coney-Island und das Gebrüll der Seelöwen auf dem Felsen der San-Franzisko-Bay an dem anderen Ende! Sousa hat eine symphonische Dichtung geschrieben: „Der Rote Mann", die ein Meisterwerk sozusagen der Rassenpsychologie genannt werden darf. Er gehört ganz und gar dem heutigen Amerika an. Nur die Gelegenheit hat ihm gefehlt, sonst wäre er heute ein Rouget de Lisle und nicht ein herumziehender Kapellmeister. Seine Roughrider-Märsche, „Stars and Stripes", „King Cotton" und „El Capitan" sind, bis nichts Stärkeres nachkommt, der vollendetste musikalische Ausdruck des jungen draufgängerischen Amerikas.

Kolonialstil und Edison

Der kluge und geistreiche Robert Herrick behauptet in einem seiner Bücher, die Künste rangieren im Bewusstsein des heutigen Durchschnittsamerikaners irgendwo zwischen Putzmacherei und Theologie. Amerika hat noch weniger als Europa den Platz für den Künstler gefunden, den Platz, der ihm gebührt, und, ginge nicht alles um Geld, ihm auch angewiesen sein müsste. So ist der Künstler des modernen Amerikas, vor allem der bildende, der Maler, der Bildhauer, in noch erhöhtem Maße als drüben in Europa ein richtiger Schmarotzer und Herumlungerer an den Tafeln und vor den Türen der Reichen, bis er selber ein Reicher geworden ist, nur lungert dann eben die Kunst auf der Straße.

Der amerikanische Kunstmogwab lässt sich und seine Familie lieber in Europa malen als in Amerika, und man muss es sagen, dass Francois Flameng, de la Gandara, Kaulbach und leider auch Sargent es in der Konterfeiung von Satin, rasierten Kinnen, Diamanten und ähnlichen Utensilien zu bemerkenswerter Vollendung gebracht haben.

Da Amerika es bei seinem Raubbau an Energien noch zu keinem ergiebigen Nährboden für eigene Kunst gebracht hat, so trifft man in den großen europäischen Kunstzentren überall junge erbitterte Amerikaner, die blass vor Wut werden, wenn man das Wort Amerika vor ihnen ausspricht. In den Ausstellungen moderner amerikanischer Bilder hängen darum Alibis an den Wänden und keine Kunstwerke. Der hat bei Julian in Paris gelernt, der ist bei den Dachauern in die Schule gegangen. Zur Mehrzahl der heute gemalten Bilder lassen sich im Katalog in Klammern die Namen Turner, Raffaelli, Israels und Fantin Latour setzen, so wie man zu den Gestrigen, den Dannat und John W. Alexander getrost Whistler, zu Mary Cassatt Manet schreiben kann. Sogar die alten Meister der amerikanischen Galerien, der Maler George und Martha Washingtons, Gilbert Stuart, ist ganz in Romneyschen Tönen befangen, John Singleton Copley: offenkundig ein Zeitgenosse und Nachahmer Reynolds.

Etwas urwüchsig Farbiges, grell und breit Hingestrichenes könnte man als amerikanische Note in der Malerei ansprechen und dann wäre Winslow Homer der Maler Amerikas. Seine Bilder, die einem schier unauslöschlich im Gedächtnis haften, wie der Schwarze auf dem Wrack und der Pilot vor der Schiffsglocke, erweisen sich wohl bei näherem Zusehen als bunte Illustrationen. Der größte lebende Illustrator (nicht nur Amerikas!), der außerordentliche Maxfield Parrish, setzt diese

Tradition im Buch und in der Zeitschrift fort, findet aber in großen Fresken, wie der andere große Illustrator Edwin Abbey, wieder den Weg ins Bildhaftdekorative glücklich zurück. Unter den Jungen sind mir Robert Henri, ein impressionistischer Menschenschilderer, und zwei starke und virtuose Koloristen, Frieseke und W. Cameron, aufgefallen. –

Über den großen öffentlichen und privaten Kunstsammlungen Amerikas aber schwebt der Geist Wilhelm Bodes und Wilhelm Valentiners. Die Kunsthalle in Chicago zeigt wohl noch in ihrer wilden Unausgeglichenheit etwas von der urwüchsigen Ratlosigkeit des amerikanischen Geschmacks, der heute für Villegas schwärmt und sich morgen den schiefsten Greco, den es gibt, aufschwatzen lässt. Im Metropolitan-Museum in New York aber waltet schon europäische Übersicht und erzieherische Organisationskunst, der weder die edelsteinfrohe Sammelwut von Morgan mehr viel anhaben kann, noch die schon früher erwähnte sympathische sentimentale Naivität des in Europa herumreisenden Americanos, der dem ersten Kunstinstitut seines Vaterlandes Luzerner Löwen und bemalte thüringische Pfeifenköpfe hinterlässt.

Haus im Kolonialstil

Jetzt hab ich mich auch an das Stadtbild schon einigermaßen gewöhnt. Madison Square ist, mit dem gelben Schneehimmel hinter den schneeweißen Bäumen vor den elfenbeinfarbigen Riesenhäusern, fast schön zu nennen, und die downtown tut meinen Augen auch nicht mehr so weh wie vor fünf Monaten, als ich mit dem „Kaiser Wilhelm der Große" direkt aus Europa auf sie losfuhr.

Aber das Schönste, was ich in Amerika von Architektur sah, habe ich in der Chestnut-Street des alten Städtchens Salem, Massachusetts, gefunden. Hier sind einige trauliche Häuschen im Kolonialstil erhalten. Dieser Stil stellt eine anmutige Mischung von Queen Ann und Griechenland vor. Breite dunkelrote Menschenheime aus angestrichenen Ziegeln, mit weiten Fenstern und flachen Dächern, vor der Schwelle ein kleiner halbkreisförmiger Portikus aus weiß angestrichenen schlanken korinthischen Holzsäulen – das Ganze zeigt die richtige puritanische Ehrfurcht vor dem Familienleben auf, die seine Erbauer beseelthat. Nirgends kommt einem der Geist der Pilgerväter, der Mayfloweridealisten so voll zum Bewusstsein wie hier, vor diesen streng, religiös, warmund sicher hingebauten Häusern mit ihrem wunderschönen Doppelklang Dunkelrot und Weiß: Herdfeuer und Priestergewand. Gastfreundlich tut sich die Pforte auf, und eine weite Diele empfängt den Besucher. Im tiefen Kamin liegen schwere Scheite, hochlehnige, dünnbeinige Stühle stehen vereinzelt auf dem spiegelnden Fußboden, in dem Reflexe von Kupfer und Messinggerät schimmern.

Chestnut-Street No. 23, Salem, Massachusets

Dieser Stil ist, seit die reichen Snobs des Landes in Europa herumlaufen, so gut wie verschwunden aus dem Stadtbild. So wie sie wahllos alles zusammenkaufen, was ihnen grad angepriesen wird, so bauen sie sich auch ihre steinernen Wohnkasten zu einem Sammelsurium von romanischer, gotischer Stilart, Früh- und noch lieber Spätrenaissance, Barock, Art nouveau und Neumünchnerisch aus. Auf den „Tausend Inseln" im St.-Lawrence-Strom kann man Chateaux aus der Touraine, zehnmal kleiner natürlich, als diese Stilart es verträgt, Tiroler Schlösser, unter die doch Felsenkegel gehörten, und allerhand imitiertes Versailles sehen. In der 5. Avenue von New York und den großen Protzenstraßen von Chicago, San Franzisko, Seattle haben sich alle Überladenheiten zusammengefunden, nur das alte Boston und die relative nue Stadt Denver zeigen Stil und Geschmack in ihren guten Vierteln. In Boston und verstreut an manchen Orten, Albany z.B., sieht man Anklänge an den Kolonialstil, und dann hat man das in Amerika so seltene und kostbare Gefühl, Tradition begegnet zu sein. Die griechischen Elemente aber haben sich in die offiziellen Bauten verzogen. Nach Washington und in die Regierungsstädte der Staaten, wo sie sich in der Form ungeheurer, schwerer Parthenons, Pantheons und Poseidonstempeln über den Gummi kauenden und spuckenden Funktionären erheben.

Allerorten ist in diesen Gebäuden, eine unerhörte Verschwendung von kostbarem Material zu sehen: Bibliotheken, Regierungspaläste und Bankgebäude strotzen von Marmor und Bronze. Baudenkmäler aber von wirklicher Vollendung, sind außer in Washington spärlich anzutreffen. Eines ist die große öffentliche Bibliothek in New York, ein anderes die wunderschöne Bostoner Bibliothek, von der Hand Puvis de Chavannes, Sargents und Edwin Abbeys mit Meisterfresken ausgemalt, ein drittes das wirklich einzig in der Welt dastehende Stationsgebäude der Pennsylvaniabahn in New York, ein Wunderwerk an Zweckmäßigkeit und das repräsentative Baudenkmal des 20. Jahrhunderts. –

Das Kapitol, Washington D.C.

Wie aber ist es mit den Heimstätten der großen Menge, des „Überflusses", bestellt? Da sind die zehn- und mehrstöckigen Appartementhäuser, abscheuliche Siebe mit engem winkeligen, luftlosen und niedrigen Zimmergewimmel innen und – besonders in den ärmeren Vierteln – dem grauenhaften Zickzack der eisernen Feuerleitern von Stockwerk zu Stockwerk hinab an der Außenfront. Da sind die endlosen Straßen mit ihren Holzbuden – „framehouses", aus billigem Material hergestellt, deren Anstrich aber ein Heidengeld verschlingt, gut heizbare Häuser, die aber in fünf Minuten bis auf den Keller niedergebrannt sind, wenn ein Funken aus dem Ofen auf den Teppich hinüberspringt. Brennt erst eines von diesen Häusern, so ist bei wehendem Wind bald die ganze Straße weg. In kleinen Städten mit mangelhafter Feuerwehreinrichtung begegnet man oft und oft solchen verkohlten Straßen, Zeichen schaurigster Verwüstung.

Doch passen diese leichten, luftigen Wohnhäuser ebenso zum Charakter des Amerikaners, wie die grauenhaften, von den knapp an den Fenstern des ersten Stockes vorbeilaufenden Hochbahnen entstellten Geschäftsstraßen, in denen er acht bis zehn Stunden des Tages angestrengt arbeitet. Im englischen Toronto drüben bin ich mir des Kontrastes, wie erinnerlich, am sichersten bewusst geworden. Niemand denkt daran, die Chance dem friedlichen Behagen zu opfern. Niemand denkt daran, sich im Heute allzu sicher einzurichten. Das Haus ist nichts weiter als ein leichtes Gepäckstück im Wandertornister des Amerikaners von heute, der auf keine einzige Möglichkeit verzichten will, die ihm sein großer Kontinent in Fülle bietet. Der Umwandlung der ökonomischen Formen der heutigen Weltordnung wird Sesshaftigkeit und Treue zum Heim kein Hindernis in den Weg stellen. –

Edisons Modell

Immerhin möchte man auch im luftigsten Provisorium nicht gern verbrennen.

Drüben in East-Orange, New Jersey, zeigt mir der alte Hexenmeister, der phänomenalste Mensch der heutigen Welt, Thomas Alwa Edison, das zierliche Modell eines Einfamilienhauses, aus Edison-Beton gegossen; es steht da auf einem Postament in seiner schönen weiten Bibliothekshalle. Mit den hellen, wunderbar lachenden Augen des Genies erklärt mir der große Alte die Vorzüge der Bauweise, die aber vielleicht auch die schwersten Nachteile für den Bewohner vorstellen. Klipp klapp ist so ein Haus gegossen. In zwei Tagen kann es fix und fertig dastehen, und kosten tut es einen Pappenstiel. Mit dem Sand, den man aus dem Keller auf dem zukünftigen Standort des Hauses herausscharrt, vermengt man an Ort und Stelle eine geringe Quantität von Zement aus den Edison-New-Village-Gruben, gießt die Masse über den Eisenrost, und mit Dynamit wird fortan nichts mehr wegzusprengen sein aus den so gegossenen Platten, die jetzt nur noch aufgerichtet und zusammengesetzt werden müssen.

Edison zeigt mir auch das erste aus Zement gegossene Möbelstück, das aus seinem Gehirn in die Fabrik da hinter der Bibliothek gegangen ist und nun als Urahne sämtlicher Zementmöbel der Zukunft auf dem Teppich vor uns steht. Es ist ein Phonographen-Schränkchen mit dünnen Wänden, Leisten, Schubfächern, alles aus Zement. Es ist grau mit gegossenen goldbemalten Rokokoornamenten – heiliger van de Velde! – Die Transportprobe hat es nicht gut bestanden. Man hat es in einer Kiste nach Chicago und zurück befördert und die obere Zementleiste über dem Schubfach hängt schlapp und in winzige Stückchen zersprungen über dem Drahtrost in seinem Inneren.

Hinten in der Fabrik zeigt mir der Assistent ein gegossenes Rokokofauteuil aus Beton, hellblau mit goldenen Ornamenten angestrichen. Die Gussform eines Boule-Möbels. Zeichnungen zu einem Tisch, einem Bettgestell. Drüben in den geheimen Laboratorien experimentieren die Chemiker der Edison-Werke an der neuen Lacktünche, an neuen Modellen. ... Ein Fauteuil wird, wenn erst die Massenherstellung begonnen haben wird, ganze drei Mark kosten, eine komplette Zimmereinrichtung wird man schon für vierzig Mark erstehen können. …

Bei der Rückfahrt nach der Wolkenkratzermetropole streckt ein Mitreisender die Hand zum Fenster des Zuges hinaus; dort wächst ein kleiner Ort grau aus dem grauen Schneeboden der Ebene hervor. Es ist eine Ansiedlung von Arbeitern aus der nächsten Stadt. Die Häuser sind gegossen, Edison-Beton, grau, grau. Es wird dunkel; in der Ferne schießt ein glitzernder Zug über eine Brücke aus Beton dahin. Ich sehe es noch, das helle Genieauge des Alten, des Turmhohen über dem Gewimmel unserer übervölkerten Zeit. Er hat mir ein Heftchen mitgegeben, in dem Zahlen stehen, Zahlen, Berichte und Versprechen. Und am Schluss der Satz: die Zeit sei nicht mehr fern, in der auch der Ärmste unter uns sein eigenes Haus besitzen wird, ein Haus, das die Jahrhunderte überdauern und dabei ein ebenso sicheres Tauschobjekt bleiben wird, wie es heute eine Schuldverschreibung der Vereinigten Staaten von Nordamerika ist. …

Newyorker Station der Pennsylvaniabahn

1.März 1912, auf dem „George Washington"

Mit 96 Meilen Stärke zieht ein Orkan, von Amerika kommend, über unser Schiff hinweg. Tobend schlägt er gegen die Schlote, die Masten biegen sich, die Wände ächzen, oben singen Taue und Takelage wie Harfen. Er kommt von den unermesslichen Ebenen des neuen Weltteils her. Das Meer vermag seiner Eile keinen Einhalt zu gebieten. Die Menschen, die an den Küsten Europas wohnen, werden sich bekreuzigen, wenn er ihre Hütten erreicht: das ist der Sturm von den Steppen, Gott sei uns gnädig, zieh weg über unseren Häuptern, verschone uns. Amen! – –

Tief in der Nacht hat der „George Washington" die Bay von New York verlassen. Das Letzte, was meine Augen mitnahmen aus der Neuen Welt, war ein glühender Ball hoch oben im Nachthimmel, das Fackellicht der Freiheitsstatue auf der Insel vor Manhattan. Diese glühende Frucht oben im Nachthimmel war das letzte von den Geschenken, die mir Amerika gegeben hat in diesen Monaten.

Morgen Abend werden wir den Bischofsfelsen sehen, übermorgen laufen wir in Bremerhaven ein. Der Sturm ist dann schon weit und die Heime Europas haben seine Gewalt zu spüren bekommen. Orkan aus der Neuen Welt, sähe ich doch deine Spuren in der Alten, in der ich zu Hause bin.

Etwas Unerhörtes ist in Amerika laut geworden, mit etwas Ungeheurem muss der Erdball sich vertraut machen. Zwischen den Grenzen zweier Meere wächst eine Menschenmasse auf, die Eine Sprache spricht, Einem Gebot gehorcht, Einer Not widerstrebt. Die Väter dieser Menge waren die Besten aus der Alten Welt, sie kamen aus den großen Kulturländern England, Deutschland, Frankreich; aber die Kinder, die sie gegenwärtig erziehen, sind die verstoßenen halbwilden Barbarenvölker aus den östlichen und südlichen Ländern Europas. Was der zersplitterte, von Wahn und Verbrechen jahrtausendelang zerwühlte Weltteil Europa seinen Völkern angetan hat, das wird jetzt in Amerika gutgemacht, durch das homogene Vorwärtsschreiten einer geeinten Menschenmasse. Unter ihrem Schritte wankt schon die Erde. Keine Entwicklung geht einen geraden Weg, und viele Irrtümer werden noch begangen werden, dort drüben, und überwunden werden. Aber wer das Drängen der Neuen Welt in seine eigenen Pulse hinüberschlagen gefühlt hat, der weiß tief innen: Amerika ist das Schicksal und die Erfüllung des Menschengeschlechts. Amerikas Energie, die das absurde Wachstum einiger weniger Mächtigen verursacht hat, besinnt sich heutigentages schon und sucht sich die Bahn zu dem Rechte Aller. Die Weltordnung, unter der wir heute leben, wird dieser Sturmflut des siegreichen Menschheitsgewissens nicht standhalten können. Sie wird zerstört werden und untergehen wie Atlantis und Lemuria zerstört wurden und untergegangen sind.

Jede Reise, die ein Mensch unternimmt, um seinem Leben zu dienen, führt ihn irgendwohin hinaus aus seiner Welt. Viele zieht es nach den Ruinen der Vergangenheit – hie und da einen nach der Zukunft und in die Hoffnung. Wenn sein Herz noch das Schlagen nicht verlernt hat, wird dieser nicht enttäuscht. Etwas bringt er von seiner Reise zurück, das die Vergangenheit und die Freude an der Gegenwart nimmer geben können. Auf dem Ozean genießt er das höchste Glück: Schiffen zu begegnen, die in die Richtung ziehen, wo sein Land verankert liegt; die Klingelboje im Hafen zu hören, deren Ton sich anhört wie ein Kirchenglöcklein hoch im Gebirge an einem Sonntagmorgen.